호산 박문호
『칠서주상설』 연구번역총서 5

논어집주상설 5

호산 박문호 저

책임역주[주저자]: 신창호
전임역주: 김학목 · 윤원현 · 조기영
공동역주: 김언종 · 임헌규 · 허동현

박영story

이 저서는 2017년 대한민국 교육부와 한국연구재단의 지원을 받아 수행된 연구임
(NRF－2017S1A5B4056044)

연구번역자 서문

학문 연구의 토대를 다지는 작업은 지난하면서도 즐겁다. 동양학을 탐구하는 학자들이 상생상극(相生相剋)의 학문적 이치를 노정(路程)한다면, 학문 연구의 난제(難題)와 열락(悅樂)은 서로 스며들게 마련이기 때문이다. 공자가 유교를 집대성(集大成)한 이후, 주자의 주석(註釋)을 거치면서 전변(轉變)을 거쳐 온 유학은, 그 이론과 실천의 차원에서 엄청난 심사숙고를 요청한다. 우주자연과 인간 사회에 대한 근본, 그 알파와 오메가를 진지하고 투철하게 고려하도록 채찍질한다. 선현(先賢)들의 학문 활동을 돌아보건대, 상당수가 그러한 삶을 고민했음이 분명하다.

본 저술은 호산(壺山) 박문호(朴文鎬, 1846~1918)의 『칠서주상설(七書註詳說)』을 심도있게 연구하여 한글로 완역한 연구번역 성과이다. 『칠서주상설』은 말 그대로 '칠서(七書)'의 주석에 대해 자세하게 설명한 저술이다. <칠서주>는 회암(晦庵) 주희(朱熹, 1130~1200)의 『논어집주(論語集註)』, 『맹자집주(孟子集註)』, 『대학장구(大學章句)』, 『중용장구(中庸章句)』, 『시집전(詩集傳)』, 『서집전(書集傳)』, 『주역본의(周易本義)』를 가리키는 것으로, 유교의 핵심 경전인 사서삼경(四書三經)에 관한 주희(『서집전』의 경우는 채침(蔡沈, 1167~1230))의 주석을 말한다. 주지하다시피, 사서삼경과 그 주석은 조선 주자학의 뼈대를 이루는 중심 경전이다. 호산은 이 <칠서주>에 다시 상세하게 주석을 부가하여 조선 유교를 종합해내었다. 서구 근대 문명이 밀물처럼 밀려오던 19세기 중반에서 20세기 초반에 활동하면서도, 주자학의 정통 학문을 자신의 사명처럼 여기고, 유교의 핵심 경전을 집대성한 것이다.

호산은 『칠서주상설』을 편찬하면서, 자신이 연구한 나름의 소신을 저술의 편차(編次)에 반영하였다. 중국 송대의 사상가들을 비롯하여 주자학을 신봉하는 대부분의 학자들이 사서(四書)의 독서 순서를 『대학(大學)』으로 시작했던 것과 달리, 호산은 『칠서주상설』의 순서를 주석(註釋)의 명칭에 따라 『논어집주상설(論語集註詳說)』로부터 시작했다. 그것은 유학의 핵심 경전인 『논어』가 맨 앞에 자리해야 하는 당위성이기도 하다.

그렇게 하여 『칠서주상설』은 『논어집주상설』 20권, 『맹자집주상설』 14권, 『대학장구상설』 1권, 『중용장구상설』 1권, 『시집전상설』 18권, 『시서변설상설』 2권, 『주역본의상설』 12권, 『서집전상설』 14권, 『서서변설상설』 1권으로, 전체 83권에 이르는 방대한 저작이 되었다. 마치, 조선의 주자학을 마무리하듯이, 경전의 주석을 짜임새 있게 갖추었다. 사서삼경의 경문에 대한 중국 역대의 주석을 비롯하여, 조선시대 여러 학자들의 주석을 간단·명료하게 총망라하였다. 특히, 사서삼경에 대한 주자의 주해(註解)를 의리(義理)와 훈고(訓詁), 그리고 논리(論理)를 반영하는 등, 여러 측면에서 정밀하고 명확하게 분석하면서도, 사서삼경의 주요 텍스트인 ＜영락대전(永樂大全)＞본의 오류를 바로잡은 엄밀한 주석서로 편찬해내었다.

주자 이후 중국의 주요 주석뿐 아니라, 퇴계(退溪), 율곡(栗谷), 사계(沙溪), 우암(尤庵), 남당(南塘), 농암(農巖) 등 조선 성리학을 대표하는 학자들의 학설과 호산 자신의 견해까지 담은 저술이기에, 주자학의 심오한 이해는 물론 조선 성리학의 맥락과 계보, 발전 양상을 포괄할 수 있는 학문성을 담보한다.

본 연구번역은 2017년도 한국연구재단의 토대연구 사업으로 시작되었다. 연구 기획을 할 무렵 연구진의 생각은 좀 단순했다. '『칠서주상설』이 조선 유교 경전 주석사의 대미를 장식하는 주요한 저작이므로 이를 번역하여 학계에 기여하면 좋겠다!'는 정도였다. 그러나 기획 단계에서 초역을 하고 연구계획서를 작성하면서, '토대'연구 사업에 어울리는 작업으로서 연구범위가 상당 부분 확장되었다. 분량도 그렇지만, 원문에는 없는 표점, 찾아보기 힘들게 되어 있는 원전의 구절과 문장의 정돈, 내용 가운데 보충 설명이 필요한 부분의 주석 등, 관련 전공자들의 수준 높은 연구를 곁들인 번역의 필요성이 요청되었다. 고민을 거듭한 결과, 연구 작업이 너무나 방대해졌다.

그러나 연구진들은 매월 2,000여 매(200자 원고지 기준)에 달하는 연구 번역에 온힘을 쏟아 부었다. 열정을 바친 만큼 원고는 계획대로 생산되었고 또한 다듬어졌다. 단행본 1권에 해당하는 분량이었다. 원본의 오탈자를 바로잡고, 표점을 찍고, 구절을 바르게 맞추고, 문장을 정렬하고, 관련 전거를 확인하는 등, 초역에서 교열·윤문, 그리고 출판에 이르기까지, 여러 과정을 반복했다. 정말이지, 연구번역이라는 학문의 토대 작업을 자임한, 고난의 행군이었다. 당초 계획대로 5년 동안의 연구기간에 『칠서주상설』을 마무리한다면, 매년 20,000여 매, 전체 100,000여 매의 원고가 성과물로 쌓일 것이다. 단행본으로는 약 50여 권이 될 것으로 예상된다.

어려우면서도 엄청난 작업이지만, 학문의 토대를 구축하는 데 기여할 수 있다는 자부심과 자긍심으로, 현재 2차년도 연구번역 작업이 마무리 단계에 와 있다. 분량이 많다 보니, 본 번역연구 성과물의 출간과 관련하여 고민하지 않을 수 없었다. 모든 작업이 끝나고 한꺼번에 출간하는 것은 다소 무리라는 판단이 들었다. 이에 매년 번역연구물이 산출되면, 다음년도 연구번역이 끝나기 전, 즉 1년 이내에 출간하는 것이 연구진이나 학계에 도움이 되겠다고 생각하였다.

이 책은 1차년도(2017년 9월~2018년 8월)의 결과물이다. 1차년도에는 『논어집주상설』과 『대학장구상설』을 연구번역하고 정본화 작업을 진행하였다. 책의 권수는 경전의 편제와 분량, 그리고 내용에 따라 나누어 조정하였는데, 17,000여 매에 달하는 『논어집주상설』은 10권으로, 3,000매 가량인 『대학장구상설』은 3권으로 출간하게 되었다.

무엇보다도 본 연구번역의 과정에 매진해준 연구진에게 큰 절을 올린다. '고맙다!'는 말 이외에 서로를 격려하고 용기를 북돋우며 동기부여할 수 있는 표현은 없는 것 같다. 전임연구교수로 연구번역에 힘써준 고려대학교 교육문제연구소의 김학목 박사님, 윤원현 박사님, 조기영 박사님의 초역은 본 연구의 밑거름이 되었다. 공동연구에 참여하신 고려대학교 김언종 명예교수님, 강남대학교 임헌규 교수님, 경희대학교 허동현 교수님은 각종 자문과 조언, 윤문과 교열 등을 맡아 고생해 주셨다. 이외에 연구보조원으로 참여한 한국외국어대의 서세영, 고려대의 우버들, 위민성, 장우재 등 대학원생들의 각종 보조가 도움이 컸다. 또한 자문에 응하여 충고를 아끼지 않으신 원로 한학자 중관(中觀) 최권흥 선생님을 비롯하여, 『칠서주상설』의 가치와 중요성을 일깨워주신 일우(一愚) 이충구 선생님, 여기에서 일일이 거론하지는 못했지만, 본 연구와 관련하여 도움을 주신 여러 선생님들께 감사의 말씀을 전한다.

본 연구는 연구책임자를 비롯하여 자문에 이르기까지 우리 모두의 땀과 정성이 배어 있는 합작의 결실이다. 다시 한번 수고해주신 모든 분들에게 고마움과 감사의 인사를 건넨다. 그리고 본 연구번역을 원활하게 수행할 수 있도록 각종 편의를 제공해준 고려대학교 교육문제연구소와 행·재정적으로 지원해 준 한국연구재단, 고려대학교 산학단에도 감사드린다. 그런 지원이 없다면 본 사업은 쉽게 할 수 없는 학술 작업이다. 남은 연구기간에도 지속적인 관심을 부탁한다.

호산 박문호의 『칠서주상설』은 1921년에 발간되었다. 1918년 그의 사후 3년만이었다. 그 후 100년이 지났다. 1세기가 지난 2018년, 호산 선생 사후 100여 년 만에, 후학에 의해 본 『칠서주상설』이 연구번역되었다는 점에서 상당한 의미를 부여할 수도 있겠다. 여러 차원을 고려하여, 본 연구번역이 조선 유학을 집대성한 경전 주석서로서, 본 연구사업의 취지에 맞게 관련 학계의 연구 토대로 작용할 수 있기를 간절히 소망한다. 어떤 연구번역이건 완벽하려고 하지만, 한 점의 실수나 오류도 없이 완벽을 기하기란 쉽지 않다. 그만큼 완전한 연구번역은 어렵다. 본 연구번역도 최선을 다하려고 했지만, 미비한 부분이 있을 것이다. 오류가 있다면 많은 질정을 바라며, 잘못된 부분이 발견되면, 추후에 수정 보완할 수 있도록 노력할 것이다.

마지막으로, 심심한 감사를 표해야 할 분이 있다. 상당한 어려움을 감수하면서도 가치 있는 학술도서에 애정을 갖고 출판을 맡아준 박영스토리의 노현 대표님, 불철주야(不撤晝夜) 성심껏 원고를 꼼꼼하게 다듬어 편집해준 문선미 과장님을 비롯한 박영사 편집진에게 고마운 마음을 전한다.

2019. 6. 하지(夏至)절

연구책임자 신창호 씀

일러두기

1. 본서는 1921년 풍림정사(楓林精舍)에서 간행된 박문호의 『칠서주상설(七書註詳說)』(한국학중앙연구원 장서각 소장)을 저본으로 하였다. 아울러 아세아문화사(亞細亞文化社)에서 간행한 『호산전서(壺山全書)』 1~8(1987~1990)을 참고하였다.

2. 원전(原典)은 직역(直譯)을 원칙으로 하되, 필요한 경우에는 현대적 의미를 고려하여 의역(意譯)하며 풀이하였다. 원문은 번역문과 함께 제시하되, 원문을 앞에 번역문을 뒤에 배치하였다.

3. 역주(譯註)의 경우 각주로 처리하고 간단한 단어나 개념 설명의 경우 본문에서 그대로 병기하여 노출하였다(예 : 잡기(雜記 : 잡다하게 기록함)). 주석은 인용 출처 및 근거를 비롯한 관련 자료를 최대한 밝혀내어 제시하고, 관련 자료의 원문 내용과 번역문을 동시에 수록하는 것을 원칙으로 하였다. 자료의 성격과 독해상의 혼란을 고려하여 원문만을 그대로 노출하거나 내용이 중복되는 부분일지라도 편장이 달라질 경우 다시 수록하여 연구 토대 자료로서의 편리성을 도모하였다.

4. 원전의 원문은 칠서의 '경문(經文)', 주자의 주석인 '주주(朱註)', 박문호의 주석인 '상설(詳說)'로 구분하되, '경문－주주－상설'순으로 글자의 크기를 달리 하였다. 경문의 경우, 별도로 경문이라는 표시 없이 편장별로 번호를 붙였다(예 : 『논어』「선진」 1장 첫 구절은 「선진」이 『논어』의 11편이므로 [11－1－1]로 표시). 상설은 모든 구절에 ○를 붙여 의미를 분명하게 하였다.

5. 원문의 표점 및 정본화 작업은 연구번역 저본과 참고로 활용한 판본을 충분히 대조하여 정돈하였다. 『칠서주상설』 편제의 특성상, 혼란의 소지가 있는 부분은 글자를 추가하거나 삭제한 경우도 있으나 번역에서 원전 그대로 확인할 수 있도록 다시 전체 문장

을 제시하였다. 원문의 정본화 및 역주에서 경전(經傳; 『 』)이나 편명(篇名; 「 」), 구두(句讀; , ; .), 인용문(따옴표; “ ” ; ‘ ’), 강조점(따옴표; ‘ ’) 등을 구분하여 표시하였다.

6. 원전의 특성상, 경문의 바로 아래에 제시되어 있는 음운(音韻)이나 음가(音價)는 주자의 주석인 주주(朱註)로 처리하였다.

7. 원문이나 역주 가운데, 인명이나 개념어는 기본적으로 한글과 한문을 병기하되, 상황에 맞추어서 정돈하였다(예: ‘주자(朱子)’의 경우, 때로는 주희(朱熹)로 표기. 개념어는 원문을 그대로 노출하기도 하고 풀이하기도 하였는데, 도(道)의 경우, 도리(道理), 이치(理致), 방법(方法) 등으로 해석).

8. <참고문헌>과 인명 및 개념·용어 등은 최종 <별책 부록>으로 정돈한다.

차례

— 논어집주상설 총 목차 —

차례

— 논어집주상설 5 —

권8

논어집주상설

論語集註詳說

태백。泰伯 第八

제8편

朱註

凡二十一章.

모두 21장이다.[1]

1) 형병(邢昺)의 『논어주소(論語注疏)』에 의하면, “이 편(「태백(泰伯)」)은 예의와 겸손, 어짊과 효도의 덕행, 현인과 군자의 풍모, 학문을 권장하고 몸을 바로 세우려는 노력, 올바른 길을 지키는 정치 행위를 논의하며, 바른 음악을 찬미하고 소인을 천하게 가볍게 여기고는 마침내 요·순 및 우왕·문왕·무왕을 칭송하였다. 앞 편에서는 공자의 지향을 논의하였는데, 이 편에서는 처음과 끝에 성현의 덕을 기재하였기 때문에 그 다음 편으로 삼은 것이다.(此篇, 論禮讓仁孝之德·賢人君子之風·勸學立身·守道爲政, 歎美正樂, 鄙薄小人, 遂稱堯·舜及禹·文王·武王. 以前篇, 論孔子之行, 此篇, 首末載賢聖之德, 故以爲次也.)”라고 하였다.

[8-1-1]

子曰："泰伯, 其可謂至德也已矣. 三以天下讓, 民無得而稱焉."
공자가 말하였다. "태백은 지극한 덕이라고 이를 수 있도다. 세 번이나 천하를 사양하였는데도 백성들이 칭송할 수 없었구나."

朱註

泰伯, 周大王之長子. 至德, 謂德之至極, 無以復加者也.
태백은 주나라 태왕(太王)[2]의 맏아들이다. 지덕(至德)은 덕이 지극하여 다시금 더할 것이 없음을 이른다.

詳說

○ 音泰.[3]
'주대왕(周大王)'에서 '대(大)'자는 음이 태(泰)이다.

○ 上聲, 下同.[4]
'장자(長子)'에서 '장(長)'자는 상성(上聲 : 어른)이며, 아래도 같다.

○ 去聲.[5]
'부가자야(復加者也)'에서 '부(復)'자는 거성(去聲 : 다시)이다.

朱註

三讓, 謂固遜也.
세 번 사양함[三讓]은[6] 굳이 사양함을 이른다.

---

2) 태왕(太王) : 고공단보(古公亶父)를 가리키니, 빈(豳 : 지금의 섬서(陝西) 순읍(旬邑)) 땅 사람으로, 희성(姬姓)이고, 이름이 단(亶)이니 주 태왕(周太王)이라 일컫는다. 주나라 문왕(文王)의 할아버지로 주나라의 기초를 마련한 인물이다.

3) 호광 편(胡廣 編), 『논어집주대전(論語集註大全)』「태백(泰伯)」.

4) 호광 편(胡廣 編), 『논어집주대전(論語集註大全)』「태백(泰伯)」.

5) 호광 편(胡廣 編), 『논어집주대전(論語集註大全)』「태백(泰伯)」에서 '부(復)'는 "부우반(扶又反)"이라고 한 것과 달리 박문호(朴文鎬)는 구체적으로 '부(復)'자의 음의(音義)를 밝혔다.

6) 세 번 사양함[三讓]은 : 『주자어류(朱子語類)』 권35, 「논어17(論語十七)」, 13조목에는 다음과 같이 설명하고 있다. "물었다. '세 번 천하를 양보하였다'고 하였는데, 정자(程子)가 말하기를, '임금의 자리에 서지 않은 것이 첫째이고, 달아난 것이 두 번째이며, 문신을 한 것이 세 번째이

詳說

○ 去聲.

'삼(三)'은 거성(去聲 : 재삼)이다.

○ 朱子曰 : "古人辭讓, 以三爲節, 一爲禮辭, 再爲固辭, 三爲終辭."[7)]

주자(朱子 : 朱熹)가 말하였다. "옛사람의 사양(辭讓)함은 세 차례 하는 것으로써 예절로 여겼으니, 첫째는 예사(禮辭)이고, 둘째는 고사(固辭)이고, 셋째는 종사(終辭)이다."

○ 固則必至於終. 故謂三讓, 爲固遜.

굳이 사양하면 반드시 끝내 사양함에 이른다. 그러므로 '삼양(三讓)'을 일러서 '고손(固遜)'이라고 하는 것이다.[8)]

朱註

'無得而稱', 其遜隱微, 無迹可見也.

'칭송할 수가 없었던 것[無得而稱]'은 그 사양함이 숨겨져서 자취를 볼 수 없었기

다.'라 하였습니다. 이 말이 옳은지 모르겠습니다.' 주희가 말하였다. 이전 학자들의 설명에 근거하면 또한 고찰하기 어렵다. 그 당시에 간혹 세 가지 절목이 있었는지는 또한 모르겠다. 다만 옛사람들이 사양할 때는 반드시 두어 번까지 하였으니, 생각하건대, 이는 굳이 사양한 것인 듯하다.'(問: '‘三以天下讓', 程言: '不立, 一也; 逃之, 二也; 文身, 三也.' 不知是否?' 曰: '據前輩說, 亦難考. 他當時或有此三節, 亦未可知. 但古人辭, 必至再三, 想此只是固讓.')

7) 호광 편(胡廣 編), 『논어집주대전(論語集註大全)』「태백(泰伯)」. 『논어주소(論語注疏)』 권8 형병(邢昺)의 소(疏)에 의하면, "鄭玄注云 : '泰伯, 周太王之長子, 次子仲雍, 次子季歷. 太王見季歷賢, 又生文王, 有聖人表. 故欲立之, 而未有命. 太王疾, 泰伯因適吳越採藥, 太王歿而不返, 季歷爲喪主, 一讓也; 季歷赴之, 不來奔喪, 二讓也; 免喪之後, 遂斷髮文身, 三讓也. 三讓之美, 皆隱蔽不著. 故人無得而稱焉.'(정현의 주석에 이른다. '태백은 주태왕의 장자이고, 다음 아들은 중옹이며, 그 다음 아들은 계력이다. 태왕이 계력의 어짊을 보고 또 문왕이 태어남에 성인의 표시가 있음을 보았다. 그러므로 왕위에 세우려 하였으나 아직 명이 있지 못하였다. 태왕이 병들자 태백이 오와 월 땅으로 가서 약초를 채취하였는데, 태왕이 죽자 돌아오지 않아서 계력이 상주가 된 것이 첫 번째 사양함이며, 계력이 가서 알렸으나 달려와서 상례에 임하지 않은 것이 두 번째 사양함이며, 초상을 마친 뒤에 마침내 머리를 자르고 문신을 한 것이 세 번째 사양함이다. 세 번 사양함의 아름다움이 모두 은폐되어 드러나지 못하였다. 그러므로 사람들이 칭송할 수가 없었던 것이다.')"라고 하였다.

8) 굳이 사양하면 반드시 끝내 사양함에 …… '고손(固遜)'이라고 하는 것이다 : 『논어집주대전』에 없는 내용으로, 박문호(朴文鎬)가 위의 주자(朱子)의 설에 의거하여 해설한 것이다.

때문이다.

詳說

○ 陳氏曰 : "泰伯讓國, 人得見其迹, 其讓天下, 人莫知其心. 故聖人表而出之."[9)]

진씨(陳氏 : 陳淳)[10)]가 말하였다. "태백이 나라를 사양함에 사람들이 그 자취를 보지 못하였고, 천하를 사양함에 사람들이 그 마음을 알지 못하였다. 그러므로 성인이 드러내어 나타낸 것이다."

○ 新安陳氏曰 : "更涉三世, 事幾漫滅, 人安得而稱之?"[11)]

신안 진씨(新安陳氏 : 陳櫟)[12)]가 말하였다. "3세대를 거치면서 사적(事蹟)이 거의 사라지고 없어졌으니, 사람들이 어찌 칭송할 수 있었겠는가?"

○ 訓畢.

훈고가 끝났다.

朱註

蓋大王三子, 長泰伯, 次仲雍, 次季歷. 大王之時, 商道寢衰, 而周日彊大.

대개 태왕의 세 아들은 맏이가 태백이고, 다음이 중옹이고, 그 다음이 계력이

---

9) 호광 편(胡廣 編), 『논어집주대전(論語集註大全)』「태백(泰伯)」에는 "陳氏曰 : '泰伯讓國, 人得見其迹, 其讓天下, 人莫知其心, 所以聖人表而出之. 蓋其處父子兄弟之變, 而欲全天性之恩; 處商周興亡之際, 而欲全君臣之義, 其事類夷齊, 而又泯其迹也.'(진씨가 말하였다. '태백이 나라를 사양함에 사람들이 그 자취를 보지 못하였고, 천하를 사양함에 사람들이 그 마음을 알지 못하였기 때문에 성인이 드러내서 나타낸 것이다. 대개 부모자식과 형제의 변고에 처하여 천성의 은혜를 온전하게 하려고 했으며, 상나라와 주나라의 흥하고 망하는 즈음에 처하여 군신의 의리를 온전하게 하려고 했으니 그 일이 백이숙제와 같이 그 자취가 민멸한 것이다.)"로 되어 있다.

10) 진순(陳淳 : 1483~1544) : 남송 시대의 학자이자 화가로, 자는 도복(道復) 또는 복보(復甫)이고, 호는 백양(白陽) 또는 백양산인(白陽山人)이다. 저서로 『백양집』이 있다.

11) 호광 편(胡廣 編), 『논어집주대전(論語集註大全)』「태백(泰伯)」에는 "新安陳氏曰 : '泰伯旣不從大王翦商之志, 苟不併與仲弟逃之, 則大王無由傳之, 季歷不得遂其志矣. 今自泰伯與仲雍俱逃, 遂傳季歷, 以及武王而有天下, 是周有天下, 由於泰伯之逃. 人但見泰伯之逃, 而不知其實以天下讓, 其讓隱微, 無迹可見. 更涉三世, 事幾漫滅, 人安得而稱之? 必待夫子推原, 周得天下之由, 發其潛德之幽, 光而後, 人始知之歟!'"로 되어 있다.

12) 진력(陳櫟 : 1252~1334) : 남송 시대의 학자로 자가 수옹(壽翁) 또는 휘지(徽之)이고, 휴녕(休寧) 사람이다. 주희(朱熹)의 학문을 숭앙하였고, 만년에 호가 동부노인(東阜老人) 또는 정우선생(定宇先生)이라 칭하였다. 저서로 『정우집(定宇集)』이 있다.

다. 태왕의 시대는 상(商)나라의 치도(治道)가 점점 쇠퇴하고, 주나라가 날로 강대해 갔다.

詳說

○ 朱子曰: "岐, 是商經理不到處, 一片荒凉空地."[13)]

주자(朱子 : 朱熹)가 말하였다. "기산(岐山) 아래는 상나라의 정치가 이르지 못하는 곳으로, 하나의 황량하고 텅 빈 땅이었다."

朱註

季歷, 又生子昌, 有聖德. 大王因有翦商之志,[14)] 而泰伯不從,

13) 『주자어류(朱子語類)』 권35, 「논어17(論語十七)」, 3조목에는 "'陳仲亨說'至德', 引義剛前所論者爲疑.' 曰: '也不是不做這事, 但他做得較雍容和緩, 不似武王樣暴. 泰伯則是不做底, 若是泰伯當紂時, 他也只是爲諸侯. 太王翦商, 自是他周人恁地說. 若無此事, 他豈肯自誣其祖! 左氏分明說'泰伯不從', 不知不從甚麼事. 東坡言: ''三分天下有其二', 文王只是不管他.' 此說也好. 但文王不是無思量, 觀他戡黎·伐崇之類時, 也顯然是在經營." 又曰: "公劉時得一上做得盛, 到太王被狄人苦楚時, 又衰了. 太王又旋來那岐山下做起家計. 但岐山下卻亦是商經理不到處, 亦是空地. 當時邠也只是一片荒涼之地, 所以他去那裏輯理起來.'(의강(義剛)이 물었다. '진중형(陳仲亨)이 '지극한 덕'에 대해 말하면서 제가 앞에서 논한 것을 인용하여 의심하였습니다.' 주희가 말하였다. '또한 이런 일을 하지 않은 것은 아니지만 다만 그가 행동한 것은 비교적 온화하면서도 완만하였으니 무왕과 같이 사납지는 않았다. 태백이라면 하지 않았을 것이다. 만약 태백이 주(紂)의 시대를 당하였다면 그도 또한 제후였을 뿐이다. 태왕(太王)이 상(商)을 정벌하니 저절로 주나라 사람들이 그렇게 말하였다. 만약 이런 일이 없었다면 그가 어찌 스스로 그 선조를 업신여기고자 하였겠는가? 좌구명(左丘明)은 분명하게 '태백이 좇지 않았다'고 말하였으나, 어떤 일을 따르지 않았는지는 모르겠다. 소동파는 '천하를 삼등분 하여 그 둘을 차지하면서도 문왕은 다만 그것에 관여하지 않았다.'고 하였는데, 이 설명이 또한 좋다. 다만 문왕이 깊은 생각이 없었던 것이 아니다. 여(黎)를 치고 숭(崇)을 정벌하는 일과 같은 경우를 볼 때도 명백히 경영(經營)에 있었다. 또 말하였다. '공류(公劉) 때 한 번 행동함이 매우 성대하였으나 태왕 때 북쪽 오랑캐에게 고초를 당할 때는 쇠퇴하였다가 태왕이 또 기산(岐山) 아래로 돌아와 집안을 일으켰다. 기산 아래는 도리어 상(商)의 통치권이 미치지 않는 곳이어서 주인 없는 땅이었다. 당시 빈(邠)도 또한 황량한 좁은 지역이었기 때문에 그가 그곳에 가서 백성을 모아 다스릴 수 있었다.')"로 되어 있다.

14) 大王因有翦商之志 : 『주자어류(朱子語類)』 권35, 「논어17(論語十七)」, 9조목에는 다음과 같이 설명하고 있다. "伯豐問 : '『集注』云 : '太王因有翦商之志.' 恐「魯頌」之說, 只是推本之辭, 今遂據以爲說, 可否?' 曰 : '詩中分明如此說.' 又問 : '如此則太王爲有心於圖商也.' 曰 : '此是難說. 書亦云 : '太王肇基王跡.'' 又問 : '太王方爲狄人所侵, 不得已而遷岐, 當時國勢甚弱, 如何便有意於取天下?'

계력이 또 아들 창(昌)을 낳았는데 성군(聖君)의 덕이 있었다. 태왕이 이로 인해 상나라를 치려는 뜻을 가졌는데, 태백이 좇지 않으니

詳說

○ 出『詩』「閟宮」.

'전상(翦商)'은 『시경(詩經)』「비궁(閟宮)」에 나온다.15)

○ 朱子曰 : "『左傳』, 謂'泰伯不從, 是以不嗣.'"

주자(朱子 : 朱熹)가 말하였다. "『춘추좌전(春秋左傳)』에 이르기를, '태백이 좇지 않았으니, 이로써 왕위를 계승하지 못하였다.'라고 하였다."16)

曰 : '觀其初遷底規模, 便自不同. 規模才立, 便張大. 如文王伐崇, 伐密, 氣象亦可見. 然文王猶服事商, 所以爲至德.'(백풍이 물었다. '『집주(集註)』에 '태왕이 이로 인해 상나라를 치려는 뜻을 가졌다'고 하였습니다. 아마 『시경(詩經)』「노송(魯頌)」의 설명은 다만 근본을 따져 탐구한 말인데, 지금 드디어 근거로 삼아 설명하는 것이 옳습니까?' 주희가 말하였다. '『시경(詩經)』에서 분명히 이와 같이 말하였다.' 물었다. '이렇다면 태왕은 상(商)을 정벌할 마음이 있었던 것입니까?' 주희가 말하였다. '이것은 설명하기 어렵다. 『상서(尙書)』에 '태왕이 비로소 왕이 될 기초를 닦았다'라고 하였다.' 물었다. '태왕이 바야흐로 적(狄)나라 사람의 침입을 받았을 때 어쩔 수 없이 기(岐)로 달아났으니, 당시에는 국력이 매우 약하였는데 어떻게 천하를 차지할 뜻이 있었습니까?' 주희가 말하였다. '처음 옮겨갈 때의 규모를 보면 전혀 동일하지 않다. 규모가 겨우 세워지자마자 펼쳐져 확대되었다. 예를 들어 문왕이 숭(崇)과 밀(密)을 정벌할 때 그 기상을 또한 볼 수 있다. 그러나 문왕은 오히려 상(商)에 복종하여 섬겼기 때문에 지극한 덕이 되었다.')"

15) '전상(翦商)'은 『시경(詩經)』「비궁(閟宮)」에 나온다 : 『시경(詩經)』「노송(魯頌) · 비궁(閟宮)」에 "후직의 후손이 실로 태왕이도다. 기산 남쪽 기슭에 사시면서 실로 상나라를 치기 시작한 것이니라.(后稷之孫, 實維大王, 居岐之陽, 實始翦商.)"라고 하여 상나라의 주왕(紂王)을 쳐서 없애고 새로운 왕업을 건립하려고 한 뜻을 나타낸 것이다. 박문호(朴文鎬)는 호광 편(胡廣 編), 『논어집주대전(論語集註大全)』「태백(泰伯)」의 내용보다 구체적으로 작품 이름을 적시하였다.

16) 『주자어류(朱子語類)』 권35, 「논어17(論語十七)」, 4조목에는 "問: '泰伯之讓, 知文王將有天下而讓之乎, 抑知太王欲傳之季歷而讓之乎?' 曰: '泰伯之意, 卻不是如此. 只見太王有翦商之志, 自是不合他意; 且度見自家做不得此事, 便掉了去. 『左傳』謂'泰伯不從, 是以不嗣', 不從, 卽是不從太王翦商事耳. 泰伯旣去, 其勢只傳之季歷, 而季歷傳之文王. 泰伯初來思量, 正是相反; 至周得天下, 又都是相成就處. 看周內有泰伯虞仲, 外有伯夷叔齊, 皆是一般所見, 不欲去圖商.'(물었다. '태백이 사양한 것은 문왕이 장차 천하를 차지할 것을 알고 사양한 것입니까? 아니면 태왕이 계력(季歷)에게 왕위를 물려주려는 것을 알고 양보한 것입니까?' 주희가 말하였다. '태백의 뜻은 전혀 이렇지 않다. 다만 태왕에게 상(商)을 치려는 뜻이 있음을 알고 스스로 그의 뜻에 맞지 않았기 때문이다. 또 스스로 이런 일을 실행할 수 없음을 헤아리고 곧 마음이 흔들려 떠났다. 『춘추좌전(春秋左傳)』에 '태백이 좇지 않으니 이로써 왕위를 계승하지 못하였다'고 하였는데, '좇지 않는다'는 것은 바로 태왕이 상을 치려는 뜻을 따르지 않은 것일 뿐이다. 태백이 이미 떠나자

○ 見「僖」五年.

『춘추좌전(春秋左傳)』「희공(僖公)」 5년에 보인다.[17]

朱註

大王遂欲傳位季歷, 以及昌, 秦[18]伯知之, 卽與仲雍, 逃之荊蠻. 於是大王, 乃立季歷, 傳國至昌, 而三分天下有其二, 是爲文王.

태왕이 마침내 왕위를 계력에게 전하여 창(昌)에게 이르게 하려고 하니, 태백이 그것을 알고 곧장 중옹(仲雍)과 함께 형만(荊蠻)의 땅으로 도망하였다. 이에 태왕이 곧바로 계력을 왕위에 세우고, 나라를 창에게 전하였는데, 세상의 삼분의 이를 차지하게 되었으니, 이가 문왕(文王)이다.

詳說

○ 幷及仲雍者, 所以備述事實也, 與『孟子』'伯夷'註之幷言'叔齊'者, 同.[19]

중옹(仲雍)과 함께 언급한 것은 사실을 갖추어 서술하기 때문이니, 『맹자(孟子)』의 '백이(伯夷)' 주석에서 '숙제(叔齊)'[20]를 함께 말한 것과 같다. 나라를 전하여 창(昌)에게 이름에, 셋으로 나눠진 천하 가운데 그 둘을 소유하니,

---

그 상황에 의해 계력(季歷)에게 왕위를 전해주었고 계력은 문왕에게 전해주었다. 태백의 처음 생각은 이와 정반대였으나 주나라가 천하를 차지하자 모두 이루어졌다. 상황으로 보면 주나라 국내에는 태백과 우중(虞仲)이 있었고, 국외에는 백이(伯夷)와 숙제(叔齊)가 있었는데, 모두 일반적인 견해를 가지고 있었으니, 상(商)을 치려고 도모하지 않았다.')"라고 되어 있다.

17) 『춘추좌전(春秋左傳)』「희공(僖公)」 5년에 보인다 : 호광 편(胡廣 編), 『논어집주대전(論語集註大全)』「태백(泰伯)」의 내용보다는 구체적인 출전(出典) 내용을 밝힌 것이다.

18) 秦 : 원문은 '秦'이나 '泰'의 오자이다.

19) 호광 편(胡廣 編), 『논어집주대전(論語集註大全)』「태백(泰伯)」의 "洪氏曰 : '仲雍之讓, 一也, 何以獨稱泰伯? 泰伯當立者也.'(홍씨가 말하였다. '중옹의 사양함도 동일한 것인데, 어찌 오직 태백만 칭하였는가? 태백이 마땅히 왕위에 서는 사람이었기 때문이다.')"라는 내용과 달리 박문호(朴文鎬)가 독자적으로 상설(詳說)을 갖춘 것이다.

20) 숙제(叔齊) : 상(商)나라 말엽 고죽국(孤竹國) 임금의 셋째 아들로, 이름은 치(致)이다. 고죽군(孤竹君)이 숙제를 왕위에 세워 이어가려 했는데 고죽군이 죽자 숙제가 형 백이(伯夷)에게 왕위를 사양하였다. 백이가 받지 않자 두 형제가 함께 주나라로 가서 서백(西伯 : 周文王)에게 몸을 맡겼다. 서백이 죽고 무왕이 주왕(紂王)을 정벌하려고 하자 말고삐를 잡아당기면서 간언하였다가 무왕이 상나라를 정벌한 뒤에 수양산에 들어가 주나라의 곡식을 먹지 않고 굶어 죽었다.

○ 季歷, 始如叔齊, 終如孤竹之中子.

계력은 처음에는 숙제와 같았으나, 마지막에는 고죽(孤竹)[21]의 둘째 아들과 같았다.

○ 見後章.

'삼분천하유기이(三分天下有其二 : 세상의 삼분의 이를 차지)'의 내용은 뒷장에 보인다.

○ 猶不失爲'至德'.

오히려 천하를 잃지 않음이 지극한 덕이 된 것이다.

朱註

文王崩, 子發立, 遂克商而有天下, 是爲武王.

문왕이 죽고 아들 발(發)이 왕위에 서서 드디어 상(商)나라를 정벌하여 천하를 소유하니, 이가 무왕(武王)이다.

詳說

○ 大王之志, 乃就.[22]

태왕(太王)의 뜻이 이에 성취되었다.

○ 將釋而先著其本事.[23]

장차 경문(經文)의 풀이를 하는데, 먼저 그 근본적인 일을 드러낸 것이다.

朱註

夫以泰伯之德, 當商周之際,

---

21) 고죽(孤竹) : 고죽군(孤竹君)은 은나라 탕왕(湯王) 때 봉해진 임금으로 백이(伯夷)·숙제(叔齊)의 아버지이며, 이름은 초(初)이고, 자는 자기(子朝)이다.

22) 호광 편(胡廣 編), 『논어집주대전(論語集註大全)』「태백(泰伯)」에 없는 내용으로, 박문호(朴文鎬)가 해설한 것이다. 태왕의 뜻은 위의 주석에 보이는 '상나라를 치려는 뜻(翦商之志)'을 말하니, 박문호(朴文鎬)는 곧 태왕이 성덕(聖德)이 있는 손자 창(昌 : 문왕)이 태어남을 보고 천하를 후손에게 물려주려고 품은 뜻을 가리키고 있다.

23) 호광 편(胡廣 編), 『논어집주대전(論語集註大全)』「태백(泰伯)」에 없는 내용이다. 박문호(朴文鎬)의 상설(詳說)은 기본적으로 '훈(訓)'과 '석(釋)'의 체제를 유지하고 있는데, 여기서는 '석(釋)'의 성격 및 내용을 적시한 것이다.

대저 태백의 덕 때문에 상나라와 주나라의 사이에 당하여

詳說

○ 音扶.[24]

'부이(夫以)'에서의 '부(夫)'자는 음이 '부(扶)'이다.

○ 汎言其德.

'태백지덕(泰伯之德)'은 두루 그 덕을 말하는 것이다.

○ 『大全』曰 : "二代交會之間."[25]

'상주지제(商周之際)'는 『논어집주대전』에서 "두 시대가 서로 만나는 사이다."라고 하였다.

朱註

固足以朝諸侯, 有天下矣,

진실로 충분히 제후들을 조회하면서 천하를 소유할 수 있었던 것인데도,

詳說

○ 音潮.[26]

'조제후(朝諸侯)'에서의 '조(朝)'자는 음이 조(潮)이다.

○ 出『孟子』「公孫丑」.

『맹자(孟子)』「공손추상(公孫丑상)」에 나온다.[27]

○ 又先論文上意, 此下, 乃釋本文.

또 먼저 문장에서 그 뜻을 진술하고, 이 아래에서는 이에 본문을 풀이하였다.

---

24) 호광 편(胡廣 編), 『논어집주대전(論語集註大全)』「태백(泰伯)」.

25) 호광 편(胡廣 編), 『논어집주대전(論語集註大全)』「태백(泰伯)」에는 "謂二代交會之間.(두 시대가 서로 만나는 사이를 이른다.)"라고 되어 있다.

26) 호광 편(胡廣 編), 『논어집주대전(論語集註大全)』「태백(泰伯)」.

27) 『맹자(孟子)』「공손추상(公孫丑上)」에 나온다 : 『맹자(孟子)』「공손추상(公孫丑上)」에 "문왕이 어찌 감당할 수 있으리오? 탕왕으로부터 무정에 이르기까지 현명하고 성스러운 임금이 6, 7명 나와서 천하가 은나라로 돌아간 지가 오래되었으니, 오래되면 변화하기가 어려운 것이다. 무정이 제후들을 조회하면서 천하를 차지한 것은 마치 손바닥에서 움직이는 일과 같았을 것이다.(文王, 何可當也? 由湯至於武丁, 賢聖之君, 六七作, 天下歸殷久矣, 久則難變也. 武丁, 朝諸侯, 有天下, 猶運之掌也.)"라고 되어 있다.

朱註

乃棄不取, 而又泯其迹焉, 則其德之至極, 爲如何哉?
오히려 그를 버리고 취하지 않았으며, 또 그 자취를 아주 없애 버렸으니, 곧 그 덕의 지극함이 어떠하다 하겠는가?

詳說

○ 三讓.
세 번 사양함이다.

○ 民無得稱.
백성들이 칭송할 수 없었던 것이다.

○ 變'其可謂', 言'爲如何', 所以明其決然, 且引'至'字於不爲限量之地也.
'기가위(其可謂)'를 바꾸어 '위여하(爲如何)'라고 말한 것은 그 결연함을 밝히려는 까닭이고, 또 '지(至)'자를 한량(限量)의 경지가 되지 않음에 갖다 붙인 것이다.

○ 『諺』釋'已'字, 更商[28].
『언해(諺解)』에 '이(已 : 따름)'자를 풀이한 것은 다시 헤아려야 한다.

○ 倒釋, 以便於文.
거꾸로 풀이하여 문맥을 편안하게 하였다.[29]

○ 釋畢.
경문의 풀이가 끝났다.

○ 此下, 又以'伯夷'相形而論之, 以申'至德'之義.
이 아래에서는 또 '백이(伯夷)'로써 서로 비교하면서 진술하여 '지극한 덕[至德]'의 뜻을 거듭 펼쳤다.

朱註

蓋其心, 即夷齊扣馬之心, 而事之難處, 有甚焉者,[30]

---

28) 商 : 원문은 '商'이나, '商'의 오류이다.

29) 거꾸로 풀이하여 문맥을 편안하게 하였다 : 박문호(朴文鎬)가 "爲如何哉?"의 도치(倒置)된 구문을 지적한 것으로, 오히려 "如何爲哉?"보다 편안한 느낌을 준다고 말한 것이다.

30) 『주자어류(朱子語類)』 권35, 「논어17(論語十七)」, 10조목에는 "「泰伯」章所引'其心卽夷齊之心, 而事之難處有甚焉者', 不是說遜國事. 自是說夷齊諫武王, 不信便休, 無甚利害. 若泰伯不從翦商之志, 卻是一家內事, 與諫武王不同, 所以謂之難處, 非說遜國事也. 『集注』說亦未分曉耳.(「태백

대개 그 마음은 곧 백이(伯夷)와 숙제(叔齊)가 말고삐를 잡아당기면서 말리던 마음이로되, 일의 처하기 어려움은 보다 심함이 있었으니

詳說

○ **陳氏曰 : "欲全君臣之義."**[31]

진씨(陳氏 : 陳淳)가 말하였다. "임금과 신하의 의리를 온전히 하려고 하였다."

○ **上聲.**[32]

'사지난처(事之難處)'에서 '처(處)'자는 상성(上聲 : 거처함)이다.

○ **朱子曰 : "夷齊處君臣間, 道不合則去; 泰伯處父子之際, 不可露形迹."**[33]

(泰伯)」장에서 인용한 마음은 곧 백이(伯夷)와 숙제(叔齊)의 마음이지만 일의 난처함은 그보다 더 심함이 있으니, 나라를 사양한 일을 말하는 것이 아니라 바로 백이와 숙제가 무왕에게 간한 것인데, 믿지 않으면 그만이므로 크게 이해득실은 없다. 태백이 상(商)을 치려는 뜻을 따르지 않은 것은 도리어 한 집안 내의 일이니 무왕에게 간한 백이 숙제와는 같지 않다. 그래서 난처함을 말한 것이지 나라를 사양한 일을 말한 것이 아니다. 『논어집주(論語集註)』의 설명도 또한 분명하게 밝히지 않았을 뿐이다.)"라고 하였다.

31) 호광 편(胡廣 編), 『논어집주대전(論語集註大全)』「태백(泰伯)」.

32) 호광 편(胡廣 編), 『논어집주대전(論語集註大全)』「태백(泰伯)」.

33) 호광 편(胡廣 編), 『논어집주대전(論語集註大全)』「태백(泰伯)」에는 "朱子曰 : '夷齊處君臣間, 道不合則去. 泰伯處父子之際, 不可露形迹, 只得不分不明且去. 某書謂大王有疾, 泰伯採藥不返, 疑此時去也.'(주자(朱子 : 朱熹)가 말하였다. '백이숙제가 임금과 신하 사이에 처하여 도가 맞지 않으면 떠났고, 태백이 부모와 자식 사이에 처하여 형체와 자취를 드러내지 않았으며 다만 분명하지 않아서 또 떠난 것이다. 어떤 책에 이르기를, 태왕이 병이 있음에 태백이 약초를 캐러 가서 돌아오지 않았다고 하니 의심컨대 이때에 떠난 것이다.')"라고 하였다. 『주자어류(朱子語類)』 권35, 「논어17(論語十七)」, 11조목에는 다음과 같이 되어 있다. "'泰伯之心, 卽伯夷叩馬之心; 太王之心, 卽武王孟津之心, 二者'道並行而不相悖'. 然聖人稱泰伯爲至德, 謂武爲未盡善, 亦自有抑揚. 蓋泰伯夷齊之事, 天地之常經, 而太王武王之事, 古今之通義, 但其間不無些子高下. 若如蘇氏用三五百字罵武王非聖人, 則非矣. 於此二者中, 須見得'道並行而不悖'處, 乃善." 因問: "泰伯與夷齊心同, 而謂'事之難處有甚焉者', 何也?" 曰: "夷齊處君臣間, 道不合則去. 泰伯處父子之際, 又不可露形跡, 只得不分不明且去. 某書謂太王有疾, 泰伯採藥不返, 疑此時去也.'('태백의 마음은 곧 백이(伯夷)가 말고삐를 잡고 간하는 마음이며, 태왕의 마음은 곧 무왕이 맹진(孟津)에서의 마음이니, 두 경우는 '도는 함께 행해져도 서로 어긋나지 않는다'는 것이다. 그러나 성인인 공자가 태백을 지극한 덕을 가졌다고 칭찬하고, 무왕에 대해 선함을 극진히 하지 못하였다고 말하였으니, 또한 저절로 높이고 낮추는 의도가 있다. 대개 태백, 백이, 숙제의 일은 천지의 상경(常經)이며, 태왕과 무왕의 일은 고금의 통의(通義)이지만 그 사이에 조금의 높고 낮음이 없을 수 없다. 만약 소동파(蘇東坡)가 『시경(詩經)』의 내용으로 무왕이 성인이 아니라고 꾸

주자(朱子 : 朱熹)가 말하였다. "백이(伯夷) 숙제(叔齊)가 임금과 신하 사이에 거처함에는 도가 맞지 않으면 떠났고, 태백이 부모와 자식 사이에 거처함에는 형체나 자취를 드러내지 않았다."

○ **不露形迹, 所以民無得而稱.**

형체나 자취를 드러내지 않아서 백성들이 칭송할 수 없었던 것이다.

朱註

宜夫子之歎息, 而贊美之也.

마땅히 공자가 탄식하고 찬미(讚美)하였던 것이다.

詳說

○ **朱子曰 : "泰伯之讓權, 而不失其正, 所以爲時中."**[34]

주자(朱子 : 朱熹)가 말하였다. "태백이 국권(國權)을 사양함에 그 정도(正道)를 잃지 않았으니, 이것이 시중(時中)[35]이 되는 근거이다."

○ **又曰 : "處君臣父子之變, 而不失乎中庸."**[36]

짖는 것과 같이 한다면 잘못이다. 이 둘 중에서 모름지기 '도는 함께 행해져도 서로 어긋나지 않는다'는 상황을 이해할 수 있으면 좋다. 물었다. '태백은 백이 숙제와 마음이 같은데, 일의 난처함이 그보다 심함이 있었다고 말하는 것은 무엇 때문입니까?' 주희가 말하였다. '백이숙제가 임금과 신하 사이에 처하여 도가 맞지 않으면 떠났고, 태백이 부모와 자식 사이에 처하여 형체와 자취를 드러내지 않았으며 다만 분명하지 않아서 또 떠난 것이다. 어떤 책에 이르기를, 태왕이 병이 있음에 태백이 약초를 캐러 가서 돌아오지 않았다고 하니 의심컨대 이때에 떠난 것이다.'"

34) 『어찬주자전서(御纂朱子全書)』 권14, 「논어(論語)5 · 태백제8(泰伯第八) · 태백기가위지덕장(泰伯其可謂至德章)」에 "泰伯三讓權, 而不失其正, 是乃所以爲時中也. 故夫子以至德稱之. 「答黃直翁」. (태백이 세 번 국권을 사양함에 그 정도를 잃지 않았으니, 이것이 바로 시중이 되는 것이다. 그러므로 공자께서 지극한 덕으로써 칭찬하신 것이다. 「답황직옹」."라고 되어 있다. 『회암집(晦菴集)』 권43, 「답황직옹인(答黃直翁寅)」의 내용도 이와 같다.

35) 시중(時中) : 자신이 사회적으로 일을 행함에 시의(時宜)에 맞고 지나치거나 부족함이 없음을 이른다. 『중용(中庸)』에 의하면, "군자의 중용은 군자로서 때에 알맞게 행하는 것이다.(君子之中庸也, 君子而時中.)"라고 하였는데, 공영달(孔穎達)은 "사람의 희로애락(喜怒哀樂) 등이 절도에 지나치지 않는 것이다.(喜怒不過節也.)"라고 하였다. 박문호(朴文鎬)는 주자(朱子 : 朱熹)가 말한 내용 가운데 '시중(時中)'과 '중용(中庸)', 또는 '절중(節中)' 등의 개념에 주목하여 상설하였다.

36) 『사서혹문(四書或問)』 권13, 「논어(論語) · 태백제8(泰伯第八)」에 "蓋處君臣父子之變, 而不失乎中庸, 此所以爲至德也.(대개 임금과 신하, 부모와 자식 사이의 변고에 처하여 중용을 잃지 않으니, 이것이 지극한 덕이 되는 근거이다.)"라고 되어 있다.

또 말하였다. "임금과 신하, 부모와 자식 사이의 변고에 처하여 중용(中庸)을 잃지 않았다."

○ 又曰:"泰伯所处, 又高於文王, 獨全其心, 表裏無憾."[37]

또 말하였다. "태백이 처한 바가 문왕보다도 높았는데 홀로 그 마음을 온전히 가져서 겉으로나 밖으로나 유감(遺憾)이 없었다."

朱註

'泰伯不從', 事見『春秋傳』.

'태백이 좇지 않음[泰伯不從]'은 그 일이 『춘추좌전(春秋傳)』에 보인다.

詳說

○ 音現.

'사현(事見)'에서의 '현(見)'자는 음이 현(現)이다.[38]

○ 『大全』曰:"『吳越春秋』, 古公病, 二人託[39], 採藥荊山, 遂之荊蠻. 古公卒, 歸赴喪, 畢還荊蠻. 古公將卒, 令季歷讓國於泰伯, 而三讓不受. 故云:'泰伯三以天下讓.'"[40]

---

37) 『주자전서(朱子全書)』 권14, 「논어(論語)5 · 태백제8(泰伯第八) · 태백기가위지덕장(泰伯其可謂至德章)」에 "至德之論, 又更難言, 『論語』中, 只有兩處. 一爲文王而發, 則是對'武王誓師'而言; 一爲泰伯而發, 則是對'太王翦商'而言. 若論其志, 則文王固高於武王, 而泰伯所處, 又高於文王. 若論其事, 則泰伯 · 王季 · 文王 · 武王, 皆處聖人之不得已, 而泰伯爲獨全其心, 表裡無憾也. …… 「荅楊志仁」.(지극한 덕에 대한 진술은 또다시 말하기가 어려운데, 『논어(論語)』 가운데에는 다만 두 곳이 있다. 하나는 문왕을 위하여 드러낸 것으로, 곧 '무왕서사'에 대하여 말한 것이고, 하나는 태백을 위하여 드러낸 것으로, 곧 '태왕전상'에 대하여 말한 것이다. 만약 그 뜻을 논한다면 문왕이 무왕보다 높으며, 태백이 처한 바는 또 문왕보다 높은 것이다. 만약 그 일을 논한다면 태백 · 왕계 · 문왕 · 무왕이 모두 성인의 부득이함에 처한 것인데, 태백이 홀로 그 마음을 온전히 하여 겉으로나 속으로나 유감이 없었던 것이다.)"라고 되어 있다. 『회암집(晦菴集)』 권57, 「답양지인(答楊志仁)」의 내용도 이와 같다.

38) '사현(事見)'에서 '현(見)'자는 음이 현(現)이다 : 『논어집주대전』에는 "현편반(賢遍反)"으로 되어 있으나, 박문호(朴文鎬)는 '견(見)'이 '현(現)'으로 쓰이는 용례를 밝혔다.

39) 託 : 호광 편(胡廣 編), 『논어집주대전(論語集註大全)』「태백(泰伯)」에는 '탁명(託名)'으로 되어 있다.

40) 호광 편(胡廣 編), 『논어집주대전(論語集註大全)』「태백(泰伯)」의 내용을 발췌하였다. 실제로 한(漢)나라 조욱(趙煜), 『오월춘추(吳越春秋)』 권1, 「오태백전제1(吳太伯傳第一)」에 실려 있는 내용과는 조금 차이가 있다. "其初, 古公三子, 長曰太伯, 次曰仲雍, 雍一名吳仲, 少曰季歷. 季歷娶, 妻太任氏, 生子昌, 昌有聖瑞. 古公知昌聖, 欲傳國以及昌曰:'興王業者, 其在昌乎.' 因更名曰

『논어집주대전』에서 말하였다. “『오월춘추』에, 고공단보(古公亶父)가 병들자 두 사람[태백(泰伯)과 중옹(仲雍)]이 남의 이름으로 칭탁하여 형산(荊山)에서 약초를 캐다가 마침내 형만(荊蠻)으로 갔다. 고공단보가 죽자 돌아와서 상례(喪禮)에 임하고 다 마치고서 형만으로 돌아갔다. 고공단보가 장차 죽으려 할 때 계력에게 나라를 태백에게 양보하도록 하였으나 세 번 사양하고 받지 않았다. 그러므로 이르기를, ‘태백이 세 번 천하를 사양하였다.’라고 한다.”

○ 按:『集註』中‘不從’二字, 不見他書, 惟見於『左傳』五年宮之奇之言. 故於此, 又特摘出‘不從’二字, 而著其所出曰:“事見『春秋傳』.”『大全』之人, 乃誤以『吳越春秋』, 當之其意, 蓋與前篇‘居簡’註‘『家語』’之類, 同歸之於照檢之失, 是殊未察乎.『集註』之意, 況『吳越春秋』, 不可謂『春秋傳』. 且初無‘不從’之文者乎. 若不以其文而槩, 以逃蠻事爲‘不從’, 則『史記』「周紀·吳世家」, 皆可證. 又何待『吳越春秋』哉? 且其‘三讓’云云, 只是欲實此章之三讓耳, 又何足信哉?

살펴보건대, 『논어집주(論語集註)』 가운데 ‘부종(不從)’ 두 글자는 다른 책에서는 보이지 않고, 오직 『춘추좌전(春秋左傳)』 5년에 궁지기(宮之奇 : 虞人)의 말에만 보인다. 그러므로 여기서 또 특별히 ‘부종(不從)’ 두 글자를 끄집어내어 그 출전을 드러내어 말하기를, “일이 『춘추전(春秋傳)』에 보인다.”라고 한 것이다. 『논어집주대전』의 사람들은 이에 『오월춘추』로 잘못 알고 그 뜻을 감당하였으니, 대개 전편[옹야(雍也)][41] 『논어집주(論語集註)』에 나오는 ‘『가어(家語)』’의 유형[42]과 함께

‘季歷’, 太伯仲雍, 望風知指曰:‘歷者適也. 知古公欲以國及昌.’ 古公病, 二人託名, 採藥於衡山, 遂之荊蠻, 斷髮文身, 爲夷狄之服, 示不可用. 古公卒, 太伯仲雍歸赴喪, 畢還荊蠻, 國民君而事之, 自號爲勾吳.”

41) 전편[옹야(雍也)] : 『논어(論語)』「옹야(雍也)」에 “공자가 말하였다. ‘옹은 남면하게 할 만하다.’ 중궁이 자상백자에 대하여 물으니 공자가 말하였다. ‘간략함이 괜찮다.’ 중궁이 말하였다. ‘경에 거처하면서 간략함을 행하여 그 백성들을 임한다면 또한 괜찮지 않겠습니까? 간략함에 거처하면서 간략함을 행한다면 너무 간략함이 아니겠습니까?’ 공자가 말하였다. ‘옹의 말이 옳다.’(子曰: ‘雍也, 可使南面.’ 仲弓問子桑伯子, 子曰:‘可也簡.’ 仲弓曰:‘居敬而行簡, 以臨其民, 不亦可乎? 居簡而行簡, 無乃大簡乎?’ 子曰:‘雍之言然.’)”라고 하였다.

42) ‘『가어(家語)』’의 유형 : 『논어집주(論語集註)』「옹야(雍也)」의 “『공자가어(孔子家語)』에 백자가 의관을 차리지 않고 거처할 적에 공자가 소나 말에서 사람의 도리를 같이 보고자 함을 충고한 것이다. 그래서 백자는 대개 너무 간략한 사람인데 중궁이 공자의 지나치게 허여함을 의아해한 것이다.(『家語』, 記伯子不衣冠而處, 夫子譏其欲同人道於牛馬. 然則伯子, 蓋大簡者, 而仲弓疑夫子之過許與.)”라는 구절에서 『공자가어(孔子家語)』의 내용에 대한 해설이다. 실제로 『공자가어(孔子家語)』를 보면 박문호(朴文鎬)가 언급한 것처럼 원문 대조 및 검토의 오류에 대하여 지적한 내용이 있다. 위(魏) 왕숙(王肅), 『가어(家語)』 권9, 「‘후서(後序)」. “論語, 仲弓問子桑伯

똑같이 참조하고 검토하는 실수로 귀착되었으니, 이는 오히려 제대로 살피지 못한 것이로다. 『논어집주(論語集註)』의 뜻에서도 하물며 『오월춘추』를 『춘추전(春秋傳)』이라고 해서도 안 된다. 또 애당초 '부종(不從)'의 문장이 없었던 것이다. 만약 그 글을 개괄하지 못하고서 형만(荊蠻)으로 도망한 일로써 '부종(不從)'이라고 한다면, 곧 『사기(史記)』「주기(周紀) · 오세가(吳世家)」에서 모두 증명할 수 있다. 또 어찌 『오월춘추』를 기대하겠는가? 또 그 '삼양(三讓 : 세 번 사양하다)'이라 운운한 것도 다만 이 글의 '삼양(三讓)'을 확실히 하려고 한 것뿐이거늘, 또 어찌 족히 믿을 수 있겠는가?

○ **'至德', 此章之題目.**

'지덕(至德 : 지극한 덕)'이 이 장의 제목이다.

子, 朱子注家語記, 伯子不衣冠而處, 張存中取說苑中語爲證, 顏何暨伯子事廣謀, 本所無者. 蓋金張二人所見, 已是今本, 以此而推此書, 同事異辭, 滅源存末, 亂于人手. 不啻在漢而已, 安國及向之舊, 至肅, 凡幾變, 而今重亂而失真矣."

[8-2-1]

子曰："恭而無禮則勞, 愼而無禮則葸, 勇而無禮則亂, 直而無禮則絞.
공자가 말하였다. "공손하고 예가 없으면 수고롭고, 삼가고 예가 없으면 두렵고, 용맹하고 예가 없으면 어지럽고, 곧고 예가 없으면 각박하다.

朱註

'葸', 絲里反. '絞', 古卯反.[43)]
'시(葸)'는 '사(絲)'와 '리(里)'의 반절(反切)이다. '교(絞)'는 '고(古)'와 '묘(卯)'의 반절(反切)이다.

詳說

○ 雙峯饒氏曰："病于夏畦, 是謂'勞'."[44)]
쌍봉 요씨(雙峯饒氏：堯魯)가 말하였다. "여름날 밭에서 일하면서 힘들어하는 것이니,[45)] 이것을 '노(勞)'라고 이른다."

朱註

葸, 畏懼貌. 絞, 急切也.
시(葸)는 무서워하고 두려워하는 모양이다. 교(絞)는 다급하고 절박함이다.

詳說

○ 朱子曰："如繩絞得緊, 都不寬舒."[46)] 如'證羊'之類, 便是.
주자(朱子：朱熹)가 말하였다. "만약 줄로 묶어서 조인다면 모두 넉넉하고 편안하

---

43) 호광 편(胡廣 編), 『논어집주대전(論語集註大全)』「태백(泰伯)」.

44) 호광 편(胡廣 編), 『논어집주대전(論語集註大全)』「태백(泰伯)」에서 "雙峯饒氏曰：'恭而過, 則病于夏畦者有之, 是謂勞.'(쌍봉 요씨(雙峰饒氏：饒魯)가 말하였다. '공손함이 지나치면 여름날 밭에서 힘들어하는 것이 있으니, 이를 일러서 '로(勞)'라고 한다.')"라고 하였다.

45) 여름날 밭에서 일하면서 힘들어하는 것이니：『맹자(孟子)』「등문공하(滕文公下)」에서 증자(曾子)가 "어깨를 웅크리고 아첨하며 웃는 것은 여름날에 밭에서 일하면서 힘들어하는 것이다.(脅肩諂笑, 病于夏畦.)"라고 말한 구절을 가리키는 것이다.

46) 호광 편(胡廣 編), 『논어집주대전(論語集註大全)』「태백(泰伯)」에는 "朱子曰：'絞, 如繩兩頭, 絞得緊, 都不寬舒.'(주자(朱子：朱熹)가 말하였다. '교는 만약 줄의 두 가닥으로 동여매여 조이면 모두 너그럽고 편안하지 않은 것이다.')"라고 되어 있다.

지 못할 것이다."[47] '증양(證羊)'[48]과 같은 유형이 바로 이것이다."

○ 訓畢.

훈고가 끝났다.

朱註

無禮則無節文. 故有四者之弊.

예가 없으면 절문(節文)이 없게 된다. 그러므로 네 가지 폐단이 있는 것이다.

詳說

○ 雙峰饒氏曰 : "無準則."[49]

쌍봉 요씨(雙峰饒氏 : 饒魯)[50]가 말하였다. "준칙이 없는 것이다."

○ 慶源輔氏曰 : "恭愼, 柔德也, 勇直, 剛德也, 雖皆美德, 無禮, 則過而爲弊."[51]

경원 보씨(慶源輔氏 : 輔廣)[52]가 말하였다. "공손하고 삼감[恭愼]은 심성을 온순하

---

47) 『주자어류(朱子語類)』 권35, 「논어17(論語十七)」, 17조목에는 "'곧고 예가 없으면 각박하다'에 대해 묻자, 주희가 말하였다. '교(絞)'는 노끈의 양쪽 끝을 묶어서 굳게 하는 것이니, 전혀 너그러움이 없다면 아버지가 양을 훔친 것을 증거하는 일이 있게 된다.(問: '直而無禮則絞.' 曰: '絞如繩兩頭絞得緊, 都不寬舒, 則有證父攘羊之事矣.')"라고 하였다.

48) 증양(證羊) : 『논어(論語)』「자로(子路)」에 나오는 말로, "섭공이 공자에게 말하였다. '우리 무리 가운데 몸을 정직하게 하는 사람이 있는데, 그 아버지가 양을 훔치자 아들이 고발하였습니다.'(葉公語孔子曰 : '吾黨有直躬者, 其父攘羊, 而子證之.')"라고 하였다. 이에 근거하여 아버지가 양을 훔친 일을 고발(告發)하는 것을 말한다.

49) 호광 편(胡廣 編), 『논어집주대전(論語集註大全)』「태백(泰伯)」에는 "雙峯饒氏曰 : 恭而過, 則病于夏畦者有之, 是謂勞: 愼而過, 則畏首畏尾者有之, 是謂葸; 勇而過, 則犯上作亂者有之, 是謂亂; 直而過, 則證父攘羊者有之, 是謂絞. 四德, 以得中爲貴, 禮是中底準則, 無準則, 則失之過. 故有弊."로 되어 있다.

50) 요로(饒魯 : 1193~1264) : 남송 시대 학자로, 자가 백여(伯輿) 또는 중원(仲元)이고, 호가 쌍봉(雙峰)이며, 시호가 문원(文元)이다. 저서로는 『오경강의(五經講義)』·『어맹기문(語孟紀聞)』·『서명도(西銘圖)』 등이 있다.

51) 호광 편(胡廣 編), 『논어집주대전(論語集註大全)』「태백(泰伯)」에는 "慶源輔氏曰 : 恭愼, 柔德也; 勇直, 剛德也, 四者, 雖皆美德, 然無禮, 以爲之節文則過, 而爲四者之弊."로 되어 있다

52) 보광(輔廣, 생몰년 미상) : 송나라 때 학자로, 자는 한경(漢卿)이고, 호는 잠암(潛庵)이다. 주돈이(周敦頤)와 이정(二程)의 학설을 전공하고 여조겸(呂祖謙)과 주희(朱熹)를 사사하였다. 저작으로는 『시동자문(詩童子問)』·『회암선생어록(晦庵先生語錄)』·『주자독서법(朱子讀書法)』·『육경집해(六經集解)』·『상서주(尙書注)』·『사서찬소(四書纂疏)』·『통감집의(通鑑集義)』 등이 있다.

게 하는 덕목이고, 용맹하고 곧음[勇直]은 기개를 강직하게 하는 덕목이니 비록 모두 아름다운 덕목이나 예가 없으면 지나쳐서 폐단이 된다."

○ 合釋畢.

경문의 풀이에 대한 종합이 끝났다.

[8-2-2]

君子篤於親, 則民興於仁. 故舊不遺, 則民不偸."
군자가 어버이에 도타이하면 백성이 인(仁)에 일어나고, 오랜 친구를 버리지 않으면 백성이 야박(野薄)하지 않는 것이다."

朱註

> 君子, 謂在上之人也. 興, 起也. 偸, 薄也.
> 군자는 윗자리에 있는 사람을 이른다. '흥(興)'은 일어남이다. '투(偸)'는 야박(野薄)함이다.

詳說

○ 勞心之, 君子.

마음을 수고롭게 근심하는 것이 군자이다.[53)]

○ 有訓無釋.

훈고는 있으나 경문의 풀이는 없다.

○ 此, 與後篇魯公章'不施不棄', 同意.

이는 뒤의 「미자(微子)」 노공장(魯公章)의 '소홀히 하지 않고, 버리지 않는다.[不

53) 마음을 수고롭게 근심하는 것이 군자이다 : 이는 박문호(朴文鎬)가 『맹자(孟子)』「등문공상(滕文公上)」에 나오는 "어떤 사람은 마음을 수고롭게 하고, 어떤 사람은 몸을 수고롭게 하니, 마음을 수고롭게 하는 사람은 남을 다스리고, 몸을 수고롭게 하는 사람은 남에게 다스려지며, 남에게 다스려지는 사람은 남을 먹여주고, 남을 다스리는 사람은 남에게 먹여지는 것이 천하의 일반적인 도리인 것이다.(或勞心, 或勞力, 勞心者治人, 勞力者治於人, 治於人者, 食人, 治人者, 食於人, 天下之通義.)"의 내용에 근거하여 군자의 개념을 진술한 것이다.

施不棄]'[54]라는 것과 그 뜻이 같다.[55]

朱註

張子曰:"人道, 知所先後,

장자(張子:張載)가 말하였다. "사람의 도리에 먼저 하고 뒤에 할 것을 알면[56]

詳說

○ 四字, 出『大學』.

---

54) 「미자(微子)」 노공장(魯公章)의 '소홀히 하지 않고, 버리지 않는다.[不施不棄]':『논어(論語)』「미자(微子)」에 "주공이 노공에게 일러 말하였다. '군자는 일가친척을 소홀히 하지 않으며, 대신으로 하여금 쓰지 않음을 원망하지 않게 하며, 오랜 친구나 원로가 큰 연고가 없으면 버리지 않으며, 한 사람에게 완전히 갖추기를 요구하지 말아야 한다.'(周公謂魯公曰:'君子不施其親, 不使大臣, 怨乎不以; 故舊無大故, 則不棄也, 無求備於一人.')"라고 하였다.

55) 이는 뒤의 「미자(微子)」 노공장(魯公章)의 …… 그 뜻이 같다:경문 내용 가운데 의미의 동일성에 주목한 박문호(朴文鎬)의 해설이다.

56) 지소선후(知所先後:먼저 하고 뒤에 할 것을 알면):『주자어류(朱子語類)』 권35, 「논어17(論語十七)」, 16조목에는 "물었다. '횡거가 말한 '먼저하고 나중 할 것을 안다'고 말하였는데 먼저 할 곳이 '어버이께 후하게 하는 것'과 '친구를 버리지 않는 것'입니까?' 주희가 말하였다. '그렇다.' 물었다. '그가 도리어 공경과 삼감 등을 가지고 뒷 단락에 삽입하여 설명하였다면 어떻습니까?' 주희가 말하였다. '그의 설명에 의하면 사람들이 어버이에게 후하게 할 수 있는 것과 친구를 버리지 않는 것이니, 그가 중요하게 스스로 이와 같이 후하게 할 수 있다면 절문(節文)하는 곳에서도 크게 실수하지는 않을 것이다. 그가 마땅히 공경해야 할 것에 공경한다면 반드시 수고로움에 이르지 않을 것이며, 삼가면 반드시 두려워 위축되는데 이르지 않을 것이며, 용감하고 강직하게 처리하더라도 또한 절도를 잃는데 이르지 않을 것이다. 만약 먼저하고 나중할 것을 알지 못하고 하고자 하는 것을 하면서 육친과 권속이 있음을 돌아보지 않는다면, 곧 아버지가 양 훔친 일을 증거하는 것이다.'(問:''君子篤於親', 與恭·謹·勇·直處意自別. 橫渠說如何?' 曰:'橫渠這說, 且與存在, 某未敢決以爲定. 若做一章說, 就橫渠說得似好. 他就大處理會, 便知得品節如此.' 問:'橫渠說'知所先後', 先處是'篤於親'與'故舊不遺'.' 曰:'然.' 問:'他卻將恭愼等處, 入在後段說, 是如何?' 曰:'就他說, 人能篤於親與不遺故舊, 他大處自能篤厚如此, 節文處必不至大段有失. 他合當恭而恭, 必不至於勞; 謹愼, 必不至於畏縮; 勇直處, 亦不至於失節. 若不知先後, 要做便做, 更不問有六親眷屬, 便是證父攘羊之事.')"라고 하였다. 그리고 19조목에서는 "물었다. '횡거의 '먼저하고 나중할 바를 안다'는 설명은 그 절문(節文)을 말하는 것입니까?' 주희가 말하였다. '횡거의 뜻은 다음과 같다. '어버이께 후하게 하고' '친구를 버리지 않는 것'은 마땅히 먼저 해야 할 것이고, 공경하고 삼가는 것 같은 종류는 나중에 해야 할 것이라는 뜻이다.'(問:'橫渠'知所先後'之說, 其有所節文之謂否?' 曰:'橫渠意是如此:'篤於親', '不遺故舊', 是當先者; 恭愼之類卻是後.')"라고 하였다.

'지소선후(知所先後 : 먼저 하고 뒤에 할 것을 알면)'의 네 글자는 『대학(大學)』에 나온다.[57]

○ 先摘出此節, 二事之上二句, 謂親當先, 而故舊當後.

먼저 이 어절(語節)을 끄집어냈으니, 두 가지 일의 위에 놓이는 두 구절이며, 일가친척을 마땅히 먼저 하고, 오랜 친구는 마땅히 그 뒤에 해야 함을 이른 것이다.

朱註

> 則恭不勞; 愼不葸; 勇不亂; 直不絞,
> 공손해도 수고롭지 않고, 근신해도 두려워하지 않고, 용맹해도 어지럽지 않고, 정직해도 각박하지 않아서

詳說

○ 次將上節, 置之中間.

다음으로 위의 어절(語節)을 좇아서 중간에 놓은 것이다.

朱註

> 民化, 而德厚矣."[58]
> 백성들이 감화되어 덕이 도타워지는 것이다."

詳說

○ 乃及於此節, 二事之下二句.

이에 이 어절(語節)에 미쳤으니, 두 가지 일의 아래에 놓이는 두 구절이다.

○ 此圈, 恐傳寫之衍.

이 동그라미(○ : 圈)는 아마도 옮겨 쓰면서 생긴 연문(衍文 : 군더더기 글귀)일 것이다.[59]

---

57) '지소선후(知所先後) : 먼저 하고 뒤에 할 것을 알면'의 네 글자는 『대학(大學)』에 나온다 : 『대학(大學)』 제1장, "大學之道, 在明明德; 在親民; 在止於至善. 知止而后有定; 定而后能靜; 靜而后能安; 安而后能慮; 慮而后能得. 物有本末, 事有終始, 知所先後, 則近道矣."를 말한다.

58) 장재(張載), 『장자전서(張子全書)』 권2, 『정몽(正蒙)』1 「유덕편(有德篇)」 제12(第十二)에 나온다.

59) 위의 "張子曰 : 人道, 知所先後"에서 張子曰앞에 붙은 ○를 말한다.

朱註

吳氏曰："'君子'以下, 當自爲一章, 乃曾子之言也."

오씨(吳氏)가 말하였다. "'군자(君子)' 아래로는 마땅히 한 문단(文段)이 되어야 하니, 또한 증자(曾子 : 曾參)의 말이다.

詳說

○ 此下五章, 皆曾子之言. 故云然.

이 아래 다섯 문단은 모두 증자의 말이다. 그러므로 그렇게 말한 것이다.

朱註

愚按：此一節, 與上文不相蒙, 而與首篇'愼終追遠'之意, 相類, 吳說近是.

내가 살펴보건대, 이 한 어절이 윗글과 함께 서로 연관되지 않고, 머리편[학이편(學而篇)] '신종추원(愼謹終追遠)'[60]의 뜻과 함께 서로 같으니, 오씨의 해설이 거의 맞는 듯하다.

詳說

○ 一作'謹'[61].

'신종추원(愼終追遠)'에서 신(愼)'은 어떤 판본에는 '근(謹)'으로 쓴다.

○ 朱子曰："橫渠說, 未敢決以爲定, 不若吳氏分作兩邊說爲是."[62]

---

60) 머리편[학이편(學而篇)] '신종추원(愼謹終追遠)' : 『논어(論語)』「학이(學而)」에 "증자가 말하였다. '마침을 삼가고 먼 것을 좇으면 백석의 덕이 후함에 돌아올 것이다.'(曾子曰 : '愼終追遠, 民德歸厚矣.')"라고 하였다.

61) 『가례(家禮)』「가례서(家禮序)」. "古人所以修身齊家之道, 謹終追遠之心, 猶可以復見." 『성리대전(性理大全)』 권19, 「가례(家禮)2」 등에서도 볼 수 있다.

62) 호광 편(胡廣 編), 『논어집주대전(論語集註大全)』「태백(泰伯)」. 『주자어류(朱子語類)』 권35, 「논어17(論語十七)」, 16조목에는 "'問: '君子篤於親', 與恭 · 謹 · 勇 · 直處意自別. 橫渠說如何?' 曰: '橫渠這說, 且與存在, 某未敢決以爲定. 若做一章說, 就橫渠說得似好. 他就大處理會, 便知得品節如此.'(물었다. ''군자가 어버이께 후하게 한다'는 내용은 공경, 삼감, 용기, 강직함과 의미가 절로 구별이 됩니다. 횡거(橫渠)의 설명이 어떻습니까?' 주희가 말하였다. '횡거의 이런 설명도 있는데, 나는 감히 결정하여 확정하지 못하겠다. 만약 하나의 장으로 간주하여 설명한다면 횡거의 설명이 좋은 듯하다. 중요한 점부터 이해하였다면 품절이 이와 같다는 것을 알 것이다.')"라고 되어 있다. 그리고 18조목에는 "張子之說, 謂先且篤於親, 不遺故舊, 此其大者, 則恭 · 愼 · 勇 · 直不至難用力. 此說固好, 但不若吳氏分作兩邊說爲是.(장횡거의 설은 먼저 어버이

주자(朱子 : 朱熹)가 말하였다. "장횡거(張橫渠)의 해설[63]은 감히 결단하여 정할 수 없으니, 오씨가 둘로 나누어진다는 설명이 맞는 말이 되는 것만 같지 못하다."

○ **按 : 張子說, 太涉牽强, 吳氏其分作兩邊說, 則決知其是. 而其分爲兩章, 則又未知其必當. 故『集註』, 只以近是爲言. 竊謂 : 不分爲二章, 只就一章中, 分上下節, 各爲一義, 讀之如前篇, 非其鬼章, 恐宜.**

살펴보건대, 장자(張子 : 張載)의 해설은 너무 견강부회(牽强附會)를 하였고, 오씨(吳氏)가 둘로 나누어진다는 해설은 곧 그 옳음을 분명히 알 수 있다. 그런데 두 문단으로 나누는 것이 반드시 마땅한지는 알지 못하겠다. 그러므로 『논어집주(論語集註)』에서 다만 '거의 맞는 듯하다.[近是]'라고 말하였다. 가만히 생각해 보건대, 두 문단으로 나누지 않고 다만 한 문단 안에서 위아래의 문단으로 나누고 각각 하나의 의미로 삼아서 앞의 편과 똑같이 읽더라도 괴이한 문단이 아니니 아마 괜찮을 것이다.

께 후하게 하고 친구를 버리지 않을 것을 말하였는데, 이는 중요한 것이니 공경, 삼감, 용감함, 강직함이 힘을 쓰기 어렵다는 것은 아니다. 이 설명은 참으로 좋으나, 오씨가 두 방면으로 나누어야 한다는 설명이 옳은 것만 못하다.)"라고 되어 있는데, 이 두 설을 축약하여 말한 듯하다.

63) 장횡거(張橫渠)의 해설 : 위의 주석에서 기술한, "장자가 말하였다. '사람의 도리에 먼저 하고 뒤에 할 것을 알면 공손해도 수고롭지 않고, 근신해도 두려워하지 않고, 용맹해도 어지럽지 않고, 정직해도 각박하지 않아서 백성들이 감화되어 덕이 도타워지는 것이다.'(張子曰 : '人道, 知所先後, 則恭不勞; 愼不葸; 勇不亂; 直不絞, 民化, 而德厚矣.')"의 내용을 가리키는 것이다.

[8-3-1]

曾子有疾, 召門弟子曰 : "啓予足, 啓予手. 『詩』云 : '戰戰兢兢, 如臨深淵, 如履薄冰', 而今而後, 吾知免夫. 小子!"

증자가 질병이 있어 문인 제자를 불러 말씀하셨다. "내 발을 열며 내 손을 열어라. 『시경(詩經)』에 이르기를 '벌벌 떨며 두려워하여 깊은 못에 다다른 듯이 하며 얇은 얼음을 밟는 것 같이 한다.'라고 하니 이제야 내가 면함을 알았노라. 애들아!"

朱註

'夫', 音扶. 啓, 開也.

'오지면부(吾知免夫)'에서의 '부(夫)'자는 음이 '부(扶)'이다. '계(啓)'는 열다[開]이다.64)

詳說

○ 訓.

'계, 개야(啓, 開也)'는 훈고이다.

朱註

曾子平日, 以爲'身體, 受於父母, 不敢毁傷.' 故於此, 使弟子, 開其衾而視之.

증자(曾子 : 曾參)는 평소에 '사람의 몸은 부모에게서 받았으니 감히 상처 내서는 안 된다.'라고 생각하였다. 그러므로 여기에서 제자들에게 이불을 열고 보게 하였다.

詳說

○ 見『孝經』.

『효경(孝經)』에 보인다.65)

---

64) '계(啓)'는 열다[開]이다 : 『설문해자(說文解字)』에서 "'啓'는 본래 '启'로 썼으며, 가르치는 것이다.(啓, 本作启, 教也.)" 하고, 다시 "'启'는 엶이고, '戶'자를 좇고 '口'자를 좇는다.(启, 開也, 从戶从口.)"라고 하였는데, 뒤에 『옥편(玉篇)』에서 "'계'는 개발함이다.(啓, 開發也.)"라고 하여 그 의미가 오래되었음을 알 수 있다.

65) 『효경(孝經)』에 보인다 : 『효경(孝經)』 제1장에서 "사람의 몸과 피부는 부모에게서 받았으니 감히 상처 내지 않는 것이 효의 시작이고, 몸을 일으키고 도를 행하여 이름을 후세에 날려서 부모를 세상에 알려지게 하는 것이 효의 끝이다.(身體髮膚, 受之父母, 不敢毁傷, 孝之始也; 立身

○ 新安陳氏曰 : "指今病時, 與'平日'字對."

신안 진씨(新安陳氏 : 陳櫟)가 말하였다. "지금 병든 때를 가리키니, '평일(平日)'자와 함께 상대어이다."

○ 手足, 用體也, 易致毁傷. 故特使視之. 然其實, 通指百體. 故註以'身體'言之.

손과 발은 쓰는 몸이니 쉽게 상처 낼 수 있다. 그러므로 특별히 보도록 한 것이다. 그러나 실제로는 온 몸을 통째로 가리키기 때문에 주석에서 '신체'로써 말한 것이다.

○ 釋.

경문의 풀이다.

朱註

『詩』, 「小旻」之篇. '戰戰', 恐懼; '兢兢', 戒謹. '臨淵', 恐墜; '履冰', 恐陷也.

『시경(詩經)』은 「소아(小雅)·소민(小旻)」이다. '전전(戰戰)'은 두려워함이고, '긍긍(兢兢)'은 조심하고 삼감이다. '임연(臨淵)'은 떨어짐을 두려워함이고, '이빙(履氷)'은 빠짐을 두려워함이다.

詳說

○ 以有'小'字, 故不言「小雅」.

'소(小)'자가 있기 때문에 「소아(小雅)」를 말하지 않은 것이다.

○ 朱子曰 : "敬之意."[66]

주자(朱子 : 朱熹)가 말하였다. "경계(警戒)하는 뜻이다."[67]

行道, 揚名於後世, 以顯父母, 孝之終也.)"라고 하였다.

66) 『주자어류(朱子語類)』 권35, 「논어17(論語十七)」, 22조목에는 "曾子曰 : '戰戰兢兢, 如臨深淵, 如履薄氷.' 此乃敬之法, 此心不存, 則常昏矣. 今人有昏睡者, 遇身有痛痒, 則蹶然而醒. 蓋心所不能已, 則自不至於忘, 『中庸』'戒謹恐懼', 皆敬之意.(증자가 '삼가하고 조심하며 깊은 연못에 다가간 듯, 얇은 얼음을 밟는 듯 한다'고 하였는데, 이것은 바로 경(敬)을 실천하는 방법이다. 이런 마음이 존재하지 않으면 항상 혼미하게 된다. 지금 혼미하여 잠자는 사람이 있는데, 몸이 아프거나 가려움이 있으면 펄쩍 뛰며 깰 것이니, 대개 마음이 그치지 못하는 것이라면 저절로 잊어버리게 되지 않는다. 『중용(中庸)』에 '경계하고 삼가며 두려워한다'는 것은 모두 경(敬)을 실천하는 방법이다.)"라고 되어 있다.

67) 경계(警戒)하는 뜻이다 : 『석명(釋名)』「석언어(釋言語)」에서 "경(敬)은 경계함이니, 항상 스스로 정중하고 공경함이다.(敬, 警也, 恆自肅敬也.)"라고 풀이한 '경(敬)'의 외연과 상관되는 훈석

○ 訓.

훈고이다.

朱註

曾子以其所保之全, 示門人, 而言其所以保之之難如此, 至於將死而後, 知其得免於毁傷也.

증자(曾子)가 몸을 온전하게 보존함을 문인들에게 보여주면서 보존함의 어려움이 이와 같고, 장차 죽을 지경에 이른 뒤에야 훼상함을 면할 수 있음을 알았다고 말한 것이다.

詳說

○ 指『詩』.

'차(此)'는 『시경(詩經)』을 가리킨다.

○ 南軒張氏曰 : "與'易簀'之意, 同."[68]

남헌 장씨(南軒張氏 : 張栻)[69]가 말하였다. "'역책(易簀)'[70]의 뜻과 같은 것이다."

(訓釋)에 박문호(朴文鎬)가 주목한 것이라고 할 수 있다.

68) 호광 편(胡廣 編), 『논어집주대전(論語集註大全)』「태백(泰伯)」에는 "南軒張氏曰 : 曾子當死生之際, 其言如此, 與'易簀'之意同. 啓手足, 示保其身而無傷也. 戰兢臨履, 曾子平日之心, 所以爲敬而無失也. 至是而知免於戾, 所謂全而歸之也歟."로 되어 있다.

69) 장식(張栻 : 1133~1180) : 남송 시대 한주(漢州) 사람으로, 자가 경부(敬夫), 흠부(欽夫), 또는 낙재(樂齋)이며, 호가 남헌(南軒) 또는 남헌선생(南軒先生)이다. 시호가 '선(宣)'이라서 후세에 장선공(張宣公)으로도 칭하였다. 학문의 일파를 이루어 주희(朱熹)나 여조겸(呂祖謙)과 함께 이름을 나란히 하여 한때 '동남삼현(東南三賢)'으로 불렸다. 남송(南宋) 이종(理宗) 원년(1241)에 공자 사당에서 제사 지낸 뒤로, 이관(李寬)·한유(韓愈)·이사진(李士眞)·주돈이(周敦頤)·주희(朱熹)·황간(黃幹)과 함께 석고서원(石鼓書院) 칠현사(七賢祠)에서 제사 지낸 뒤에 '석고칠현(石鼓七賢)'이라 칭하였다.

70) 역책(易簀) : 삿자리를 바꾼다는 말로, 사람이 병이 위중하여 장차 죽으려 함을 가리키는 말이다. 옛날 예제(禮制)에 대부의 신분이 되어야만 책(簀 : 삿자리)을 사용할 수 있었는데, 증삼(曾參)이 대부가 되기도 전에 사용하다가 죽기 직전에 바른 도리가 아님을 알고 증원(曾元)에게 교체하도록 명한 『예기(禮記)』에 나오는 이야기이다. 그 전문은 다음과 같다. 『예기(禮記)』「단궁상(檀弓上)」. "증자가 병석에 누워서 앓았는데 악정자춘이 병상 아래 앉고, 증원과 증신이 발치에 앉고, 어린애가 방구석에 앉아서 촛불을 잡고 있었다. 어린애가 말하였다. '화려하고 찬란합니다. 대부의 삿자리인가요?' 증자가 말하였다. '그렇다. 이는 계손씨가 나에게 준 것이라 내

○ 釋.

경문의 풀이다.

朱註

小子, 門人也,

'소자(小子)'는 문인(門人)이니,

詳說

○ 訓.

훈고이다.

朱註

語畢而又呼之, 以致反復丁寧之意, 其警之也, 深矣.

말을 마치고 또 문인들을 불러서 반복하고 정녕한 뜻을 지극하게 하였으니, 문인들을 경계(警戒)시킨 것이 깊다.

詳說

○ 覆同.

'복(復)'은 복(覆)과 같다.[71]

가 아직 바꿀 수가 없었구나. 증원아! 나를 일으켜서 삿자리를 바꿔라.' 증원이 말하였다. '공자의 병세가 극심하여 바꿀 수 없으니, 바라건대 아침이 되면 청컨대 삼가 바꾸어드리겠습니다.' 증자가 말하였다. '너의 나에 대한 사랑은 저 사람만 같지 못하다. 군자가 남을 사랑함은 덕으로써 하고, 소인이 남을 사랑함은 한때의 편안함으로써 한다. 내가 무엇을 바라겠는가? 나는 바른 도를 얻고 죽으리라. 이것뿐이다.' 들고 부축하여 삿자리를 바꾸었는데 병석에 되돌아 앉지도 못하고 죽었다.(曾子寢疾, 病, 樂正子春, 坐於床下, 曾元·曾申, 坐於足, 童子隅坐而執燭. 童子曰 : '華而睆, 大夫之簀與?' 曾子曰 : '然. 斯季孫之賜也, 我未之能易也. 元! 起易簀.' 曾元曰 : '夫子之病革矣, 不可以變, 幸而至於旦, 請敬易之.' 曾子曰 : '爾之愛我也, 不如彼. 君子之愛人也, 以德; 細人之愛人也, 以姑息, 吾何求哉? 吾得正而斃焉, 斯已矣.' 擧扶而易之, 反席未安而沒.)"

71) '복(復)'은 복(覆)과 같다 : 호광 편(胡廣 編), 『논어집주대전(論語集註大全)』「태백(泰伯)」에는 "방복반(方服反)"의 음가(音價)를 적시한 것에 비하여, 박문호(朴文鎬)의 훈석(訓釋)은 한자의 용례에 따르는 실용적 음의(音義)를 제시하였음을 보여준다.

○ 釋.

경문의 풀이다.

朱註

程子曰 : "君子曰終, 小人曰死."

정자(程子 : 程頤)가 말하였다. "군자는 종(終)이라 하고, 소인은 사(死)라고 한다."

詳說

○ 叔子.

'정자왈(程子曰)'에서 '정자(程子)'는 동생 정이(程頤)이다.

○ 出『禮記』「檀弓」.

『예기』「단궁(檀弓)」에 나온다.72)

○ 慶源輔氏曰 : "'死', 澌盡泯沒之謂."73)

경원 보씨(慶源輔氏 : 輔廣)가 말하였다. "'사(死)'는 목숨이 다하여 사라지고 아주 없어짐을 이른다."

朱註

君子保其身以沒, 爲終其事也. 故曾子以全歸爲免矣. 尹氏曰 : "父母全而生之, 子全而歸之. 曾子臨終而啓手足, 爲是故也. 非有得於道, 能如是乎?"

군자는 그 몸을 보전(保全)하여 죽음에 그 일을 마치게 되는 것이다. 그러므로 증자(曾子)가 몸을 보전(保全)하여 돌아감으로써 훼상(毁傷)을 면하게 되었다고 여긴 것이다. 윤씨(尹氏)가 말하였다. "부모가 온전하게 낳으셨으니, 자식이 보전하여 돌아가야 하는 것이다. 증자(曾子)가 마침에 임하여 손과 발을 열어서 보인 것은 이런 까닭 때문이었다. 사람의 도리를 터득함이 있는 사람이 아니라면

---

72) 『예기』「단궁(檀弓)」에 나온다 : 호광 편(胡廣 編), 『논어집주대전(論語集註大全)』「태백(泰伯)」에는 "見『記』「檀弓」, 乃子張將死之言."이라 하였다. 『예기』「단궁상(檀弓上)」에는 "자장이 병들자 아들 신상을 불러서 말하였다. '군자는 마친다 하고, 소인은 죽는다 하는데, 내가 오늘 거의 그렇게 되었구나.(子張病, 召申祥而語之曰 : '君子曰終, 小人曰死, 吾今日, 其庶幾乎.')"로 되어 있다.

73) 호광 편(胡廣 編), 『논어집주대전(論語集註大全)』「태백(泰伯)」에는 "慶源輔氏曰 : 終者, 成其始之辭; 死, 則澌盡泯沒之謂. 君子平日, 以保身爲事. 故於將沒, 可以言終."으로 되어 있다.

능히 이와 같을 수 있겠는가?"

詳說

○ 方主'曾子'言. 故不復及小人.

바야흐로 '증자(曾子)'의 말을 주장한 것이다. 그러므로 소인(小人)을 반복하여 언급하지 않았다.[74]

○ 世或有生而不全者.

세상에 간혹 태어남에 온전하지 못한 사람이 있다.

○ 見『禮記』「祭義」. 曾子, 蓋述孔子之言也.

『예기』「제의(祭義)」에 보인다.[75] 증자(曾子)는 대개 공자(孔子)의 말을 구술(口述)한 것이다.[76]

○ 去聲.[77]

'위시고야(爲是故也)'에서 '위(爲)'자는 거성(去聲 : 때문)이다.

○ 雲峰胡氏曰 : "仁以爲任[78], 死而後已, 可謂能踐其言矣."[79]

---

74) 바야흐로 '증자(曾子)'의 말을 …… 소인(小人)을 반복하여 언급하지 않았다 : 박문호(朴文鎬)가 『논어집주(論語集註)』에서 "군자는 그 몸을 보전(保全)하여 죽음에 그 일을 마치게 되는 것이다.(君子保其身以沒, 爲終其事也.)"라고 한 것이 증자(曾子)가 말한 "이제야 내가 면함을 알았노라.(而今而後, 吾知免夫.)"에 해당한다고 보고 해설한 것이다.

75) 『예기』「제의(祭義)」에 보인다 : 『예기』「제의(祭義)」에 "악정자춘이 말하였다. '나는 증자에게 들었고, 증자는 공자에게 들었도다. 하늘이 낳은 것과 땅이 기른 것 가운데 사람보다 위대한 것이 없다. 부모가 온전하게 낳으셨으니, 자식이 보전하여 돌아가는 것을 효라고 이를 만하며, 그 몸을 훼상하지 않고 그 몸을 욕되게 하지 않는 것을 보전(保全)함이라고 이를 만하다.'(樂正子春曰 : '吾聞諸曾子, 曾子聞諸夫子, 曰 : 天之所生, 地之所養, 無人爲大. 父母全而生之, 子全而歸之, 可謂孝矣; 不虧其體, 不辱其身, 可謂全矣.')"라고 하였다. 『논어집주대전』 가운데 진력(陳櫟)의 해설 안에 이 내용이 들어 있다. "新安陳氏曰 : '此推廣餘意, 形體固全受, 德性尤全受之大者. 身體雖全, 德行有虧, 不可謂之全歸, 尤爲辱親也. 『記』「祭義」, 樂正子春曰 : 吾聞諸曾子, 曾子聞諸夫子, 曰 : 父母全而生之, 子全而歸之, 可謂孝矣; 不虧其體, 不辱其親, 可謂全矣, 亦謂德行之不可虧也."

76) 증자(曾子)는 대개 공자(孔子)의 말을 구술(口述)한 것이다 : 박문호(朴文鎬)가 『예기』「제의(祭義)」의 내용 가운데 증자의 제자 악정자춘(樂正子春)이 "나는 증자에게 들었고, 증자는 공자에게 들었도다.(吾聞諸曾子, 曾子聞諸夫子.)"라고 말한 것에 의거하여 설명한 것으로 보인다.

77) 호광 편(胡廣 編), 『논어집주대전(論語集註大全)』「태백(泰伯)」.

78) 任 : 호광 편(胡廣 編), 『논어집주대전(論語集註大全)』「태백(泰伯)」에는 '己任'으로 되어 있다.

79) 호광 편(胡廣 編), 『논어집주대전(論語集註大全)』「태백(泰伯)」에는 "雲峯氏曰 : 范氏正恐學者,

운봉 호씨(雲峰胡氏 : 胡炳文)[80]가 말하였다. "인(仁)으로써 자기 임무로 삼고, 죽은 뒤에 그치니, 능히 그 말을 실천하였다고 이를 만하다."

朱註

范氏曰 : "身體猶不可虧也, 況虧其行, 以辱其親乎?"
범씨(范氏)가 말하였다. "신체는 오히려 훼상(毁傷)해서는 안 된다. 하물며 그 행실을 훼상하여 그 부모를 욕되게 하랴?"

詳說

○ 去聲.[81]
'황휴기행(況虧其行)'에서 '행(行)'자는 거성(去聲 : 행실)이다.

○ 亦見「祭義」.
'신체를 훼상하고 부모를 욕되게 함'은 또한 「제의(祭義)」에 보인다.[82]

○ 新安陳氏曰 : "此推廣餘意, 德行尤大."
신안 진씨(新安陳氏 : 陳櫟)가 말하였다. "이는 말끝에 함축되어 있는 속뜻을 미루어 의미를 확대한 것이니, 덕행이 더욱 중대하다."[83]

○ 卽前篇'武伯'註一說之意也. 蓋曾子之無虧行, 門人習知之, 而其不虧體, 則未必知之. 故臨沒, 特以示之.
곧 전편의 '무백(武伯)' 주석과 동일한 설명의 뜻이다.[84] 대개 증자(曾子)의 훼상

但以曾子不虧其身而已, 則將有僥倖苟免之意. 故又特以不虧其行, 申言之, 所以厲中人也. 曾子嘗曰 : 仁以爲己任, 死而後已, 至此, 可謂能實踐其言矣."로 되어 있다.

80) 호병문(胡炳文 : 1250~1333) : 중국 원나라 때 학자로, 자는 중호(仲虎)이고, 호는 운봉(雲峯)이며, 무원고천(婺源考川) 사람이다. 주자학(朱子學)과 역학(易學) 공부에 조예가 있었으며, 대표저작으로는 『운봉집(雲峯集)』·『사서통(四書通)』·『주역본의통석(周易本義通釋)』과 『순정몽구(純正蒙求)』 등이 있다.

81) 호광 편(胡廣 編), 『논어집주대전(論語集註大全)』「태백(泰伯)」.

82) '신체를 훼상하고 부모를 욕되게 함'은 또한 「제의(祭義)」에 보인다 : 위에서 기술한 바 있는 『예기』「제의(祭義)」의 내용을 말하는 것이다. "악정자춘이 말하였다. '그 몸을 훼상하지 않고 그 몸을 욕되게 하지 않는 것을 보전(保全)함이라고 이를 만하다.'(樂正子春曰 : '不虧其體, 不辱其身, 可謂全矣.')"

83) 이는 말끝에 함축되어 있는 속뜻을 미루어 의미를 확대한 것이니, 덕행이 더욱 중대하다 : 위에서 기술한 바 있는 『논어집주대전』 가운데 진력(陳櫟)의 해설을 말하는 것이다. "新安陳氏曰 : '此推廣餘意, 形體固全受, 德性尤全受之大者. 身體雖全, 德行有虧, 不可謂之全歸, 尤爲辱親也."

함이 없는 행실을 문인들이 익숙히 알았지만, 훼상하지 않은 몸은 반드시 알지 못하였던 것이다. 그러므로 죽음에 임하여 특별히 손과 발을 보인 것이다.

84) 전편의 '무백(武伯)' 주석과 동일한 설명의 뜻이다 : 『논어(論語)』「위정(爲政)」에서 "맹무백이 효도를 물었는데, 공자가 말하였다. '부모는 오직 그 자식의 질병을 근심한다.'(孟武伯問孝, 子曰 : '父母唯其疾之憂.')"라고 하였는데, 이에 대한 『논어집주(論語集註)』의 내용과 동일한 연관성이 있다고 본 것이다. 『논어집주(論語集註)』의 내용은 다음과 같다. "부모가 자식을 사랑하는 마음이 이르지 않는 곳이 없으나 오직 질병이 있을까 염려하여 항상 근심을 하니, 사람의 자식이 이것을 체득하여 부모의 마음으로 마음을 삼는다면 무릇 그 몸을 지키는 것을 스스로 삼가지 않음을 용납하지 못할 것이니 어찌 효도하지 않을 수 있겠는가? 옛말에 사람의 자식이 능히 부모에게 의롭지 못한 데 빠지는 것으로써 근심이 되게 하지 않고, 오직 질병으로 근심이 되게 하여야 이에 효도라고 이를 만하다고 하였으니, 또한 통한다.(父母愛子之心, 無所不至, 唯恐其有疾病, 常以爲憂也, 人子體此, 而以父母之心爲心, 則凡所以守其身者, 自不容於不謹矣, 豈不可以爲孝乎? 舊說, 人子能使父母, 不以其陷於不義爲憂, 而獨以其疾爲憂, 乃可謂孝, 亦通.)"

[8-4-1]

曾子有疾, 孟敬子問之,
증자가 질병이 있으시어 맹경자가 문병하였더니

朱註

孟敬子, 魯大夫仲孫氏, 名捷.
맹경자는 노나라 대부 중손씨이니, 이름이 첩(捷)이다.

詳說

○ 句.
'노대부(魯大夫)'에서 구절이 끊어진다.

○ 武伯之子.
'첩(捷)'은 무백(武伯 : 孟懿子의 아들, 이름은 彘)의 아들이다.

○ 訓.
훈고이다.

朱註

'問之'者, 問其疾也.
'문지(問之)'라는 것은 그 질병을 위문(慰問)함이다.

詳說

○ 釋.
경문의 풀이다.

○ 胡氏曰 : 曾子之疾, 見於『語』者二·「檀弓」者一, 此章最先; 前章次之; '易簀'最後.[85]
호씨(胡氏)가 말하였다. "증자(曾子)의 질병은 『논어(論語)』에 두 군데, 「단궁(檀弓)」에 한 군데 보이니, 이 문단이 가장 먼저이고, 앞의 문단[86]이 다음이 되고, '역책

85) 호광 편(胡廣 編), 『논어집주대전(論語集註大全)』「태백(泰伯)」에는 "胡氏曰 : '曾子之疾, 見於『語』者二, 見於「檀弓」者一, 此章最先; 前章次之; 易簀最後.'"로 되어 있다.

86) 앞의 문단 : 앞의 구절 "曾子有疾, 召門弟子曰 : "啓予足, 啓予手. 『詩』云 : '戰戰兢兢, 如臨深淵, 如履薄冰', 而今而後, 吾知免夫. 小子!"를 말한다.

(易簀)'[87]은 가장 뒤이다.

[8-4-2]

曾子言曰：鳥之將死，其鳴也哀；人之將死，其言也善.
증자가 스스로 말하였다. "새가 장차 죽음에 그 울음이 슬프고, 사람이 장차 죽음에 그 말이 착하다."

朱註

'言', 自言也.
'언(言)'은 스스로 말하는 것이다.

詳說

○ 程子曰："不問而自言."[88]
정자(程子：程頤)가 말하였다. "묻지 않았는데 스스로 말하는 것이다."

○ 與上節'問'字, 不相蒙.
위 구절의 '문(問)'자와 서로 연관되지 않는다.

○ '言'字, 又有力疾之意.
'언(言)'자는 또 애써 아픈 몸을 지탱하는 뜻이 있다.

○ 訓.
훈고이다.

87) 역책(易簀)：『예기』「단궁상(檀弓上)」에 "曾子寢疾, 病, …… 曾子曰：'…… 易簀.' 曾元曰：'夫子之病革矣, 不可以變, 幸而至於旦, 請敬易之.' 曾子曰：'爾之愛我也, 不如彼. 君子之愛人也, 以德; 細人之愛人也, 以姑息, 吾何求哉? 吾得正而斃焉, 斯已矣.' ……."라고 하였다.

88) 『정씨경설(程氏經說)』 권7, 「논어설(論語說)·태백(泰伯)」. "曾子有疾, 孟敬子問之, 曾子言曰：'鳥之將死, 其鳴也哀.' 不問而自言. 故曰言. 曰：鳥畏死. 故鳴哀; 人將死, 而言出於誠也. 故善." 주희, 『논어정의(論語精義)』 권4하, 「태백제8(泰伯第八)」. "伊川解曰：不問而自言. 故曰言. 曰：鳥畏死. 故鳴哀; 人將死, 而其言出於誠也. 故善."

朱註

鳥畏死. 故鳴哀; 人窮反本. 故言善.

새는 죽는 것을 두려워한다. 그러므로 울음소리가 구슬프다. 사람은 막바지에 다다르면 근본으로 되돌아간다. 그러므로 말이 착하다.

詳說

○ 慶源輔氏曰: "人性本善, 其惡者, 役於氣, 動於欲也. 至將死, 氣消欲息. 故反本而言善, 此凡人也."[89]

경원 보씨(慶源輔氏 : 輔廣)가 말하였다. "사람의 성품은 본래 착한데 악한 것은 기질에 부려지고 욕심에 움직여서이다. 장차 죽음에 이르러서는 기질이 사라지고 욕심이 그친다. 그러므로 근본으로 되돌아가서 말이 착하니, 이는 보통 사람이다.

○ 釋畢.

경문의 풀이가 끝났다.

○ 此下, 又釋其意.

이 아래에서도 또 경문의 뜻을 풀이한다.

朱註

此, 曾子之謙辭, 欲敬子知其所言之善, 而識之也.

이는 증자(曾子 : 曾參)의 겸양하는 말이니, 경자(敬子 : 孟敬子)에게 그 말하는 것이 착함을 알아서 그것을 기억하도록 하려는 것이다.

詳說

○ 自問於凡人.

스스로 보통 사람에게 물은 것이다.

○ 善之目, 在下節.

착함[善]의 조목은 아래 구절에 있다.

---

89) 호광 편(胡廣 編), 『논어집주대전(論語集註大全)』「태백(泰伯)」에는 "慶源輔氏曰 : 人性本善, 其惡者, 役於氣, 動於欲而陷溺也. 至將死, 氣消欲息. 故反本而言善, 此凡人也. 曾子平日所言, 何嘗不善? 自謙云爾."로 되어 있다.

○ 音志.[90]

'이지지야(而識之也)'에서 '지(識 : 기억하다)'자는 음이 지(志)이다.

○ 此, 其言外之意.

이는 그 말 밖의 뜻이다.

[8-4-3]

君子所貴乎道者三, 動容貌, 斯遠暴慢矣; 正顏色, 斯近信矣; 出辭氣, 斯遠鄙倍矣. 籩豆之事, 則有司存.

군자가 도에 귀중(貴重)하게 여기는 일이 셋이니, 용모를 움직임에 이에 사납고 거만(倨慢)함을 멀리하며, 얼굴빛을 바룸에 이에 신실(信實)함을 가까이하며, 말 기운을 냄에 이에 더럽고 어그러짐을 멀리하는 것이다. 제기(祭器)와 관련된 일은 주관(主管)하는 집사(執事)에게 맡겨둔다.

朱註

'遠'·'近', 幷去聲.[91] 貴, 猶重也. 容貌, 擧一身而言. 暴, 粗厲也[92]; 慢, 放肆也. 信, 實也, 正顏色而近信, 則非'色莊'也. 辭, 言語; 氣, 聲氣也. 鄙, 凡陋也; 倍, 與背同, 謂背理也. 籩, 竹豆; 豆, 木豆.

'사원폭만의(斯遠暴慢矣)'에서 '원(遠)'자와 '사근신의(斯近信矣)'에서 '근(近)'자는 모두 거성(去聲 : 멀리함·가까이함)이다. '귀(貴)'는 중(重 : 귀중함)과 같다. '용모(容貌)'는 한 몸을 들어서 말한 것이다. '포(暴)'는 거칠고 사나움이고, '만(慢)'은 방

90) 호광 편(胡廣 編), 『논어집주대전(論語集註大全)』「태백(泰伯)」에는 "'識', 音志, 記也."라고 되어 있다.

91) 『논어집주(論語集註)』에는 "遠近, 並去聲也."로 되어 있고, 호광 편(胡廣 編), 『논어집주대전(論語集註大全)』「태백(泰伯)」에는 "遠近, 皆去聲."로 되어 있다.

92) 暴, 粗厲也 : 『주자어류(朱子語類)』 권35, 「논어17(論語十七)」, 52조목에는 다음과 같이 되어 있다. "注云 : '暴, 粗厲也.' 何謂粗厲?' 曰 : '粗, 不精細也.'(『논어집주(論語集註)』에 '포(暴)는 거칠고 사나움[粗厲]'이라고 하였는데, 무엇을 거칠고 사나움이라고 합니까?' 주희가 말하였다. '거칢[粗]은 정밀하고 자세하지 않다는 말이다.')"

종(放縱)하고 방자(放恣)함이다. '신(信)'은 신실(信實)함이니, 얼굴빛을 바루고 신실함을 가까이하면 얼굴빛만 엄숙한 것이 아니다. '사(辭)'는 언어(言語)이고, '기(氣)'는 소리와 기운이다. '비(鄙)'는 평범하고 지질지질함이고, '배(倍)'는 배반할 배(背)와 같으니 도리에 위배(違背)됨을 이른다.[93] '변(籩)'은 대나무 제기(祭器)이고, '두(豆)'는 나무 제기(祭器)이다.

詳說

◯ **朱子曰:"暴, 剛之過; 慢, 柔之過."**[94]

주자(朱子 : 朱熹)가 말하였다. "'포(暴)'는 굳셈의 지나침이고, '만(慢)'은 부드러움의 지나침이다."

◯ **朱子曰:"表裏如一."**[95]

---

93) 『주자어류(朱子語類)』 권35, 「논어17(論語十七)」, 28조목에는 "이 장에서 '거칠고 사나우며 방자함[暴慢]', '비루하고 도리에 어긋남[鄙倍]' 등의 글자는 모름지기 다른 것과 함께 보아야 한다. 포(暴)는 거칠고 사나움[粗厲]이며, 만(慢)은 방자함[放肆]이다. 대개 사람의 용모는 화평함이 적다면, 거칠고 사납지 않으면 방자하다. 거칠고 사나움은 강한 사람의 잘못이며, 방자함은 너그럽고 부드러운 사람의 잘못이다. 비(鄙)는 평범하고 천근함[凡淺]이며, 배(倍)는 도리에 어긋남[背理]이다. 지금 사람들의 논의 가운데 보는 것이 비록 어긋나 잘못됨은 없더라도 천근(淺近)한 사람이 있으니, 이것이 비(鄙)이다. 또 말하는 것이 매우 고상하지만 실제는 도리에 어긋나는 사람이 있으니 이것이 배(倍)이므로 분별하지 않을 수 없다.(此章'暴慢·鄙倍'等字, 須要與他看. 暴, 是粗厲; 慢, 是放肆. 蓋人之容貌少得和平, 不暴則慢. 暴是剛者之過, 慢是寬柔者之過. 鄙是凡淺, 倍是背理. 今人之議論有見得雖無甚差錯, 只是淺近者, 此是鄙. 又有說得甚高, 而實背於理者, 此是倍. 不可不辨也.)"라고 하였다.

94) 호광 편(胡廣 編), 『논어집주대전(論語集註大全)』「태백(泰伯)」에는 "朱子曰:'暴, 剛者之過; 慢, 柔者之過. 人之容貌, 少得和平, 不暴則慢. 如人狠戾固是暴, 稍不溫恭, 亦是暴; 倨肆固是慢, 稍怠緩, 亦是慢.'"으로 되어 있다.

95) 호광 편(胡廣 編), 『논어집주대전(論語集註大全)』「태백(泰伯)」에는 "朱子曰:'正顏色, 亦著力不得, 須是裏面正後, 顏色自正; 正其顏色, 即近於信, 表裏如一. 正顏色, 而不近信, 却是色莊.'(주자(朱子 : 朱熹)가 말하였다. '얼굴빛을 바르게 함은 또한 노력해도 얻지 못하니, 모름지기 마음속이 바르게 된 뒤에 얼굴빛이 저절로 바르게 되는 것이다. 그 얼굴빛을 바르게 하면 곧 신의에 가까워지니, 겉과 속이 한결같아야 하는 것이다. 얼굴빛이 바르게 되었더라도 신의에 가깝지 못하면 도리어 '색장'인 것이다.')"이라 하였다. 『주자어류(朱子語類)』 권35, 「논어17(論語十七)」, 55조목에는 "물었다. ''움직이다[動]', '바르게 하다[正]', '내다[出]'라는 것은 이 마음이 이렇게 되고자 한다면 또한 자연스럽게 기상(氣象)으로 발현되는 것인지 모르겠습니다.' 주희가 말하였다. '상채(上蔡) 등 여러 사람들은 모두 이것은 공부하는 곳이라고 말하였으니 마땅히 성취한 효과로 보아야 하니, 함양하고 엄숙하고 공경해야만 이와 같을 수 있다. 이전

주자(朱子 : 朱熹)가 말하였다. "겉과 속[表裏 : 外貌와 心性]이 한결같아야 하는 것이다."

○ 見「先進」.

'색장(色莊)'은 「선진(先進)」에 보인다.96)

○ 倍, 音佩.97)

'배여배동(倍, 與背同)'에서의 '배(倍 : 배반함)'자는 음이 패(佩)이다.

○ 訓畢.

훈고가 끝났다.

朱註

言道雖無所不在, 然君子, 所重者, 在此三事而已.

말하건대, 도가 있지 않은 곳이 없으나, 그러나 군자가 귀중하게 여기는 것은 이 세 가지 일98)에 있을 따름이다.

공부한 것이 있다면 이것이 효험이다. 용모를 움직임에 함양하는 것이 평소에 있는 사람이 아니라면 어찌 거칠고 사나우며 방자함을 피할 수 있겠느냐? 얼굴빛을 바르게 함에 엄숙하고 공경함이 평소에 있는 사람이 아니라면 어찌 신실함에 가깝게 할 수 있겠느냐? 신[信]은 실실함이니 겉과 속이 한결 같은 것이다. 얼굴빛에는 '얼굴빛이 사나우면서 안으로는 유약한[色厲而內荏]' 사람이 있으니, '얼굴빛이 엄숙한' 사람은 얼굴빛은 인자함을 취하면서 행위는 어긋나는[色取仁而行違] 사람이니 진실로 신실함에 가깝지 않으면 어찌 겉과 속이 한결 같을 수 있겠느냐?'(問: ''動也', '正也', '出也', 不知是心要得如此? 還是自然發見氣象?' 曰: '上蔡諸人皆道此是做工夫處. 看來只當作成效說, 涵養莊敬得如此. 工夫已在前了, 此是效驗. 動容貌, 若非涵養有素, 安能便免暴慢! 正顔色, 非莊敬有素, 安能便近信! 信是信實, 表裏如一. 色, 有'色厲而內荏'者, 色莊也; '色取仁而行違者'. 苟不近實, 安能表裏如一乎!')"로 되어 있다.

96) '색장(色莊)'은 「선진(先進)」에 보인다 : 『논어(論語)』「선진(先進)」에서 "논변이 독실한 사람을 좇는다면 군자다운 사람인가? 얼굴빛만 엄숙한 사람인가?(論篤, 是與, 君子者乎? 色莊者乎?)"라고 한 것을 말한다.

97) 호광 편(胡廣 編), 『논어집주대전(論語集註大全)』「태백(泰伯)」에는 "倍 · 背, 並音佩."로 되어 있다.

98) 세 가지 일 : 경문에서는 군자가 도를 실천하는데 귀중하게 여기는 것이 세 가지라 하여, 용모를 움직임에 이내 사납고 거만(倨慢)함을 멀리하며, 얼굴빛을 바룸에 이내 신실(信實)함을 가까이하며, 말 기운을 냄에 이내 더럽고 어그러짐을 멀리하는 것(君子所貴乎道者三, 動容貌, 斯遠暴慢矣; 正顔色, 斯近信矣; 出辭氣, 斯遠鄙倍矣.)이라고 진술하였는데, 주석에서는 그 내용을 생략하였다. 이에 아래 상설에서 박문호(朴文鎬)가 이를 밝혔다.

詳說

○ 朱子曰 : "日用之間, 精粗本末, 無非道."[99)]

주자(朱子 : 朱熹)가 말하였다. "날마다 쓰는 사이에 곱다랗고 거칠며 대수롭고 예사로운 일마다 도가 있지 않은 것이 없다."

○ 新安陳氏曰 : "此語甚濶, 籩豆器物, 皆包在內."[100)]

신안 진씨(新安陳氏 : 陳櫟)가 말하였다. "이 말이 매우 소략(疏略)하지만 변두(籩豆)의 기물(器物)이 모두 포함되어 안에 들어 있다."

○ 變'人', 言'君子'者, 自任以勉'敬子'之辭.

'인(人)'자를 바꾸어서 '군자(君子)'라고 말한 것은 스스로 맡아서 '맹경자'를 면려(勉勵)하도록 하는 말이다.[101)]

○ 訓中備矣. 故用省文釋法. 此下四句文, 就學者上, 申論之.

훈고를 하는 가운데 갖추어져 있다. 그러므로 문장을 생략하여 풀이하는 방법을 사용하였다. 이 아래 네 개의 구문은 곧 배우는 사람에게 거듭하여 논의한 것이다.

朱註

是皆修身之要, 爲政之本, 學者, 所當操存省察, 而不可有造次顚沛之違者也.

이는 모두 수신(修身)의 요체이고, 위정(爲政)의 근본이니, 배우는 사람이 마땅히 마음에 두어 지키고[102)] 성찰하여, 매우 바쁘고 위급해도[103)] 떠남이 있어서는

---

99) 주희, 『회암집(晦菴集)』 권44, 「서(書) · 증자유질(曾子有疾)」. "此章之旨, 蓋言日用之間, 精粗本末, 無非道者, 而君子於其間, 所貴者, 在此三事而已.(이 문단의 요지는 대개 날마다 쓰는 사이에 곱다랗고 거칠며 대수롭고 예사로운 일마다 도가 있지 않은 것이 없다는 말이니, 군자가 그 사이에서 귀중하게 여기는 것이 이 세 가지 일에 들어있을 따름이다.)"

100) 호광 편(胡廣 編), 『논어집주대전(論語集註大全)』「태백(泰伯)」.

101) '인(人)'자를 바꾸어서 '군자(君子)'라고 …… '맹경자'를 면려(勉勵)하도록 하는 말이다 : 박문호(朴文鎬)는 앞의 단락에서 "人之將死"라고 하여 일반적인 사람 '인(人)'자를 쓰다가, 뒤의 단락에 와서 "君子所貴乎道者三"라고 하면서 '군자(君子)'라는 말을 쓴 것이 증자(曾子)가 문병을 온 맹경자(孟敬子)를 면려(勉勵)해 주려는 의도에서 표현한 것이라고 보았다.

102) 마음에 두어 지키고 : 원문 '조존(操存)'은 마음과 뜻을 잡고서 잃지 않는다는 뜻으로, 『맹자(孟子)』「고자상(告子上)」에서 "공자가 말하였다. '잡으면 있게 되고, 버리면 없어지며, 나고 듦이 정해진 때가 없고, 그 고향을 알지 못하는 것은 오직 마음을 이르는 것이로다!(孔子曰 : '操則存, 舍則亡, 出入無時, 莫知其鄕, 惟心之謂與!')"라고 한 데서 나온 말이다. 또한 『주자전서(朱子全書)』 권3에서도 "학문 하는 요체는 다만 착실하게 마음과 뜻을 잡아두어 세밀하

안 되는 것이다.

詳說

○ '爲政'二字, 微照'有司'.

'위정(爲政)'의 두 글자는 약간 '유사(有司)'와 대조된다.[104]

○ 平聲.

'조존성찰(操存省察)'에서의 '조(操)'자는 평성(平聲 : 執持함)이다.

○ 悉井反.[105]

'조존성찰(操存省察)'에서 '성(省)'은 '실(悉)'과 '정(井)'의 반절(反切)이다.

○ 音糙.[106]

'조차전패(造次顚沛)'에서 '조(造 : 倉卒함)'자는 음이 조(糙)이다.

○ **朱子曰 : "'動'·'正'·'出'三字, 皆是輕說過;[107] '斯'字, 是自然."[108]**

고 절실하게 자기의 몸과 마음에 있어서 체득하여 인식하는 이해에 달려 있다.(爲學之要, 只在着實操存, 密切體認自己身心上理會.)"라고 하였다.

103) 매우 바쁘고 위급해도 : 원문 '조차전패(造次顚沛)'는 『논어(論語)』「이인(里仁)」에서, "군자는 밥을 먹는 시간에도 인을 떠남이 없으니 매우 바쁘고 구차한 가운데서도 반드시 인을 하며, 위급하고 떠나가는 가운데서도 반드시 인을 행한다.(君子無終食之間違仁, 造次必於是, 顚沛必於是.)"라고 한 데서 취한 것이다.

104) '위정(爲政)'의 두 글자는 약간 '유사(有司)'와 대조된다 : 박문호(朴文鎬)는 경문에서 "제기(祭器)와 관련된 일은 주관(主管)하는 집사(執事)에게 맡겨두는 것(籩豆之事, 則有司存.)"이라고 하여 '유사(有司)'의 역할 및 임무에 대하여 언급한 것이 위정(爲政)의 문제와 다소 대조할 만한 것이 있다고 보았다.

105) 호광 편(胡廣 編), 『논어집주대전(論語集註大全)』「태백(泰伯)」.

106) 호광 편(胡廣 編), 『논어집주대전(論語集註大全)』「태백(泰伯)」에는 "造, 七到反."으로 되어 있다.

107) 『주자어류(朱子語類)』 권35, 「논어17(論語十七)」, 40조목에는 "'動容貌, 斯遠暴慢', 是爲得人好; '正顔色, 斯近信', 是顔色實; '出辭氣, 斯遠鄙倍', 是出得言語. 是'動'·'正'·'出'三字, 皆是輕說過; 君子所貴於此者, 皆平日功夫所至, 非臨事所能捏合.('용모를 움직임에 이에 사납고 거만함을 멀리한다는 것'은 사람들과 좋게 지낼 수 있게 되며, '얼굴빛을 바르게 함에 이에 신실함을 가까이한다는 것'은 얼굴빛이 진실함이며, '말 기운을 냄에 이에 더럽고 어그러짐을 멀리한다는 것'은 제대로 말을 함이다. '동'·'정'·'출' 세 글자는 모두 가볍게 말하면서 지나갈 수 있는데, 군자가 이것을 귀중하게 여기는 것은 모두 평소에 공부가 이르는 곳이고, 일에 임하여 날조할 수 있는 것이 아니기 때문이다.)"로 되어 있다.

108) 『주자어류(朱子語類)』 권35, 「논어17(論語十七)」, 41조목에는 "'君子所貴乎道者三', 言道之所貴者, 有此三事, 便對了. 道之所賤者, 籩豆之事, 非不是道, 乃道之末耳. 如'動容貌, 正顔色, 出

주자(朱子 : 朱熹)가 말하였다. "'동(動)'·'정(正)'·'출(出)'의 세 글자는 모두 가볍게 말하면서 지나가는 것이고, '사(斯)'자는 자연스러운 것이다."

○ **又曰 : "用工, 只平日涵養, 便是.[109] 明道, 以上半截是工夫, 下半截是功效, 不是."[110]**

주자(朱子 : 朱熹)가 또 말하였다. "공력을 씀은 다만 평소에 함양하면 되는 것이

辭氣', 須是平日先有此等工夫, 方如此效驗. '動容貌, 斯遠暴慢矣', 須只做一句讀. '斯'字, 只是自然意思.('군자가 도에 귀중하게 여기는 것이 셋이라는 말'은 도의 귀중한 것이 이 세 가지 일에 있음을 말한 것이 맞다. 도의 천한 것은 제기와 관련된 일이지만, 도가 아님이 없으며 바로 도의 말단일 뿐이다. '용모를 움직임과 얼굴빛을 바롬과 말 기운을 냄' 같은 것은 모름지기 평소에 먼저 이런 공부가 있어야 바야흐로 효험이 이와 같은 것이다. '용모를 움직임에 이에 사납고 거만함을 멀리한다.'는 모름지기 하나의 구두(句讀)로 해야 한다. '사'자는 다만 자연스러운 뜻이다.)"라고 하였다.

109) 『주자어류(朱子語類)』 권35, 「논어17(論語十七)」, 48조목에는 "或問 : '君子所貴乎道者三, 如何?' 曰 : '動容貌, 正顔色, 出辭氣, 前輩不合將做用工處, 此只是涵養已成效驗處. 暴慢·鄙倍·近信, 皆是自己分內事. 惟近信不好理會. 蓋君子才正顔色, 自有箇誠實底道理, 異乎'色取仁而行違'者也. 所謂君子所貴乎道者三, 道雖無乎不在, 然此三者, 乃修身之效, 爲政之本. 故可貴. 容貌, 是擧一身而言; 顔色, 乃見於面顔者而言.' 又問 : '三者固是效驗處, 然不知於何處用工?' 曰 : "只平日涵養, 便是."(어떤 이가 물었다. '군자가 도에 대해 귀하게 여기는 것이 세 가지이다'라는 말을 어떻게 생각하십니까? 주희가 말하였다. '용모를 움직임', '얼굴빛을 바르게 함', '말과 소리를 냄'은 이전 선배들은 마땅히 공부를 해야 할 곳으로 여기지 않았으니, 이는 다만 자신을 함양(涵養)하여 이미 효험을 이룬 곳이라고 생각하였다. '거칠고 사나우며 방자함', '비루하고 이치에 어긋남', '신실함에 가까움' 등은 모두 저절로 내면의 일로 분류된다. 오직 신실함에 가깝다는 것은 이해하기 좋지 않다. 대개 군자는 얼굴빛을 바르게 함에 저절로 성실한 도리가 있어 '얼굴빛은 인자함을 취하나 행위는 인자함과 어긋나는' 사람과는 다르다. 이른바 '군자가 도에 대해 귀하게 여기는 것이 세 가지이다'라는 것은 도가 비록 존재하지 않는 곳이 없으나 이 세 가지는 바로 몸을 수양하는 효과이며 정치를 하는 근본이기 때문에 귀하게 여길만하다. 용모는 몸을 들어 말한 것이며, 용모는 바로 얼굴빛에 드러나는 것을 보고 말한 것이다. 또 물었다. '세 가지는 진실로 효험(效驗)이 나타난 곳이나 어떤 곳에 공부를 해야 하는지 모르겠습니다.' 주희가 말하였다. '다만 평소 함양(涵養)하는 것이 바로 공부할 곳이다.')"라고 되어 있다. 이상의 내용에서 박문호(朴文鎬)는 주자의 '평일함양(平日涵養)'을 적시하여 위에서 주자(朱子 : 朱熹)가 말한 '평일공부(平日功夫)'와 함께 그 중요성을 설명한 것이다.

110) 『주자어류(朱子語類)』 권35, 「논어17(論語十七)」, 54조목에는. "植因問 : '明道, 動容周旋中禮, 正顔色則不妄, 出辭氣, 正由中出. 又仍是以三句上半截是工夫, 下半截是功效.' 曰 : "不是. 所以恁地, 也是平日莊敬工夫.(식이 인하여 물었다. '명도 선생이 행동과 차림새, 주선함이 예의에 맞고 얼굴빛을 바르게 하면 망령되지 않으며, 말 기운을 냄이 바르게 마음속에서 나와야 한다. 또 이에 이렇기 때문에 세 구절에서 위의 반절은 공력(功力)을 들여야 하는 것이고, 아래 반절은 공력을 들인 효험(效驗)이라고 하였습니다.' 주자(朱子 : 朱熹)가 말하였다. '옳지 않다. 이와 같은 것은 응당 평소에 엄숙하고 공경스럽게 공력을 들였기 때문이다.')"로 되어 있다.

다. 정명도(程明道 : 程顥) 선생이 이상 반절은 공력을 들여야 하는 것이고, 아래 반절은 공력을 들인 효험(效驗)이라고 하였는데, 옳지 않다."

○ 陳氏曰 : "『集註』舊本, 則平時涵養之說也; 改本, 則臨事持守之說也, 不若今本工夫縝密親切, 旣可以包平日涵養, 在內又從目; 今臨事, 至於一息未絶之前, 無有頃刻之違. 所謂操存, 則在上三句, 所謂省察, 則在下三句, 本末不偏, 始終兼貫, 其義爲長."[111)]

진씨(陳氏 : 陳淳)가 말하였다. "『논어집주(論語集註)』의 옛 본은 곧 평소에 함양해야 한다는 말이고, 개정본은 곧 일에 임하여 마음을 잡고 지켜야 한다는 말이니, 지금 판본에 공부가 세밀하고 친절하여 이미 평소의 함양을 포함하여 안에 두고 또 조목을 좇을 수 있으며, 지금 일에 임해서는 한 숨이 끊어지기 전에 이르기까지 매우 짧은 시각이라도 위배됨이 없는 것만 같지 못하다. 이른바 '조존(操存)'은 위의 세 구절에 들어 있으며, 이른바 '성찰'은 아래 세 구절에 들어 있으니, 근본과 지엽이 치우치지 않고, 처음과 끝을 아울러 꿰뚫어서 그 의미가 심장하게 되었다."

朱註

若夫籩豆之事, 器數之末, 道之全體, 固無不該.然其分, 則有司之守,

저 제사그릇의 일은 예기(禮器)나 예절의 말단(末端)이지만, 도(道)의 전체 가운데 진실로 갖추어지지 않은 것이 없다. 그러나 그 본분은 유사(有司)의 관할(管轄)이고,

---

111) 호광 편(胡廣 編), 『논어집주대전(論語集註大全)』「태백(泰伯)」의 내용에서 훈석(訓釋)에 도움이 되는 부분만 발췌하였다. "陳氏曰 : '此章重, 在貴字上. 集註舊本, 則平時涵養之說也; 改本, 則臨事持守之說也. 舊說雖有根源, 却在三言之外起意, 其工夫全在日前而目下, 則疎闊任其自爾, 不若今本工夫縝密親切, 旣可以包平日涵養, 在內又從目; 今臨事, 以至於一息未絶之前, 皆無有頃刻之違. 其所謂操存, 則在上三句; 所謂省察, 則在下三句, 本末不偏, 始終兼貫, 其義爲長.'" 『논어집주대전』의 내용 또한 진순(陳淳), 『북계대전집(北溪大全集)』 권37, 「답문(答問)·문소귀호도자삼집주신구설(問所貴乎道者三集註新舊說)」의 내용에서 발췌하였는데, 그 전문은 다음과 같다. "斯字, 猶'必'字意, …… 集註舊本, 以爲修身之驗, 非莊敬誠實涵養, 有素者不能, 則申程門平時涵養之說也. 改本, 以爲修身之要, 學者所當操存省察, 而不可有造次顚沛之違, 則申程門臨事持守之說也. 今考之, 平時涵養之說, 雖有根原, 然却在三言之外起意, 其工夫全在日前而目下, 則疎闊有任其自爾如前, 所謂信脚動信口出之弊, 不若改本工夫縝密親切, 旣可以包平日涵養, 在内又從目, 今臨事以至於將死一息未絶之前, 皆無有頃刻之違. 其所謂操存, 則在上三句; 所謂省察, 則在下三句, 本末不偏, 終始兼貫, 其義爲長."

詳說

○ 音扶.[112]

'약부변두지사(若夫籩豆之事)'에서 '부(夫)'자는 음이 부(扶)이다.

○ 籩豆之事, 乃器數之末.[113]

제사그릇의 일은 곧 예기(禮器)나 예절의 말단(末端)이다.

○ 全體中.

'도(道)'의 전체 가운데이다.

○ 此二句, 卽上所云這'無所不在'之意.

앞의 두 구절은 바로 위에서 이른바 '도(道)가 있지 않은 것이 없다.[無所不在]'[114]는 뜻이다.

○ 去聲.[115]

'연기분(然其分)'에서 '분(分)'자는 거성(去聲 : 本分)이다.

○ 釋畢.

경문의 풀이가 끝났다.

○ 此下一句, 又收還於上文. '君子', 以足其言外意.

이 아래의 한 구절은 또 위 문장에서 거두어들인다. '군자'는 그 말 밖의 뜻을 충족하는 것이다.

朱註

而非君子之所重矣.

군자가 귀중하게 여길 것은 아니다.

詳說

○ 新安陳氏曰 : "此必因敬子之失而告之, 其爲人, 得非忽略於修身之本, 而煩碎於名物器数之末者乎?"[116]

---

112) 호광 편(胡廣 編), 『논어집주대전(論語集註大全)』「태백(泰伯)」.

113) 박문호(朴文鎬)가 『논어집주(論語集註)』의 내용을 다시 기록하면서 주의를 기울인 것이다.

114) 도(道)가 있지 않은 것이 없다.[無所不在] : 위의 주석 내용 가운데 "道雖無所不在"를 말한다.

115) 호광 편(胡廣 編), 『논어집주대전(論語集註大全)』「태백(泰伯)」에는 "分, 扶問反."으로 되어 있다.

116) 호광 편(胡廣 編), 『논어집주대전(論語集註大全)』「태백(泰伯)」에는 "新安陳氏曰 : 所貴乎道, 不

신안 진씨(新安陳氏 : 陳櫟)가 말하였다. "이는 반드시 맹경자의 실수로 말미암아 그에게 말해준 것이니, 그 사람됨이 수신(修身)의 근본을 소홀히 하면서 명물(名物)이나 기수(器數)의 말단에 번잡하게 자질구레했던 사람이 아니었던가?"

○ 正義釋畢.

뜻을 바르게 하여 경문의 풀이가 끝났다.

○ 此下, 又引程 · 尹二論, 以備餘意. 但其不圈未詳.

이 아래에 또 정자와 윤씨의 두 논변을 인용하여 나머지의 뜻을 갖추었다. 다만 동그라미(○ : 圈)를 쳐서 구별하지 않은 것[117]은 자세하지 않다.

朱註

> **程子曰 : "動容貌, 擧一身而言也." 周旋中禮, 暴慢斯遠矣.**
> 정자가 말하였다. "'동용모(動容貌)'는 한 몸을 들어서 말하는 것이다."

詳說

○ 伯子.

'정자왈(程子曰)'에서 '정자(程子)'는 형 정호(程顥)이다.

○ 上則以訓字義, 此則以述程子說. 故再擧此一句.

위에서는 글자의 뜻을 새기었고, 여기서는 정자(程子)의 설명을 기술하였다. 그러므로 다시 이 한 구절을 든 것이다.

朱註

> 진퇴(進退)와 읍양(揖讓)의 동작(動作)이 예절에 맞으면[118] 사납고 거만함이 이에 멀어진다.

求之高虛, 而在乎容色辭氣之間, 可謂切實矣. 操存, 即平日涵養於靜時者; 省察, 即目前致察於動時者, 如動容貌, 便省察, 其斯遠暴慢矣, 可也. 下二節倣此. 內外交盡, 動靜兼該, 工夫周密, 始無欠闕. 又此必因敬子之失而告之, 其爲人, 得非忽略於脩身之本, 而煩瑣於名物器數之末者乎?"라고 되어 있다.

117) 아래 단락인 "程子曰 : 動容貌, 擧一身而言也."에서 맨 앞에 동그라미(○ : 圈)가 없음을 말한다.

118) 진퇴(進退)와 읍양(揖讓)의 동작(動作)이 예절에 맞으면 : 『맹자(孟子)』「진심하(盡心下)」에서 "동작과 용모, 진퇴와 읍양이 예에 맞는 것이 성덕의 지극함이다.(動容周旋中禮者, 盛德之至也.)"라고 하였다.

詳說

○ 去聲.[119]

‘주선중례(周旋中禮)’에서 ‘중(中)’자는 거성(去聲 : 부합함)이다.

○ 工夫.

‘진퇴(進退)와 읍양(揖讓)의 동작이 예절에 맞는다[周旋中禮]’는 말은 공력(功力)을 들이는 것이다.[120]

○ 功效.

‘사납고 거만함이 이에 멀어진다[暴慢斯遠矣]’는 것은 공력을 들인 효험(效驗)이다.

朱註

正顏色, 則不妄, 斯近信矣.

얼굴빛을 바루면 망령되지 않으니, 이에 신실함에 가까워진다.

---

119) 호광 편(胡廣 編), 『논어집주대전(論語集註大全)』「태백(泰伯)」.

120) ‘진퇴(進退)와 읍양(揖讓)의 동작이 …… 공력(功力)을 들이는 것이다 : 박문호(朴文鎬)가 세 구절의 위 반절을 ‘공부(工夫)’로 보고, 아래 반절을 ‘공효(功效)’로 본 것은 정자(程子 : 程顥)와 진순(陳淳)의 주장이나 주자(朱子)의 해설과 그 맥락이 같다. 이미 위에서 명시한 바 있는 『주자어류(朱子語類)』 권35, 「논어17(論語十七)」, 54조목에는 “명도 선생이 행동과 차림새, 주선함이 예의에 맞고 얼굴빛을 바르게 하면 망령되지 않으며, 말 기운을 냄이 바르게 마음속에서 나와야 한다. 또 이에 이렇기 때문에 세 구절에서 위의 반절은 공력(功力)을 들여야 하는 것이고, 아래 반절은 공력을 들인 효험(效驗)이라고 하였다.(明道, 動容周旋中禮, 正顏色則不妄, 出辭氣, 正由中出. 又仍是以三句上半截是工夫, 下半截是功效.)”라고 하였다. 또한 주자도 “평소의 엄숙하고 공경스럽게 공력을 들임(平日莊敬工夫.)”이라 하였고 진순(陳淳), 『북계대전집(北溪大全集)』 권37, 「답문(答問) · 문소귀호도자삼집주신구설(問所貴乎道者三集註新舊說)」에도 “가장 귀중함은 ‘귀’자에 있으니, 용모를 움직임에는 능히 포만함을 멀리하는 것이 귀중함이 되며, 얼굴빛을 바룸에는 능히 미더움을 가까이함이 귀중함이 되며, 말 기운을 냄에는 능히 비루하고 위배됨을 멀리함이 귀중함이 된다. 그 뜻이 단지 이것뿐일 따름이다. 정자 및 문인들이 세 가지의 그러한 까닭을 발명하고 궁구하였는데, 곧 평소에 함양하는 공력이 있고, 일에 임하여 마음을 잡아 지키는 공력이 있었다. 평소에 함양하는 것으로 말하면 공력을 들이는 공부가 위에 있는 세 구절의 앞이며, 세 구절의 아래는 이에 그 효험의 자리이다.(最重, 在‘貴’字上, 動容貌, 以能遠暴慢爲貴; 正顏色, 以能近信爲貴; 出辭氣, 以能遠鄙倍爲貴. 其意止此而已. 程子及門人, 發明究極三者之所以然, 則有平時涵養之功; 有臨事持守之力. 以平時涵養而言, 則工夫在上三句之前, 而下三句乃其效驗處.)”라고 하였다.

詳說

○ 工夫.

'얼굴빛을 바루면 망령되지 않는다[正顔色則不妄]'는 말은 공력을 들이는 것이다.

○ 功效.

'이에 신실함에 가까워진다는 것[斯近信矣]'은 공력을 들인 효험이다.

朱註

> **出辭氣, 正由中出, 斯遠鄙倍.**
> 말 기운을 냄에 바르게 마음 가운데로부터 나오면 이에 더럽고 어그러짐을 멀리한다.

詳說

○ 工夫.

'말 기운을 냄에 바르게 마음속으로부터 나온다[出辭氣, 正由中出.]'는 말은 공력을 들이는 것이다.

○ 功效.

'이에 더럽고 어그러짐을 멀리한다[斯遠鄙倍]'는 말은 공력을 들인 효험이다.

○ 『大全』曰 : "此卽『集註』舊說."121)

『논어집주대전』에서 말하였다. "이는 곧 『논어집주(論語集註)』의 옛 설명이다.

○ 南塘曰 : "朱子論此甚多, 皆主明道說, 獨其「答歐陽希遜」問目, 與『集註』說同, 蓋定論也. 然前說旣多, 而『集註』又兼取明道說. 故讀者, 或有誤認『集註』之正意者."122)

남당(南塘 : 韓元震)이 말하였다. "주자(朱子 : 朱熹)가 이에 대하여 진술한 것이 매

---

121) 호광 편(胡廣 編), 『논어집주대전(論語集註大全)』「태백(泰伯)」.

122) 한원진(韓元震), 『주자언론동이고(朱子言論同異考)』「논어 · 태백(泰伯)」에는 "按 : 先生論此甚多, 而皆以明道說爲主, 以爲平日涵養工夫, 至到之驗. 獨此書, 與『集註』說同, 蓋定論也. 然先生前說旣多, 而『集註』又兼取程子說. 故讀者, 猶或有誤認『集註』之正意者. 觀此書, 可見其定論之所在矣. 前說, 見於南軒問答, 而南軒之亡, 在於黨事前, 希遜再問之答, 有'豈以時論少變'之語, 則希遜問答, 乃在黨事後矣. 據此, 亦可定其初晩之分矣."로 되어 있다. 『주자언론동이고(朱子言論同異考)』는 1689년 송시열(宋時烈)이 짓기 시작하여 완성하지 못하고 죽자 그 제자인 권상하(權尚夏)와 재전제자(再傳弟子)인 한원진(韓元震)을 거치면서 거의 50년 만에 완성한 책이다.

우 많은데, 모두 정명도의 설명을 위주로 하였고, 오직 「답구양희손(答歐陽希遜)」의 문목만이 『논어집주(論語集註)』의 설명과 함께 같으니 대개 확정하는 진술이다. 그러나 이전 설명이 이미 많은데 『논어집주(論語集註)』에서 또 정명도의 설명을 아울러 취하였다. 그러므로 독자가 간혹 『논어집주(論語集註)』의 바른 뜻으로 잘못 알기도 하였다."

朱註

三者, 正身而不外求. 故曰 : "籩豆之事, 則有司存."

세 가지는 몸을 바르게 하되, 밖에서 구하지 않는다. 그러므로 말하였다. "제사(祭祀)와 관련된 일은 주관(主管)하는 집사(執事)에게 맡겨둔다."

詳說

○ 外物.

'외구(外求)'는 몸 밖의 사물에서 구하는 것이다.

朱註

尹氏曰 : "養於中, 則見於外."

윤씨(尹氏)가 말하였다. "마음속을 함양(涵養)하면 밖으로 드러난다."

詳說

○ 工夫.

'마음속을 함양함[養於中]'은 공력을 들이는 일이다.

○ 音現.[123)]

'현(見)'은 음이 현(現)이다.

○ 功效.

'밖으로 드러남[見於外]'은 공력을 들인 효험이다.

○ 『大全』曰 : "亦即『集註』舊說."[124)]

『논어집주대전』에서 말하였다. "또한 곧 『논어집주(論語集註)』의 옛 설명이다."

---

123) 호광 편(胡廣 編), 『논어집주대전(論語集註大全)』「태백(泰伯)」에는 "見, 賢遍反."으로 되어 있다.
124) 호광 편(胡廣 編), 『논어집주대전(論語集註大全)』「태백(泰伯)」.

朱註

曾子, 蓋以修己, 爲爲政之本, 若乃器用事物之細, 則有司存焉.

증자(曾子)는 대개 수기(修己)로써 위정(爲政)의 근본으로 삼았는데, 이에 그릇이나 도구(道具)와 같은 사물의 자질구레함은 주관(主管)하는 집사(執事)에게 맡겨 두는 것이다.

詳說

○ 按 : 朱 · 程 · 尹三說, 雖各少異, 其歸重於修身者, 則同焉.

'살펴보건대, 주자(朱子)와 정자(程子 : 程顥), 그리고 윤씨(尹氏) 세 사람의 설명이 비록 각각 조금 다르나, 그 중요함이 수신(修身)으로 귀결되는 것은 같다.

○ 與末篇'出納之有司', 當叅看.

『논어(論語)』 마지막 편(「요왈(堯曰)」)의 '출납(出納)하는 유사(有司)'[125]와 함께 마땅히 참고하여 보아야 한다.

○ '道'字, 此章之題目.

'도(道)'자가 이 장의 제목이다.

---

125) 『논어(論語)』 마지막 편(「요왈(堯曰)」)의 '출납(出納)하는 유사(有司)' : 『논어(論語)』「요왈(堯曰)」에서 자장(子張)이 네 가지 악행(惡行)에 대해서 묻자, 공자가 "미리 가르쳐주지 않고 죽이는 것을 잔학(殘虐)함이라 하고, 미리 경계하지 않고 이루어놓은 일에 대해 따지는 것을 포악(暴惡)함이라 하고, 법령을 느슨하게 하고 기일을 촉박하게 하는 것을 적해(賊害)라 하고, 오히려 남에게 줄 것인데 출납을 인색하게 하는 것을 유사(有司)라고 한다.(不教而殺謂之虐; 不戒視成謂之暴; 慢令致期謂之賊; 猶之與人也, 出納之吝謂之有司.)"라고 하였다.

[8-5-1]

曾子曰:"以能問於不能; 以多問於寡, 有若無; 實若虛, 犯而不校, 昔者, 吾友嘗從事於斯矣."

증자(曾子: 曾參)가 말하였다. "능함으로써 능하지 못한 이에게 물으며, 많음으로써 적은 이에게 물으며, 있으되 없는 것같이 하며, 실하되 허한 것같이 하며, 범하여도 교계(較計)하지 않음은 옛적에 나의 벗이 일찍이 이에 종사(從事)하였다."

詳說

○ '能'·'多'·'有'·'實'·'不校', 屬我; '不能'·'寡'·'犯', 屬人; '無'·'虛', 汎說; 其云'昔'·'嘗'者, 此言蓋在顔淵死後耳.

'능(能)'과 '다(多)'와 '유(有)'와 '실(實)'과 '불교(不校)'는 나에게 속하는 일이고, '불능(不能)'과 '과(寡)'와 '범(犯)'은 남에게 속하는 일이며, '무(無)'·'허(虛)'는 뭉뚱그려 설명한 것이고, '석(昔)'과 '상(嘗)'을 이른 것은, 이 일이 대개 안연(顔淵)이 죽은 뒤에 있을 뿐임을 말한 것이다.

朱註

校, 計校也. 友, 馬氏以爲顔淵, 是也.

'교(校)'는 계교(計較)함이다. '우(友)'는 마씨(馬氏: 馬融)[126]가 안연(顔淵)이라고 한 말이 이것이다.

詳說

○ 雙峰饒氏曰:"與之校曲直."[127]

---

126) 마융(馬融: 79~166): 동한(東漢)시대의 학자로, 자가 계장(季長)이고, 부풍무릉(扶風茂陵) 사람이다. 평생 동안 주요 경서에 대하여 주석서를 냈으나 모두 잃어버렸는데, 청나라 때 편찬한 『옥함산방총서(玉函山房叢書)와 『한학당총서(漢學堂叢書)』에 모두 집록이 있다. 노식(盧植)과 정현(鄭玄)이 그의 문도이다.

127) 호병문(胡炳文), 『논어통(論語通)』 권4, 「주자집주(朱子集註)·태백제8(泰伯第八)」에는 "饒氏曰:'仁者之心, 視人猶己. 故人雖有犯, 不忍與之校曲直. 才校則直在己, 曲在人, 而物我相形矣, 便非包含徧覆之意.'(요씨가 말하였다. '어진 사람의 마음은 남을 자기와 같이 본다. 그러므로

쌍봉 요씨(雙峰饒氏 : 饒魯)가 말하였다. "함께 굽은 것과 곧은 것을 따지면서 가리는 일이다."

○ 『大全』曰 : "融."[128]

'마씨(馬氏)'는 『논어집주대전』에서 말하였다. "융(融 : 馬融)이다."

○ 同門曰朋, 七十子, 皆可相謂之朋. 同志曰友, 惟曾子於顔子[129], 子游於子張, 謂之吾友, 志同, 則學亦相埒[130]云.

같은 스승에게서 배운 사람을 '붕(朋)'이라 하니, 공자의 70제자는 모두 서로 붕(朋)이라고 말할 수 있다. 뜻을 같이하는 사람을 '우(友)'라고 하니, 오직 증자(曾子 : 曾參)가 안자(顔子 : 顔回)에 있어서나, 자유(子游)가 자장(子張)에 있어서 내 친구[吾友]라고 일컬었으니, 뜻이 같으면 학문도 서로 발전하는 것이다.[131]

○ 訓畢.

훈고가 끝났다.

朱註

> 顔子之心, 惟知義理之無窮, 不見物我之有間.

남이 비록 범하여도 차마 함께 곧고 굽음[옳고 그름]을 따지면서 가리지 않는다. 다만 따지면서 가린다면 곧음은 자기에게 있고, 굽음은 남에게 있어서 남과 나를 서로 비교할 것이니, 곧 함께 넣고 두루 덮어 주는 뜻이 아니다.)"라고 하였다.

128) 호광 편(胡廣 編), 『논어집주대전(論語集註大全)』「태백(泰伯)」.

129) 김이상(金履祥), 『논어집주고증(論語集註攷證)』 권3에서 "曾·顔之在孔門, 不同時, 但此章所言, 非顔子不能, 而知顔子者, 亦無如曾子.(증자와 안자가 공자 문하에서 시기를 같이하지 않지만, 다만 이 문단에서 말한 대로 안자가 능하지 못한 사람이 아니었는데, 안자를 알아주는 사람은 또한 증자와 같은 이가 없었다.)"라고 하였다.

130) 埒 : '날(埒)'자는 '장(將)'자의 오류이다.

131) 같은 스승에게서 배운 사람을 '붕(朋)'이라 하니 …… 학문도 서로 발전하는 것이다 : 박문호(朴文鎬)는 "같은 스승에게 배운 이를 붕(朋)이라 하고, 뜻을 같이 하는 이를 우(友)라고 한다.('同門曰朋; 同志曰友.')"라는 전래해 온 말에 의거하여 나이를 초월한 지동도합(志同道合)의 집우(執友)를 높이 평가하였다. 공자 문하에서 특히 증자와 안자, 자유와 자장의 교우 관계에 주목한 뒤, 뜻이 같으면 학문이 서로 발전한다는 논리로써 긍정적으로 평가하였는데, 이는 다분히 '이문회우(以文會友); 이우보인(以友輔仁)'에 근거하는 것이기도 하다. 호광 편(胡廣 編), 『논어집주대전(論語集註大全)』「태백(泰伯)」의 전문은 다음과 같다. "厚齋馮氏曰 : '曾子之亡友, 多矣, 獨以爲顔淵者, 非顔子不能以與此. 然顔子與曾晳, 爲輩行父之執友也, 曾子亦可謂之吾友乎? 曰 : 同師門, 則皆友也."

안자(顏子 : 顏回)의 마음은 오직 의리(義理)의 끝이 없음만 알고, 외물(外物)과 자아(自我) 사이에 간격이 있음을 보지 못하였다.

詳說

○ 以'心'字, 總之.

'심(心)'자로써 총괄하였다.

○ 『大全』曰 : "該以能至'若虛'."

『논어집주대전』에서 말하였다. "포용하여 능히 '있어도 없는 것처럼 하고, 가득 차도 빈 것처럼 함'에 이를 수 있었다."

○ 去聲.

'간(間)'은 거성(去聲 : 간격)이다.

○ 『大全』曰 : "此謂'犯而不校'."

『논어집주대전』에서 말하였다. "이는 '범하여도 견주어 따지지 않음'을 이른다."

朱註

故能如此.

그러므로 능히 이와 같은 것이다.

詳說

○ 王氏曰 : "二句, 包盡上句知之事, 下句仁之事."132)

왕씨(王氏)가 말하였다. "두 구절133)은 위 구절에서 '지(知)'의 일과 아래 구절에서 '인(仁)'의 일을 모두 포괄하였다."

○ 朱子曰 : "從事, 在著力 · 未著力之間."134)

---

132) 호광 편(胡廣 編), 『논어집주대전(論語集註大全)』「태백(泰伯)」.

133) 두 구절 : "안자의 마음은 오직 의리의 끝이 없음만 알고, 외물과 자아 사이에 간격이 있음을 보지 못하였다.(顏子之心, 惟知義理之無窮, 不見物我之有間.)"라는 두 구절을 말한다.

134) 『주자어류(朱子語類)』 권35, 「논어17(論語十七)」, 66조목에는 "顏子正在著力 · 未著力之間, 非但此處可見, 只就'從事'上看, 便分明, 不須更說無校也.(안자는 바로 힘을 쓰고 힘을 쓰지 않는 사이에 있었는지는, 비단 여기서 볼 수 있을 뿐 아니라, 다만 '종사'상에서 보면 곧바로 분명해지니, 모름지기 따지지 않음을 다시 말할 필요가 없다."로 되어 있고, 호광 편(胡廣 編), 『논어집주대전(論語集註大全)』「태백(泰伯)」에는 "問: '從事於斯, 是著力否?' 曰 : '若是著力, 却是知自己能自己多, 須要去.' 問: '不幾於詐乎?' '曾子是見得顏子如此, 非謂其著力也.'"로 되

주자(朱子 : 朱熹)가 말하였다. "'종사(從事)'는 힘을 쓰고, 힘을 쓰지 않는 사이에 있다."

○ 省文釋畢.

문장을 생략하여 경문의 풀이를 끝냈다.

朱註

謝氏曰 : "不知有餘在己, 不足在人, 不必得爲在己, 失爲在人, 非幾於'無我'者, 不能也."[135]

사씨(謝氏)가 말하였다. "여유 있음이 자기에게 있고, 부족함이 남에게 있음을 알지 못하며, 반드시 득[잘함]이 자기에게 있고, 실[못함]이 남에게 있다고 여기지 않아서 '무아(無我)'에 가까운 사람이 아니면 능할 수 없는 것이다.

詳說

○ 二字意, 貫至在'人'下, 不必同.

'부지(不知)' 두 글자의 뜻이 관통하여 '인(人)'자 아래까지 이르는데, 반드시 같은 것은 아니다.

○ 慶源輔氏曰 : "以理言也, 釋上四句."[136]

'부지유여재기, 부족재인(不知有餘在己, 不足在人 : 여유 있음이 자기에게 있고, 부족함이 남에게 있음을 알지 못하며)'에 대해, 경원 보씨(慶源輔氏 : 輔廣)가 말하였다. "이치로써 말한 것으로, 위의 네 구절을 풀이하였다.

○ 慶源輔氏曰 : "以事言也, 釋下一句."[137]

'불필득위재기, 실위재인(不必得爲在己, 失爲在人 : 반드시 득[잘함]이 자기에게 있고, 실[못함]이 남에게 있다고 여기지 않아서)'에 대해, 경원 보씨(慶源輔氏 : 輔廣)가 말하였다. "사정(事情)으로써 말하는 것으로, 아래 한 구절을 풀이하였다."

○ 音祈.[138]

'비기어(非幾於)'에서 '기(幾)'자는 음이 기(祈)이다.

어 있다.

135) 非幾於無我者, 不能也 : 『주자어류(朱子語類)』 권35, 「논어17(論語十七)」, 65조목.

136) 호광 편(胡廣 編), 『논어집주대전(論語集註大全)』「태백(泰伯)」.

137) 호광 편(胡廣 編), 『논어집주대전(論語集註大全)』「태백(泰伯)」.

138) 호광 편(胡廣 編), 『논어집주대전(論語集註大全)』「태백(泰伯)」에는 "幾, 平聲."으로 되어 있다.

○ 見下篇.

'무아(無我)'는 아래편에 보인다.[139]

○ 朱子曰: "顔子尙有人與我相對在, 聖人和人, 我都無了."[140]

주자(朱子: 朱熹)가 말하였다. "안자(顔子)는 오히려 남과 자아 사이에 상대함이 있었으나 성인은 남에 대하여 자아가 전혀 없었다."

○ 慶山楊氏曰: "孟子之三自反, 不如顔子之不校."[141]

경산 양씨(慶山楊氏)가 말하였다. "맹자(孟子)의 세 번 스스로 반성하는 것[142]은 안자(顔子)의 계교(計較)하지 않음만 같지 못하다."[143]

---

139) '무아(無我)'는 아래편에 보인다: 『논어(論語)』「자한(子罕)」에 "공자가 네 가지를 끊었으니, 개인적인 뜻이 없으며, 기필함이 없으며, 고집함이 없으며, 사사로이 자기를 둠이 없었다.(子絕四, 毋意; 毋必; 毋固; 毋我.)"라고 한 것을 말한다. 결국 '무아(無我)'의 경지에 도달한 사람은 공자(孔子)이니, 이에 가까운 사람은 바로 안자(顔子)를 가리키는 것이다.

140) 『주자어류(朱子語類)』 권35, 「논어17(論語十七)」, 65조목에는 "問: '如此, 已是無我了. 『集注』曰: '非幾於無我者不能', 何也?' 曰: '聖人則全是無我; 顔子卻但是不以我去壓人, 卻尙有箇人與我相對在. 聖人和人, 我都無.'(물었다. '이와 같다면 이미 나에게 집착함이 없는 것입니다. 『논어집주(論語集註)』에 '무아(無我)에 가까운 사람이 아니면 능할 수 없다'고 한 것은 무엇 때문입니까?' 주희가 말하였다. '성인은 완전히 무아(無我)의 존재이다. 안연이 도리어 나 때문에 남을 압박하지 않는 것은 오히려 남과 내가 상대적으로 존재함이 있는 것이지만 성인은 남과 나에 대한 대립도 전혀 없다.')"로 되어 있다.

141) 주희, 『논어정의(論語精義)』 권4 하, 「태백(泰伯)」제8에 실려 있는 내용이다.

142) 맹자(孟子)의 세 번 스스로 반성하는 것: 『맹자(孟子)』에는 '삼반(三反)'과 '삼자반(三自反)'의 내용이 있는데, 『맹자(孟子)』「이루상(離婁上)」에서 "孟子曰: 愛人不親, 反其仁; 治人不治, 反其智; 禮人不答, 反其敬. 行有不得者, 皆反求諸己, 其身正而天下歸之. 詩云: '永言配命, 自求多福.'" 『맹자(孟子)』「이루하(離婁下)」. "孟子曰: 君子所以異於人者, 以其存心也, 君子以仁存心, 以禮存心. 仁者愛人, 有禮者敬人, 愛人者, 人恒愛之, 敬人者, 人恒敬之. 有人於此, 其待我以橫逆, 則君子必自反也, '我必不仁也, 必無禮也. 此物奚宜至哉?' 其自反而仁矣, 自反而有禮矣, 其橫逆由是也, 君子必自反也, '我必不忠.' 自反而忠矣, 其橫逆由是也, 君子曰: '此亦妄人也已矣. 如此則與禽獸奚擇哉? 於禽獸又何難焉?' 是故君子有終身之憂, 無一朝之患也."로 되어 있다.

143) 맹자(孟子)의 세 번 스스로 반성하는 것은 …… 계교(計較)하지 않음만 같지 못하다: 박문호(朴文鎬), 『맹자집주상설(孟子集註詳說)』「이루하(離婁下)」에 의하면, "'또 어찌 실랑이를 하리오?'는 족히 함께 겨루어 따질 만하지 않음을 말한 것이다. 주자(朱子: 朱熹)가 말하였다. '세 번 스스로 반성함은 학자의 일이고, 안자가 따지지 않음은 덕을 이룬 사람의 일이다. 스스로 반성해야 한다는 말은 근엄하고 정절하니 바로 학자가 마땅히 힘써야 하는 것이다.'('又何難焉', 言不足與之校也. 朱子曰: '三自反, 學者事也; 顔子不校, 成德事也. 自反之說, 謹嚴精切, 正學者所當用力.')"라고 하여 두 가지 모두 도덕적 인격 완성에 중요한 조목

이지만, 양씨와는 달리 오히려 스스로 반성하고 성찰하는 일이 학자에게 더욱 중요한 일임을 명시하였다. 청나라 초기 학자인 육농기(陸隴其, 1630~1692)는 "안자의 '없는 듯이 함'과 '빈 듯이 함'과 같고자 한다면 모름지기 먼저 자하의 '절문근사'와 같아야 하고, 안자의 '따지지 않음'과 같고자 한다면 모름지기 먼저 맹자의 '세 번 스스로 반성함'과 같아야 한다.(欲如顏子之若無若虛, 須先如子夏之切問近思; 欲如顏子之不校, 須先如孟子之三自反.)"라고 하여 본 주석을 이해하는 데 도움이 된다.

[8-6-1]

曾子曰："可以託六尺之孤, 可以寄百里之命, 臨大節而不可奪也, 君子人與? 君子人也."

증자(曾子 : 曾參)가 말하였다. "6척의 어린 임금을 부탁(付託)할 만하며, 백리의 민명(民命)을 기탁(寄託)할 만하며, 큰 절개에 임하여 빼앗지 못할 이라면 군자다운 사람이냐? 군자다운 사람이다."

朱註

'與', 平聲.[144] 其才可以輔幼君, 攝國政,

'군자인여(君子人與)'에서 '여(與)'자는 평성(平聲 : 語氣詞)이다. 그 재주가 어린 임금을 보필하고, 나라의 정사(政事)를 굳게 유지하며,

詳說

◯ 汎指人之辭, 與下'其節'之'其'字同, 指一人.

'기(其)'는 두루 사람을 가리키는 말이니, 아래 '기절(其節)'의 '기(其)'자[145]와 같으며, 한 사람을 가리킨다.

◯ 新安胡氏曰："『周禮疏』云 : '六尺, 年十五.'[146] 『孟子』曰 : '公侯, 方百里.'[147]"

신안 호씨(新安胡氏 : 胡次焱)[148]가 말하였다. "『주례소』에서 말하였다. '6척은 나이 15세이다.' 『맹자(孟子)』에서 말하였다. '공후(公侯)는 사방 백리이다.'"

---

144) 호광 편(胡廣 編), 『논어집주대전(論語集註大全)』「태백(泰伯)」.

145) 아래 '기절(其節)'의 '기(其)'자 : 아래의 주석 내용 가운데 "其節, 至於死生之際, 而不可奪."에 나오는 '其節'을 말한다.

146) 한(漢) 정씨(鄭氏) 주, 당(唐) 육덕명(陸德明) 음의(音義), 가공언(賈公彦) 소(疏), 『주례주소(周禮注疏)』 권8. "七尺謂年二十; 六尺謂年十五.(키가 7척이면 나이 스물이라 이르고, 6척이면 나이 열다섯이라고 이른다.)"

147) 『맹자(孟子)』「만장하(萬章下)」. "天子之制, 地方千里; 公侯, 皆方百里; 伯, 七十里; 子男, 五十里, 凡四等."

148) 호차염(胡次焱) : 중국 송나라 때 학자로, 자는 제정(濟鼎)이고, 호는 매암(梅巖)이며, 신안(新安) 출신이다. 이에 매암(梅巖) 호씨, 또는 신안(新安) 호씨라고도 한다. 저서로는 『매암문집(梅巖文集)』이 있으며, 『사고총목(四庫總目)』이 세상에 전한다.

○ 寄以一國之民命.

한 나라의 민명(民命 : 민중의 생명을 주재하는 인군)을 부탁하여 맡기는 것이다.149)

朱註

其節, 至於死生之際, 而不可奪, 可謂君子矣.

그 절개가 죽고 사는 즈음에 이르러서도 빼앗을 수 없다면, 군자라고 이를 만하다.

詳說

○ 襯大字.

'사생(死生)'은 '대절(大節)'의 '대(大)'자와 가까운 것이다.

○ 朱子曰 : "非有德者, 不能也."150)

주자(朱子 : 朱熹)가 말하였다. "덕이 있는 사람이 아니면 능할 수 없다."

○ '君子'下著'人'字, 與色莊章著'者'字同, 但微有抑揚之意.

'군자(君子)' 아래에 '인(人)'자를 놓은 것은 색장장(色莊章)151)에 '자(者)'자를 놓은 것과 같은데, 다만 약간 억양(抑揚)의 의미가 있다.

○ 先以'可謂'二字, 斷之.

먼저 '가위(可謂)' 두 글자로 단정하였다.

○ 朱子曰 : "三句者, 是一般說, 才節兼全, 方可謂之君子."152)

---

149) 한 나라의 민명(民命 : 민중의 생명을 주재하는 인군)을 부탁하여 맡기는 것이다 : 박문호(朴文鎬)가 특히 '민명(民命)'이라는 말에 주목하여 독자적으로 주석을 붙인 점이 주목된다. 『서경(書經)』「주서(周書) · 다사(多士)」에서 성왕이 은나라 관리와 백성들을 회유하는 말 가운데 "나는 너희 네 나라에 민명을 크게 내렸다.(予大降爾四國民命.)"라는 구절이 있다.

150) 호광 편(胡廣 編), 『논어집주대전(論語集註大全)』「태백(泰伯)」에는 "朱子曰 : 託孤寄命, 有才者能之; 臨大節而不可奪, 非有德者不能也.(6척의 어린 임금을 부탁하고 백리의 민명을 기탁함은 재능이 있는 사람이면 능히 할 수 있고, 큰 절개에 임하여 빼앗지 못함은 덕이 있는 사람이 아니면 능히 할 수 없다.)"로 되어 있다.

151) 색장장(色莊章) : 『논어(論語)』「선진(先進)」에 "공자가 말하였다. 언론(言論)이 독실한 사람을 이에 허여한다면 군자다운 사람인가? 얼굴빛만 근엄한 사람인가?(子曰 : '論篤是與, 君子者乎? 色莊者乎?')"라고 하였다. 박문호(朴文鎬)가 본 문단과의 차이를 설명한 것이다.

152) 『주자어류(朱子語類)』 권35, 「논어17(論語十七)」, 69조목에는 "正卿問: ''可以託六尺之孤', 至'君子人也', 此本是兼才節說, 然緊要處卻在節操上.' 曰: '不然. 三句都是一般說. 須是才節兼全, 方謂之君子. 若無其才而徒有其節, 雖死何益. 如受人託孤之責, 自家雖無欺之之心, 卻被別人欺了, 也是自家不了事, 不能受人之託矣. 如受人百里之寄, 自家雖無竊之之心, 卻被別人竊了, 也

주자(朱子 : 朱熹)가 말하였다. "세 개의 구절은 일반적인 말이지만, 재주와 절개를 아울러 온전하게 갖추어야 바야흐로 군자라고 이를 만한 것이다."

◯ 又曰 : "上兩句, 易; 下一句, 難."153)

是自家不了事, 不能受人之寄矣. 自家徒能'臨大節而不可奪, 卻不能了得他事, 雖能死, 也只是箇枉死漢! 濟得甚事! 如晉之荀息是也. 所謂君子者, 豈是斂手束脚底村人耶! 故伊川說: '君子者, 才德出衆之名.' 孔子曰: '君子不器.' 旣曰君子, 須是事事理會得方可. 若但有節而無才, 也喚做好人, 只是不濟得事."(정경(正卿)이 물었다. '육척의 어린 임금을 부탁할만하다'는 내용에서 '군자다운 사람이다'라는 내용까지는 본래 재주와 절조를 아울러 설명한 것이지만 요긴한 곳은 도리어 절조에 있습니다.' 주희가 말하였다. '그렇지 않다. 세 개의 구절은 일반적인 말이지만, 재주와 절개를 아울러 온전하게 갖추어야 바야흐로 군자라고 이를 만한 것이다. 만약 재주는 없으면서 다만 절조만 있다면 비록 죽더라도 무슨 이익이 있겠느냐? 만약 남에게 어린 임금을 부탁하는 책임을 받았는데, 스스로 비록 속이는 마음이 없더라도 도리어 다른 사람에게 속임을 당한다면 또한 스스로 일을 마치지 못하는 것이니 남의 부탁을 받을 수 없다. 만약 남에게 100리 되는 고을의 운명을 부탁 받았는데, 스스로 비록 훔치고자 하는 마음이 없더라도 도리어 남에게 절도 당한다면 또한 스스로 일을 마치지 못한 것이니 남의 부탁을 받을 수 없다. 스스로 다만 큰 절조에 임하여 뜻을 빼기지 않을 수 있으나 도리어 그의 일을 끝마칠 수 없다면 비록 죽을 수 있더라도 또한 다만 헛되이 죽은 사람이 될 뿐이니 그 일을 이룰 수 있겠느냐? 진(晉)의 순식(荀息)이 그런 사람입니다. 이른바 군자라는 것이 어찌 손을 모으고 다리를 나란히 하는 촌사람이겠느냐? 때문에 이천은 '군자라는 것은 재주와 덕망이 남들보다 뛰어남을 이르는 것이다'라 하였고, 공자는 '군자는 그릇처럼 한 가지 용도로만 사용되지 않는다'고 하였으니, 이미 군자라고 하였으면 모름지기 일마다 이해할 수 있어야 옳고, 만약 다만 절조만 있고 재주가 없다면 또한 좋은 사람이라고 부를 수 있으니 다만 일을 이루지는 못한다.')"라고 되어 있다. 호광 편(胡廣 編), 『논어집주대전(論語集註大全)』「태백(泰伯)」에서는 "問 : '君子, 才德出衆之名?' 曰 : '有德而有才, 方見於用; 如有德而無才, 則不能爲用, 亦何足爲君子?'(물었다. '군자는 재주와 덕이 출중한 사람의 이름입니까?' 말하였다. '덕이 있고 재주가 있으면 바야흐로 등용되겠지만, 만일 덕이 있는데 재주가 없으면 능히 등용될 수 없으니 또한 어찌 군자가 되겠는가?')"라고 하였다.

153) 上兩句, 易; 下一句, 難. : 여기서 '상양구(上兩句)'는 "可以託六尺之孤, 可以寄百里之命."을 말하며, '하일구(下一句)'는 "臨大節而不可奪也."를 가리킨다. 『주자어류(朱子語類)』 권35, 「논어17(論語十七)」, 70조목에는 "正卿問'託六尺之孤'一章. 曰: ''百里之命', 只是命令之'命'. '託六尺之孤', 謂輔幼主; '寄百里之命', 謂攝國政.' 曰: '如霍光當得此三句否?' 曰: '霍光亦當得上面兩句, 至如許后之事, 則大節已奪了.' 曰: '託孤寄命, 雖資質高者亦可及; '臨大節而不可奪', 非學問至者恐不能.' 曰: '資質高底, 也都做得; 學問到底, 也都做得. 大抵是上兩句易, 下一句難. 譬如說'有猷, 有爲, 有守', 託孤寄命是有猷·有爲, '臨大節而不可奪', 卻是有守. 霍光雖有爲, 有猷矣, 只是無所守.'(정경(正卿)이 '6척의 어린 임금을 부탁한다'는 장에 대하여 물었다. 주희가 말하였다.'100리의 명'은 명령의 명이다. '6척의 어린 임금을 부탁한다'는 것은 어린 임금을 보좌함을 말하며, '100리의 명을 부탁한다"는 것은 나라의 정치를 맡아한다는 것이다.' 물

주자(朱子 : 朱熹)가 또 말하였다. "위의 두 구절의 것은 쉽고, 아래 한 구절의 것은 어렵다."

○ 又曰 : "三代以下, 惟孔明能之."[154]

주자(朱子 : 朱熹)가 또 말하였다. "삼대(三代 : 하·은·주) 이하로 오직 제갈공명(諸葛孔明 : 諸葛亮)[155]만이 능하였다."

朱註

與, 疑辭. 也, 決辭. 設爲問答, 所以深著其必然也.

'여(與)'는 의문사(疑問辭)이다. '야(也)'는 끝맺는 말이니, 문답(問答)을 설정한 것은 그 반드시 그러함을 깊이 드러내려는 까닭이다.

詳說

○ 句.

었다. '곽광 같은 이도 이 세 구절에 해당이 됩니까?' 주희가 말하였다. '광광도 또한 위의 두 구절에는 해당이 되지만 허후(許后)의 일 같은 데 이르러서는 큰 절조에서 이미 뜻을 빼앗긴 것이다.' 물었다. '어린 왕을 부탁하고 100리의 명을 부탁하는 것은 비록 자질이 높은 사람이라도 미칠 수 있으나, '큰 절조에 임하여 뜻을 빼앗지 못한다'는 경지는 학문이 지극한 사람이 아니면 아마 할 수 없을 것입니다.' 주희가 말하였다. '자질의 높고 낮은 사람들도 또한 모두 할 수 있으며, 학문이 지극한 사람도 또한 할 수 있다. 위의 두 구절은 실천하기 쉬우나 아래 구절은 어렵다. 예를 들어 '계략이 있고, 실천함이 있고, 지킴이 있다'는 것으로 말하자면, 어린 임금을 부탁하고 백리의 명을 부탁하는 일은 계략이 있고, 실천함이 있는 것이며, '큰 절조에 임하여 뜻을 뺏기지 않는다'는 말은 도리어 지킴이 있는 것이다. 곽광은 실천함이 있고 계략이 있으나 지키는 바는 없다.')"라고 하였다.

154) 『주자어류(朱子語類)』 권35, 「논어17(論語十七)」, 71조목에는 "'託六尺之孤, 寄百里之命', 是才; '臨大節不可奪', 是德. 如霍光可謂有才, 然其毒許后事, 便以愛奪了. 燕慕容恪是慕容暐之霍光, 其輔幼主也好. 然知慕容評當去而不去之, 遂以亂國, 此也未是. 惟孔明能之.('6척의 어린 임금을 부탁하고, 100리의 명을 부탁한다'는 것은 재주이며, '큰 절조에 임하여 뜻을 뺏기지 않는다'는 것은 덕망이다. 곽광(霍光) 같은 경우는 재주가 있다고 말할 수는 있으나 허후(許后)를 독살한 것은 곧 총애를 빼앗겼기 때문이다. 연(燕) 모용각(慕容恪)은 모용위(慕容暐)에게는 곽광과 같은 존재이니, 그가 어린 임금을 보좌한 것은 또한 좋다. 그러나 모용평(慕容評)은 마땅히 떠나야 하는데도 떠나지 않다가 드디어 나라가 혼란해 졌으니, 이 또한 옳지 않다. 오직 공명(孔明)이라야 잘 할 수 있다.)"라고 되어 있다.

155) 제갈량(諸葛亮, 181~234) : 자가 공명(孔明)이고, 호가 와룡(臥龍)이다. 한족으로 유비(劉備)를 도와 촉한(蜀漢)을 건립하였다.

'의사(疑辭)'는 문장이 끊어지는 곳이다.

○ 問與答也.

'문답(問答)'은 '문(問)'과 '답(答)'이다.

○ 釋間訓.

경문의 풀이 사이에 훈고하였다.

朱註

○ 程子曰: "節操如是, 可謂君子矣."

정자(程子: 程頤)가 말하였다. "절개와 지조가 이와 같으면 군자라고 이를 만하다."

詳說

○ 叔子.

'정자왈(程子曰)'에서 '정자(程子)'는 동생 정이(程頤)이다.

○ 雙峰饒氏曰: "旣以才節幷言, 復引程子說, 以明重在於節."[156]

쌍봉 요씨(雙峰饒氏: 饒魯)가 말하였다. "이미 재주와 절개로 아울러서 말하고, 다시 정자(程子)의 언설을 인용하여 중요함이 절개에 있음을 밝혔다."

○ '君子', 此章之題目.

'군자(君子)'가 이 장의 제목이다.

156) 호광 편(胡廣 編), 『논어집주대전(論語集註大全)』「태백(泰伯)」에는 "雙峯饒氏曰: '旣以才節並言, 復引程子節操之說者, 以明重在於節也.'"로 되어 있다.

[8-7-1]

曾子曰："士不可以不弘毅, 任重而道遠.
증자(曾子 : 曾參)가 말하였다. "선비가 넓고 굳세지 않아서는 안 되니, 짐이 무겁고 길이 멀다.

朱註

'弘', 寬廣也. 毅, 强忍也.157)
'홍(弘)'은 너그럽고 넓음이다. 의(毅)는 굳세고 참음이다.

詳說

○ 諺音誤.
'사불가이불홍의(士不可以不弘毅)'에서 '홍(弘)'자는 『언해(諺解)』의 음(音)이 잘못 되었다.158)

○ 新安胡氏曰："寬則容受之多, 廣則承載之潤159)."160)

157) 『주자어류(朱子語類)』 권35, 「논어17(論語十七)」, 94조목에는 "弘, 寬廣也, 是事要得寬闊. 毅, 强忍也, 如云'擾而毅', 是馴擾而卻毅, 强而有守底意思. '弘'字, 如今講學, 須大著箇心, 是者從之, 不是者也且寬心去究. 而今人才得一善, 便說道自家底是了, 別人底都不是, 便是以先入爲主了; 雖有至善, 無由見得. 如'執德不弘', 須是自家要弘, 始得. 若容民蓄衆底事, 也是弘, 但是外面事. 而今人說'弘'字, 多做容字說了, 則這'弘'字裏面無用工處. 可以此意推之. 又云: '弘下開闊周遍.'(넓힘[弘]은 너그럽고 넓음이니, 일마다 너그럽게 하고자 하는 것이다. 굳셈[毅]은 굳세고 참음이니 '온순하면서도 굳셈'이라 말한 것은 온순하면서도 굳셈이니, 강하게 하여 지키는 것이 있다는 뜻이다. '넓힘[弘]'은 지금의 강학(講學)과 같으니 모름지기 마음을 크게 하여야 옳은 것이 따르고 옳지 않은 것에도 또한 마음을 너그럽게 할 수 있다. 그러나 지금 사람들은 한 가지 선함을 얻었다고 자기는 옳고 다른 사람은 모두 그르다고 말하며 먼저 들어가는 것을 위주로 삼으니, 지극한 선함이 있더라도 알 수 있는 방법이 없다. '덕망을 가지고 있으나 넓지 않다'는 것은 모름지기 스스로 넓히려고 해야 가능하다. 만약 백성을 용납하고 대중을 기르는 일도 넓은 것이지만, 외부의 일일뿐이다. 지금 사람들은 '넓힘[弘]'을 설명하여 '용납함[容]'으로 간주하여 풀이하는 경우가 많다. 이 '넓힘[弘]'의 이면에 공부할 곳이 없게 된다. 이런 뜻을 잘 유추해야 한다. 또 말하였다. '넓힘[弘]'은 열어 넓혀서 두루하는 것이다.)"라고 설명하고 있다.

158) '사불가이불홍의(士不可以不弘毅)'에서 '홍(弘)'자는 『언해(諺解)』의 음(音)이 잘못되었다 : 『논어언해』「태백(泰伯)」에 '弘'은 '홍'으로 되어 있는데, 『광운(廣韻)』에 "胡肱切"로 되어 있으며 박문호(朴文鎬)도 '횡(弘)'으로 본 것 같다.

159) 潤 : 호광 편(胡廣 編), 『논어집주대전(論語集註大全)』「태백(泰伯)」에는 '闊'자로 되어 있다.

신안 호씨(新安胡氏 : 胡次焱)가 말하였다. "너그러우면 담고 받음이 많고, 넓으면 받아들이고 실음이 넓다."

○ 新安陳氏曰 : "强則執守之堅, 忍則負荷之久."[161]

'신안 진씨(新安陳氏 : 陳櫟)가 말하였다. "굳세면 잡아 지킴이 견고하고, 참으면 지고 멤이 오래간다."

○ 訓畢.

훈고가 끝났다.

朱註

> 非弘, 不能勝其重, 非毅, 無以致其遠.
> 너그럽고 넓음이 아니면 그 무거움을 받아들일 수 없고, 굳세고 참음이 아니면 그 멂에 이를 수 없다.

詳說

○ 平聲, 下同.[162]

'불능승기중(不能勝其重)'에서 '승(勝)'자는 평성(平聲 : 承受)이며, 아래도 같다.

○ 釋畢.

경문의 풀이가 끝났다.

[8-7-2]

仁以爲己任, 不亦重乎? 死而後已, 不亦遠乎?"
인(仁)으로써 자기의 짐을 삼았으니 또한 무겁지 아니한가? 죽은 뒤에야 그만두니 또한 멀지 아니한가?"

---

160) 호광 편(胡廣 編), 『논어집주대전(論語集註大全)』「태백(泰伯)」.

161) 호광 편(胡廣 編), 『논어집주대전(論語集註大全)』「태백(泰伯)」.

162) 호광 편(胡廣 編), 『논어집주대전(論語集註大全)』「태백(泰伯)」에는 "能勝, 平聲, 下能勝同."로 되어 있다.

朱註

仁者, 人心之全德, 而必欲以身體, 而力行之, 可謂重矣. 一息尚存, 此志不容少懈, 可謂遠矣.

인(仁)이라는 것은 사람 마음의 온전한 덕이로되, 반드시 몸으로써 체득하여 힘써 행하고자 해야 하니, 무겁다고 이를 만하다. 한 숨이 아직 남아 있으면 이 뜻이 조금이라도 느슨해지는 것을 용납하지 않으니, 멀다고 이를 만하다.

詳說

○ 朱子曰 : "將身, 體驗之."163)

'이신체(以身體)'에 대해, 주자(朱子 : 朱熹)가 말하였다. "몸을 가지고서 체험하는 것이다."

○ 沙溪曰 : "句, 或連'此志'讀, 甚誤."

사계(沙溪 : 金長生)164)가 말하였다. "어구(語句 : '一息尚存')를 간혹 '차지(此志)'에 붙여서 읽는데, 매우 잘못된 것이다.

○ 居隘反.165)

---

163) 호광 편(胡廣 編), 『논어집주대전(論語集註大全)』「태백(泰伯)」에서 발췌한 내용인데, 『주자어류(朱子語類)』 권35, 「논어17(論語十七)」, 91조목에는 "'어짊을 자기의 임무로 삼으니 또한 무겁지 아니한가? 죽은 뒤라야 그만 두니 또한 멀지 아니한가?'라고 하였으니 모름지기 어짊에 대해 인식하고 또 몸을 가지고서 체험해야 비로소 참으로 이 감당하는 것이 무거움을 알게 되니 참으로 어렵다. 세상에는 두 종류가 있는데, 전혀 알지 못하는 것이 있으니 진실로 찾을 곳이 전혀 없으며, 어짊의 도가 이같이 큼을 알지만 기꺼이 몸으로 감당하지 않으려는 것이 있다. 지금 스스로 전혀 감당하지 못한다면 어떻게 그것이 무거운지 무겁지 않은지 알 수 있는가? 학문에 말만하는 것을 귀하게 여기지 않는 까닭은 실제로 경험하여 실천해야 비로소 알 수 있기 때문이다.('仁以爲己任, 不亦重乎! 死而後已, 不亦遠乎!' 須是認得箇仁, 又將身體驗之, 方眞箇知得這擔子重, 眞箇是難. 世間有兩種: 有一種全不知者, 固全無摸索處; 又有一種知得仁之道如此大, 而不肯以身任之者. 今自家全不曾擔著, 如何知得他重與不重. 所以學不貴徒說, 須要實去驗而行之, 方知.)"라고 하였다.

164) 김장생(金長生, 1548~1631) : 조선 중기 학자로 본관은 광산(光山), 자는 희원(希元), 호는 사계(沙溪)이다. 아버지는 대사헌 김계휘(金繼輝)이며, 아들은 김집(金集)이다. 송익필(宋翼弼)로부터 사서(四書)와 『근사록(近思錄)』 등을 배웠고, 20세 무렵에 이이(李珥)의 문하에 들어갔다. 1578년(선조11)에 학행(學行)으로 천거되어 정계에 입문하였다. 학문적으로 예학(禮學)을 깊이 연구하여 아들 김집에게 계승시켜 조선 예학의 태두가 되었다.

165) 호광 편(胡廣 編), 『논어집주대전(論語集註大全)』「태백(泰伯)」.

‘불용소해(不容少懈)’에서 ‘해(懈)’는 ‘거(居)’와 ‘애(隘)’의 반절(反切)이다.

○ 覺軒蔡氏曰 : “仁之道, 非全體, 而不息者, 不足以當之. 曾子‘一貫’, 弘也, ‘易簀’, 毅也.”[166]

각헌 채씨(覺軒蔡氏 : 蔡模)가 말하였다. “인(仁)의 도가 전체는 아니지만, 쉬지 않는 사람이라도 족히 감당하지 못한다. 증자의 ‘일관(一貫)’[167]은 홍(弘)이고, 역책(易簀)[168]은 의(毅)이다.”

○ 有釋無訓.

경문의 풀이는 있고 훈고는 없다.

朱註

○ 程子曰 : “弘而不毅, 則無規矩而難立; 毅而不弘, 則隘陋而無以居之.”

정자(程子 : 程顥)가 말하였다. “넓되 굳세지 않으면 법도가 없어 서는 것이 어지럽고, 굳세되 넓지 않으면 좁고 지질하여 너그럽게 살 수 없는 것이다.”

詳說

○ 伯子.

‘정자왈(程子曰)’에서 ‘정자(程子)’는 형 정호(程顥)이다.

○ 柳下惠, 近之.

유하혜(柳下惠)[169]가 그것에 가깝다.

---

166) 호광 편(胡廣 編), 『논어집주대전(論語集註大全)』「태백(泰伯)」에는 “覺軒蔡氏曰 : ‘弘毅, 不可執一而廢一, 蓋弘者, 易失之不毅; 毅者, 易失之不弘. 然弘毅之任重道遠, 又惟歸於仁, 何也? 蓋仁道最大, 孔門傳道, 莫大於求仁. 蓋仁之道, 非全體而不息者, 不足以當之. 惟其全體也, 則無一理之不該, 所以不可不弘. 惟其不息也, 則無一念之間斷, 所以不可不毅, 仁之任重而道遠如此, 是豈可以易爲哉? 曾子平日三省一貫, 致力於大學格致誠正修齊治平, 不使有一理之或違, 非弘而何啓手啓足? 猶戰兢而不已. 易簀之際, 得正而斃, 非毅而何? 此所以卒任傳道之責也.’”로 되어 있다.

167) 증자의 ‘일관(一貫)’ : 『논어(論語)』「이인(里仁)」에서 “공자가 말하였다. ‘증삼아! 나의 도는 하나로써 꿰뚫었다.’ 증자가 말하였다. ‘예,’ 공자가 밖으로 나가자 문인들이 물었다. ‘무엇을 말씀하신 것인가?’ 증자가 말하였다. ‘선생님의 도는 충과 서일 따름이다.’(子曰 : ‘參乎! 吾道一以貫之.’ 曾子曰 : ‘唯.’ 子出, 門人問曰 : ‘何謂也?’ 曾子曰 : ‘夫子之道, 忠恕而已矣.’)”라고 하였다.

168) 역책(易簀) : 『예기』「단궁상(檀弓上)」에 “曾子寢疾, 病, …… ‘易簀.’”라고 하였다.

169) 유하혜(柳下惠) : 유하혜(柳下惠, B.C. 720~B.C. 621)는 노(魯)나라 유하읍(柳下邑) 사람으로, 성은 전(展)이고, 이름은 획(獲)이며, 자는 자금(子禽)이다. 유하(柳下)는 식읍(食邑)이고, 혜

○ 『大全』曰 : "'居'[170], 是'寬而居之'之居."[171]

『논어집주대전』에서 말하였다. "'거(居)'는 너그럽게 하여 산다[寬而居之][172]의 거(居)이다.

○ 伯夷近之.

백이(伯夷)[173]가 그것에 가깝다.

朱註

> **又曰 : "弘大剛毅然後, 能勝重任而遠到."**
>
> 정자가 또 말하였다. "넓고 크며 굳고 굳세진 연후에 능히 무거운 임무를 받아들여 멀리까지 이를 수 있다."

詳說

○ 又, 叔子.

'우왈(又曰)'의 주체는 동생 정이(程頤)이다.

○ 聖人之集成, 可以當之.

성인의 집대성(集大成)[174]을 감당할 수 있는 것이다.

(惠)는 시호(諡號)인데 합쳐져서 그의 이름이 되었다. 노나라 효공(孝公)의 아들인 공자전(公子展)의 후예로 일찍이 노나라의 대부(大夫)를 지냈고, 뒤에 은거하여 일민(逸民 : 학문과 덕행이 있으면서도 세속에 나오지 않고 묻혀 지내는 사람)이 되었다. 『맹자(孟子)』에서 "유하혜는 성인(聖人)으로서 온화한 기질을 가졌던 사람이다."라고 기술하였으며, 중국 유씨(柳氏)의 시조가 되었다.

170) 居 : 호광 편(胡廣 編), 『논어집주대전(論語集註大全)』「태백(泰伯)」에는 '此'자로 되어 있다.

171) 호광 편(胡廣 編), 『논어집주대전(論語集註大全)』「태백(泰伯)」에는 "此, 是'寬以居之'之居."로 되어 있다.

172) 너그럽게 하여 산다[寬而居之] : 『주역(周易)』「문언전(文言傳)」에서 "군자는 배워서 모으고, 물어서 분변하며, 너그러움으로 살고 어짊으로 행한다.(君子學以聚之, 問以辨之, 寬以居之, 仁以行之.)"라고 하였다.

173) 백이(伯夷) : 고죽국(孤竹國) 사람으로, 성은 자(子)이고, 이름은 윤(允)이다. 상(商)나라 말기에 고죽국(孤竹國) 임금 아미(亞微)의 큰아들로, 아빙(亞憑)과 숙제(叔齊)가 동생이다. 고죽국 임금이 셋째 숙제(叔齊)를 후계자로 삼으려고 했는데 숙제가 백이에게 양보하니 백이가 사양하고 숙제와 함께 도망하였다. 주(周)나라 무왕(武王)이 상(商)나라를 정벌하려 하자 간하였고, 그 뒤에 수양산에 은거하였다.

174) 집대성(集大成) : 여러 가지 사상과 학설 등을 융합하여 자연스럽게 체계를 이루거나 일가를

이루는 것을 말한다. 박문호(朴文鎬)는 『맹자(孟子)』「만장하(萬章下)」의 내용에 의거하여 진술하였다. 그 전문은 다음과 같다. "백이는 성인으로서 맑았던 사람이고, 이윤은 성인으로서 임무가 컸던 사람이고, 유하혜는 성인으로서 온화했던 사람이고, 공자는 성인으로서 때에 맞게 행했던 사람이니, 공자를 집대성한 사람이라고 이른다.(伯夷, 聖之淸者也; 伊尹, 聖之任者也; 柳下惠, 聖之和者也; 孔子, 聖之時者也. 孔子之謂集大成.)" 손석(孫奭)의 소(疏)에 의하면, "대개 집대성이란 곧 백이·이윤·유하혜의 세 성인의 도를 모아서 크게 이룸을 할 뿐이다. …… 그러므로 모아서 그 크게 이루었다고 이르는 것이다.(蓋集大成, 卽集伯夷·伊尹·柳下惠三聖之道, 是爲大成耳 …… 故謂之集其大成, 又非止於一偏而已.)"라고 하였다.

[8-8-1]

子曰："興於詩,
공자가 말하였다. "시(詩)에 일어나며,

朱註

興, 起也.
'흥(興)'은 일어남이다.

詳說

○ 訓.
훈고이다.

○ 前章旣訓, 而此又云云者, 隨事著訓, 不厭其重複也.
앞장에서 이미 훈고하였는데 여기서 또다시 운운한 것은 사정에 따라서 훈고 붙인 것이므로 그 중복됨이 싫증나지 않는다.

○ 朱子曰："三句上, 一字以成功而言, 非如'志於道', 四句上, 一字以用功而言也.[175]
주자(朱子 : 朱熹)가 말하였다. "세 구절에서 한 글자가 공효(功效)를 이루는 것이라고 말하여, '지어도(志於道 : 도에 뜻을 둠)'[176]의 네 구절에서 한 글자가 공력을 들이는 것이라고 말함과 같지 않다."[177]

朱註

詩本性情, 有邪有正, 其爲言, 旣易知,

---

175) 『주자어류(朱子語類)』 권35, 「논어17(論語十七)」, 108조목에는 "'興於詩', 此三句上一字, 謂成功而言也, 非如'志於道', 四句上一字, 以用功而言也."로 되어 있다.

176) 지어도(志於道 : 도에 뜻을 둠) : 『논어(論語)』「술이(述而)」에서 "공자가 말하였다. '도에 뜻을 두며, 덕에 근거하며, 인에 의지하며, 예에 노닐어야 한다.'(子曰 : '志於道, 據於德, 依於仁, 游於藝.')"라고 하였다.

177) 세 구절에서 한 글자가 공효(功效)를 …… 공력을 들이는 것이라고 말함과 같지 않다 : 『논어(論語)』「술이(述而)」의 "도에 뜻을 두며, 덕에 근거하며, 인에 의지하며, 예에 노닐어야 한다.(志於道, 據於德, 依於仁, 游於藝.)"라는 구절에서 '지(志)·거(據)·의(依)·유(游)'의 쓰임새와 본 문단의 '흥(興)·입(立)·성(成)'의 쓰임새의 차이를 공효(功效)와 공력(功力)으로 구분하여 말한 주자의 설명을 명시한 것이다.

시는 성정에 근본 하니, 사악(邪惡)함도 있고 정직(正直)함도 있어, 그 말한 것이 이미 알기 쉽고,

詳說

○ 朱子曰 : "本於人之性情."178)

주자(朱子 : 朱熹)가 말하였다. "사람의 성정(性情)에 근본 하는 것이다."

○ 新安胡氏曰 : "如二南爲正, 「鄭」·「衛」爲邪."179)

신안 호씨(新安胡氏 : 胡次焱)가 말하였다. "바로 이남(二南 : 「주남(周南)」·「소남(召南)」)이 아정(雅正)함이 되고, 「정풍(鄭風)」과 「위풍(衛風)」이 음사(淫邪)함이 된다."

○ 詩人及所爲作者, 性情有邪正. 故詩隨而爲邪正.180)

시인 및 시를 짓는 사람의 성정은 음사함과 아정함이 있다. 그러므로 시(詩)도 따라서 음사함과 아정함이 된다.

○ 去聲, 下同.181)

'기이지(旣易知)'에서 '이(易)'자는 거성(去聲 : 쉽다)이며, 아래도 같다.

○ 『大全』曰 : "詩辭明白, 而近人情."182)

『논어집주대전』에서 말하였다. "시(詩)의 말은 명백하여 사람의 성정(性情)에 가깝다."

朱註

而吟詠之間, 抑揚反復, 其感人又易入. 故學者之初, 所以興起其好善惡惡之心,

읊고 노래하는 사이에 억양(抑揚)하고 반복하여, 사람을 감동시킴에 이르기가

---

178) 호광 편(胡廣 編), 『논어집주대전(論語集註大全)』「태백(泰伯)」에는 "朱子曰 : '詩者, 樂之章也. 故必學樂而後, 誦詩. 所謂樂者, 蓋琴瑟塤篪, 樂之一物, 以漸習之, 而節夫詩之音律者也. 然詩, 本於人之性情, 有美刺風諭之旨, 其言近而易曉, 而從容詠歎之間, 所以漸漬感動於人者, 又爲易入. 故學之所得, 必先於此, 而有以發起其仁義之良心也."라고 하였다.

179) 호광 편(胡廣 編), 『논어집주대전(論語集註大全)』「태백(泰伯)」에는 "新安胡氏曰 : 如二南之正始, 爲正; 鄭衛之淫奔, 爲邪."로 되어 있다.

180) 채청(蔡淸), 『사서몽인(四書蒙引)』 卷6 「泰伯第八」. "詩本性情有邪有正人之性情有邪正詩亦有邪正."

181) 호광 편(胡廣 編), 『논어집주대전(論語集註大全)』「태백(泰伯)」 .

182) 조순손(趙順孫), 『논어찬소(論語纂疏)』 권4, 「논어집주(朱子集註) · 태백제8」에 의하면, "胡氏曰 : '詩之詞, 明白洞達也.'(호씨가 말하였다. '시의 말은 명백하고 환히 통달한다.')"로 되어 있다,

쉽다. 그러므로 배우는 사람이 처음에 그 선(善)을 좋아하고 악(惡)을 싫어하는 마음을 떨쳐 일으켜서

詳說

○ 一作'覆'.

'억양반복(抑揚反復)'에서의 '복(復)'자는 어떤 판본에는 '복(覆)'으로 되어 있다.

○ 新安陳氏曰: "抑揚, 謂聲音高下; 反覆, 謂前後重複翻倒."[183]

신안 진씨(新安陳氏 : 陳櫟)가 말하였다. "억양은 소리의 높고 낮음을 이르고, 반복은 앞과 뒤가 겹치고 뒤집어지는 것을 이른다."

○ 三節『註』中, '故'字, 同一語勢.

세 구절의 『논어집주(集註)』 중간에 있는 '고(故)'자는 어세(語勢 : 말의 억양과 높낮이)가 서로 똑같다.[184]

○ '好', 去聲.[185]

'호선오악지심(好善惡惡之心)'에서 '호(好)'자는 거성(去聲 : 愛好함)이다.

○ '惡', 去聲.[186]

'호선오악지심(好善惡惡之心)'에서 '오(惡)'자는 거성(去聲 : 嫌惡함)이다.

○ 朱子曰: "只是這一心, '興', 興此心也; '立', 立此心也; '成', 成此心也."[187]

주자(朱子 : 朱熹)가 말하였다. "단지 이것은 하나의 마음이니, '흥(興)'은 이 마음을 일으키는 것이며, '입(立)'은 이 마음을 세우는 것이며, '성(成)'은 이 마음을 이루는 것이다."

朱註

而不能自已者, 必於此而得之.

183) 호광 편(胡廣 編), 『논어집주대전(論語集註大全)』「태백(泰伯)」.

184) 세 구절의 『논어집주(論語集註)』 중간에 있는 '고(故)'자는 어세(語勢 : 말의 억양과 높낮이)가 서로 똑같다 : 경문 "興於詩"와 "立於禮"와 "成於樂" 세 구절 주자 집주 내용 중간에 나오는 '故'자, 곧 "故學者之初"와 "故學者之中"과 "故學者之終"의 어세(語勢)가 서로 똑같다고 본 것이다.

185) 호광 편(胡廣 編), 『논어집주대전(論語集註大全)』「태백(泰伯)」.

186) 호광 편(胡廣 編), 『논어집주대전(論語集註大全)』「태백(泰伯)」.

187) 『주자어류(朱子語類)』 권35, 「논어17(論語十七)」, 104조목에는 "只是這一心, 更無他說. '興於詩', 興此心也; '立於禮', 立此心也; '成於樂', 成此心也. 今公讀詩, 是興起得箇甚麼?"로 되어 있다.

스스로 그만두지 못하는 까닭은 반드시 이것[詩]에서 얻었기 때문이다.

詳說

○ 新安陳氏曰 : "指詩."[188]

'필어차(必於此)'에서 '차(此)'에 대해, 신안 진씨(新安陳氏 : 陳櫟)가 말하였다. "시(詩)를 가리킨다."

○ 釋.

경문의 풀이이다.

○ 三節『註』末, 皆用此一句.

세 구절의 『논어집주(論語集註)』 끝에 모두 이 동일한 어구(語句)를 사용하였다.[189]

○ 主學而言, 曰'興於詩.'; 主詩而言, 曰'詩可以興.'

학문을 중심으로 말할 때는 '흥어시(興於詩 : 시를 배움에 말미암아 선을 좋아하고 악을 싫어하는 마음이 떨쳐 일어남)'라고 말하며, 시를 중심으로 말할 때는 '시가이흥(詩可以興 : 시는 사람의 뜻을 감동시켜 일으킬 수 있음)'이라고 말한다.[190]

---

188) 호광 편(胡廣 編), 『논어집주대전(論語集註大全)』「태백(泰伯)」에는 "新安陳氏曰 : '此字, 指詩而言, 學者之初, 得力在此.'(신안 진씨(新安陳氏 : 陳櫟)가 말하였다. '此 자는 시를 가리켜서 말한 것이니, 배우는 이가 처음에 효력을 얻는 것이 이것에 달려 있다.')"로 되어 있다.

189) 세 구절의 『논어집주(論語集註)』 끝에 모두 이 동일한 어구(語句)를 사용하였다 : 경문 "興於詩"와 "立於禮"와 "成於樂" 세 구절 주자집주 내용 끝에 모두 "반드시 이것[詩]에서 얻는 것이다.(必於此而得之)"라는 동일한 어구가 사용되었음을 적시한 것이다.

190) 학문을 중심으로 말할 때는 …… 감동시켜 일으킬 수 있음)'이라고 말한다 : 『논어(論語)』「양화(陽貨)」에, 공자가 "어린 제자들은 어찌 시를 배우지 않는가? 시는 뜻을 일으킬 수 있으며, 정치의 잘잘못을 볼 수 있으며, 조화롭게 무리 지을 수 있으며, 적절하게 원망할 수 있다. 가까이는 부모를 섬기며 멀리는 임금을 섬기고, 새와 짐승, 풀과 나무의 이름을 많이 알 수 있는 것이다.(小子, 何莫學夫詩? 詩可以興, 可以觀, 可以羣, 可以怨, 邇之事父, 遠之事君, 多識於鳥獸草木之名.)"라고 말한 단락에 나오는 "詩可以興"이 시를 배우고 공부하는 데 뒤따르는 효용성 가운데 첫 번째 항목에 해당하는 것으로, 곧 '사람의 뜻이나 마음을 감동시켜 발현하고 흥기시킬 수 있음'이 '흥어시(興於詩)'의 '시를 배움에 말미암아 선을 좋아하고 악을 싫어하는 마음이 떨쳐 일어남'과 차이가 있음을 설명한 것이다.

[8-8-2]

立於禮,
예(禮)에 서며,

朱註

禮, 以恭敬辭遜爲本, 而有節文度數之詳, 可以固人肌膚之會·筋骸之束.
'예(禮)'는 공경함과 사양(辭讓)함을 근본으로 하고, 절문(節文 : 禮儀規定)과 도수(度數 : 禮節規則)의 상세함이 있어서 사람의 살과 살갗의 모인 것과 근육과 뼈의 묶인 것을 견고하게 할 수 있다.

詳說

○ 新安胡氏曰 : "恭, 主一身而言; 敬, 主一心而言, 處己之道也; 辭遜, 接物之方也."[191)]
신안 호씨(新安胡氏 : 胡次焱)가 말하였다. "'공(恭)'은 한 몸을 위주로 말하는 것이고, '경(敬)'은 한 마음을 위주로 말하는 것이니 처신(處身)하는 방도이며, '사손(辭遜)'은 외물(外物)과 교접(交接)하는 방도이다."

○ 新安陳氏曰 : "禮之文也."[192)]
'절문도수(節文度數)'에 대해, 신안 진씨(新安陳氏 : 陳櫟)가 말하였다. "예의 절문(節文)이다."

○ 音斤諧.[193)]
'근해지속(筋骸之束)'에서 '근해(筋骸)'자는 음이 근해(斤諧)이다.

○ 出『禮記』「禮運」.[194)]
『예기(禮記)』「예운(禮運)」에 나온다.

---

191) 호광 편(胡廣 編), 『논어집주대전(論語集註大全)』「태백(泰伯)」에는 "新安胡氏曰: '恭, 主一身而言; 敬, 主一心而言, 處己之道也. 辭者, 解使去己; 讓者, 推以與人接, 物之方也. 節文品節, 文章也; 度數制度, 數目也. 旣有以爲處己接物之本, 而周旋曲折, 又能纖悉如此.'"로 되어 있다.

192) 호광 편(胡廣 編), 『논어집주대전(論語集註大全)』「태백(泰伯)」에는 "新安陳氏曰 : '恭敬辭遜, 禮之本也; 節文度數, 禮之文也.'"로 되어 있다.

193) 호광 편(胡廣 編), 『논어집주대전(論語集註大全)』「태백(泰伯)」.

194) 호광 편(胡廣 編), 『논어집주대전(論語集註大全)』「태백(泰伯)」에는 "出『記』「禮運」."으로 되어 있다. 『예기』의 내용은 다음과 같다. 『예기대전(禮記大全)』 권9, 「예운(禮運)제9」. "故禮義也者, 人之大端也, 所以講信修睦, 而固人肌膚之會·筋骸之束也."

朱註

故學者之中, 所以能卓然自立, 而不爲事物之所搖奪者, 必於此而得之.

그러므로 배우는 사람이 중간에 능히 우뚝하게 스스로 서서 사물에 흔들리고 빼앗김이 되지 않는 까닭은 반드시 이것[禮]에서 얻었기 때문이다.

詳說

○ 初終之間.

'학자지중(學者之中)'은 처음과 끝의 중간이다.

○ 新安陳氏曰 : "指禮."[195]

'필어차(必於此)'의 '차(此)'에 대해, 신안 진씨(新安陳氏 : 陳櫟)가 말하였다. "예를 가리킨다."

○ 有釋無訓.

경문의 풀이는 있으나 훈고는 없다.

[8-8-3]

成於樂."

악(樂)에 이루는 것이다."

朱註

樂, 有五聲十二律, 更更唱迭和, 以爲歌舞八音之節, 可以養人之性情, 而蕩滌其邪穢, 消融其查滓.

'악(樂)'에는 오성(五聲 : 宮 · 商 · 角 · 徵 · 羽)과 십이율(十二律 : 陽律六 黃鐘 · 太簇 · 姑洗 · 蕤賓 · 夷則 · 亡射, 陰律六 大呂 · 夾鐘 · 中呂 · 林鍾 · 南呂 · 應鐘)[196]이 있는데, 바꿔서 부르고 번갈아 화응(和應)하면서 가무(歌舞)와 팔음(八音 : 金 · 石 · 絲 · 竹 · 匏 · 土 ·

---

195) 호광 편(胡廣 編), 『논어집주대전(論語集註大全)』「태백(泰伯)」에는 "新安陳氏曰 : '此字, 指禮而言, 學者之中, 得力在此.'(신안 진씨(新安陳氏 : 陳櫟)가 말하였다. '此 자는 예를 가리켜서 말하니, 배우는 사람이 중간에 공력을 이것에 들이는 것이다.)"로 되어 있다.

196) 십이율(十二律) : 『周禮』「春官 · 典同」에서 "凡爲樂器, 以十有二律爲之數度."라고 하였다.

革·木)의 절도로 삼으니, 사람의 성정을 함양(涵養)하여 그 사악(邪惡)하고 더러운 것을 씻어버리며, 가라앉은 찌꺼기를 없애버릴 수 있는 것이다.

詳說

○ 平聲.[197]

'경경창질화(㪅更唱迭和)'에서 '경(㪅)'자는 평성(平聲 : 고치다)이다.

○ 音垤.

'경경창질화(㪅更唱迭和)'에서 '질(迭)'자는 음이 질(垤)이다.[198]

○ 去聲.[199]

'경경창질화(㪅更唱迭和)'에서 '화(和)'자는 거성(去聲 : 和應하다)이다.

○ '歌舞'與'八音'.

'가무팔음(歌舞八音)'은 '가무(歌舞)'와 '팔음(八音)'이다.

○ 音子.

'소융기사재(消融其查滓)'에서 '재(滓)'자는 음이 자(子)이다.[200]

○ 新安陳氏曰 : "私欲之汙惡, 皆蕩滌而無餘, 道理勉强, 未純熟者, 皆消融而無迹也."[201]

신안 진씨(新安陳氏 : 陳櫟)가 말하였다. "사욕의 더럽고 사악함이니 모두 씻어 버려서 남음이 없어야 하고, 도리에 힘쓰되 아직 순전하게 숙련되지 못한 것이니 모

---

197) 호광 편(胡廣 編), 『논어집주대전(論語集註大全)』「태백(泰伯)」.

198) '경경창질화(㪅更唱迭和)'에서 '질(迭)'자는 음이 질(垤)이다 : '迭'은 『광운(廣韻)』에서 "徒結切, 入屑."이라 하였고, '垤'도 『광운』에서 "徒結切, 入屑."이라 하였다. 박문호(朴文鎬)는 『시경(詩經)』「당풍(唐風)·산유추(山有樞)」에서도 "耋, 音垤."이라 하였고, 또한 「진풍(秦風)·거린(車鄰)」에서도 "耋, 音垤; 叶地一反."이라 하였는데, '耋'은 『광운』에서 "徒結切, 入屑."이라 하였고, '耋'도 『광운』에서 "徒結切, 入屑."이라 하여 모두 동일한 음가(音價)를 지정하였다.

199) 호광 편(胡廣 編), 『논어집주대전(論語集註大全)』「태백(泰伯)」.

200) '소융기사재(消融其查滓)'에서 '재(滓)'자는 음이 자(子)이다 : 박문호(朴文鎬)는 호광 편(胡廣 編), 『논어집주대전(論語集註大全)』「태백(泰伯)」에서 "장리반(壯里反)"이라고 한 것을 따르지 않고, 『광운』에서 "조사절(阻史切)"이라 하고, 『집운(集韻)』와 『운회(韻會)』 등에서 "장사절(壯士切)"이라고 한 것에 의거하여 본음이 '자'라고 정정한 것이다.

201) 호광 편(胡廣 編), 『논어집주대전(論語集註大全)』「태백(泰伯)」에는 "新安陳氏曰 : '邪穢, 謂私欲之汙惡, 皆蕩滌而無餘; 查滓, 謂道理勉强未純熟者, 皆消融而無迹也.'(신안 진씨(新安陳氏 : 陳櫟)가 말하였다. '사악(邪惡)하고 더러운 것은 사욕의 더럽고 사악함을 이르니 모두 씻어 버려서 남음이 없어야 하고, 가라앉은 찌꺼기는 도리에 힘쓰되 아직 순전하게 숙련되지 못한 것을 이르니 모두 없애 버려서 흔적이 없어야 한다."로 되어 있다.

두 없애 버려서 흔적이 없어야 한다."

朱註

故學者之終, 所以至於義精仁熟,

그러므로 배우는 이의 마지막에 의(義)가 정밀해지고 인(仁)이 숙련해짐에 이르러서

詳說

○ 『易』「繫辭」曰 : "精義入神."[202]

『주역(周易)』「계사전(繫辭傳)」에서 말하였다. "의리(義理)를 정밀히 하여 신성(神聖)한 경지에 들어간다."[203]

○ 『孟子』「告子」曰 : "仁在乎熟之."[204]

『맹자(孟子)』「고자(告子)」에서 말하였다. "인(仁)은 숙련함에 달려 있다."[205]

○ 雲峰胡氏曰 : "興於詩, 知之事, 成於樂, 則知之精; 立於禮, 行之事, 成於樂, 則行之熟."[206]

운봉 호씨(雲峰胡氏 : 胡炳文)가 말하였다. "시에 일어남은 앎의 일이고, 음악에 이룸은 곧 앎의 정밀함이다. 예에 섬은 행(行)의 일이고, 음악을 이룸은 곧 행(行)의 숙련됨이다."

---

202) 호광 편(胡廣 編), 『논어집주대전(論語集註大全)』「태백(泰伯)」에는 "易曰 : '精義入神.'"으로 되어 있다.

203) 의리(義理)를 정밀히 하여 신성(神聖)한 경지에 들어간다 : 『주역(周易)』「계사전하(繫辭傳下)」에서 "자벌레가 굽히는 것은 펴는 것을 구하려는 때문이고, 용과 뱀이 숨어 있는 것은 몸을 보존하려는 때문이다. 의리를 정밀히 하여 신성한 데 들어가는 것은 쓰임을 극진히 하려는 때문이고, 쓰임을 이롭게 하여 몸을 편안히 하는 것은 덕을 높이려는 때문이다.(尺蠖之屈, 以求信也; 龍蛇之蟄, 以存身也. 精義入神, 以致用也; 利用安身, 以崇德也.)"라고 하였다.

204) 호광 편(胡廣 編), 『논어집주대전(論語集註大全)』「태백(泰伯)」에는 "孟子曰 : '仁在乎熟之而已.'"로 되어 있다.

205) 인(仁)은 숙련함에 달려 있다 : 『맹자(孟子)』「고자상(告子上)」에서 "맹자가 말하였다. '오곡이라는 것은 종자 가운데 좋은 것이나, 진실로 익지 못한다면 비름이나 피만 같지 못할 것이니, 대저 인도 또한 숙련함에 달려 있을 따름이다.'(孟子曰 : '五穀者, 種之美者也, 苟爲不熟, 不如荑稗, 夫仁, 亦在乎熟之而已矣.')"라고 하였다.

206) 호광 편(胡廣 編), 『논어집주대전(論語集註大全)』「태백(泰伯)」에는 "雲峯胡氏曰 : '興於詩, 知之事, 成於樂, 則知之精. 故曰 : 義精. 立於禮, 行之事, 成於樂, 則行之熟. 故曰 : 仁熟.'"로 되어 있다.

朱註

而自和順於道德者, 必於此而得之, 是學之成也.

자연스럽게 도덕에 화합하고 순응하는 까닭은 반드시 여기[樂]에서 얻었기 때문이니, 이것이 학문의 성취(成就)이다.

詳說

○ 見『易』「說卦」.[207]

『주역(周易)』「설괘전(說卦傳)」에 보인다.[208]

○ 新安陳氏曰 : "指樂."[209]

'필어차(必於此)'의 '차(此)'에 대해, 신안 진씨(新安陳氏 : 陳櫟)가 말하였다. "악(樂)을 가리킨다."

○ 新安陳氏曰 : "所以成就, 其興於詩, 立於禮者也."[210]

신안 진씨(新安陳氏 : 陳櫟)가 말하였다. "성취하는 까닭은 시(詩)에 일어나고, 예(禮)에 서는 것이기 때문이다."

○ '精熟'二字, 雖襯'成'字, 而實不擧'成'字. 故於末, 特加此一句, 是三節註之變例也. 抑亦以見三節之歸重, 在乎'成'一字耳.

'정숙(精熟)'이라는 두 글자[211]가 비록 '성(成)'자에 가까우나 실제로 '성(成)'자를

207) 호광 편(胡廣 編), 『논어집주대전(論語集註大全)』「태백(泰伯)」에는 "易曰 : '和順於道德而理於義.'"로 되어 있다.

208) 『주역(周易)』「설괘전(說卦傳)」에 보인다 : 『주역(周易)』「설괘전(說卦傳)」에서 "옛날 성인이 『주역(周易)』을 지을 적에 그윽하게 신명에 찬조하여 시초를 내고, 하늘을 3으로 하고 땅을 2로 하여 수에 의지하고, 음과 양에서 변화를 관찰하여 괘를 세우고, 강함과 부드러움을 발휘하여 효를 내니, 도덕에 화합하고 순응하여 의리를 다스리며, 이치를 궁구하고 본성을 다하여 천명에 이르는 것이다.(昔者聖人之作易也, 幽贊於神明而生蓍, 參天兩地而倚數, 觀變於陰陽而立卦, 發揮於剛柔而生爻, 和順於道德而理於義, 窮理盡性, 以至於命.)"라고 하였다.

209) 호광 편(胡廣 編), 『논어집주대전(論語集註大全)』「태백(泰伯)」에는 "新安陳氏曰 : '此字, 指樂而言, 三節, 當看始·中·終三字及三箇得之字, 皆學之得力處也.'(신안 진씨(新安陳氏 : 陳櫟)가 말하였다. '차(此)자는 악을 가리켜서 말한 것이니, 세 구절에서 마땅히 시·중·종 세 글자 및 세 개의 득지(得之)자를 살펴보아야 하니, 모두 배움에 공력을 들이는 곳이다.')"로 되어 있다.

210) 호광 편(胡廣 編), 『논어집주대전(論語集註大全)』「태백(泰伯)」에는 "新安陳氏曰 : '夫子屢以詩禮, 教人至此, 則參及於樂成於樂, 所以成就, 其始焉中焉之興於詩·立於禮者也."로 되어 있다.

211) '정숙(精熟)'이라는 두 글자 : "의(義)가 정밀해지고 인(仁)이 숙련해짐(義精仁熟)"의 '精熟'을 말

거론하지 않았다. 그러므로 끝에 가서 다만 이 한 구절을 더하였으니,212) 이는 세 구절 집주의 변례(變例)이다. 그렇지 아니면 또한 세 구절의 중요한 대목이 '성(成)'자에 있을 뿐임을 보인 것이다.

○ 有釋無訓.

경문의 풀이는 있으나 훈고는 없다.

朱註

○ 按:「內則」, "十歲, 學幼儀; 十三, 學樂誦詩; 二十而後, 學禮."

살펴보건대, 「내칙」에 "열 살에 어린아이의 예의(禮儀)를 배우며,213) 열세 살에 음악을 배우고 시를 외우며,214) 스무 살 이후에 예를 배운다."215)라고 하였으니,

詳說

○ 朱子曰 : "禮之小者."216)

주자(朱子 : 朱熹)가 (朱子)가 말하였다. "예절 가운데 작은 것이다."

○ 朱子曰 : "詩者, 樂之章也, 樂者, 琴瑟塤篪之物, 以節夫詩者也."217)

한다.

212) 이 한 구절을 더하였으니 : "이것이 학문의 성취(成就)이다.(是學之成也)"를 말한다.

213) 열 살에 어린아이의 예의(禮儀)를 배우며 : 『예기』「내칙(內則)」에서 "열 살에는 밖에 나가 스승에게 배우고, 밖에서 지내면서 글과 셈을 배우며, 옷을 입음에 저고리와 바지를 비단으로 하지 않으며, 예절은 처음에 배운 대로 따르며, 아침저녁으로 어린아이의 예의를 배우되 스승에게 청하여 간이하고 신실한 것을 익힌다.(十年, 出就外傅, 居宿於外, 學書計, 衣不帛襦袴, 禮帥初, 朝夕學幼儀, 請肄簡諒.)"라고 하였다.

214) 열세 살에 음악을 배우고 시를 외우며 : 『예기』「내칙(內則)」에서 "열세 살에는 음악을 배우고, 시를 외우며, 작무를 춘다.(十有三年, 學樂, 誦詩, 舞勺.)"라고 하였다.

215) 스무 살 이후에 예를 배운다 : 『예기』「내칙(內則)」에서 "스무 살에 관을 쓰고, 비로소 예를 배우며, 갖옷과 비단옷을 입을 수 있으며, 대하의 춤을 추며, 돈독하게 효제를 행하며, 널리 배우되 가르치지 않으며, 안으로 쌓고 밖으로 드러내지 않는다.(二十而冠, 始學禮, 可以衣裘帛, 舞大夏, 惇行孝弟, 博學不敎, 內而不出.)"라고 하였다.

216) 『주자어류(朱子語類)』 권35, 「논어17(論語十七)」, 111조목에는 "如十歲學幼儀, 十三學樂·誦詩, 從小時皆學一番了, 做箇骨子在這裏. 到後來方得他力. 禮, 小時所學, 只是學事親·事長之節, 乃禮之小者."로 되어 있다. 『논어집주대전』에도 유사한 내용이 있는데 다음과 같다. "朱子曰 '…… 至於禮則有節文度數之詳, 其經至於三百, 其儀至於三千, 其初若甚難强者. 故其未學詩也, 先已學幼儀矣, 蓋禮之小者, 自爲童子而不可闕焉者也."

217) 호광 편(胡廣 編), 『논어집주대전(論語集註大全)』「태백(泰伯)」에는 "朱子曰 '…… 詩者, 樂之

주자(朱子 : 朱熹)가 말하였다. "시라는 것은 음악의 문장이고, 음악이라는 것은 거문고와 비파, 질나발과 피리 따위의 물건이니, 저 시를 절조(絶調)하는 것이다."

○ **朱子曰: "禮之大者."**[218]

주자(朱子 : 朱熹)가 말하였다. "예절 가운데 큰 것이다."

○ **「內則」文, 止此.**

「내칙」의 글이 여기서 그친다.

朱註

則此三者, 非小學傳授之次,

곧 이 세 가지는 소학(小學)에서 학문을 전수하는 차례가 아니고,

詳說

○ **此, 此章.**

'차(此)'는 이 단락이다.

○ **「內則」所言.**

「내칙」에서 말한 것이다.[219]

朱註

乃大學終身所得之難易 · 先後 · 淺深也.[220]

바로 대학(大學)에서 몸을 마치도록 얻는 어렵고 쉬우며, 먼저하고 뒤에 하며, 얕고 깊은 것이다.

章也. 故必學樂而後, 誦詩, 所謂樂者, 蓋琴瑟塤篪樂之一物, 以漸習之, 而節夫詩之音律者也. 然詩本於人之性情, 有美刺風諭之旨, 其言近而易曉, 而從容詠歎之間, 所以漸漬感動於人者, 又爲易入. 故學之所得, 必先於此而有以發起其仁義之良心也.'"로 되어 있다.

218) 『주자어류(朱子語類)』 권35, 「논어17(論語十七)」, 111조목에는 "年到二十, 所學乃是朝廷 · 宗廟之禮, 乃禮之大者. 到立於禮, 始得禮之力; 樂, 小時亦學了, 到成於樂時, 始得樂之力."으로 되어 있다.

219) 「내칙」에서 말한 것이다 : 위의 주석에서 말한 「내칙」의 "十歲, 學幼儀."와 "十三, 學樂誦詩."와 "二十而後, 學禮."를 말한다.

220) 주감(朱鑑), 『시전유설(詩傳遺說)』 권1, 「강령(綱領)」. "案 : 內則, '十歲學幼儀; 十三學樂誦詩; 二十而後學禮', 則此三者, 非小學傳授之次, 乃大學終身所得之難易 · 先後 · 淺深也."

詳說

○ 去聲, 下同.[221]

'소득지난이(所得之難易)'에서 '이(易)'자는 거성(去聲 : 쉽다)이며, 아래도 같다.

○ 總收三節, 註末得字.

세 단락을 총괄하여 맺었는데, 주석 말미에서 글자의 뜻을 분명히 한 것이다.

○ 朱子曰 : "不是說用功次第, 乃是得效次第."[222]

주자(朱子 : 朱熹)가 말하였다. "공력(功力)을 들이는 차례를 말한 것이 아니고, 바로 공효(功效)를 얻는 차례이다."

○ 又曰 : "樂不可以朝暮而能. 所以學之最早而見效, 反在詩禮之後."[223]

주자(朱子 : 朱熹)가 또 말하였다. "음악은 아침저녁으로 하여 능할 수가 없다. 배움에 가장 일찍 공효를 보고자 한다면 도리어 시(詩)와 예(禮)보다 뒤에 있게 될 것이다."

○ 潛室陳氏曰 : "學之序, 當如「內則」, 至其將來得力處, 其先善心興起, 是於詩上得力; 其次操守植立, 是於禮上得力; 至末梢, 德性純熟, 是於樂上得力."[224]

잠실 진씨(潛室陳氏 : 陳埴)[225]이 말하였다. "배움의 순서는 마땅히 「내칙」과 같아야 하니, 장차 공력을 얻는 곳에 이르러 먼저 착한 마음이 흥기함은 시에서 효력

---

221) 호광 편(胡廣 編), 『논어집주대전(論語集註大全)』「태백(泰伯)」.

222) 호광 편(胡廣 編), 『논어집주대전(論語集註大全)』「태백(泰伯)」에는 "朱子曰 : 古人自少時, 習樂·誦詩·學舞, 不是到後來, 方始學詩·學禮·學樂. 興詩·立禮·成樂, 不是說用工次第, 乃是得效次第."로 되어 있다.

223) 『사서혹문(四書或問)』 권13, 「논어태백권8」. "或問 : '古者之教, 十年學幼儀; 十三學樂誦詩舞勺; 成童舞象; 二十始學舞大夏. 今夫子之言, 其序如此, 乃與教之先後, 不同何也?' 曰 : '……所以學之最早而其見效, 反在詩禮之後也.'" 박문호(朴文鎬)가 주자의 언급을 중심으로 진술한 내용인데, 앞부분의 출처가 명확하지 않다.

224) 『논어집주대전』에는 "潛室陳氏曰 : '此章, 先禮而後樂; 「內則」, 先樂而後禮. 此章, 非爲學之序, 乃論其終身所得之先後也. 學之序, 當如「內則」, 至其將來得力處, 其先善心興起, 是於詩上得力; 其次操守植立, 是於禮上得力; 至末稍, 德性純熟, 是於樂上得力.''으로 되어 있다.

225) 진식(陳埴, 생몰년 미상) : 중국 송나라 때 학자로, 자는 기지(器之)이고, 영가(永嘉) 출신이다. 주자의 제자로서 협미도(叶味道)와 함께 목종학파(木鍾學派)를 만들었는데, 『예기』「학기(學記)」의 "질문을 잘하는 사람은 굳은 나무를 다스리는 것과 같으며, 질문에 잘 대하는 사람은 종을 치는 것과 같다.(善問者, 如攻堅木; 善待問者, 如撞鍾.)"고 한 데서 취한 말이다. 저작으로는 정주(程朱) 이학(理學) 사상에 관한 문답 형식의 내용을 담은 『목종집(木鍾集)』 등이 있다.

(效力)을 얻는 것이며, 그 다음으로 굳게 마음을 잡고 지키며 곧게 섬은 예(禮)에서 효력을 얻는 것이며, 맨 끝에 이르러 덕성이 순숙해짐은 음악에서 효력을 얻는 것이다."

○ 慶源輔氏曰 : "詩易於禮, 禮易於樂. 興者淺, 立者深, 成又其深者也."[226]

경원 보씨(慶源輔氏 : 輔廣)가 말하였다. "시는 예(禮)보다 쉽고, 예는 음악보다 쉽다. 흥(興)이라는 것은 얕고, 입(立)이라는 것은 깊으며, 성(成)은 또 그보다 깊은 것이다."

朱註

程子曰 : "天下之英才, 不爲少矣, 特以道學不明.

정자(程子 : 程頤)가 말하였다. "이 세상에 영재(英才)가 적지 않으나, 다만 도학(道學)에 밝지 못하다.

詳說

○ 叔子.

'정자왈(程子曰)'에서 '정자(程子)'는 동생 정이(程頤)이다.

○ 主今而言.

지금 세상을 위주로 하여 말한 것이다.

○ 下'不曉' · '廢壞', 皆無之語, 照此四字.

아래 글에 '불효(不曉)' · '폐괴(廢壞)'[227]도 모두 없다는 말이니, 이 네 글자[道學不明]와 대조해야 한다.

朱註

故不得有所成就.

그러므로 성취하는 것이 있지 못하였다.

---

226) 호광 편(胡廣 編), 『논어집주대전(論語集註大全)』「태백(泰伯)」에는 "慶源輔氏曰 : 詩易於禮, 禮易於樂. 興者淺; 立者深; 成則又其深者也. 故其先後之序, 如此."로 되어 있다.

227) '불효(不曉)' · '폐괴(廢壞)' : 불효(不曉)는 아래 글의 "지금은 비록 나이 많은 스승이나 오래 배운 선비라 하더라도 오히려 그 뜻을 잘 알지 못하거늘(今雖老師宿儒, 尙不能曉其義.)"에서 '불능효(不能曉)'를 가리킨다. 폐괴(廢壞)는 아래 글의 "예가 있지 않음이 없었는데, 지금은 모두 없어지고 무너졌다.(莫不有禮, 今皆廢壞.)"에서 '폐괴(廢壞)'를 가리킨다.

詳說

○ 下'興'·'立'·'成'字, 照此二字.

아래 글의 '흥(興)'·'입(立)'·'성(成)'자는 이 두 글자[成就]와 대조해야 한다.

○ 先總提以起.

먼저 총체적으로 제기하여 글의 서두를 일으킨 것이다.

朱註

夫古人之詩, 如今之歌曲, 雖閭里童穉, 皆習聞之而知其說. 故能興起, 今雖老師宿儒, 尙不能曉其義, 况學者乎! 是不得'興於詩'也. 古人自灑掃應對, 以至冠昏喪祭, 莫不有禮, 今皆廢壞. 是以人倫不明, 治家無法, 是不得'立於禮'也. 古人之樂, 聲音, 所以養其耳; 采色, 所以養其目; 歌詠, 所以養其性情; 舞蹈, 所以養其血脈, 今皆無之, 是不得'成於樂'也.

무릇 옛사람의 시는 지금의 가곡과 같아서 비록 마을의 어린아이라도 모두 익숙하게 들어서 그 말을 안다. 그러므로 흥기할 수 있었지만, 지금은 비록 나이 많은 스승이나 오래 배운 선비라 하더라도 오히려 그 뜻을 잘 알지 못하거늘, 하물며 배우는 사람들이랴! 이것이 '시에 흥기함'을 얻지 못한 것이다. 옛사람은 물 뿌리고 쓸며 응대하는 일부터[228] 관혼상제(冠婚喪祭)에 이르기까지 예가 있지 않음이 없었는데, 지금은 모두 없어지고 무너졌다. 이 때문에 인륜이 밝지 못하고 집안을 다스림에 법도가 없으니, 이것이 '예에 섬'을 얻지 못한 것이다. 옛사람의 음악에서 소리는 그 귀를 기르는 일이고, 채색은 그 눈을 기르는 것이고, 노래와 읊음은 그 성정을 기르는 것이고, 무용(舞蹈)은 그 혈맥을 기르는 것인데, 지금은 모두 없으니, 이것이 '음악에 이룸'을 얻지 못한 것이다.

228) 물 뿌리고 쓸며 응대하는 일부터 : 주자(朱子)는 「대학장구서(大學章句序)」에서 "사람이 태어나서 여덟 살이 되면 왕공 이하로부터 서인의 자제에 이르기까지 모두 소학에 들어가는데, 물 뿌리고 비로 쓸며 응대하며 나아가고 물러나는 예절과, 예·음악·활쏘기·말타기·글쓰기·셈하기의 글을 가르쳤다.(人生八歲, 則自王公以下, 至於庶人之子弟, 皆入小學, 而教之以灑掃應對進退之節, 禮樂射御書數之文.)"라고 하였다.

詳說

○ 音扶.[229]

‘부고인지시(夫古人之詩)’에서 ‘부(夫)’자는 음이 부(扶)이다.

○ ‘灑掃’, 幷[230]去聲.[231]

‘쇄소응대(灑掃應對)’에서 ‘쇄(灑)’자와 ‘소(掃)’자는 모두 거성(去聲)이다.

○ ‘冠’, 去聲.[232]

‘관혼상제(冠昏喪祭)’에서 ‘관(冠)’자는 거성(去聲 : 갓)이다.

○ 衣服 · 器物之備色者.

‘채색(采色)’은 의복과 기물에 색깔을 갖춘 것이다.

○ 尤菴曰 : “樂器之采色.”[233]

우암(尤庵 : 宋時烈)이 말하였다. “악기의 채색이다.”

○ 此下, 又總收.

이 아래 글에서 또 총괄하여 맺는다.

朱註

> 是以古之成材也, 易; 今之成材也, 難.”
>
> 이 때문에 옛날에는 인재를 이루기 쉬웠으나, 지금은 인재를 이루기 어렵다.”

詳說

○ 朱子曰 : “詩今難曉, 樂又無. 只就義理上講求, 有以興起懲創, 便是‘興於詩’之功; 涵養和順, 便是‘成於樂’之功.”[234]

---

229) 호광 편(胡廣 編), 『논어집주대전(論語集註大全)』「태백(泰伯)」.

230) 幷 : 호광 편(胡廣 編), 『논어집주대전(論語集註大全)』「태백(泰伯)」에는 ‘並’으로 되어 있다.

231) 호광 편(胡廣 編), 『논어집주대전(論語集註大全)』「태백(泰伯)」.

232) 호광 편(胡廣 編), 『논어집주대전(論語集註大全)』「태백(泰伯)」.

233) 송시열(宋時熱), 『송자대전(宋子大全)』 권86, 「서(書) · 답민사앙(答閔士昂)」. “泰伯篇註說, 所謂‘聲音養其耳, 采色養其目’, 其謂‘采色’, 乃樂器之采色也, 別無他意耳.”

234) 『주자어류(朱子語類)』 권35, 「논어17(論語十七)」, 107조목에는 “徐問 : ‘立於禮, 猶可用力. 詩今難曉, 樂又無, 何以興成乎?’ 曰 : ‘今旣無此家具, 只有理義在, 只得就理義上講究. 如分別是非到感慨處, 有以興起其善心, 懲創其惡志, 便是興於詩之功也. 涵養德性, 無斯須不和不樂, 直恁地和平, 便是成於樂之功.’”으로 되어 있다.

주자(朱子 : 朱熹)가 말하였다. "시는 지금 알기 어렵고, 음악은 또 없다. 다만 의리에 있어서 익히고 구하여 흥기하고 징계함이 있어야 하니, 곧 '흥어시(興於詩)'의 공효(功效)이다. 함양하고 화순(和順)하니, 곧 '성어악(成於樂)'의 공효이다."

○ **又曰 : "古樂旣亡, 但講學踐履間, 可見其道意. 故曰 : '今之成材, 難.'"**[235]

주자(朱子 : 朱熹)가 또 말하였다. "옛날 음악이 이미 없어졌으나, 다만 익히고 배우며 실천하고 이행하는 사이에 그 도의(道意)를 볼 수 있다. 그러므로 '지금은 인재를 이루기 어렵다.'고 말한 것이다."

○ **曰'成就', 曰'成材', 雖皆歸重, '成於樂'之意, 亦是通'興'·'立'·'成'三事而言者耳. 以四不得之, 相呼應而可知也. 蓋以詩言之, 則'興'爲'成'; 以禮言之, 則'立'爲'成'. 朱子嘗有云 : "以成功而言"**[236]**, 是也.**

'성취(成就)'라 하고, '성재(成材)'라고 하는 것이 비록 모두 중요한 대목이지만, '성어악'의 의미는 또한 '흥(興)'·'입(立)'·'성(成)'의 세 가지 일을 통틀어서 말한 것뿐이다. 네 가지로써 '성(成)'을 얻지는 못하였지만, 서로 호응하는 것은 알 수 있다.[237] 대개 시로써 말하면 '흥(興)'이 '성(成)'이 되고, 예(禮)로써 말하면 '입(立)'이 '성(成)'이 된다. 주자(朱子 : 朱熹)가 일찍이 이른 적이 있으니, '공효(功效)를 이루는 것으로써 말하였다.'라고 한 뜻이 이것이다.

---

235) 호광 편(胡廣 編), 『논어집주대전(論語集註大全)』「태백(泰伯)」에는 "問: '成於樂, 是古人真箇學其六律八音, 習其鐘鼓管弦, 方底於成. 今人但借其意義, 以求和順之理, 如孟子樂之實樂斯二者, 亦可以底於成否?' 朱子曰 : '古樂旣亡, 不可復學, 但講學踐履間, 可見其遺意耳. 故曰 : 今之成材也難.'"이라 하였는데, 이는 『회암집(晦庵集)』 권57, 「서(書)·답이요경(答李堯卿)」에 실려 있는 것으로, 문인들과의 문답 내용 가운데 하나이다. '弦'자는 '絃'자로 되어 있다.

236) 『주자어류(朱子語類)』 권35, 「논어17(論語十七)」, 108조목. "'興於詩', 此三句上一字, 謂成功而言也, 非如'志於道'四句上一字, 以用功而言也."

237) 네 가지로써 '성(成)'을 얻지는 못하였지만, 서로 호응하는 것은 알 수 있다 : 박문호(朴文鎬)는 『논어(論語)』「술이(述而)」에 나오는 "공자가 말하였다. '도에 뜻을 두며, 덕을 굳게 지키며, 인에 의지하며, 예에 놀아야 한다.'(子曰 : '志於道; 據於德; 依於仁; 游於藝.')"의 네 가지 '지(志)'·'거(據)'·'의(依)'·'유(游)'를 '성공(成功)'의 차원이 아니라, '용공(用功)'의 차원에 있는 것으로 말하였다.

[8-9-1]

子曰 : "民可使由之, 不可使知之."
공자가 말하였다. "백성은 말미암게 할 수는 있지만, 알게 할 수는 없다."

朱註

民, 可使之由於是理之當然,
백성은 그들에게 이 의리(義理)의 마땅히 그러한 것을 말미암게 할 수 있지만,

詳說

○ 陳氏曰 : "如父慈子孝之類."[238)]
진씨(陳氏 : 陳淳)가 말하였다. "부모는 자애롭고 자식은 효도하는 종류와 같다."

○ 屬義.
'당연(當然)함'은 의(義)에 속한다.

朱註

而不能使之知其所以然也.
백성에게 그러한 까닭(원인 또는 도리)을 알게 할 수는 없다.

詳說

○ 朱子曰 : "非不使之知也."[239)]

---

238) 호광 편(胡廣 編), 『논어집주대전(論語集註大全)』「태백(泰伯)」에는 "陳氏曰 : '所當然, 如父當慈子當孝之類, 所以然, 乃根原來歷, 是性命之本處.'"로 되어 있다. 진순(陳淳), 『북계대전집(北溪大全集)』 권38, 「답문(答問) · 문민가사유지장리지당연여기소이연(問民可使由之章理之當然與其所以然)」. "理之當然, 如父慈子孝之類, 亦是大綱說, 其纖悉曲折, 乃是中間慈孝節目, 如「內則」許多事件之類, 皆日用常行當然底, 非謂其所以然者, 所以然, 乃根原來歷, 是性命之本處."

239) 호광 편(胡廣 編), 『논어집주대전(論語集註大全)』「태백(泰伯)」에는 "朱子曰 : '理之所當然者, 所謂民之秉彝, 百姓所日用者也. 聖人之爲禮樂刑政, 皆所以使民由之也; 其所以然, 則莫不原於天命之性, 雖學者有未易得聞者, 而況於庶民乎. 其曰 : '不可使知之', 蓋不能使之知, 非不使之知也.'(주자(朱子 : 朱熹)가 말하였다. '의리의 당연한 것은 이른바 백성이 타고난 천성을 지키는 것이니, 백성이 날마다 쓰는 것이다. 성인이 예악과 형정을 한 것은 모두 백성으로 하여금 말미암게 하는 것이며, 그 그러한 까닭은 천명의 본성에 근원하지 않음이 없으니, 비록 배우는 사람이라도 쉽게 얻어듣지 못하는 것이 있거늘 하물며 서민에게 있어서이랴. 그 말하기를,

주자(朱子 : 朱熹)가 말하였다. "백성으로 하여금 알지 못하게 하는 것이 아니다."

○ 本文下'可'字, 有故使之意. 故註用程子說, 易以'能'字而正之, 凡如此類, 恐是記者之誤.

경문(經文) 아래 '가(可)'자[240]는 짐짓 부리는 뜻이 있다. 그러므로 정자(程子 : 程頤)의 설명을 인용하여 '능(能)'자로 바꾸어 바로잡았으니[241] 무릇 이와 같은 유형은 아마도 기록한 사람의 잘못일 것이다.

○ 則理也.

'소이연(所以然)'은 곧 리(理)이다.

○ 有釋無訓.

경문의 풀이는 있으나 훈고는 없다.

○ 以學者事, 譬之'由', 如小學之法, 人皆可勉知, 如大學之道, 非人人可責矣.

배우는 사람의 일로써 '유(由)'에 비유하였으니, 소학의 법도 같은 것은 사람들이 모두 힘써 알 수 있지만, 대학의 법도 같은 것은 사람마다 요구할 수 있는 것이 아니다.

朱註

○ 程子曰 : "聖人設教, 非不欲人家喻而戶曉也.

정자가 말하였다. "성인이 가르침을 베풂에 사람들의 집집마다 깨우쳐주고자 하지 않은 것이 아니다.

詳說

○ 叔子.

'정자왈(程子曰)'에서 '정자(程子)'는 동생 정이(程頤)이다.

○ 民.

'인가유이호효야(人家喻而戶曉也)'에서 '인(人)'은 백성이다.

'알게 할 수는 없다'라는 것은 대개 백성으로 하여금 알게 할 수 없는 것이지, 백성으로 하여금 알지 못하게 하는 것은 아니다.')"로 되어 있다.

240) 경문(經文) 아래 '가(可)'자 : 윗글의 "民, 可使之由於是理之當然"에서 '가(可)'자를 가리킨다.

241) '능(能)'자로 바꾸어 바로잡았으니 : 아래 글의 "不能使之知, 但能使之由之爾."에서 '능(能)'자를 가리킨다.

○ 襯知字.

‘인가유이호효야(人家喻而戶曉也)’에서 ‘유(喻)’자와 ‘효(曉)’자는 ‘지(知)’자에 가깝다.

朱註

然不能使之知, 但能使之由之爾.

그러나 백성들에게 알게 할 수 없었고, 다만 백성들에게 그것을 말미암게 할 뿐이었다.

詳說

○ 慶源輔氏曰 : “聖人之不得已也.”

경원 보씨(慶源輔氏 : 輔廣)가 말하였다. “성인이 어찌할 수 없었던 것이다.”

○ 後言‘由’者, 歸重之意也, 蓋君子知爲重; 小人則由爲重.

뒤에서 말한 ‘유(由)’라는 것은 중요한 대목의 의미이니, 대개 군자는 중요함이 되는 것을 알고, 소인은 중요함이 되는 것을 말미암는다.

朱註

若曰 : ‘聖人不使民知.’, 則是後世朝四暮三之術也,

만약에 ‘성인이 백성에게 알지 못하게 하였다.’라고 한다면, 이는 후세에 말하는 조삼모사(朝三暮四)의 술책이니,

詳說

○ 見『列子』.242)

『열자』에 보인다.

---

242) 호광 편(胡廣 編), 『논어집주대전(論語集註大全)』「태백(泰伯)」에는 “列子云 : 宋有狙公者, 善養猿猴之人. 故號狙公, 愛狙養之成羣, 將限其食, 先誑之曰 : ‘與若芧[音序, 栗也, 一云 : 橡子也.], 朝三而暮四, 足乎?’ 衆狙皆起而怒, 俄而曰 : ‘與若芧, 朝四而暮三, 足乎?’ 衆狙皆笑而喜. 物之以能鄙相籠, 皆由此也.”로 되어 있다. 이는 『열자(列子)』의 내용을 발췌한 것으로, 그 전문은 다음과 같다. 『열자(列子)』 권2. “宋有狙公者, 愛狙, 養之成羣. 能解狙之意, 狙亦得公之心. 損其家口, 充狙之欲, 俄而匱焉, 將限其食, 恐衆狙之不馴於己也. 先誑之曰 : ‘與若芧, 朝三暮四, 足乎?’ 衆狙皆起而怒, 俄而曰 : ‘與若芧, 朝四而暮三, 足乎?’ 衆狙皆伏而喜. 物之以能鄙相籠, 皆猶此也; 聖人以智籠羣愚, 亦猶狙公之以智籠衆狙也. 名實不虧, 使其喜怒哉.”

○ 新安陳氏曰 : "借狙公之愚群狙, 以比後世之愚黔首."243)

신안 진씨(新安陳氏 : 陳櫟)가 말하였다. "저공이라는 어리석은 뭇 원숭이들을 빌려서 후세의 어리석은 백성들을 비유하였다."

○ 謂詭道以欺之也.

궤도(詭道 : 속임수)로써 기만(欺瞞)한 것을 이른다.

○ 朱子曰 : "王介甫, 以爲聖人愚民之意, 申 · 韓 · 老 · 莊之說, 便是此意."244)

주자(朱子 : 朱熹)가 말하였다. "왕개보(王介甫 : 王安石)245)가 성인이 백성들을 어리석게 만드는 뜻이라고 여는데, 신불해(申不害)246)와 한비(韓非)247)와 노자(老子)와 장자(莊子)의 학설이 바로 이런 뜻이다."

○ 西山眞氏曰 : "申 · 韓 · 斯 · 鞅之治國, 專用愚黔首之術."248)

서산 진씨(西山眞氏 : 眞德秀)249)가 말하였다. "신불해(申不害)와 한비(韓非)와 이

---

243) 호광 편(胡廣 編), 『논어집주대전(論語集註大全)』「태백(泰伯)」에는 "新安陳氏曰 : '借狙公之愚羣狙, 以比後世之愚黔首, 不使之知也.'"로 되어 있다.

244) 『주자어류(朱子語類)』 권35, 「논어17(論語十七)」, 116조목에서는 "或曰 : '王介甫, 以爲不可使知, 蓋聖人愚民之意.' 曰 : '申 · 韓 · 莊 · 老之說, 便是此意.'(어떤 사람이 말하였다. '왕개보가 백성들로 하여금 알지 못하도록 하는 것이니, 대개 성인이 백성들을 어리석게 만드는 뜻이라고 여겼습니다.' 주자(朱子 : 朱熹)가 말하였다. '신불해와 한비자와 장자와 노자의 학설이 바로 이런 뜻입니다.')"라고 하였다.

245) 왕안석(王安石 : 1021~1086) : 중국 송나라 때 사상가로, 자는 개보(介甫)이고, 호는 반산(半山)이며, 임천(臨川) 출신이다. 재상으로 있으면서 신법 개혁을 단행하였으며, 뒤에 시호 '문(文)'을 얻어 사람들이 '왕문공(王文公)'이라고 칭하였다.

246) 신불해(申不害 : B.C.385~B.C.337) : 신자(申子)라고도 부르며, 정(鄭)나라 경읍(京邑) 사람이다. 황로(黃老)의 학술을 전공하고, 전국시대 법가의 중요 창시자 가운데 한 사람이다. 한(韓)나라 재상으로 있으면서 도가(道家) 사상을 바탕으로 형명학(刑名學)을 주장하고, 부국강병을 꾀하였다.

247) 한비(韓非 : B.C.280~B.C.233) : 전국 시대 한(韓)나라 사람으로, 한나라의 왕자로 이사(李斯)와 함께 순자(荀子)에게 배웠다. 법가 사상을 집대성하여 진시황제가 천하 통일을 하는 데 있어 도움을 주었다.

248) 호광 편(胡廣 編), 『논어집주대전(論語集註大全)』「태백(泰伯)」에는 "西山真氏曰 : '聖人之教, 惟恐不能開明下民之心, 如申 · 韓 · 斯 · 鞅之徒, 所以治其國者, 專用愚黔首之術, 不知民, 可欺以暫; 不可欺以久. 故卒以此亡, 可不戒哉?"로 되어 있다.

249) 진덕수(眞德秀 : 1178~1235) : 남송 후기 학자로, 자가 실부(實夫) · 경원(景元) · 희원(希元)으로 바꿨고, 호가 서산(西山)이며, 본래 성이 신(愼)씨였는데 효종의 휘를 피하여 진(眞)씨로 바꾸었다. 위요옹(魏了翁)과 나란히 유명하였는데, 주희 이후에 이학(理學)의 정종을 전한 인

사(李斯)[250]와 상앙(商鞅)[251]이 나라를 다스림에 오로지 백성들을 어리석게 만드는 술책을 사용하였다."

○ 愚黔首, 則國亡, 秦是也. 然害猶止於一時, 如後世一種儒名而異端者, 乃別有愚學者之術, 其害則及於天下後世矣.

백성들을 어리석게 만들면 나라가 망하니 진나라가 이것이다. 그러나 해악이 오히려 한 시대에 그치지만, 후세에 어떤 유가의 이름으로 이단인 사람 같으면 이에 배우는 사람들을 어리석게 만드는 방술이 따로 두어서 그 해악이 천하의 후세들에게까지 미친다.

朱註

豈聖人之心乎?"

어찌 성인의 마음이겠는가?"

詳說

○ 心則雖切, 力有不及耳.

마음은 곧 비록 간절하였으나, 힘이 미치지 못함이 있었을 뿐이다.

물이다.

250) 이사(李斯 : B.C.284~B.C.208) : 전국 시대 초(楚)나라 사람으로, 자가 통고(通古)이다. 순자(荀子)의 제왕술(帝王術)을 배워 그의 학문이 진(秦)나라에 알려지면서 여불위(呂不韋)에게 발탁되었다. 그 뒤에 진시황제를 도와서 천하 통일을 이루고, 군현제 등을 실시하여 중앙집권제의 기틀을 마련하였다.

251) 상앙(商鞅 : B.C.395~B.C.338) : 전국 시대 정치가이면서 법가의 사상가이다. 위(衛)나라 임금의 후예로, 희성공손씨(姬姓公孫氏)이기 때문에 위앙(衛鞅) 또는 공손앙(公孫鞅)이라고 칭하였다. 뒤에 하서(河西)의 전쟁에서 공을 세워 상(商) 땅에 봉해져 호가 상군(商君)이 되었으며, '상앙(商鞅)'이라 칭하게 되었다. 개혁적인 변법(變法)을 통과시켜 진(秦)나라를 부유하고 강대한 나라로 만들었다.

[8-10-1]

子曰 : "好勇疾貧, 亂也; 人而不仁, 疾之已甚, 亂也."
공자가 말하였다. "용맹함을 좋아하고 가난함을 미워함이 어지러움이고, 사람이 어질지 않음을 미워하는데 너무 심함이 어지러움이다."

詳說

○ '好', 去聲.
'호용질빈(好勇疾貧)'에서 '호(好)'자는 거성(去聲 : 좋아함)이다.

朱註

好勇而不安分, 則必作亂;
용맹함을 좋아하여 본분에 편안하지 못하면 반드시 어지러움을 일으키고,

詳說

○ 去聲.[252)]
'불안분(不安分)'에서 '분(分)'자는 거성(去聲 : 본분)이다.

○ 疾貧.
가난함을 미워하는 것이다.[253)]

○ 亂, 由己作.
'어지러움'은 자기로부터 일어난다.

○ 世之亂賊, 其始多出於疾貧.
세상을 어지럽히는 도적은 그 시작이 대부분 가난함을 미워함에서 출발한다.[254)]

---

252) 호광 편(胡廣 編), 『논어집주대전(論語集註大全)』에는 "陳氏曰 : '所當然, 如父當慈子當孝之類, 所以然, 乃根原來歷, 是性命之本處.'"로 되어 있다. 진순(陳淳), 『북계대전집(北溪大全集)』 권38, 「답문(答問) · 문민가사유지장리지당연여기소이연(問民可使由之章理之當然與其所以然)」. "理之當然, 如父慈子孝之類, 亦是大綱說, 其纖悉曲折, 乃是中間慈孝節目, 如「內則」許多事件之類, 皆日用常行當然底, 非謂其所以然者, 所以然, 乃根原來歷, 是性命之本處."

253) 가난함을 미워하는 것이다 : 경문의 내용으로 뜻풀이한 것이다.

254) 세상을 어지럽히는 도적은 그 시작이 대부분 가난함을 미워함에서 출발한다 : 자기 본분을 미워하는 '질빈(疾貧)'에서 세상의 난리가 시작된다고 말한 것이다. 정자(程子)는 『논어집주대전』에

朱註

惡不仁之人, 而使之無所容, 則必致亂,

어질지 않은 사람을 미워하여 용납하는 것이 없게 하면, 반드시 어지러움을 일으키니,

○ 去聲.[255]

'오불인지인(惡不仁之人)'에서 '오(惡)'자는 거성(去聲 : 미워함)이다.

○ 疾之已甚.

미워함이 너무 심한 것이다.[256]

○ 以人致.

'어지러움'은 사람이 일으키는 것이다.

○ 朱子曰 : "如東漢之黨錮."[257]

주자(朱子 : 朱熹)가 말하였다. "동한(東漢)의 당고(黨錮)와 같다."[258]

朱註

二者之心, 善惡雖殊, 然其生亂, 則一也.

두 가지의 마음은 선(善)과 악(惡)이 비록 다르나, 그러나 어지러움이 생기는 것은 곧 한 가지이다.

詳說

○ 疾不仁.

'선(善)'은 어질지 않음을 미워하는 것이다.[259]

○ 疾貧.

'악(惡)'은 가난함을 미워하는 것이다.[260]

서 "오직 미워함이 심하게 되어 반드시 어지러움에 이른다.(惟疾之甚, 必至於亂.)"라고 하였다.

255) 호광 편(胡廣 編), 『논어집주대전(論語集註大全)』「태백(泰伯)」.

256) 미워함이 너무 심한 것이다 : 경문의 내용으로 뜻풀이한 것이다.

257) 『주자어류(朱子語類)』 권35, 「논어17(論語十七)」, 118조목의 내용을 발췌하였다. 그 전문은 다음과 같다. "好勇疾貧, 固是作亂; 不仁之人, 不能容之, 亦必致亂, 如東漢之黨錮."

258) 동한(東漢)의 당고(黨錮)와 같다 : 중국 후한 말기 환제 때, 환관들이 자신들을 탄핵한 관료들을 옥에 가두고 처벌했던 사건을 말한다.

259) '선(善)'은 어질지 않음을 미워하는 것이다 : 경문의 내용으로 뜻풀이한 것이다.

○ '生'字, 合'作'·'致'二字而言.

'연기생란(然其生亂)'에서 '생(生)'자는 '작(作)'과 '치(致)'를 합쳐서 말한 것이다.[261]

○ 有訓無釋.

훈고는 있으나 경문의 풀이는 없다.

---

260) '악(惡)'은 가난함을 미워하는 것이다 : 경문의 내용으로 뜻풀이한 것이다.

261) '연기생란(然其生亂)'에서 '생(生)'자는 '작(作)'과 '치(致)'를 합쳐서 말한 것이다 : 경문(經文)의 '어지러움이 생긴다(生亂)'의 '생(生)'자가 집주(集註)의 '必作亂'과 '必致亂'의 '작(作)'과 '치(致)'의 의미를 아우르고 있다는 뜻이다.

[8-11-1]

子曰："如有周公之才之美，使驕且吝，其餘，不足觀也已."
공자가 말하였다. "만일에 주공의 재주가 아름다움을 두고도 그에게 교만하고 또 인색하게 한다면 그 남은 것은 족히 볼 것이 없을 따름이다."

詳說

○ 胡氏曰："'如'字·'使'字，皆假設之辭."[262]
호씨(胡氏 : 胡炳文)가 말하였다. "'여(如)'자와 '사(使)'자는 모두 가설한 말이다."

朱註

'才美'，謂智能技藝之美. 驕，矜夸；吝，鄙嗇也.
'재주의 아름다움'은 지능과 기예의 아름다움을 이른다. 교(驕)는 자랑하는 것이고, 인(吝)은 인색한 것이다.

詳說

○ 南軒張氏曰："古聖人才藝之多，無如周公，觀其自言，多才多藝可見. 故借以明之."[263]
남헌 장씨(南軒張氏 : 張栻)가 말하였다. "옛날 성인의 재주와 기예의 많음은 주공(周公)과 같은 이가 없으니 그 스스로 한 말을 보면 많은 재주와 많은 기예를 볼 수 있다. 그러므로 빌려서 밝힌 것이다."

○ 音色.[264]
'비색야(鄙嗇也)'에서 '색(嗇)'자는 음이 색(色)이다.

○ 朱子曰："誇人所無，是'驕'；挾己所有，是'吝'."[265]
주자(朱子 : 朱熹)가 말하였다. "남에게 없는 것을 자랑함이 '교(驕)'이고, 자기에게 있는 것을 감춤이 '인(吝)'이다."[266]

---

262) 호광 편(胡廣 編), 『논어집주대전(論語集註大全)』「태백(泰伯)」에는 "雲峯胡氏曰：'本文如字使字，皆假設之辭.'"로 되어 있다.
263) 호광 편(胡廣 編), 『논어집주대전(論語集註大全)』「태백(泰伯)」에는 "南軒張氏曰：'古聖人才藝之多，莫如周公，觀其自言，多才多藝可見. 故借以明之.'"로 되어 있다.
264) 호광 편(胡廣 編), 『논어집주대전(論語集註大全)』「태백(泰伯)」.
265) 호광 편(胡廣 編), 『논어집주대전(論語集註大全)』「태백(泰伯)」.

○ 有訓無釋.

훈고는 있으나 경문의 풀이는 없다.

○ 以圈下程子說, 備也.

동그라미(○ : 圈) 아래 정자(程子)의 설명으로 충당하였다.[267]

朱註

程子曰 : "此, 甚言驕吝之不可也.

정자가 말하였다. "이는 교만함과 인색함의 옳지 않음을 심하게 말한 것이다.

詳說

○ 叔子.

'정자왈(程子曰)'에서 '정자(程子)'는 동생 정이(程頤)이다.

○ 先總其大意.

먼저 그 대강의 의미를 총괄한 것이다.

朱註

蓋有周公之德, 則自無驕吝.[268]

266) 『주자어류(朱子語類)』 권35, 「논어17(論語十七)」, 127조목에는 "교만함은 외형에서 거만한 것이며, 인색한 것은 마음속으로 아까워하는 것이다. 교만함은 인색함이 발현된 것이며, 인색함은 교만함이 감추어진 곳이다.(驕是傲於外, 吝是靳惜於中. 驕者, 吝之所發; 吝者, 驕之所藏.)"라고 하였다.

267) 아래 단락인 "程子曰 : 此, 甚言驕吝之不可也." 이하를 말한다.

268) 『주자어류(朱子語類)』 권35, 「논어17(論語十七)」, 129조목에는 "聖人只是平說云, '如有周公之才美而有驕吝, 也連得才美功業壞了, 況無周公之才美而驕吝者乎!' 甚言驕吝之不可也. 至於程子云: '有周公之德, 則自無驕吝.' 與某所說驕吝相爲根本枝葉, 此又是發餘意. 解者先說得正意分曉, 然後卻說此, 方得.(성인은 평온하게 말하실 뿐이다. 말하기를, '만약 주공의 재주와 아름다움이 있더라도 교만하고 인색함이 있다면 재주와 아름다움을 얻더라도 공업(功業)이 무너질 것이니, 하물며 주공 같은 재주와 아름다움도 없으면서 교만하고 인색한 사람이야 말할 것이 있겠느냐?'라고 한 것이니 교만하고 인색함이 옳지 못함을 깊이 말한 것이다. 정자(程子)가 '주공(周公)의 덕이 있으면, 저절로 교만함과 인색함이 없을 것이다.'라는 설명에 이르면 내가 설명한 내용인 '교만하고 인색함'과는 서로 근본과 지엽이 되니, 이것 또한 남은 뜻을 드러낸 것이다. 해석하는 사람은 먼저 정의(正意)를 분명하게 설명할 수 있은 뒤에 도리어 이것을 설명해야 바야흐로 이해할 수 있을 것이다.)"라고 되어 있다.

대개 주공(周公)의 덕이 있으면, 저절로 교만함과 인색함이 없을 것이다.

詳說

○ 先說出'德'字, 以勝'才'字.

먼저 '덕(德)'자를 꺼내서 말하여 '재(才)'자를 이긴 것이다.[269)]

○ 此, 止說周公本領, 此, 下乃依本文假說而釋之.

이는 단지 주공의 본질적인 면모를 말한 것이고, 이 아래는 곧 본문의 가설에 의거하여 풀이한 것이다.

朱註

若但有周公之才, 而驕吝焉, 亦不足觀矣."

만약 다만 주공의 재주가 있어도 교만하고 인색하다면, 또한 족히 볼 것이 없을 것이다."

詳說

○ 無其德.

그 덕(德)이 없는 것이다.[270)]

○ 慶源輔氏曰: "德出於理, 才出於氣."[271)]

경원 보씨(慶源輔氏 : 輔廣)가 말하였다. "덕은 리(理)에서 나오고, 재주는 기(氣)에서 나온다."

○ 以論釋之.

경문의 의미 설명으로 풀이하였다.

○ 此下, 又論驕吝之義.

이 아래에서 또 교만함과 인색함의 뜻을 논의하였다.

---

269) 먼저 '덕(德)'자를 꺼내서 말하여 '재(才)'자를 이긴 것이다 : 정자(程子)가 먼저 '덕(德)'을 꺼내서 말한 것은 '덕(德)'이 '재(才)'보다 우위에 있는 개념이기 때문에 그렇게 하였음을 밝혔다.

270) 그 덕(德)이 없는 것이다 : 주공(周公)의 재덕(才德)을 가리켜서 말한 것이다.

271) 호광 편(胡廣 編), 『논어집주대전(論語集註大全)』「태백(泰伯)」에는 "慶源輔氏曰 : '德出於理, 才出於氣. 世固有優於德而短於才者, 然德極其盛, 則才亦無不足. 若但有其才而無其德, 則雖有智能技藝之美, 必不能居廣居立正位行大道, 爲向上一著事."로 되어 있다.

朱註

又曰 : "'驕', 氣盈; '吝', 氣歉."[272)]

정자가 또 말하였다. "'교(驕)'는 기(氣)가 차 있는 것이고, '인(吝)'은 기가 부족한 것이다."

詳說

○ 叔子.

'우왈(又曰)'의 주체는 동생 정이(程頤)이다.

○ 苦恭反.[273)]

'기겸(氣歉)'에서 '겸(歉)'은 '고(苦)'와 '공(恭)'의 반절(反切)이다.

朱註

愚謂 : "'驕'·'吝', 雖有盈歉之殊, 然其勢常相因. 蓋'驕'者, '吝'之枝葉; '吝'者, '驕'之本根.[274)] **故嘗驗之天下之人, 未有驕而不吝, 吝而不驕者也."**

---

272) 『주자어류(朱子語類)』 권35, 「논어17(論語十七)」, 130조목에는 "先生云: '一學者來問: '伊川云: '驕是氣盈, 吝是氣歉.' 歉則不盈, 盈則不歉, 如何卻云'使驕且吝?'試商量看.' 伯豐對曰: '盈是加於人處, 歉是存於己者. 粗而喻之, 如勇於爲非, 則怯所遷善; 明於責人, 則暗於恕己, 同是一箇病根.' 先生曰: '如人曉些文義, 吝惜不肯與人說, 便是要去驕人. 非驕, 無所用其吝; 非吝, 則無以爲驕.'(선생이 말하였다. '어떤 학자가 와서 묻기를, '이천이 '교만함은 기가 가득 찬[盈] 것이며, 인색함은 기가 부족한[歉] 것이다.'라고 하였는데, 부족함[歉]은 차지 않은 것이며, 가득 참[盈]은 부족하지 않은 것인데, 어떻게 도리어 '만약 교만하면서 또 인색하다면'이라고 말할 수 있습니까?'라고 하였다. 시험 삼아 잘 생각해 보아라.' 백풍(伯豐)의 대답하였다. '가득 참은 남들보다 많아지는 곳이며, 부족함은 나에게 존재하는 것입니다. 거칠게 말씀드리자면, 잘못된 일을 하는데 용감하다면 개과천선하는데 겁날 것이며, 남을 꾸짖는데 밝다면 자기를 용서하는데 어두울 것이니, 마찬가지로 하나의 병폐의 뿌리입니다.' 선생이 말하였다. '어떤 사람이 사소한 문장의 의미를 이해하고서 인색하여 남에게 기꺼이 말하고자 하지 않는다면 곧 남에게 교만하려는 것이다. 교만하지 않으면 그 인색함을 쓸 곳이 없고, 인색하지 않으면 교만할 방법이 없다.')"로 되어 있다.

273) 호광 편(胡廣 編), 『논어집주대전(論語集註大全)』「태백(泰伯)」.

274) '驕'者, '吝'之枝葉; '吝'者, '驕'之本根. : 이에 대한 규명에서 『주자어류(朱子語類)』 133조목에는 "'驕者, 吝之枝葉; 吝者, 驕之根本.' 某嘗見人吝一件物, 便有驕意, 見得這兩字如此.('교만함은 인색함의 지엽(枝葉)이며, 인색함은 교만함의 근본이다.' 일찍이 어떤 사람이 한 가지 물건에 인색하면 곧 교만한 마음이 있는 것을 보았으니 이 두 글자의 관계가 이와 같음을 알 수 있다.)"라고 하였고, 134조목에서는 "'吝者, 驕之根本; 驕者, 吝之枝葉.' 是吝爲主. 蓋吝其在

내가 생각해 보건대, "'교(驕)'·'인(吝)'은 비록 차고 부족함의 차이가 있으나, 그 형세는 항상 서로 말미암는다. 대개 '교(驕)'라는 것은 '인(吝)'의 지엽이며, '인(吝)'이라는 것은 '교(驕)'의 근본이다. 그러므로 일찍이 세상의 사람들에게 증험하였는데, 교만하면서 인색하지 않으며, 인색하면서 교만하지 않은 이가 있지 않았다."

詳說

○ **相反.**

'수유영겸지수(雖有盈歉之殊)'에서 '수(殊)'는 서로 반대됨이다.

○ **胡氏曰 : "'驕'之證, 發於外; '吝'之病, 藏於內."[275)]**

호씨(胡氏 : 胡泳)[276)]가 말하였다. "'교(驕)'의 증거는 밖으로 나오고, '인(吝)'의 병폐는 안에 저장된다."

○ **'驕吝', 此章之題目.**

'교린(驕吝 : 교만함과 인색함)'이 이 장의 제목이다.

我, 則謂我有你無, 便是驕人也.('인색함은 교만함의 근본이며, 교만함은 인색함의 지엽(枝葉)이다.' 이 말은 인색함이 중심이 된다는 것이다. 대개 인색함이 나에게 있으면 나에게 있고 너에게는 없다고 생각하면 곧 남에게 교만한 것이다.)"라고 하였다.

275) 호광 편(胡廣 編), 『논어집주대전(論語集註大全)』「태백(泰伯)」에는 "胡氏曰 : '驕, 張大; 吝, 收縮. 姑以驕吝, 於財觀之, 其所以閉藏, 乃欲資以矜夸; 其所以矜夸, 即閉藏者, 爲之地也. 根本枝葉, 相爲貫通, 『集註』特發此義, 以示人, 欲人知其病根而藥之. 驕之證, 發於外; 吝之病, 藏於內. 發者易見, 藏者難知, 學者欲翦其枝葉, 當先拔其本根也.'"로 되어 있다.

276) 호영(胡泳) : 중국 송나라 때 학자로, 자는 백량(伯量)이고, 호는 동원(桐原)이며, 남강(南康) 출신이다. 저서로 『논어연설(論語衍說)』이 있다.

[8-12-1]

子曰："三年學, 不至於穀, 不易得也."
공자가 말하였다. "3년을 배움에 봉록(俸祿)에 뜻하지 않는 이를 쉽게 얻지 못할 것이다."

朱註

'易', 去聲.[277] '穀' 祿也; '至', 疑當作'志'.
'불이득야(不易得也)'에서 '이(易)'자는 거성(去聲 : 쉽다)이다. '곡(穀)'은 봉록(俸祿)이고, '지(至)'는 의심컨대 마땅히 '지(志)'로 써야 한다.

詳說

○ 朱子曰："此, 處解不行, '作志', 稍通耳."[278]
주자(朱子 : 朱熹)가 말하였다. "이는 한자 풀이에 처해서도 수행하지 않아서 '작지(作志)'가 조금 통할 뿐이다."

○ 訓畢.
훈고가 끝났다.

朱註

爲學之久, 而不求祿, 如此之人, 不易得也.
학문을 한 지 오래되어도 봉록을 구하지 않는 것이고, 이와 같은 사람을 얻기가

---

277) 호광 편(胡廣 編), 『논어집주대전(論語集註大全)』「태백(泰伯)」.

278) 호광 편(胡廣 編), 『논어집주대전(論語集註大全)』「태백(泰伯)」. 『주자어류(朱子語類)』 권 35, 136조목에는 "問: ''不至於穀', 欲以'至'爲'及'字說, 謂不暇及於祿, 免改爲'志', 得否?' 曰: '某亦只是疑作'志', 不敢必其然. 蓋此處解不行, 作'志'則略通. 不可又就上面撰, 便越不好了.' 或又引程子說. 曰: '說不行, 不如莫解; 解便不好, 如解白爲黑一般.'(물었다. '녹봉(祿俸: 벼슬)에 뜻을 두지 않는다[不至於穀]'는 문장에서 '지(至)'자를 '급(及)'자로 해설하고자 하는데, 그러면 벼슬할 겨를이 없다는 것을 말하니 '뜻을 두다[志]'는 것으로 바꿀 필요가 없는 듯한데 가능합니까?' 주희가 말하였다. '나는 또한 다만 '뜻을 두다[志]'는 것으로 써야할 듯한데, 반드시 그렇다고 할 수는 없다. 대개 이곳은 해석이 잘 안 되었는데, '뜻을 두다[志]'로 바꾸니 조금 이해되었다. 앞면에서 찬술하는 것은 옳지 않으니 더욱 좋지 못하다.' 어떤 이는 정자의 설명을 인용하기도 하였다. 주희가 말하였다. '설명이 이해되지 않으면 해설하지 않는 것만 못하다. 해석이 좋지 않으면 흰 것을 검다고 해설하는 것과 마찬가지이다.')"로 되어 있다.

쉽지 않다는 말이다.

詳說

○ 三年.

'위학지구(爲學之久 : 학문을 한 지 오래되어도)'는 3년이다.

○ 志之則必求之.

그것[봉록]에 뜻을 두면 반드시 그것[봉록]을 구하는 것이다.[279)]

○ 添四字.

'여차지인(如此之人 : 이와 같은 사람을)'이라는 네 글자를 보탠 것이다.

○ 釋畢.

경문의 풀이가 끝났다.

○ 慶源輔氏曰 : "後世之士, 求祿之志, 皆在; 爲學之先, 不然, 則不學矣."[280)]

경원 보씨(慶源輔氏 : 輔廣)가 말하였다. "후세의 선비는 봉록을 구하는 뜻이 모두 있는데, 학문을 함이 우선되어야 하니 그렇지 않으면 학문을 하지 못한다."

朱註

○ 楊氏曰 : "雖子張之賢, 猶以干祿爲問, 況其下者乎. 然則三年學, 而不至於穀, 宜不易得也."

양씨(楊氏 : 楊時)[281)]가 말하였다. "비록 자장(子張)의 현명함이라 하여도 오히려 봉록을 구하는 것으로 물음을 삼았거늘,[282)] 하물며 그보다 아래에 있는 사람들

279) 그것[봉록]에 뜻을 두면 반드시 그것[봉록]을 구하는 것이다 : 주자의 훈해(訓解)에 의거하여 '지(至)'자를 '지(志)'자로 새겨 경문에 담긴 의미를 풀이하였다.

280) 호광 편(胡廣 編), 『논어집주대전(論語集註大全)』「태백(泰伯)」.

281) 양시(楊時 : 1053~1135) : 중국 북송 시대의 학자로, 자는 중립(中立)이고 호는 구산(龜山)이다. 먼저 정호(程顥)와 정이(程頤)에게 배워서 유작(游酢) · 여대림(呂大臨) · 사양좌(謝良佐)와 함께 '정문사대제자(程門四大弟子)'라고 칭하였으며, 나종언(羅從彦) · 이동(李侗)과 함께 '남검삼선생(南劍三先生)'이라 칭하였다. 만면에 구신(龜山)에 은거하여 학자들이 '구산선생'이라 칭하였다.

282) 비록 자장(子張)의 현명함이라 하여도 오히려 봉록을 구하는 것으로 물음을 삼았거늘 : 『논어(論語)』「위정(爲政)」에 "자장이 봉록을 구하는 사안에 대해 배우려 하였는데, 공자가 말하였다. '많이 들어 의혹을 없애고 그 나머지를 삼가 말하면 허물이 적으며, 많이 보아 위태함을 없애고 그 나머지를 삼가 행하면 뉘우침이 적을 것이니, 말함에 허물이 적으며, 행함에 뉘우

에 있어서이랴. 그런즉 3년을 배우고 봉록을 구하는 데 이르지 않는 사람을 으레 얻기가 쉽지 않을 것이다."

詳說

○ 蓋言心'至於穀'也. 然終不如直作'志'字之爲便.

대개 마음이 봉록을 구하는 데 이름을 말한 것이다. 그러나 마침내 곧바로 '지(志)'자를 써서 편리하게 되는 것만 같지 못하다.[283)]

침이 적으면 봉록이 그 가운데 있다.'(子張, 學干祿; 子曰 : '多聞闕疑, 愼言其餘則寡尤, 多見闕殆, 愼行其餘則寡悔, 言寡尤, 行寡悔, 祿在其中矣.')"라고 하였다. 자장(子張)은 공자 제자로, 성(姓)은 전손(顓孫)이고, 이름은 사(師)이다.

283) 곧바로 '지(志)'자를 써서 편리하게 되는 것만 같지 못하다 : 경문을 이해하는 데 주자(朱子 : 朱熹)가 말한 것처럼 '지(志)'자로 쓰는 것이 편리함이 된다고 강조하였다.

[8-13-1]

子曰："篤信好學, 守死善道.
공자가 말하였다. "독실하게 믿고 학문을 좋아하며, 죽을 각오로 지키고 도를 착하게 해야 하는 것이다.

朱註

'好', 去聲.284) '篤', 厚而力也.
'독신호학(篤信好學)'에서 '호(好)'자는 거성(去聲 : 좋아하다)이다. '독(篤)'은 두터이 하여 힘쓰는 것이다.

詳說

○ 訓.
'독, 후이력야(篤, 厚而力也)'는 훈고이다.

朱註

不篤信, 則不能好學. 然篤信而不好學, 則所信, 或非其正; 不守死, 則不能以善其道.
두터이 믿지 않으면 능히 학문을 좋아할 수 없다. 그러나 두터이 믿고서 학문을 좋아하지 않으면 믿는 것이 간혹 그 바름이 아니며, 죽음으로써 지키지 않으면 능히 그 도를 착하게 할 수 없다.

詳說

○ 朱子曰："以死守之."285)
주자(朱子 : 朱熹)가 말하였다. "죽음으로써 (착한 도를) 지키는 것이다."

284) 호광 편(胡廣 編), 『논어집주대전(論語集註大全)』「태백(泰伯)」.

285) 호광 편(胡廣 編), 『논어집주대전(論語集註大全)』「태백(泰伯)」에는 "朱子曰 : '篤信, 是信得深厚牢固; 守死, 只是以死守之善道, 猶工欲善其事之, 善, 又如善吾生 · 善吾死之善, 不壞了道也.'"로 되어 있다. 『장자(莊子)』「대종사(大宗師)제6」에도 "夫大塊, 載我以形; 勞我以生; 佚我以老; 息我以死. 故善吾生者, 乃所以善吾死也."라 하여 함께 생각할 구절이 있다.

○ **朱子曰 : "猶工欲善其事之, 善, 不壞了道也."**[286)]

주자(朱子 : 朱熹)가 말하였다. "장인이 그 일을 착하게 하려는 것과 같으니, '선(善)'은 무너져 버리지 않는 도이다."

○ **勿軒熊氏曰 : "篤信, 知之眞; 守死, 行之篤."**[287)]

물헌 웅씨(勿軒熊氏 : 熊禾)[288)]가 말하였다. "'독신(篤信)'은 지(知)의 진실함이고, '수사(守死)'는 행(行)의 독실함이다."

朱註

然守死而不足以善其道, 則亦徒死而已.

그러나 죽음으로써 지키면서 족히 그 도(道)를 착하게 하지 못한다면, 또한 헛된 죽음일 따름이다.

---

286) 호광 편(胡廣 編), 『논어집주대전(論語集註大全)』「태백(泰伯)」에는 "朱子曰 : '篤信, 是信得深厚牢固; 守死, 只是以死守之善道, 猶工欲善其事之, 善, 又如善吾生·善吾死之善, 不壞了道也.'"로 되어 있다. 『주자어류(朱子語類)』 권35, 「논어17(論語十七)」, 140조목에도 유사한 내용이 있다. "惟篤信, 故能好學; 惟守死, 故能善道. 善, 如'善吾生, 善吾死'之'善', 不壞了道也. 然守死生於篤信, 善道由於好學. 徒篤信而不好學, 則所信者或非所信; 徒守死而不能推以善其道, 則雖死無補.(오직 돈독하게 믿기 때문에 배우기를 좋아할 수 있고, 오직 죽음으로 지키기 때문에 도를 선하게 할 수 있다. 선하게 한다[善]는 것은 '나의 삶을 선하게 하고 나의 죽음을 선하게 한다'고 할 때의 '선하게 한다[善]'는 것이니, 도를 무너뜨리지 않는다. 그러나 죽음으로 지키는 것은 돈독하게 믿는 데서 생겨나고 도를 선하게 하는 것은 배우기를 좋아하는데서 유래한다. 돈독하게 믿기만 하고 배우기를 좋아하지 않으면 믿는 바가 간혹 믿어야 될 것이 아니며, 죽음으로 지키기만 하고 그 도를 선하게 하는 것으로 유추하지 않는다면 비록 죽더라도 이익이 없다.)"

287) 호광 편(胡廣 編), 『논어집주대전(論語集註大全)』「태백(泰伯)」. "勿軒熊氏曰 : '學者, 先須辯得篤信守死底心. 又做得好學善道底事. 然後, 於出處去就, 見得明守得定, 用之, 有可行, 舍之, 有可藏也. 篤信, 是知之眞; 守死, 是行之篤.'"

288) 웅화(熊禾 : 1247~1312) : 송말원초 때 학자로, 자가 위신(位辛) 또는 거비(去非)이고, 호가 물헌(勿軒) 또는 퇴재(退齋)이며, 건안(建安) 사람이다. 어려서부터 염(濂)·락(洛)·관(關)·민(閩)의 학문에 뜻을 두었으며, 주희(朱熹)의 문인 보광(輔廣)에게 배워 주자의 이학(理學)을 계승 발전시켰다. 저서로는 『역경강의(易經講義)』·『주역집소(周易集疏)』·『서설(書說)』·『대학상서구의(大學尙書口義)』·『삼례고략(三禮考略)』·『춘추통해(春秋通解)』·『사서표제(四書標題)』·『대학광의(大學廣義)』·『사서소학집소(四書小學集疏)』 등이 있다.

詳說

○ 鄭氏曰："許行·陳相, 非不篤信, 曰：'好學則未也.'；召忽·荀息, 非不守死, 曰：'善道則非也.'"[289]

정씨(鄭氏：鄭汝諧)[290]가 말하였다. "허행(許行)[291]과 진상(陳相)[292]이 두터이 믿지 않음이 아니거늘 말하기를, '학문을 좋아함은 아니다.'라고 하였으며, 소홀(召忽)[293]과 순식(荀息)[294]이 죽음으로써 지키지 않음이 아니거늘 말하기를, '도를 착하게 함은 아니다.'라고 하였다."

○ 以論釋之.

경문의 의미 설명으로 풀이하였다.

○ 此下, 又錯擧而申論之.

이 아래에 또 서로 열거하면서 거듭하여 논의하였다.

朱註

蓋守死者, 篤信之效; 善道者, 好學之功.

대개 죽음으로써 지킨다는 것은 두터이 믿는 공효(功效)이고, 도를 착하게 한다는 것은 학문을 좋아하는 공력(功力)이다.

---

289) 호광 편(胡廣 編), 『논어집주대전(論語集註大全)』「태백(泰伯)」.

290) 정여해(鄭汝諧：1126~1205)：자가 순거(舜擧) 또는 고괄(古括)이고, 호가 동곡(東谷) 또는 동곡거사(東谷居士)이며, 청전현성(青田縣城) 사람이다. 저서로는 『동곡역익전(東谷易翼傳)』·『논어의원(意源意源)』·『동곡집(東谷集)』 등이 있다.

291) 허행(許行：B.C.372~B.C.289)：전국 시대 동주(東周)의 학자로, 맹자(孟子)와 같은 시대에 살아서 『맹자(孟子)』「등문공상(滕文公上)」에도 나오는 대표적인 농가(農家)이다.

292) 진상(陳相, 생몰년 미상)：중국 전국 시대의 농정학파(農政學派)의 한 사람으로, 허행(許行)과 같이 농사의 신(神)인 신농씨(神農氏)를 받들었다. 생산노동을 중시하여 백성들이 모두 농사를 경작해야 한다는 '국민병경(君民並耕)'의 학설과 농업을 보호하는 물가통제 정책을 주장하였다.

293) 소홀(召忽)：춘추 시대 제(齊)나라 사람으로, 관중(管仲)과 함께 양공(襄公)의 아들 공자규(公子糾)를 섬겼다. 양공이 죽고 나라가 어지러워질 적에 공자규를 좇아 노나라로 갔다가 다시 제나라로 돌아왔다. 그 뒤에 공자소백(公子小白)이 즉위하여 제 환공(齊桓公)이 되자 공자규를 죽였는데 소홀(召忽)도 곧 죽었다.

294) 순식(荀息：?~B.C.651)：춘추 시대 진(晉)나라 대부로, 이름이 암(黯)이고, 자가 식(息)이다. 본래 성씨가 원씨(原氏)라서 원씨암(原氏黯)이라 칭했는데, 진 무공(晉武公)이 순(荀)나라를 멸망시킨 뒤에 순나라 땅을 원씨암에게 상으로 하사하였는데 이에 순(荀)으로 성씨를 삼게 되었다.

詳說

○ 朱子曰 : "數義錯綜, 其義始備, 四者, 更相兼用, 不可有一闕."[295]

주자(朱子 : 朱熹)가 말하였다. "몇 가지 뜻을 섞어 놓으면서 그 뜻이 비로소 갖추어졌으니, 네 가지를 다시 서로 아울러 사용함에 한 가지라도 빠뜨림이 있어서는 안 된다."

[8-13-2]

危邦不入, 亂邦不居; 天下有道則見, 無道則隱.

위태한 나라에 들어가지 아니하고, 어지러운 나라에 살지 아니하며, 천하에 도가 있으면 나오고, 도가 없으면 숨어야 한다.

朱註

賢遍反.[296] 君子見危授命, 則仕危邦者, 無可去之義.

'天下有道則見(天下有道則見)'에서 '현(見)'은 '현(賢)'과 '편(遍)'의 반절(反切)이다. 군자는 위태함을 보면 목숨을 바치니, 곧 위태한 나라에서 벼슬살이하는 사람은 떠날 만한 명분이 없는 것이다.

詳說

○ 見「子張」.

'견위수명(見危授命)'은 『논어(論語)』「자장(子張)」에 보인다.[297]

---

295) 호광 편(胡廣 編), 『논어집주대전(論語集註大全)』「태백(泰伯)」에는 "朱子曰 '若不善道, 但知守死也, 無益. 故守死, 又須是善道. 然雖曰篤信, 而未能至死不變, 則其信亦不篤矣. 故能守死, 方見篤信之效. 雖曰好學, 而不能推以善道, 則其學亦無用矣. 故能善道, 方見好學之功. 能篤信好學, 乃能守死善道, 而篤信好學, 又須要守死善道. 數義錯綜, 其義始備, 此四者之所以更相爲用, 而不可有一闕焉者也.'"로 되어 있다.

296) 호광 편(胡廣 編), 『논어집주대전(論語集註大全)』「태백(泰伯)」.

297) '견위수명(見危授命)'은 『논어(論語)』「자장(子張)」에 보인다 : 『논어(論語)』「자장(子張)」에서 "자장이 말하였다. '선비가 위태함을 보고는 목숨을 버리며, 얻음을 보고는 의를 생각하며, 제

○ 諸侯之邦.

'위방(危邦)'은 제후의 나라이다.

朱註

在外, 則不入, 可也. 亂邦未危, 而刑政紀綱紊矣. 故潔其身而去之.

밖에 있으면 들어가지 않는 것이 옳다. 어지러운 나라는 아직 위태하지 않으나 형정(刑政)과 기강이 문란(紊亂)한 것이다. 그러므로 그 몸을 깨끗이 하고자 떠나는 것이다.

詳說

○ 他邦.

'재외(在外)'는 다른 나라이다.

○ 音問.[298]

'이형정기강문의(而刑政紀綱紊矣)'에서의 '문(紊)'자는 음이 문(問)이다.

○ 朱子曰 : "見幾而作."[299]

주자(朱子 : 朱熹)가 말하였다. "기미를 보고서 몸을 일으키는 것이다."

○ 以上, 檃栝楊氏說者[300]也.

사에 공경함을 생각하며, 상사에 슬퍼함을 생각하면 옳을 따름이다.'(子張曰 : '士, 見危致命; 見得思義; 祭思敬; 喪思哀, 其可已矣.')"라고 하였다. '견위수명(見危授命)'은 『논어(論語)』「헌문(憲問)」에 나오는 말이다. "공자가 말하였다. '지금의 성인은 어찌 반드시 그러하리오? 이익을 보고는 의를 생각하며, 위태함을 보고는 목숨을 주며, 옛 언약에 평생의 말을 잊지 아니하면 또한 성인이 될 수 있는 것이다.'(曰 : '今之成人者, 何必然? 見利思義; 見危授命, 久要, 不忘平生之言, 亦可以爲成人矣.')"

298) 호광 편(胡廣 編), 『논어집주대전(論語集註大全)』「태백(泰伯)」.

299) 호광 편(胡廣 編), 『논어집주대전(論語集註大全)』「태백(泰伯)」에는 "朱子曰 : '未仕在外, 則不入; 已仕在內, 見其紀綱亂, 不能從吾之諫, 則當去之, 不早見幾而作, 則亂必危亡, 不可去矣.'"라고 하였다. 『주자어류(朱子語類)』 권35, 「논어17(論語十七)」, 164조목에는 "천하에 도가 없는 것이 마치 하늘이 막 밤이 되어 비록 매우 어둡지는 않으나 저절로 어두워지는 것과 같다. 후에 반드시 지킬 수 없다는 것을 알기 때문에 또한 모름지기 기미를 보고 몸을 일으키는 것이 옳다.(天下無道, 譬如天之將夜, 雖未甚暗, 然此自只向暗去. 知其後來必不可支持, 故亦須見幾而作, 可也.)"라고 되어 있다.

300) 주희, 『논어정의(論語精義)』 권4하, 「태백제8」. "楊曰 : '君子見危授命, 則仕危邦, 無可去之義, 不入可也. 所謂量而後入者, 蓋如是. 亂邦未至於危, 則去之可也. 邦有道, 貧且賤焉, 恥也. 故見

이 위는 양씨(楊氏 : 楊時)가 말한 것을 고쳐서 쓴 것이다.

朱註

'天下', 擧一世而言. '無道', 則隱其身而不見也.
'천하'는 온 세상을 들어서 말하는 것이다. '무도(無道)'는 그 몸을 숨기고 나타내지 않는 것이다.

詳說

○ 雖不別釋'有道則見'一句, 只此一'見'字, 足以當之矣.
비록 '유도이현(有道則見)'의 한 구절을 따로 풀이하지 않더라도, 다만 이 하나의 '현(見)'자가 족히 감당한 것이다.

○ 雙峰饒氏曰 : "天下無道, 則無適而可, 惟有隱而已."[301]
쌍봉 요씨(雙峰饒氏 : 饒魯)가 말하였다. "천하에 도가 없으면 갈 곳이 없음이 옳고, 오직 몸을 숨김이 있을 따름이다."

○ 以論釋之, 釋間訓.
경문의 의미 설명으로 풀이하였는데, 풀이 사이에 훈고하였다.

○ 此下, 又承上節而論之.
이 아래는 또 위의 구절을 이어서 논의한 것이다.

朱註

此惟篤信好學, 守死善道者, 能之.
이는 오직 두터이 믿고 학문을 좋아하며, 죽음으로써 지키고 도를 착하게 하는 사람만이 할 수 있는 것이다.

詳說

○ 此惟以下, 即用尹氏說者也, 蓋此節, 與上節文義, 不甚相蒙. 故以此而連屬上下文義, 此正意也. 至圈下, 引鼂說, 則又各自爲一事, 此則餘意也.

邦無道, 富且貴焉, 恥也. 故隱. 蓋邦有道而貧且賤, 必以其道得之也; 邦無道而富且貴, 必不以其道得之也. 故君子恥之.'"

301) 호광 편(胡廣 編), 『논어집주대전(論語集註大全)』「태백(泰伯)」에는 "雙峯饒氏曰 : '危亂不入不居, 尙有可入可居之邦. 若天下無道, 則無適而可, 惟有隱而已."로 되어 있다.

이는 오직 아래로 윤씨(尹氏 : 尹焞)302)가 말한 것303)을 써서 대개 이 구절이 위 구절의 글 뜻과 심히 서로 연관되지 않는다. 그러므로 이것으로써 위아래의 글 뜻을 연결하여 이었으니, 이것이 진정한 뜻이다. 동그라미(○ : 圈) 아래에 이르러서는 조씨(鼂氏 : 晁說之)304)의 말을 인용하여305) 또다시 각각 스스로 하나의 일이 되니, 이는 곧 나머지 뜻이다.

[8-13-3]

邦有道, 貧且賤焉, 恥也; 邦無道, 富且貴焉, 恥也."
나라에 도가 있음에 가난하고 또 천함이 부끄러움이며, 나라에 도가 없음에 부유하고 또 귀함이 부끄러움이다."

詳說

○ 此節, 申上節下一半之意. 此'邦'字, 指天下. 故『註』以'世'釋'邦'.

이 구절은 위 구절 아래 한쪽 반의 뜻을 펼친 것이다. 이 '방(邦)'자는 천하를 가리킨다. 그러므로 『논어집주(論語集註)』에서 '세(世)'로써 '방(邦)'을 풀이하였다.306)

---

302) 윤순(尹焞 : 1071~1142) : 송나라 때 학자로, 자가 언명(彦明) 또는 덕충(德充)이고, 하남(河南) 낙양(洛陽) 사람이며, 사호(賜號)가 화정처사(和靖處士)이다. 주희(朱熹)가 화정선생첩(和靖先生帖)을 인어시 1180년에 백록동서원에 새겨 두었다고 한다. 저서로는 『화정선생집(和靖先生集)』·『논어해(論語解)』 등이 잇다.

303) 윤씨(尹氏 : 尹焞)가 말한 것 : 주희, 『논어정의(論語精義)』 권4 하, 「태백제8」에서 "尹曰 : '危邦不入, 亂邦不居, 則去之矣. 或見或隱, 皆適其時而已. 唯篤信好學, 守死善道者, 能之. 若夫聖人, 可以仕則仕; 可以止則止; 可以速則速; 可以久則久, 其出處去就, 有不待兆見者也.'"라고 한 것을 가리킨다.

304) 조설지(晁說之 : 1059~1129) : 송나라 때 학자로, 자가 이도(以道) 또는 백이(伯以)이고, 사마광(司馬光)의 사람됨을 사모하여 자호를 경우생(景迂生)이라 하였다. 주요 저작으로는 『역상구대전(易商瞿大傳)』·『서론(書論)』·『시론(詩論)』·『조씨서전(晁氏書傳)』·『조씨춘추전(晁氏春秋傳)』·『논어강의(論語講義)』·『주역태극전(周易太極傳)』·『중용전(中庸傳)』·『경우생집(景迂生集)』 등이 있다.

305) 뒤에 나오는 "鼂氏曰 : "有學有守, 而去就之義潔" 이하를 말한다.

306) 『논어집주(論語集註)』에서 '세(世)'로써 '방(邦)'을 풀이하였다 : 아래 주석 가운데 '세치(世

朱註

世治而無可行之道, 世亂而無能守之節, 碌碌庸人, 不足以爲士矣,
세상이 다스려지는데도 행할 만한 도가 없으며, 세상이 어지러워짐에 능히 지킬 수 있는 절개가 없으면, 자질구레한 용렬한 사람이라서 족히 선비가 되지 못하니,

詳說

○ 去聲.[307]
'세치(世治)'에서 '치(治)'자는 거성(去聲 : 다스림)이다.

○ 貧賤.
'세상이 다스려지는데도 행할 만한 도가 없으며'는 가난하고 천한 것이다.

○ 富貴.
'세상이 어지러워짐에 능히 지킬 수 있는 절개가 없으면'은 부유하고 귀한 것이다.

○ 音祿.[308]
'녹녹용인(碌碌庸人)에서 '녹(碌)'자는 음이 '녹(祿)'이다.

○ 慶源輔氏曰 : "有[309]士之名, 無士之實."[310]
경원 보씨(慶源輔氏 : 輔廣)가 말하였다. "선비의 명분만 있고, 선비의 실속이 없는 것이다."

○ 二句, 陪出'恥'字.
두 구절에는 아래의 '가치지심(可恥之甚)'에서 보듯이, '치(恥)'자가 따라 나온다.

朱註

可恥之甚也.
부끄러워할 만함이 심하다.

治)'와 '세란(世亂)'의 '세(世)'자가 '방(邦)'자와 통하며, '천하'를 가리킨다고 설명한 것이다.

307) 호광 편(胡廣 編), 『논어집주대전(論語集註大全)』「태백(泰伯)」.

308) 호광 편(胡廣 編), 『논어집주대전(論語集註大全)』「태백(泰伯)」.

309) 有 : 『논어집주상설(論語集註詳說)』에는 '모(冒)'자로 되어 있다.

310) 호광 편(胡廣 編), 『논어집주대전(論語集註大全)』「태백(泰伯)」에는 "慶源輔氏曰 : '所貴於士者, 爲其進而用, 則有可行之道; 退而藏, 則有能守之節. 故退不失己, 進不失義, 若咸無焉, 則是碌碌庸人, 而不足以爲有亡矣. 冒士之名而無士之實, 豈不可恥之甚哉?'"로 되어 있다.

詳說

○ 一釋兩'恥'字.

한 번에 두 개의 '치(恥)'자를 풀이한 것이다.

○ 有釋無訓.

경문의 풀이는 있으나 훈고는 없다.

○ **雙峰饒氏曰 : "邦有道而貧賤, 是無學也; 邦無道而富貴, 是無守也."**

쌍봉 요씨(雙峰饒氏 : 饒魯)가 말하였다. "나라에 도가 있는데 가난하고 천한 것은 학문이 없기 때문이고, 나라에 도가 없는데 부유하고 귀한 것은 지킴이 없기 때문이다."

○ 此則不能篤信好學, 守死善道者, 然耳.

이는 곧 두터이 믿고 학문을 좋아하며, 죽음으로써 지키고 도를 착하게 할 수 없는 사람이 그러할 뿐이다.

朱註

鼂氏曰 : "有學有守, 而去就之義潔;

조씨(鼂氏 : 鼂說之)가 말하였다. "학문이 있고 지킴이 있어서, 거취(去就)의 도의(道義)가 깨끗하고,

詳說

○ 首節.

'학문이 있고 지킴이 있어서[有學有守]'는 머리 구절이다.

○ **胡氏曰 : "有學然後, 能有守."**[311]

호씨(胡氏 : 胡炳文)가 말하였다. "학문이 있은 뒤에 능히 지킬 수 있다."

311) 호광 편(胡廣 編), 『논어집주대전(論語集註大全)』「태백(泰伯)」에는 "雲峯胡氏曰 : '首兩句, 雖四者相爲用, 不可缺一. 然集註曰 : 守死者, 篤信之效; 善道者, 好學之功, 則第一句最重, 蓋有學, 貴乎有守. 然必有學然後, 能有守, 學問之深者, 雖以之處死生之變, 可也, 而況於去就之義出處之分哉? 危邦而入, 亂邦而居, 雖死, 不足以爲善, 有道無可見, 而貧賤無道, 不能隱而富貴, 雖生而深爲可恥, 此皆無學力者之所爲也. 故夫子曰信而好古; 曰好古敏求; 曰好學, 其教人, 獨於此拳拳焉.'"으로 되어 있다.

○ 次節, 上一半.

'거취(去就)의 도의(道義)가 깨끗하고'는 구절을 차례 지음에 위의 절반이다.

朱註

> 出處之分, 明然後, 爲君子之全德也."
>
> 출처의 본분(本分)이 분명한 뒤라야 군자의 완전한 덕이 된다."

詳說

○ 上聲.[312]

'출처지분(出處之分)'에서 '처(處)'자는 상성(上聲 : 居處함)이다.

○ 去聲.[313]

'출처지분(出處之分)'에서 '분(分)'자는 거성(去聲 : 本分)이다.

○ 次節, 下一半及末節.

'출처지분명(出處之分明)'은 구절을 차례 지음에 아래의 절반 및 끝 구절이다.

---

312) 호광 편(胡廣 編), 『논어집주대전(論語集註大全)』「태백(泰伯)」.

313) 호광 편(胡廣 編), 『논어집주대전(論語集註大全)』「태백(泰伯)」.

[8-14-1]

子曰 : "不在其位, 不謀其政."

공자가 말하였다. "그 지위(地位)에 있지 아니하여서는 그 정사(政事)를 꾀하지 아니해야 한다."

朱註

程子曰 : "不在其位, 則不任其事也.

정자(程子 : 程頤)가 말하였다. "그 지위(地位)에 있지 않으면 그 정사(政事)를 맡지 않는 것이다.

詳說

○ 叔子.

'정자왈(程子曰)'에서 '정자(程子)'는 동생 정이(程頤)이다.

○ **朱子曰 : "各有分限, 不可以相踰."**[314]

주자(朱子 : 朱熹)가 말하였다. "각각 본분(本分)의 한계가 있으니, 서로 넘어서는 안 된다."

314) 호광 편(胡廣 編), 『논어집주대전(論語集註大全)』「태백(泰伯)」에는 "或問'不在其位, 不謀其政.' 朱子曰 : '此各有分限, 田野之人, 不得謀朝廷之政, 身在此間, 只得守此.' 夫子之言, 無上下之異, 但爲不在此位, 則不謀此政耳. 自下而推, 如士不可侵大夫之職, 以至於天子, 不可過於天道, 乃爲備耳. 然不止此, 又當知前後彼此之間, 各有分守, 皆不可以相踰, 乃爲大備, 而盡得聖人之意."로 되어 있다. 『주자어류(朱子語類)』 권35, 「논어17(論語十七)」, 165조목에는 다음과 같이 설명되어 있다. "馬莊甫問'不在其位, 不謀其政.' 曰: '此各有分限. 田野之人, 不得謀朝廷之政. 身在此間, 只得守此. 如縣尉, 豈可謀他主薄事! 纔不守分限, 便是犯他疆界.' 馬曰: '如縣尉, 可與他縣中事否?' 曰: '尉, 佐官也. 旣以佐名官, 有繁難, 只得佯他謀, 但不可侵他事權.'(마장보(馬莊甫)가 '그 지위에 있지 않으면 그 정치를 도모하지 않는다'는 것에 대해 물었다. 주희가 말하였다. '이것은 각자 나누어진 한계가 있다. 들에서 농사짓는 사람은 조정의 일을 도모할 수 없다. 몸이 여기에 있다면 다만 이 일을 지켜야 한다. 만약 현위(縣尉)라면 어찌 그 주부(主薄)의 일을 도모할 수 있겠느냐? 나누어진 한계를 지키지 못하면 그의 경계를 침범하는 것이다.' 마장보가 물었다. '만약 현위(縣尉)라면 그 현의 일을 함께 할 수 있습니까?' 주희가 말하였다. '위(尉)는 보좌관이다. 이미 보좌라는 것으로 관직을 이름하였으니, 번거롭고 곤란함이 있어도 그와 짝하여 도모할 수 있어야 하지만 그가 맡은 일의 권위를 침범해서는 안 된다.')"

○ **雙峰饒氏曰 : "雖同寮, 亦有分守."**315)

쌍봉 요씨(雙峰饒氏)가 말하였다. "비록 같은 벼슬아치라고 하더라도 또한 본분의 지킴이 있는 것이다."

○ **有釋無訓.**

경문의 풀이는 있으나 훈고는 없다.

朱註

> **若君大夫問而告者, 則有矣."**
>
> 만약에 임금이나 대부가 질문함에 답변하면서 알려주는 것은 곧 있을 수 있다."

詳說

○ **新安陳氏曰 : "推廣餘意也."**316)

신안 진씨(新安陳氏 : 陳櫟)가 말하였다. "나머지 뜻을 미루어서 넓히는 것이다.

---

315) 호광 편(胡廣 編), 『논어집주대전(論語集註大全)』「태백(泰伯)」. "雙峯饒氏曰 : '此章本意, 只當自下而上, 不在大夫之位, 則不謀大夫之政; 不在公卿之位, 亦然. 范氏又自上而下, 以爲天子不可治三公之職; 三公不可爲卿大夫之事. 乃是推說, 蓋經筵告君之語也. 若又從而旁推之, 則左不可侵右; 右不可侵左, 雖同寮, 亦有分守. 聖人之言, 無所不包. 故可推而無適不通也.'"

316) 호광 편(胡廣 編), 『논어집주대전(論語集註大全)』「태백(泰伯)」에는 "新安陳氏曰 : '本文, 不過思不出其位之意. 問而告, 乃推廣餘意也.'"로 되어 있다.

[8-15-1]

子曰："師摯之始, 「關雎」之亂, 洋洋乎盈耳哉."
공자가 말하였다. "사지(師摯)가 처음일 적에 「관저(關雎)」의 마지막 악장(樂章)이 양양(洋洋)히 귀에 가득하였다."

朱註

摯, 音至; '雎', 七余反. '師摯', 魯樂師, 名摯也. '亂', 樂之卒章也,
'사지지시(師摯之始)'에서 '지(摯)'자는 음이 지(至)이다. '관저(關雎)'에서 '저(雎)'는 '칠(七)'과 '여(余)'의 반절(反切)이다. '사지(師摯)'는 노나라 악사이니, 이름이 지(摯)이다. '난(亂)'은 악곡(樂曲)의 마지막 악장(樂章)이니,

詳說

○ 此, 無'大'字, 又以'始'言, 豈其爲衆師時歟.
여기에 '태(大 : 太)'자가 없고, 또 '시(始)'자로써 말하였으나, 어찌 뭇 악사(樂師)가 된 때이겠는가?[317]

○ 此, 與『孟子』'奕秋'之訓, 語勢同.
이는 『맹자(孟子)』 '혁추(奕秋)'의 훈고와 어세(語勢)가 같다.[318]

○ 顔氏師古曰："亂, 理也, 總理一賦之終也."[319]
안사고(顔師古)[320]가 말하였다. "난(亂)은 다스림이니, 하나의 시가(詩歌)의 끝을

---

317) 여기에 '태(大 : 太)'자가 없고 …… 어찌 뭇 악사(樂師)가 된 때이겠는가 : 박문호(朴文鎬)는 사지(師摯)가 그냥 보통 악사(樂師)가 아니라 악관(樂官)의 우두머리인 태사(大師)였을 것이라고 추측하였다. 그래서 비록 '태(大)'자가 없고, 처음이라고 말했지만, 뭇 악사(樂師)는 아니었을 것이라고 보았다.

318) 이는 『맹자(孟子)』 '혁추(奕秋)'의 훈고와 어세(語勢)가 같다 : 『맹자(孟子)』「고자상(告子上)」에서 "今夫奕之爲數, 小數也, 不專心致志, 則不得也. 奕秋, 通國之善奕者也, 使奕秋, 誨二人奕, 其一人, 專心致志, 惟奕秋之爲聽; 一人, 雖聽之, 一心, 以爲有鴻鵠將至, 思援弓繳而射之. 雖與之俱學, 弗若之矣."라고 한 구절에 대해, 『집주(集註)』에서 "혁추는 바둑을 잘 두는 사람이니, 이름이 추이다.(奕秋, 善奕者, 名秋也.)"라고 한 부분을 가리킨다.

319) 오경욱(吳景旭), 『역대시화(歷代詩話)』 권6, 「난왈(亂曰)」에서 "洪興祖云 : '離騷有亂有重, 亂者, 總理一賦之終; 重者, 情志未申, 更作賦也."라고 하고, 장기(蔣驥), 『초사여론(楚辭餘論)』 권상, 「이소(離騷)」에서 "舊解, 亂爲總理一賦之終."이라고 하였다. 청(淸)나라 황생(黃生)은 소리를 번성하게 하고 가락을 재촉하는 의미가 난(亂)에 있다고 하였다.

총괄하여 다스리는 것이다."

朱註

『史記』曰 : "「關雎」之亂, 以爲風始." '洋洋', 美盛意.

『사기(史記)』에서 말하였다. "「관저」의 마지막 악장은 풍(風)의 시작이 된다." '양양(洋洋)'은 아름답고 성대한 뜻이다.

詳說

○「世家」.

'『사기(史記)』'는 「공자세가(孔子世家)」이다.

○ 朱子曰 : "馬遷必有所据. 蓋今「關雎」三章, 皆是「關雎」之亂. 其前, 必有散聲序引之類, 有聲無辭."321)

주자(朱子 : 朱熹)가 말하였다. "사마천이 반드시 의거한 것이 있다. 대개 『시경(詩經)』「관저」 3장은 모두 「관저」의 마지막 악장이다. 그 전에는 반드시 현악기의 가장 낮은 소리를 펴고 당기는 유형이 있었으며, 소리는 있고 가사(歌詞)는 없었다."322)

○ 按 : 或云 : "「關雎」之亂, 猶言「關雎」之一終." 但如此, 則於'以爲風始', 有不合矣.

살펴보건대, 어떤 이가 말하였다. "「관저」의 마지막 악장[「關雎」之亂]은 「관저」의 하나의 끝이라고 말함과 같다." 다만 이와 같으면 '풍의 시작이 된다.[以爲風始]'에 맞지 않음이 있다.

---

320) 안사고(顔師古 : 581~645) : 수당(隋唐) 시대 학자로, 자가 사고(師古)이고, 이름이 주(籀)이며, 옹주만년(雍州萬年) 사람이며, 시호는 대(戴)이다. 문자훈고 및 성운(聲韻) 등에 통달하였다.

321) 주희, 『회암집(晦庵集)』 권61, 「답증경건(答曾景建)」. "按: 『史記』之言如此, 必有所据, 非馬遷自造之語也. 蓋今關雎三章, 皆是關雎之亂. 其前, 必有散聲序引之類, 有聲無詞, 而此其卒章也."

322) 사마천이 반드시 의거한 것이 있다 …… 소리는 있고 가사(歌詞)는 없었다 : 정약용(丁若鏞)은 『논어고금주(論語古今註)』「태백(泰伯)」에서 "史記曰 : '關雎之亂, 以爲風始.', 司馬遷, 亦誤讀."이라고 하여 오류를 지적한 바 있다. 『주자어류(朱子語類)』 권35, 「논어17(論語十七)」, 169조목에서는 "'마지막 장에 말하기를[亂曰]'이란 것에서 '난(亂)'은 바로 음악이 끝나는 잡소리이다. '난(亂)'은 『국어(國語)』와 『사기(史記)』에서 나온다. 또 말하였다. '「관저(關雎)」는 아마 마지막 장의 소리인 듯하니, 앞의 것은 아마 소리는 있으나 가사가 없는 듯하다.'('亂曰'者, 亂乃樂終之雜聲也. 亂出『國語』·『史記』. 又曰: '「關雎」恐是亂聲, 前面者恐有聲而無辭.')"라고 하였다.

○ 訓畢.

훈고가 끝났다.

朱註

孔子自衛反魯, 而正樂, 適師摯在官之初. 故樂之美盛, 如此.

공자(孔子)가 위나라로부터 노나라로 돌아와서 음악을 바로잡았는데, 때마침 사지(師摯)가 악관(樂官)에 있은 지 처음 무렵이었다. 그러므로 악장(樂章)의 아름답고 성대함이 이와 같았던 것이다.

詳說

○ 見「子罕」.

『논어(論語)』「자한(子罕)」에 보인다.[323)]

○ 適値.

'적(適)'은 때 마침이다.

○ 指'盈耳'.

'악장(樂章)의 아름답고 성대함이 이와 같았던 것이다'는 '영이(盈耳)'를 가리킨다.

○ 釋畢.

경문의 풀이가 끝났다.

○ 新安陳氏曰: "『論語』言'魯樂'者四章, '大師樂'在先; '自衛反魯'次之; '摯適齊'又次之; 此章其最後歟."[324)]

신안 진씨(新安陳氏: 陳櫟)가 말하였다. "『논어(論語)』에서 '노나라 음악'을 말한 것이 네 개의 장이니, '태사악(大師樂)'[325)]이 맨 앞에 있고, '위나라로부터 노나라

323) 『논어(論語)』「자한(子罕)」에 보인다: 『논어(論語)』「자한(子罕)」에서 "공자가 말하였다. '내가 위나라로부터 노나라에 돌아온 뒤에 풍류가 바르게 되어 아와 송이 각각 제자리를 얻었다.(子曰: '吾自衛反魯然後, 樂正, 雅頌各得其所.')"라고 하였다. 이는 노(魯)나라 애공(哀公) 11년 겨울의 일이다.

324) 호광 편(胡廣 編), 『논어집주대전(論語集註大全)』에는 "新安陳氏曰: 據『國語』, 則當以「關雎」之末章爲亂, 以夫子之聖而正樂; 以師摯之賢而任樂. 故一時音樂, 美盛如此. 自師摯適齊繼者, 皆不能及, 所以追思而歎美之. 『論語』言'魯樂'者四章, 語'魯大師樂'在先; '自衛反魯'次之; '摯適齊'又次之; 此章其最後歟."로 되어 있다.

로 돌아감'[326]이 그 다음이고, '사지(師摯)가 제나라로 감'[327]이 또 그다음이며, 이 장이 맨 뒤일 것이다."

325) 태사악(大師樂) : 『논어(論語)』「팔일(八佾)」에서 "공자가 노나라 태사에게 음악을 말하였다. '음악은 가히 알 수 있으니, 비로소 시작함에 화합한 듯하고, 놓음에 조화로운 듯하며, 밝은 듯하며, 끊기지 않은 듯하여 완성되는 것이다.'(子語魯大師樂曰 : '樂, 其可知也, 始作翕如也; 從之純如也; 皦如也; 繹如也, 以成.')"라고 하였다.

326) 위나라로부터 노나라로 돌아감 : 『논어(論語)』「자한(子罕)」에 보인다.

327) 사지(師摯)가 제나라로 감 : 『논어(論語)』「미자(微子)」에서 "태사 지가 제나라로 갔다.(大師摯適齊.)"라고 하였다.

[8-16-1]

子曰 : "狂而不直; 侗而不愿; 悾悾而不信, 吾不知之矣."
공자가 말하였다. "조급하고 경솔한데 정직(正直)하지 아니하며, 아는 것이 없는데도 근후(謹厚)하지 아니하며, 능력이 없는데도 신실(信實)하지 않은 사람을 나는 알지 못한다."

朱註

侗, 音通; 悾, 音空. 侗, 無知貌; 愿, 謹厚也.
'통이불원(侗而不愿)'에서 '통(侗)'자는 음이 통(通)이다. '공공이불신(悾悾而不信)'에서 '공(悾)'자는 음이 공(空)이다. '통(侗)'은 무지(無知)한 모양이고, '원(愿)'은 근신(謹愼)하며 도타운 것이다.

詳說

○ 音願.[328]
'원(愿)'자는 음이 원(願)이다.

○ 學者之愿, 有可取, 與'鄕人之愿', 不同.
배우는 사람의 근후(謹厚)함은 취할 만한 것이 있으니, 마을 사람의 근후함과는 같지 않다.[329]

○ 朱子曰 : "鄕人無見識, 其所謂愿, 未必眞愿."[330]
주자(朱子 : 朱熹)가 말하였다. "마을 사람은 견문과 학식이 없어서 이른바 근후(謹厚)함이 반드시 진실한 근후함이 아니다."

328) 『논어주소(論語注疏)』 권8, 「태백제8」 육덕명의 음의(音義)에서 "狂, 求匡反; 侗, 音通, 又勑動反, 『玉篇』音同. 愿, 音願, 孔云謹也; 鄭云善也. 悾, 音空; 慤, 苦角反."이라 하였다.

329) 배우는 사람의 근후(謹厚)함은 취할 만한 것이 있으니, 마을 사람의 근후함과는 같지 않다 : 『논어(論語)』「양화(陽貨)」에서 "공자가 말하였다. '마을의 근후함은 덕의 도적이다.'(子曰 : '鄕原, 德之賊也.')"라고 한 구절에 대한 주석에서 "鄕原, 鄕人之愿者也, 蓋其同流合汚, 以媚於世."라고 한 것에 근거하여 서로 다른 것임을 밝혔다.

330) 『주자어류(朱子語類)』 권47, 「논어29(論語二十九)」, 37조목. "或問 : '鄕原引荀子愿慤之說, 何也?' 曰 : '鄕原無甚見識. 其所謂愿, 亦未必眞愿, 乃卑陋而隨俗之人耳."

朱註

'悾悾', 無能貌.

'공공(悾悾)'은 능력이 없는 모양이다.

詳說

○ 朱子曰 : "'狂', 是好高大; '侗', 是愚模樣; '悾悾', 是拙模樣."331)

주자(朱子 : 朱熹)가 말하였다. "'광(狂)'은 높고 큼을 좋아함이고, '통(侗)'은 어리석은 모양이고, '공공(悾悾)'은 서투른 모양이다."

朱註

'吾不知之'者, 甚絶之之辭,

'나는 알지 못한다'는 것은 심히 그를 거절하는 말이니,

詳說

○ 胡氏曰 : "聖人, 亦末如之何."332)

호씨(胡氏)가 말하였다. "성인도 또한 어찌하지 못하는 것이다."

---

331) 호광 편(胡廣 編), 『논어집주대전(論語集註大全)』「태백(泰伯)」에는 "朱子曰 : '狂是好高大, 便要做聖賢宜直. 侗是愚模樣, 不解一事底人宜謹愿. 悾悾是拙模樣, 無能爲底人宜信, 今皆不然, 夫子所以絶之."라고 하였다. 『주자어류(朱子語類)』 권35, 「논어17(論語十七)」, 170조목에는 "狂, 是好高大, 便要做聖賢, 宜直; 侗, 是愚模樣, 不解一事底人, 宜謹愿; 悾悾, 是拙模樣, 無能爲底人, 宜信. 有是德, 則有是病; 有是病, 必有是德. 有是病而無是德, 則天下之棄才也!(광(狂)은 높고 큼을 좋아하여 성현이 되고자 하는 것이니 마땅히 강직해야 한다. 통(侗)은 어리석은 모양으로, 어떤 일을 이해하지 못하는 사람이니 마땅히 삼가야 된다. 공공(悾悾)은 서투른 모양으로 잘하는 것이 없는 사람이니 마땅히 미더워야 한다. 이런 덕이 있으면 이런 병폐가 있고, 이런 병폐가 있으면 이런 덕이 있다. 이런 병폐가 있으면서 이런 덕이 없다면 천하 사람들이 재주를 버린다.)"라고 되어 있다.

332) 주희, 『논어정의(論語精義)』 권4하, 「태백제8」. "謝曰 : '狂者, 旣進取, 復不循理; 侗者, 旣未有知, 復不謹愿; 悾悾, 旣無實, 復不信道, 聖人, 亦末如之何也.'(사씨가 말하였다. '조급하고 경솔한 사람은 이미 진취하여 다시 도리를 좇지 아니하며, 무지한 사람은 이미 아는 것이 없는데도 다시 삼가지 아니하며, 무능한 사람은 이미 실속이 없는데 다시 도를 믿지 아니하니, 성인도 또한 어찌하지 못하는 것이다.')" 『논어집주상설(論語集註詳說)』에는 '謝氏'가 아니라 '胡氏'로 되어 있다. '謝氏'는 사양좌(謝良佐)로 추정된다.

○ 正意.

근본적인 뜻이다.333)

朱註

亦不屑之教誨也.

또한 가볍게 여길 수 없는 가르침이다.

詳說

○ 見『孟子』「告子」.

『맹자(孟子)』「고자(告子)」에 보인다.334)

○ 餘意.

나머지의 뜻이다.

○ 新安陳氏曰: "'狂'·'侗'·'悾悾', 氣稟之偏蔽, 不直·不愿·不信, 氣習之不美."

신안 진씨(新安陳氏: 陳櫟)가 말하였다. "'광(狂)'과 '통(侗)'과 '공공(悾悾)'은 기품이 치우치고 가려진 것이니, 정직하지 못함과 삼가지 못함과 미덥지 못함은 기질과 습성이 아름답지 못한 것이다."

○ 訓兼釋.

훈고에 경문의 풀이를 겸하였다.

朱註

○ 蘇氏曰: "天之生物, 氣質不齊, 其中材以下, 有是德, 則有是病; 有是病, 必有是德. 故馬之蹄齧者, 必善走; 其不善者, 必馴,

소씨(蘇氏: 蘇軾)가 말하였다. "하늘이 만물을 냄에 기질이 가지런하지 않으니, 그 중간 재주 이하가 이 덕를 가지면 이 병폐가 있으며, 이 병폐가 있으면 반드

---

333) 근본적인 뜻이다: '정의(正意)'는 원의(原意) 또는 본의(本意)를 가리키는 말로, 주자의 「답황직경서(答黃直卿書)」의 "학문을 하는 것은 바로 먼저 근본을 세움이 중요하고, 문장의 내용은 도리어 함께 본래의 뜻을 낼 수 있어야 한다.(爲學, 直是先要立本; 文義, 卻可且與說出正意.)"에서 사용된 것에 근거한다.

334) 『맹자(孟子)』「고자(告子)」에 보인다: 『맹자(孟子)』「고자하(告子下)」에서 "孟子曰: '教亦多術矣, 予不屑之教誨也者, 是亦教誨之而已矣.'"라고 하였고, 『맹자집주(孟子集註)』에서는 '屑'을 '潔'로 풀이하였다.

시 이 덕이 있다. 그러므로 말이 발길질하고 주둥이질하는 것은 반드시 잘 달리며, 잘 달리지 못하는 것은 반드시 순하니

詳說

○ 倪結反.[335]

'고마지제설자(故馬之蹄齧者)'에서 '설(齧)'은 '예(倪)'와 '결(結)'의 반절(反切)이다.

○ 新安陳氏曰: "有是病, 必有是德之譬也."[336]

신안 진씨(新安陳氏)가 말하였다. "이러한 병폐가 있으면 반드시 이러한 덕의 비유가 있는 것이다."

○ 新安陳氏曰: "不善走者, 必馴, 熟此有是德, 則有是病之譬也."[337]

신안 진씨(新安陳氏)가 말하였다. "잘 달리지 못하는 것은 반드시 순하니, 이 덕이 있음에 익숙하면 이 병폐의 비유가 있는 것이다."

朱註

有是病, 而無是德, 則天下之棄才也.

이 병폐가 있으면서 이 덕이 없으면 천하가 버리는 재주인 것이다.

詳說

○ 指'狂'·'侗'·'悾悾'.

'시병(是病: 이 병폐가)'은 '광(狂)'과 '통(侗)'과 '공공(悾悾)'을 가리킨다.

○ 指直·愿·信.

'시덕(是德: 이 덕이)'은 직(直)과 원(愿)과 신(信)을 가리킨다.

○ '材'·'才'二字, 皆主人而言.

'재(材)'와 '재(才)'의 두 글자는 모두 사람을 중심으로 하여 말한 것이다.

○ 潛室陳氏曰: "狂者, 無遮蔽也好, 至於利處, 但知有己, 是不直; 侗者, 不妄動也好, 今妄動, 是不愿; 悾悾者, 朴厚也好, 今用許多詭詐, 是不信."[338]

---

335) 호광 편(胡廣 編), 『논어집주대전(論語集註大全)』「태백(泰伯)」.

336) 호광 편(胡廣 編), 『논어집주대전(論語集註大全)』「태백(泰伯)」에는 "新安陳氏曰: '此, 有是病, 必有是德之譬也."로 되어 있다.

337) 호광 편(胡廣 編), 『논어집주대전(論語集註大全)』「태백(泰伯)」.

338) 호광 편(胡廣 編), 『논어집주대전(論語集註大全)』「태백(泰伯)」에는 "潛室陳氏曰: '狂者, 只是

잠실 진씨(潛室陳氏 : 陳埴)가 말하였다. “조급하고 경솔한 사람은 가리고 덮음이 없는 것이 좋지만 이익 되는 곳에 이르면 다만 자기가 있음만 알아서 정직하지 못하며, 무지한 사람은 망령되이 행동하지 않는 것이 좋지만 이제 망령되이 행동하여 삼가지 않으며, 무능한 사람은 소박하고 두터운 것이 좋지만 이제 수많은 거짓과 속임을 써서 미덥지 못하다.”

說大話 · 立大論底人, 這是狂人, 凡心下有事, 都說出在外, 亦無遮蔽, 但直行將去也好, 今有狂人者, 都恁地說大話 · 立大論, 至於利害處, 但知有己, 反以義責人, 却不直. 侗者, 凡事只是恁地謹愿, 不敢妄動也好, 而今侗者, 却不愿要妄動. 悾悾者, 無能爲底人, 都一向恁地朴厚也好, 而今無能爲底人也, 都會用許多詭詐. 狂 · 侗 · 悾悾, 這是得之於氣, 如此至於不直 · 不愿 · 不信, 都却習得如此, 有是病而無是德也, 是天下之棄人.'”이라 하였다. 진식(陳埴), 『목종집(木鍾集)』「논어 · 광이부직(狂而不直)1장」에는 “狂者, 只是說大話 · 立大論底人, 這狂人, 凡心下有事, 都說出在外, 亦無遮蔽, 但直行將去也好. 今有狂人者, 都恁底說大話 · 立大論, 至於到利處, 但知有己, 反以義責人, 却不直. 侗者, 凡事只是恁底謹愿, 不敢妄動也好, 而今侗者, 却不愿要妄動. 悾悾者, 無能爲底人, 都一向恁底朴厚也好, 而今無能爲人也, 都會用許多詭詐. 狂 · 侗 · 悾悾, 這是得之於氣, 如此至於不直 · 不愿 · 不信, 都却習得如此, 有是病而無是德也, 是天下之棄人.”로 되어 있다.

[8-17-1]

子曰 : "學如不及, 猶恐失之."

공자가 말하였다. "학문은 미치지 못하는 것처럼 하고, 오히려 잃어버릴까 두려워해야 한다."

朱註

言人之爲學, 旣如有所不及矣, 而其心猶竦然, 惟恐其或失之,

사람이 학문을 함이 이미 미치지 못할 것이 있는 것 같이 하여 그 마음이 오히려 삼가면서 오직 혹시 잃어버릴까 두려워해야 함을 말한 것이니,

詳說

○ 荀勇反.[339]

'이기심유송연(而其心猶竦然)'에서 '송(竦)'은 '순(荀)'과 '용(勇)'의 반절(反切)이다.

○ 朱子曰 : "如捉賊."[340]

주자(朱子 : 朱熹)가 말하였다. "도둑을 잡는 것처럼 하는 것이다."

○ 添'旣'·'而'二字, 以見其爲二事.

'기여유소불급의(旣如有所不及矣)'에서 '기(旣)'자와 '이기심유송연(而其心猶竦然)'에서 '이(而)'자를 보태서 두 가지 일이 됨을 보인 것이다.

---

339) 호광 편(胡廣 編), 『논어집주대전(論語集註大全)』「태백(泰伯)」.

340) 호광 편(胡廣 編), 『논어집주대전(論語集註大全)』「태백(泰伯)」에는 "朱子曰 : '學如不及, 猶恐失之, 如今學者, 却恁地慢了, 譬如捉賊相似, 須是著氣力精神, 千方百計, 去趕捉他, 如此猶恐不獲.'"라고 하였다. 『주자어류(朱子語類)』 권35, 「논어17(論語十七)」, 173조목에는 "'學如不及, 猶恐失之.' 如今學者卻恁地慢了. 譬如捉賊相似, 須是著起氣力精神, 千方百計去趕捉他, 如此猶恐不獲. 今卻只在此安坐熟視他, 不管他, 如何奈得他何! 只忺時起來行得三兩步, 懶時又坐, 恁地如何做得事成!('학문은 미치지 못하는 것처럼 하고, 오히려 잃어버릴까 두려워해야 한다.'라고 하였는데, 지금의 배우는 사람들은 도리어 이같이 게으르다. 예를 들면 도둑을 잡는 것과 비슷하니 모름지기 기력과 정신을 붙이고 온갖 방법을 사용하여 그를 잡아야 하니, 이와 같이 하면서도 오히려 잡지 못할까 두려워한다. 지금은 도리어 여기에 안주하면서 그를 익숙히 보기만 하고 그것에 관여하지 않으니 어떻게 그를 잡을 수 있겠는가? 단지 원할 때 일어나 두세 걸음 걷고, 피곤할 때 또 앉아 쉬니, 이렇게 하고 어떻게 일을 이룰 수 있겠는가!)"라고 되어 있다.

○ 有釋無訓.

경문의 풀이는 있으나 훈고는 없다.

朱註

警'學'者, 當如是也.

'학문'이라는 것이 마땅히 이와 같아야 함을 경계한 것이다.

詳說

○ 言外之正意.

말 밖에 드러난 진정한 뜻이다.

朱註

○ 程子曰 : "'學如不及, 猶恐失之', 不得放過, 纔[341]說姑待明日, 便不可也."

정자(程子 : 程頤)가 말하였다. "'학문은 미치지 못하는 것처럼 하고, 오히려 잃어버릴까 두려워해야 한다.'라고 하였으니, 놔두거나 그만두어서는 안 되며, 만약 무턱대고 내일을 기다려서 하겠다고 말한다면 그야말로 안 되는 것이다."

詳說

○ 叔子.

'정자왈(程子曰)'에서 '정자(程子)'는 동생 정이(程頤)이다.

○ 謂此二句, 卽不得放過之意也.

'학여불급, 유공실지(學如不及, 猶恐失之 : 학문은 미치지 못하는 것처럼 하고, 오히려 잃어버릴까 두려워해야 한다)'라는 이 두 구절은 곧 포기(抛棄)해서는 안 된다는 뜻이다.

○ 放過今日.

'무턱대고 내일을 기다려서 하겠다.'라는 것은 오늘의 학문을 포기하는 일이다.

---

341) 纔 : 호광 편(胡廣 編), 『논어집주대전(論語集註大全)』「태백(泰伯)」에는 모두 '才'로 되어 있다.

[8-18-1]

子曰："巍巍乎! 舜禹之有天下也而不與焉."
공자가 말하였다. "우뚝우뚝하도다! 순 임금과 우 임금이 천하를 가지고도 간여(干與)하지 않음이여!"

朱註

'與', 去聲.[342] '巍巍', 高大之貌. '不與', 猶言不相關, 言其不以位爲樂也.
'이불여언(而不與焉)'에서 '여(與)'자는 거성(去聲 : 干預함)이다. '위위(巍巍)'는 높고 큰 모양이고, '불여(不與)'는 서로 관여하지 않는다는 말과 같으니, 지위로써 즐거움을 삼지 않았음을 말한 것이다.

詳說

○ 諺音誤.
'위(巍)'는 『언해』의 음이 잘못되었다.[343]

○ 音洛.
'락(樂)'은 음이 락(洛)이다.

○ 朱子曰："一似不曾有天下."[344]

---

342) 호광 편(胡廣 編), 『논어집주대전(論語集註大全)』「태백(泰伯)」. 『논어주소(論語注疏)』 음의(音義)에는 "與, 音預."라고 하였다.

343) 『논어주소(論語注疏)』 음의(音義)에는 "巍, 魚威反."이라 하였고, 『광운(廣韻)』에는 "語韋切." 이라 하였는데, 『언해』에서 '외[巍외巍외乎호]'라고 한 것을 지적한 것이다.

344) 호광 편(胡廣 編), 『논어집주대전(論語集註大全)』「태백(泰伯)」에는 "朱子曰 : '巍巍, 是至高底意思, 大凡人有得些小物事, 便覺累其心, 今富有天下, 一似不曾有, 相似, 豈不是高?'"로 되어 있다. 『주자어류(朱子語類)』 권35, 「논어17(論語十七)」, 175조목에는 "본문의 설명을 따르면 다만 숭고(崇高)하여 부귀가 그 마음에 들어오지 못하는 것이니 비록 천하를 소유하더라도 관여하지 않을 뿐이다. 우뚝함[巍巍]은 지극히 높다는 의미이다. 사람에게 사소한 물건이 있더라도, 문득 그 마음에 누가 됨을 깨닫는다. 지금 부유함이 천하를 소유하고도 한결같이 일찍이 서로 비슷함이 있지 않았는데, 어찌 높지 않겠는냐?(據本文說, 只是崇高富貴不入其心, 雖有天下而不與耳. 巍巍, 是至高底意思. 大凡人有得些小物事, 便覺累其心. 今富有天下, 一似不曾有相似, 豈不是高!)"라고 하였다. 그리고 176조목에는 "관여하지 않는 것은 상관하지 않는다는 뜻이다. 천하는 있는 그대로의 천하이고 내 일은 있는 그대로의 내 일이니, 저 천하에게 마음이 옮겨지지 않는 것임을 말한다.(不與, 只是不相干之義. 言天下自是天下, 我事自是我事,

주자(朱子 : 朱熹)가 말하였다. "일찍이 천하를 소유하지 않은 것이 매우 닮았다."

◯ 新安陳氏曰 : "於不與上, 見其巍."345)

신안 진씨(新安陳氏)가 말하였다. "간여하지 않음에 그 우뚝함을 보인 것이다."

◯ 訓兼釋.

훈고에 경문의 풀이를 겸하였다.

不被那天下來移著.)"라고 하였다. 또한 177조목에는 "맹자가 우(禹)와 탕(湯)을 평론한 단락의 경우, 무왕은 중도를 지키지 못하고, 탕 임금은 도리어 가까운 자라고 함부로 하며 먼 자라고 잊은 것은 아니다! 이 장의 뜻은 뒷장인 '우(禹)는 내가 비난할 틈이 없도다'라는 뜻과 같다. 각자 자신에게 있어 절실한 일을 들어 말한 것이다.(孟子論禹湯一段, 不成武王不執中, 湯卻泄邇 · 忘遠! 此章之旨, 與後章'禹無間然'之意同. 是各擧他身上一件切底事言之.)"라고 하였다.

345) 호광 편(胡廣 編), 『논어집주대전(論語集註大全)』「태백(泰伯)」에는 "新安陳氏曰 : '舜禹, 不以天下動其心, 於不與上, 見其巍巍.'"로 되어 있다.

[8-19-1]

子曰：“大哉! 堯之爲君也! 巍巍乎唯天爲大, 唯堯則之, 蕩蕩乎民無能名焉.
공자가 말하였다. “위대하도다! 요(堯) 임금의 인군(人君) 됨이여! 우뚝우뚝하여 오직 하늘이 위대하거늘 오직 요 임금이 고르게 되었으니, 널찍널찍하여 백성들이 능히 명명(命名)할 수가 없었도다.

朱註

唯, 猶獨也; 則, 猶準也; 蕩蕩, 廣遠之稱也,
‘유요칙지(唯堯則之)’에서의 ‘유(唯)’자는 독(獨 : 오직)과 같고, ‘칙(則)’자는 준(準 : 평등함)과 같고, ‘탕탕(蕩蕩)’은 넓고 원대함을 일컬으니,

詳說

○ 訓畢.
훈고가 끝났다.

朱註

言物之高大, 莫有過於天者, 而獨堯之德, 能與之準. 故其德之廣遠, 亦如天之不可以言語形容也.
만물의 높고 큰 것은 하늘보다 지나친 것이 있지 아니한데, 오직 요 임금의 덕이 능히 하늘과 더불어 평등할 수 있었음을 말하다.

詳說

○ 朱子[346]曰：“與之平等也, 若言法天, 特贒君之事耳.”[347]

---

346) 호광 편(胡廣 編), 『논어집주대전(論語集註大全)』「태백(泰伯)」에는 ‘雙峯饒氏’로 되어 있다.
347) 호광 편(胡廣 編), 『논어집주대전(論語集註大全)』「태백(泰伯)」의 내용에서 발췌한 것인데, 주자의 글이 아니라 요로(饒魯)의 글이다. 그 내용은 다음과 같다. “雙峯饒氏曰: ‘天之巍巍, 以形體言, 堯則之, 以德言. 則乃準則, 非法則也, 準如『易』與天地準, 言與天地平等也. 天如此大, 堯德亦如此大, 與之平等, 若言法天, 特賢君之事耳.’(쌍봉 요씨(雙峰饒氏 : 饒魯)가 말하였다. ‘하늘의 우뚝우뚝함은 형체로써 말한 것이고, 요 임금이 평준했다는 것은 덕으로써 말한 것이다. 칙은 이에 준칙이고 법칙이 아니다. 준은 『주역(周易)』의 천지와 더불어 평준함과 같으니, 천지와 더불어 평등함을 말한 것이다. 하늘이 이와 같이 크고, 요 임금의 덕이 또한 이와 같이

주자(朱子 : 朱熹)가 말하였다. "하늘과 더불어 평등한 것이니 하늘을 법 삼는다는 말과 같으며, 다만 현명한 임금의 일일 뿐이다." 그러므로 그 덕의 넓고 원대함이 또한 하늘을 언어로써 형용할 수 없음과 같은 것이다.

○ 添'亦如天之'四字, 以收還於上文'天'字.

'역여천지(亦如天之)' 네 글자를 보태면서 윗글의 '천(天)'자를 거두어들인 것이다.[348]

○ 襯'名'字.

'언어형용(言語形容)'은 '명(名 : 命名함)'자에 가까운 것이다.

○ 釋畢.

경문의 풀이가 끝났다.

[8-19-2]

巍巍乎其有成功也! 煥乎其有文章!"

우뚝우뚝하게 그 성공이 있음이여! 번쩍번쩍하게 그 문장이 있음이여!"

朱註

'成功', 事業也. '煥', 光明之貌. '文章', 禮樂法度也.

'성공(成功)'은 사업이다. '환(煥)'은 빛나고 밝은 모양이다. '문장(文章)'은 예법과 법도이다.

크니, 하늘과 더불어 평등함은 하늘을 법 삼는다는 말과 같으며, 다만 현명한 임금의 일일 뿐이다.')" 호광 편(胡廣 編), 『논어집주대전(論語集註大全)』「태백(泰伯)」 앞뒤로 붙어 있는 주자의 글은 다음과 같다. "朱子曰 : '惟天爲大, 唯堯則之, 只是尊堯之詞, 不必謂堯. 獨能如此, 而他聖人不與也.'(주자(朱子 : 朱熹)가 말하였다. '오직 하늘이 큼이 되고 오직 요 임금이 법 삼았다고 하니, 다만 이는 요 임금을 높인 말이지만, 반드시 요 임금만을 말한 것은 아니다. 홀로 능히 이와 같아서 다른 성인이 관여하지 못한 것이다.')"

348) '역여천지(亦如天之)' 네 글자를 보태면서 윗글의 '천(天)'자를 거두어들인 것이다 : 윗글의 "物之高大, 莫有過於天者."를 말한다.

詳說

○ 新安陳氏曰: "上文'巍巍', 言天之高; 此'巍巍', 言堯功業之高."349)

신안 진씨(新安陳氏: 陳櫟)가 말하였다. "윗글의 '위위(巍巍)'는 하늘의 높음을 말한 것이고, 여기의 '위위(巍巍)'는 요 임금의 공업(功業)이 높음을 말하였다."

○ 舜禹, 以'不與'而高; 堯, 以'成功'而高.

순 임금과 우 임금은 간여하지 않음으로써350) 높은 것이고, 요 임금은 성공함으로써 높은 것이다.

○ 訓畢.

훈고가 끝났다.

朱註

堯之德, 不可名, 其可見者, 此爾.

요 임금의 덕은 명명할 수 없으며, 볼 수 있는 것은 이것뿐이다.

詳說

○ 承上節.

'요임금의 덕은 명명할 수 없다[堯之德, 不可名]'는 위의 구절을 이은 것이다.

○ 新安陳氏曰: "指'成功'·'文章', 皆其德之不可名者之所發見呈露也."351)

신안 진씨(新安陳氏)가 말하였다. "성공과 문장을 가리켰는데, 모두 그 덕의 명명할 수 없는 것을 드러내고 드러내었다."

○ 省文釋之.

문장을 생략하면서 경문의 풀이를 하였다.

---

349) 호광 편(胡廣 編), 『논어집주대전(論語集註大全)』「태백(泰伯)」.

350) 순 임금과 우 임금은 간여하지 않음으로써: 바로 앞장에서 "공자가 말하였다. '우뚝우뚝하도다! 순 임금과 우 임금이 천하를 가지고도 간여(干與)하지 않음이여!'(子曰: '巍巍乎! 舜禹之有天下也而不與焉.')"라고 한 말을 가리킨다.

351) 호광 편(胡廣 編), 『논어집주대전(論語集註大全)』「태백(泰伯)」에는 "新安陳氏曰: '此字, 指成功與文章而言, 堯德之與天同高大者, 不可得而名. 其功業文章, 猶可得而見; 功業文章之不可者, 皆其德之不可名者之所發見呈露也.'"로 되어 있다.

朱註

○ 尹氏曰:"天道之大, 無爲而成, 唯堯則之, 以治天下. 故民無得而名焉, 所可名者, 其功業·文章, 巍然煥然而已.

윤씨가 말하였다. "하늘의 도가 함이 없이 이루니, 오직 요 임금이 본받아서 천하를 다스렸다. 그러므로 백성들이 그 덕을 명명함이 없고, 그 공업(功業)과 문장(文章)이 우뚝하고 빛날 따름이다.[352]

詳說

○ 新安陳氏曰:"此似以爲法則之則, 朱子想以末二句取之."[353]

신안 진씨(新安陳氏)가 말하였다. "이는 마치 법칙의 칙(則)으로 여긴 것 같은데, 주자(朱子)는 끝의 두 구절[354] 때문에 그것을 취하였다고 생각하였다."

○ 雲峰胡氏曰:"天之德, 難名, 所可見者, 其四時生成之功, 日月星辰之文耳."[355]

운봉 호씨(雲峰胡氏 : 胡炳文)가 말하였다. "하늘의 덕은 명명하기 어려우니, 볼 수 있는 것은 네 계절에 생성하는 공효와 일월성신(日月星辰)의 문채일 뿐이다."

352) 공업(功業)과 문장(文章)이 우뚝하고 빛날 따름이다 : 『주자어류(朱子語類)』 권35, 「논어17(論語十七)」, 180조목에서는 "'오직 요임금이 그것을 본받았다'라는 장에 대하여 다음과 같이 말하였다. '비록 넓고 넓어 말로 형용할 수 없으나 또한 높고 큰 성공이 있음은 볼 수 있고, 또 빛나는 문장이 있음도 볼 수 있다.'('惟堯則之'一章. 曰: '雖蕩蕩無能名, 也亦有巍巍之成功可見, 又有煥乎之文章可睹.')"

353) 호광 편(胡廣 編), 『논어집주대전(論語集註大全)』「태백(泰伯)」.

354) 끝의 두 구절 : "巍巍乎其有成功也! 煥乎其有文章!"을 말한다.

355) 호광 편(胡廣 編), 『논어집주대전(論語集註大全)』「태백(泰伯)」에는 "雲峯胡氏曰 : '天之德, 難名也, 所可見者, 其四時生成之功; 日月星辰之文耳. 聖人與天地, 一也.'"로 되어 있다.

[8-20-1]

舜有臣五人, 而天下治.
순 임금이 신하 다섯 사람을 두어서 천하가 다스려졌다.

朱註

'治', 去聲.356) '五人', 禹·稷·契·皐陶·伯益.

'이천하치(而天下治)'에서 '치(治)'자는 거성(去聲 : 다스려짐)이다. '다섯 사람'은 우(禹)·직(稷)·설(契)·고요(皐陶)·백익(伯益)이다.

詳說

○ 音薛.357)
'설(契)'은 음이 설(薛)이다.

○ 音遙.358)
'요(陶)'는 음이 요(遙)이다.

○ 新安陳氏曰 : "虞廷之臣, 五人其尤也."359)
신안 진씨(新安陳氏)가 말하였다. "우나라 조정의 신하 가운데 다섯 사람이 뛰어났다."

○ 有訓無釋.
훈고는 있으나 경문의 풀이는 없다.

---

356) 『논어주소(論語注疏)』 권8, 음의(音義)에는 "治, 直吏反."이라고 하였다.

357) 『논어주소(論語注疏)』 권8, 음의(音義)에는 "契, 息列反."이라 하였고, 『논어집주대전』에는 "契, 私列反."이라 하였다.

358) 호광 편(胡廣 編), 『논어집주대전(論語集註大全)』「태백(泰伯)」. 『논어주소(論語注疏)』 권8, 음의(音義)에도 "陶, 音遙."라고 하였다.

359) 호광 편(胡廣 編), 『논어집주대전(論語集註大全)』「태백(泰伯)」.

[8-20-2]

武王曰 : "予有亂臣十人."
무왕이 말하였다. "나는 잘 다스리는 신하 열 사람을 두었다."

朱註

『書』「泰誓」之辭. 馬氏曰 : "亂, 治也.

『서경(書經)』「태서(泰誓)」에 나오는 말이다.[360] 마씨(馬氏 : 馬融)가 말하였다. "'난(亂)'은 다스림이다.

詳說

○ 先著其文所出.

'『서』「태서」지사(『書』「泰誓」之辭 : 『서경(書經)』「태서」에 나오는 말이다)'로 볼 때, 먼저 그 문장이 나온 곳을 드러냈다.

○ 荀子曰 : "治亂, 謂之亂, 猶治汙, 謂之汙."[361]

'난, 치야(亂, 治也 : 난은 다스림이다)'에 대해, 순자(荀子 : 荀況)[362]가 말하였다. "어지러움을 다스리는 것을 난(亂)이라고 하니, 더러움을 치우는 것을 오(汙 : 더러움)라고 이르는 것과 같다."

---

360) 『서경(書經)』「태서(泰誓)」에 나오는 말이다 : 『서경(書經)』「태서중(泰誓中)」에서 "수는 억조의 평범한 사람을 두었으나 마음이 떠나고 덕이 떠났으며, 나는 잘 다스리는 신하 열 사람이 있으나 마음이 같고 덕이 같다. 비록 지극하게 친한 사람이 있다 하더라도 어진 사람만 같지 못한 것이다.(受有億兆夷人, 離心離德; 予有亂臣十人, 同心同德. 雖有周親, 不如仁人.)"라고 하였다.

361) 호광 편(胡廣 編), 『논어집주대전(論語集註大全)』「태백(泰伯)」에는 "慶源輔氏曰 : 荀子云 : 治亂謂之亂, 猶治汚謂之汚也, 則亂之訓治, 久矣."로 되어 있다. 조순손(趙順孫), 『논어찬소(論語纂疏)』 권4, 「태백제8」과 원(元) 호병문(胡炳文), 『논어통(論語通) 권4, 「태백제8」에는 "輔氏曰 : 荀卿子曰 : 治亂謂之亂, 猶治汚謂之汚也, 則亂之訓治, 其來久矣."라고 하였고, 또 위식(衛湜)의 『예기집설(禮記集說)』 권45에서 "嚴陵方氏曰 '…… 除釁, 謂之釁, 猶治汙, 謂之汙; 治亂, 謂之亂也.'"라고 하였다.

362) 순자(荀子 : B,C,313~238)는 전국시대 학자로서, 이름이 황(況)이고, 자가 경(卿)이며, 월나라 사람이다. 인성 문제에서 맹자와 달리 성악설(性惡說)을 주장하였다.

朱註

十人, 謂周公旦 · 召公奭 · 太公望 · 畢公 · 榮公 · 太顚 · 閎夭 · 散宜生 · 南宮适; 其一人, 謂文母."

열 사람은 주공 단(周公旦)과 소공 석(召公奭)과 태공 망(太公望)과 필공(畢公)과 영공(榮公)과 태전(太顚)과 굉요(閎夭)와 산의생(散宜生)과 남궁괄(南宮适)을 이르고, 그 한 사람은 문덕(文德)이 있는 어머니 태사(大姒)를 이른다."

詳說

○ 音邵.[363]

'소공석(召公奭)'에서 '소(召)'자는 음이 소(邵)이다.

○ 音適.[364]

'소공석(召公奭)'에서 '석(奭)'자는 음이 석(適)이다.

○ 平聲.[365]

'굉요(閎夭)'에서 '요(夭)'자는 평성(平聲 : 茂盛함)이다.

○ 素亶反.[366]

'산의생(散宜生)에서 '산(散)'은 '소(素)'와 '단(亶)'의 반절(反切)이다.

○ 新安陳氏曰 : "此, 馬融說. 文德之母, 文王妃太姒也, 「雝詩」曰 : '亦右文母'."[367]

신안 진씨(新安陳氏)가 말하였다. "이는 마융(馬融)의 말이다. 문덕(文德)이 있는 어머니는 문왕의 비(妃)인 태사이니, 『시경(詩經)』「옹(雝)」에서 '또한 문덕이 있는 어머니에게도 제물을 올린다.'[368]라고 하였다."

---

363) 『논어주소(論語注疏)』 음의(音義)에는 "召, 七照反."이라 하였고, 『논어집주대전』에는 "召, 實照反."이라 하였다.

364) 『논어주소(論語注疏)』 음의에는 "奭, 音釋."이라 하였고, 『논어집주대전』에는 "奭, 施隻反."이라고 하였다. 박문호(朴文鎬)가 '音適'이라 한 것은 『광운(廣韻)』에서 "適, 施隻切."이라 하였듯이 또한 그 음이 '석'임을 밝힌 것이다.

365) 『논어주소(論語注疏)』 음의에는 "夭, 於表反; 又於遙反."이라 하였고, 『논어집주대전』에는 "夭, 於沼反."이라 하였다.

366) 『논어주소(論語注疏)』 음의에는 "散, 息但反."이라 하였고, 『논어집주대전』에는 "散, 上聲."이라 하였다.

367) 호광 편(胡廣 編), 『논어집주대전(論語集註大全)』「태백(泰伯)」.

368) 또한 문덕이 있는 어머니에게도 제물을 올린다 : 『시경(詩經)』「주송(周頌) · 옹(雝)」에서 "旣右烈考, 亦右文母."라고 하였고, 모전(毛傳)에서는 "文母, 大姒也."라고 하고, 정현(鄭玄)의 전

朱註

劉侍讀, 以爲 : "子無臣母之義, 蓋邑姜也. 九人, 治外; 邑姜, 治內."
유시독(劉侍讀)이 말하였다. "자식으로서 어머니를 신하 삼는 도의는 없으니, 대개 읍강(邑姜)일 것이다. 아홉 사람은 도성 밖을 다스렸고, 읍강은 도성 안을 다스렸다."

詳說

◯ 名敞, 字原父, 臨江人. 『大全』, 時不著其名字, 豈認爲元城劉忠定公歟? 若爾則不隱一人, 而異其稱也.
이름이 창(敞)이고, 자가 원보(原父)이며, 임강(臨江) 사람이다. 『논어집주대전』에는 당시에 그의 이름자가 드러나지 않았는데, 어찌 원성(元城) 유충정공(劉忠定公)이 됨을 알았는가? 만약 그렇다면 한 사람을 숨기지 않고 그 호칭을 달리한 것이다.

◯ 『大全』曰 : "武王后, 太公女."369)
『논어집주대전』에서 말하였다. "(읍강은) 무왕의 후비이니, 제나라 태공 여상(呂尙)의 딸이다."

◯ 程子曰 : "邑姜也."370)
정자(程子 : 程頤)가 말하였다. "읍강이다."

◯ 南軒張氏曰 : "邑姜, 亦婦人之有聖德者."371)
남헌 장씨(南軒張氏 : 張栻)가 말하였다. "읍강은 또한 부인으로서 성스러운 덕을 지닌 사람이다."

◯ 劉說至此. 此下無論斷之語者, 蓋以子不臣母之義, 甚嚴, 不待論斷, 而讀者, 自可知馬說之非也.
유시독(劉侍讀)의 말이 여기까지이다. 이 아래에 논술하여 판단하는 말이 없는 것은 대개 자식으로서 어머니를 신하 삼는 도의가 매우 엄중하기 때문에 논의하여 판단하지 못한 것이니, 읽는 사람이 스스로 마융(馬融)의 말이 그름을 알 수 있을 것이다.

(箋)에는 "文德之母."라고 하였다.

369) 호광 편(胡廣 編), 『논어집주대전(論語集註大全)』「태백(泰伯)」.

370) 주희, 『논어정의(論語精義)』 권4하, 「태백제8」. "伊川解曰 : '舜有臣五人, 而武王有亂臣十人, 以唐虞之際, 方之周爲盛也. 然又有婦人焉, 惟九人耳. 才之難得, 如此, 婦人, 邑姜也.'"

371) 호광 편(胡廣 編), 『논어집주대전(論語集註大全)』「태백(泰伯)」.

朱註

或曰 : "'亂', 本作'乿', 古'治'字也."[372]

어떤 사람이 말하였다. "'난(亂)'은 본래 '치(乿)'로 쓰니, 옛날 '치(治)'자이다."

詳說

○ 見『字彙』.

'본작'치'(本作'乿')'에서 '치(乿)'자는 『자휘(字彙)』[373]에 보인다.

○ 或之意, 蓋謂字相似而誤也.

어떤 사람의 뜻이 대개 글자가 서로 비슷하여 오인(誤認)한 것이다.

○ 有訓無釋.

훈고는 있으나 경문의 풀이는 없다.

[8-20-3]

孔子曰 : "才難, 不其然乎? 唐虞之際, 於斯爲盛, 有婦人焉, 九人而已.

공자가 말하였다. "재주 있는 사람을 얻기가 어렵다는 것이 그렇지 아니한가? 당(唐)나라와 우(虞)나라 즈음에 이에 성대하였는데 부인이 들어 있었으니, 신하는 아홉 사람일 따름이다."

朱註

稱'孔子'者, 上係'武王', 君臣之際, 記者謹之.

'공자(孔子)'라고 일컬은 것이 위로 '무왕'과 이어져서, 임금과 신하 사이를 기록하는 사람이 삼간 것이다.

詳說

○ 句或連下句讀.

372) 송나라 때 만들어진 『집운(集韻)』에는 "治, 古作乿."라고 하였다.

373) 『자휘(字彙)』 : 명나라 매응조(梅膺祚)가 만든 자서(字書)로 모두 14권이며, 33,179자에 대한 정보가 실려 있다.

'위로 '무왕'과 이어져서'라는 구절은 간혹 아래 구절과 이어서 읽는다.[374]

○ 非對君言而稱孔子, 此又一例也. 註不擧舜者, 爲是異代之君也.
임금을 상대적으로 말하여 공자를 일컬은 것이 아니니, 이는 또 하나의 사례이다. 주석에서 순 임금을 거론하지 않은 것은 시대가 다른 임금이 되기 때문이다.

朱註

'才難', 蓋古語, 而孔子然之也.
'재주 있는 사람을 얻기가 어렵다'는 구절은 대개 옛말인데, 공자가 그렇다고 여긴 것이다.

詳說

○ 以'不其然乎'四字, 而可知也.
'불기연호(不其然乎 : 그렇지 아니한가?)'의 네 글자로써 옛말임을 알 수 있는 것이다.

○ 因訓而釋也.
훈고에 말미암아 경문을 풀이하였다.

朱註

才者, 德之用也. '唐虞', 堯·舜有天下之號. '際', 交會之間.
재주라는 것은 덕의 쓰임이다. '당우(唐虞)'는 요 임금과 순 임금이 천하를 가졌을 때의 이름이다. '제(際)'는 서로 만나는 사이이다.

詳說

○ 西山眞氏曰 : "聖賢言才, 不與德合言者, '才難', 是也; 有與德分言者, 有才'驕吝', 是也. 此'才難', 不曰德而曰才者, 德專以本體言, 才兼以著於用者言."[375]

---

374) 구절은 간혹 아래 구절과 이어서 읽는다 : '上係武王'의 구절을 간혹 아래에 나오는 '君臣之際'와 붙여서 읽는다고 본 것이다.

375) 호광 편(胡廣 編), 『논어집주대전(論語集註大全)』「태백(泰伯)」에는 "西山眞氏曰 : '聖賢言才, 有與德合言者, 才子才難, 是也. 有與德分言者, 有才而驕吝, 小有才而未聞大道, 是也. 才子, 以齊聖廣淵忠肅恭懿之德言, 與此才難, 卽德也. 然不曰德而曰才者, 德專以本體言, 才兼以著於用者言. 才子才難之才, 體用兼全者也. 若與德分言, 則所謂才者, 專指知能技藝耳. 才本於德, 雖才未備, 不害爲君子, 才不本於德, 雖其才可喜, 不免爲小人.'"으로 되어 있다.

서산 진씨(西山眞氏 : 眞德秀)가 말하였다. "성현이 재주를 말함에 덕과 함께 합쳐서 말하지 않은 것은 '재주 있는 사람을 얻기가 어렵다'고 한 말이 이것이고, 덕과 함께 나누어서 말한 것은 '재주에 교만함과 인색함이 있다'고 한 구절'[376]이 이것이다. 이 '재난(才難)'에 덕을 말하지 않고 재주를 말한 것은, 덕은 오로지 본체로써 말하고, 재주는 아울러서 쓰임을 드러내는 것으로써 말하기 때문이다.

○ 厚齋馮氏曰 : "堯, 以唐侯, 升爲天子. 舜居虞, 以爲氏, 堯封之虞, 爲諸侯, 後升帝位, 遂以爲號."[377]

후재 풍씨(厚齋馮氏 : 馮椅)[378]가 말하였다. "요 임금은 당나라 임금으로서 올라서 천자가 되었다. 순 임금은 우나라에 살아서 성씨가 되었고, 요 임금이 우나라에 봉하면서 제후로 삼았으며, 뒤에 임금의 지위에 올라서 마침내 이름이 되었다."

○ 唐末虞初.

당(唐)나라 말기와 우(虞)나라 초기이다.

○ 訓畢.

훈고가 끝났다.

朱註

言周室人才之多, 惟唐虞之際, 乃盛於此,

주나라 왕실에 인재가 많았는데, 오직 당(唐)나라와 우(虞)나라의 사이에는 이보다 성대하였고,

詳說

○ 添此一句而冠之, 以便於釋.

'주나라 왕실에 인재가 많았는데'라는 이 하나의 구절을 보태서 머리에 두니 경문

---

376) 재주에 교만함과 인색함이 있다고 한 구절 : 위의 11장에서 "공자가 말하였다. '만일에 주공이 재주의 아름다움을 두고도 그에게 교만하고 또 인색하게 한다면 그 남은 것은 족히 볼 것이 없을 따름이다.'(子曰 : '如有周公之才之美, 使驕且吝, 其餘, 不足觀也已.')"라고 한 것을 말한다.

377) 호광 편(胡廣 編), 『논어집주대전(論語集註大全)』「태백(泰伯)」에는 "厚齋馮氏曰 : '堯, 以唐侯, 升爲天子; 虞, 河東太行山西地, 舜居之, 以爲氏, 堯封之虞, 爲諸侯, 後升帝位, 遂以爲號.'"로 되어 있다.

378) 풍의(馮椅, 생몰년 미상) : 남송 시대 학자로, 자가 의지(儀之) 또는 기지(奇之)이고, 호가 후재(厚齋)이며, 남강도창(南康都昌) 사람이다. 『주역(周易)』·『시경(詩經)』·『서경(書經)』·『맹자(孟子)』·『태극도설』·『서명』의 집설(輯說)이 있고, 『공문제자전(孔門弟子傳)』 등이 있다.

의 풀이를 하는 데 편리해졌다.

○ 此, 指周室.

이는 주나라 왕실을 가리킨 것이다.

○ 新安陳氏曰 : "舜卽位初, 九官多, 堯舊臣可見, 唐虞交會間, 人才之盛."379)

신안 진씨(新安陳氏)가 말하였다. "순 임금이 즉위한 초기에 구관(九官)380)이 많아져서 요 임금의 오랜 신하들을 볼 수 있었고, 당나라와 우나라가 서로 만나는 사이에는 인재가 성대하였다."

○ 首節'五臣', 蓋通舜初晩而言, 若初年, 則有二十二臣.

머리 구절의 '다섯 신하'는 순 임금의 초년과 만년을 통틀어서 말한 것이고, 만약 초년 같으면 열두 신하가 있었다.

朱註

降自夏·商, 皆不能及, 然猶但有此數人爾,

그 뒤로 하(夏)나라와 상(商)나라로부터는 모두 (당나라와 우나라에) 미치지 못하였으나, 그러나 오히려 다만 이 몇 사람만 있었을 뿐이니,

詳說

○ 及於周.

하나라와 상나라의 인재를 얻음이 주나라에 미쳤다.

○ 新安陳氏曰 : "補此八字, 方解得去."381)

신안 진씨(新安陳氏)가 말하였다. "이 여덟 글자[然猶但有此數人爾]를 보충하여 바야흐로 뜻이 풀려가게 되었다."

○ '然猶但'三字, 反之甚力.

'연유단(然猶但 :그러나 오히려 다만)'의 세 글자는 문맥을 반전함에 매우 힘쓴 것이다.

---

379) 호광 편(胡廣 編), 『논어집주대전(論語集註大全)』「태백(泰伯)」.

380) 구관(九官) : 옛날 순 임금이 설치한 아홉 개의 대신(大臣)을 말한다. 『한서(漢書)』「유향전(劉向傳)」의 안사고(顏師古) 주석에 의하면 "『尙書』 : 禹作司空, 棄后稷, 契司徒, 咎繇作士, 垂共工, 益朕虞, 伯夷秩宗, 夔典樂, 龍納言, 凡九官也."라고 하였다.

381) 호광 편(胡廣 編), 『논어집주대전(論語集註大全)』「태백(泰伯)」에는 "新安陳氏曰 : '『集註』, 補此八字, 方解得去."라고 되어 있다.

○ 雖不別釋'有婦人'一句, 而其意已足矣. 變'九'言'數'者, 少而惜之之意也, 自二至九, 皆可謂之'數'云.

비록 따로 '유부인(有婦人)'이라는 한 어구를 풀이하지 않았으나 그 뜻이 이미 넉넉하다. '구(九 : 아홉)'를 바꿔서 '수(數 : 몇)'로 말한 것은 숫자가 적어서 안타깝게 여기는 뜻이니, 2로부터 9에 이르기까지 모두 '수(數)'라고 말할 수 있는 것이다.

朱註

是才之難得也.

이는 재주 있는 사람을 얻기가 어려움을 말한 것이다.

詳說

○ 添此一句, 以收還於'古語', 而相爲呼應.

이 한 구절을 보태서 옛말[古語][382]을 거두어들이고 서로 호응이 되게 한 것이다.

○ 釋畢.

경문의 풀이가 끝났다.

○ '才難', 此章之題目.

'재난(才難 : 재주 있는 사람을 얻기 어려움)'이 이 장의 제목이다.

[8-20-4]

三分天下, 有其二, 以服事殷, 周之德, 其可謂至德也已矣."

천하를 3분함에 주나라가 이미 그 2분을 두었으되 은나라에 복종하여 섬겼으니, 주나라의 덕이 지극한 덕이라고 이를 따름이다."

詳說

○ 厚齋馮氏曰 : "不曰'文王之德', 而曰'周之德', 以對殷而言也."[383]

후재 풍씨(厚齋馮氏 : 馮椅)가 말하였다. "'문왕의 덕'이라고 하지 않고 '주나라의

382) 옛말[古語] : 위의 집주에서 "'才難', 蓋古語."를 말한다.

383) 호광 편(胡廣 編), 『논어집주대전(論語集註大全)』「태백(泰伯)」.

덕'이라고 한 것은 은나라에 상대하여 말하였기 때문이다."

◯ 先汎言'周之德', 以歸其重於'至德'上.

먼저 평범하게 '주나라의 덕'을 말하여 그 중요함이 '지극한 덕'에 돌아가게 한 것이다.

朱註

『春秋傳』曰:"文王率商之畔國, 以事紂."

『춘추좌전(春秋左傳)』에서 말하였다. "문왕이 상나라에 배반한 나라들을 거느리고 주왕(紂王)384)을 섬겼다."

詳說

◯ 『左』「襄」四年.

『춘추좌전(春秋左傳)』「양공(襄公)」 4년이다.

◯ 『傳』說止此.

『춘추좌전(春秋左傳)』의 말이 여기서 그친다.385)

朱註

蓋天下歸文王者, 六州, 荊·梁·雍·豫·徐·揚也, 惟靑·兗·冀, 尙屬紂耳.

대개 천하에서 문왕(文王)에게 귀속한 것이 여섯 주이니, 형주(荊州)·양주(梁州)·옹주(雍州)·예주(豫州)·서주(徐州)·양주(揚州)이고, 오직 청주(靑州)·연주(兗州)·기주(冀州)만 아직도 주왕에게 속해 있었다.

詳說

◯ 去聲.

'옹(雍)'자는 거성(去聲:막음)이다.

---

384) 주왕(紂王:B.C.1105~B.C.1045):자성(子姓)이고 이름이 수(受)이며, 말읍(沫邑:今河南淇縣) 사람이다. 중국 상나라 마지막 임금으로, 제을(帝乙)의 소자(少子)이며, 시호가 주(紂)이다.

385) 『춘추좌전(春秋左傳)』의 말이 여기서 그친다:『춘추좌전(春秋左傳)』의 말이 아래까지 이어지지 않고 여기서 그침을 밝힌 것이다.

○ 訓.

훈고이다.

朱註

范氏曰:"文王之德, 足以代商, 天與之, 人歸之, 乃不取而服事焉, 所以爲至德也.

범씨(范氏 : 范祖禹)[386]가 말하였다. "문왕의 덕이 충분히 상나라를 대신할 수 있어서 하늘이 그에게 주었고, 사람들이 그에게로 돌아갔는데, 이에 취하지 아니하고 복종하여 섬겼으니 지극한 덕이 되는 까닭이다.

詳說

○ 汎言之德.

'문왕지덕(文王之德)'은 일반적으로 말하는 덕이다.

○ 以人歸而可知也.

'천여지(天與之 : 하늘이 그에게 주었고)'는 사람들이 그에게 돌아가는 것으로써 알 수 있다.

○ 指有二也.

'인귀지(人歸之 : 사람들이 그에게로 돌아갔는데)'에는 두 가지가 있음을 가리킨 것이다.[387]

○ 亦事也.

'복(服)'은 또한 일이다.

○ '足'·'乃'二字, 與'泰伯'註, 同. 但彼言爲如何; 此言所以爲者, 微異耳.

'족(足)'과 '내(乃)'의 두 글자[388]는 '태백'과 더불어 주석이 같다.[389] 다만 저것은

---

386) 범조우(范祖禹 : 1041~1098) : 송나라 학자로, 자가 순보(淳甫)·순보(醇甫)·순보(純父) 또는 몽득(夢得)이며, 성도 화양(成都華陽) 사람이다. 저서로는 『당감(唐鑒)』·『제학(帝學)』·『인종정전(仁宗政典)』 등이 있다.

387) '인귀지(人歸之 : 사람들이 그에게로 돌아갔는데)'에는 두 가지가 있음을 가리킨 것이다 : 여기서 박문호(朴文鎬)는 천하의 3분 가운데 2분과 1분으로 나눠졌듯이, 당시의 백성들이 문왕과 주왕으로 나뉘어 돌아갔음을 말한 것이다.

388) '족(足)'과 '내(乃)'의 두 글자 : '족(足)'은 윗글의 "足以代商, 天與之, 人歸之."의 '足'을 말한다. '내(乃)'는 "乃不取而服事焉."의 '乃'를 말한다.

389) '족(足)'과 '내(乃)'의 두 글자는 '태백'과 더불어 주석이 같다 : 「태백(泰伯)」 1장의 "공자가 말하였다. '태백은 지극한 덕이라고 이를 수 있도다. 세 번이나 천하를 사양하였는데도 백성

어찌 될 것인가를 말한 것이고, 이것은 그렇게 되는 까닭을 말한 것이니 미세하게 다를 뿐이다.

○ 釋畢.

경문의 풀이가 끝났다.

○ 此下, 又推廣餘意.

이 아래에서 또 나머지 뜻을 미루어서 넓혔다.

朱註

孔子因武王之言, 而及文王之德,

공자가 무왕(武王)의 말에 말미암아 문왕(文王)의 덕에 이르렀고,

詳說

○ 亦汎言之德.

또한 일반적으로 말하는 덕이다.

○ 此節, 與上節文義, 不甚相蒙. 故以'因'·'及'二字, 承接之.

이 문절은 위 문절의 뜻과 더불어 서로 연관됨이 심하지 않다. 그러므로 '인(因)'과 '급(及)'의 두 글자[390]로써 받아서 이은 것이다.

朱註

且與泰伯, 皆以至德稱之, 其旨微矣."

또한 태백과 더불어 모두 지극한 덕으로 일컬었으니,[391] 그 뜻이 은미하다."

詳說

○ 一作'指[392]'.

들이 칭송할 수 없었구나.'(子曰 : '泰伯, 其可謂至德也已矣. 三以天下讓, 民無得而稱焉.')"라는 구절에 대한 주자의 『집주(集註)』에 보면 "夫以泰伯之德, 當商周之際, 固足以朝諸侯, 有天下矣, 乃棄不取, 而又泯其迹焉, 則其德之至極, 爲如何哉?"라고 하였는데, 바로 "固足以朝諸侯."의 '足'자와 "乃棄不取"의 '乃'자의 쓰임을 지금 문장의 것과 비교하였다.

390) '인(因)'과 '급(及)'의 두 글자 : '인(因)'은 윗글의 "孔子因武王之言."의 '因'을 말한다. '급(及)'은 "而及文王之德."의 '及'을 말한다.

391) 태백과 더불어 모두 지극한 덕으로 일컬었으니 : 「태백(泰伯)」 1장의 "子曰 : '泰伯, 其可謂至德也已矣.'"를 말한다.

'지(旨)'는 어떤 판본에는 '지(指)'로 썼다.

○ 朱子曰 : "皆可爲而不爲者也."[393]

주자(朱子 : 朱熹)가 말하였다. "모두 할 수 있는데도 하지 않은 것이다."

○ 新安陳氏曰 : "'微旨', 專爲名分, 言以'泰伯'·'文王'爲'至德', 以'武王'爲未盡善."[394]

신안 진씨(新安陳氏 : 陳櫟)가 말하였다. "미지(微旨)는 오로지 명분이 되는 것이니, '태백'·'문왕'을 지극한 덕으로 여기고,[395] '무왕'을 완전히 착하지 못한 것으로 여긴 것이다.[396]"

○ 只擧文王至德, 而武王之慚德自見, 此所謂'微旨'也.

다만 문왕의 지극한 덕을 거론하였는데, 무왕의 부끄러운 덕이 저절로 드러났으니, 이것이 이른바 '은미한 뜻'인 것이다.

朱註

或曰 : "宜斷三分以下, 别以'孔子曰'起之, 而自爲一章."

어떤 사람이 말하였다. "마땅히 3분 이하를 끊어서 따로 '공자왈(孔子曰)'로 문단을 일으켜서 스스로 하나의 장(章)으로 삼아야 한다."

詳說

○ 音短.[397]

'의단삼분이하(宜斷三分以下)'에서 '단(斷)'자는 음이 단(短)이다.

○ 如此, 則於文甚便, 而武之慚文之至, 自可相忘矣. 然朱子無論斷之語, 蓋以備餘意耳.

이와 같으면 문장이 매우 편안하여 무왕(武王)의 부끄러운 덕과 문왕(文王)의 지

392) 指 : 『논어집주(論語集註)』에는 '旨'로 되어 있고, 호광 편(胡廣 編), 『논어집주대전(論語集註大全)』「태백(泰伯)」 등에는 '指'로 되어 있다.

393) 호광 편(胡廣 編), 『논어집주대전(論語集註大全)』에는 "朱子曰 : '孔子稱至德, 只二人, 皆可爲而不爲者也.'"로 되어 있다.

394) 호광 편(胡廣 編), 『논어집주대전(論語集註大全)』「태백(泰伯)」에는 "新安陳氏曰 : '泰伯不從翦商, 文王三分有二而事商, 其於名分之際嚴矣, 宜夫子, 皆以至德稱之. 范氏, 謂其指微矣, 微指, 得非專爲名分言歟? 以泰伯文王爲至德; 以武爲未盡善, 非微指歟?'"로 되어 있다.

395) '태백'·'문왕'을 지극한 덕으로 여기고 : 「태백(泰伯)」 1장의 내용과 20장의 내용을 말한다.

396) '무왕'을 완전히 착하지 못한 것으로 여긴 것이다 : 『논어(論語)』「팔일(八佾)」에서 "子, 謂「韶」, '盡美矣, 又盡善也.' 謂「武」, '盡美矣, 未盡善也'."라고 한 내용을 말한다.

397) 호광 편(胡廣 編), 『논어집주대전(論語集註大全)』「태백(泰伯)」.

극한 덕을 저절로 서로 다할 수 있다. 그러나 주자(朱子)는 논단하는 말이 없고, 대개 나머지 뜻을 갖출 뿐이었다.

[8-21-1]

子曰 : "禹, 吾無間然矣. 菲飮食而致孝乎鬼神; 惡衣服而致美乎黻冕; 卑宮室而盡力乎溝洫, 禹, 吾無間然矣."

공자(孔子)가 말하였다. "우 임금은 내가 헐뜯을 수가 없도다. 음식을 보잘것없이 드시면서 귀신에게 효도를 다하시며, 의복을 좋지 않게 입으시면서 제사 옷과 갓은 아름다움을 다하시며, 궁실을 낮게 지으시면서 도랑 공사에 힘을 다하시니, 우임금은 내가 헐뜯을 수가 없도다."

朱註

'間', 去聲; '菲', 音匪; '黻', 音弗. '洫', 呼域反. '間', 罅隙也, 謂指其罅隙而非議之也.

'오무간연의(吾無間然矣)'에서 '간(間)'자는 거성(去聲 : 非難함)이고, '비음식(菲飮食)'에서 '비(菲)'자는 음이 비(匪)이며, '치미호불면(致美乎黻冕)'에서 '불(黻)'자는 음이 불(弗)이다. '진력호구혁(盡力乎溝洫)'에서의 '혁(洫)'은 '호(呼)'와 '역(域)'의 반절(反切)이다. '간(間)'은 흠이니, 그 흠을 지적하여 비난하고 의논하는 것이다.

詳說

○ 虛訝反.398)

'하극야(罅隙也)'에서 '하(罅)'는 '허(虛)'와 '아(訝)'의 반절(反切)이다.

○ 猶譏也.

'비의지야(非議之也)'에서 '비(非)'는 기(譏 : 나무람)와 같다.

○ 猶言間之.

'간언(間言)'은 말로 비난한다는 것과 같다.

朱註

'菲', 薄也. '致孝鬼神', 謂享祀豐潔. '衣服', 常服. '의복'은 평상복이다. '黻', 蔽膝也, 以韋爲之. '冕', 冠也, 皆祭服也.

'비(菲)'는 적음이다. '귀신에게 효도를 다함'은 제사를 지냄에 풍성하고 청결함

398) 호광 편(胡廣 編), 『논어집주대전(論語集註大全)』「태백(泰伯)」.

을 말한다. '불(黻)'은 무릎까지 가리는 옷이니, 가죽으로 만든다. '면(冕)'은 갓이니, 모두 제사 의복이다.

詳說

○ 新安陳氏曰: "廟焉而人鬼享之鬼神."399)

신안 진씨(新安陳氏)가 말하였다. "사당에서 사람과 귀신이 귀신들에게 제사를 드리는 것이다."

○ 旣豊且潔.

'풍결(豊潔)'은 이미 풍성한데 또 청결한 것이다.

○ 無'也'字者, 蓋統於下'祭服也'之'也'字.

'야(也)'자가 없는 것은 대개 아래의 '제복야(祭服也)'에서 '야(也)'자에 이어지기 때문이다.

○ 朱子曰: "韋, 熟皮也. 祭服, 謂之黻; 朝服, 謂之韠."400)

주자(朱子: 朱熹)가 말하였다. "위(韋)는 다룸 가죽이다. 제사 의복을 '불(黻)'이라 하고, 조회 의복을 '필(韠)'이라고 한다."

○ 胡氏曰: "前低後高, 因俛以得名."401)

호씨(胡氏: 胡泳)가 말하였다. "앞이 낮고 뒤가 높으니, 앞으로 구부림에 말미암아 이름이 되었다."

朱註

'溝洫', 田間水道, 以正疆界, 備旱潦者也.

---

399) 호광 편(胡廣 編), 『논어집주대전(論語集註大全)』「태백(泰伯)」에는 "新安陳氏曰: '書云: 奉先思孝; 此云致孝, 必廟焉而人鬼享之鬼神.'"으로 되어 있다.

400) 『주자어류(朱子語類)』 권35, 「논어17(論語十七)」, 193조목에는 "黻, 蔽膝也, 以韋爲之. 韋, 熟皮也. 有虞氏以革, 夏后氏以山, '殷火, 周龍章.' 祭服謂之黻, 朝服謂之韠. 左氏: '帶裳韠舃.'(불(黻)은 무릎을 덮는 것이니 가죽으로 만든다. 위(韋)는 잘 매만져서 부드럽게 만든 가죽이다. 유우씨(有虞氏)는 털을 제거하고 무두질한 가죽으로 하였으며, 하후씨(夏后氏)는 산으로 하였으며, '은나라는 불[火]로 하고 주나라는 용의 문장으로 하였다.' 제사에 입는 옷을 불(黻)이라 하고, 조정에서 입는 옷을 필(韠)이라 한다. 좌씨(左氏)는 '허리띠를 차고 치마를 입으며, 조정에서 입는 옷을 입고 신을 신는다.')라고 하였다.

401) 호광 편(胡廣 編), 『논어집주대전(論語集註大全)』「태백(泰伯)」에는 "胡氏曰: '冕冠上板, 前低後高, 因俯以得名.'"으로 되어 있다.

'구혁(溝洫)'은 논밭 사이의 물길이니, 경계를 바르게 하고, 가뭄과 장마를 대비하는 것이다.

詳說

○ 『周禮』「匠人」曰 : "井間有溝, 成間有洫[402], 洫深廣, 皆八尺, 溝半之."[403]

『주례』「장인(匠人)」에서 말하였다. "정(井) 사이에 구(溝)가 있고, 성(成) 사이에 혁(洫)이 있는데, 혁(洫)의 깊이와 넓이는 모두 8척이고, 구(溝)는 그것의 절반이다."

○ 音老.[404]

'비한료자야(備旱潦者也)'에서 '료(潦)'자는 음이 로(老)이다.

○ 胡氏曰 : "旣用以正[405]經界, 又旱則瀦水; 潦則泄水."[406]

호씨(胡氏 : 胡泳)가 말하였다. "이미 사용하여 경계를 정하였으며, 또 가뭄이 들면 물을 담아 두고, 홍수가 나면 물을 내보낸다."

○ 訓畢.

훈고가 끝났다.

朱註

或豐或儉, 各適其宜, 所以無罅隙之可議也. 故再言以深美之.

간혹 풍성하고 간혹 청검(淸儉)하여 각각 그 마땅함에 맞았으니, 의논할 만한 흠이 없었던 것이다. 그러므로 두 번씩이나 말하면서 깊이 찬미한 것이다.

詳說

○ 每句下一半.

'혹풍(或豐)'은 매 구절 아래의 절반이다.[407]

---

402) 역불(易祓), 『주관총의(周官總義)』 권30, 「장인위구혁(匠人爲溝洫)」. "匠人言 : '方十里爲成, 成間有洫."; 왕지장(王志長), 『주례주소산익(周禮註疏刪翼)』 권10. "匠人云 : '井間有溝, 成間有洫, 同間有澮."

403) 호광 편(胡廣 編), 『논어집주대전(論語集註大全)』「태백(泰伯)」에는 "胡氏曰 : '「匠人職」云 : 九夫爲井, 井間有溝, 十里爲成, 成間有洫, 洫深廣, 皆八尺, 溝半之. 夏制當不異也. …….'"로 되어 있다.

404) 호광 편(胡廣 編), 『논어집주대전(論語集註大全)』「태백(泰伯)」.

405) 正 : 호광 편(胡廣 編), 『논어집주대전(論語集註大全)』「태백(泰伯)」에는 '定'으로 되어 있다.

406) 호광 편(胡廣 編), 『논어집주대전(論語集註大全)』「태백(泰伯)」에는 "胡氏曰 : '「匠人職」云 : …… 夏制當不異也. 旣用以定經界, 又旱則瀦水, 潦則泄水也.'"로 되어 있다.

○ 每句上一半.

'혹검(或儉)'은 매 구절 위의 절반이다.[408]

○ 四字陪無間.

'각적기의(各適其宜 : 각각 그 마땅함에 맞았으니)'는 네 글자가 나란하여 간격이 없다.

○ 釋畢.

경문의 풀이가 끝났다.

朱註

○ 楊氏曰 : "薄於自奉, 而所勤者, 民之事; 所致飾者, 宗廟朝廷之禮,

양씨가 말하였다. "자신의 일상생활의 공양(供養)은 보잘것없이 하고, 부지런히 한 것은 백성의 일이었고, 꾸밈에 힘쓴 것은 종묘와 조정의 예식이었으니,

詳說

○ 飮食 · 衣服 · 宮室.

음식과 의복과 궁실이다.[409]

○ 溝洫.

'민지사(民之事 : 백성의 일이었고)'는 도랑 공사이다.

○ 鬼神.

'종묘(宗廟)'는 귀신을 모시는 곳이다.

○ 音潮.[410]

'종묘조정지례(宗廟朝廷之禮)'에서 '조(朝)'자는 음이 조(潮)이다.

○ 其意, 蓋以朝服當之.

'불면(黻冕)'은 그 뜻이 아마도 조정에서 조회할 때 입는 옷에 해당한다.[411]

---

407) '혹풍(或豐)'은 매 구절 아래의 절반이다 : "菲飮食而致孝乎鬼神; 惡衣服而致美乎黻冕; 卑宮室而盡力乎溝洫."에서 '致孝乎鬼神'과 '致美乎黻冕'와 '盡力乎溝洫'를 말한다.

408) '혹검(或儉)'은 매 구절 위의 절반이다 : "菲飮食而致孝乎鬼神; 惡衣服而致美乎黻冕; 卑宮室而盡力乎溝洫."에서 '菲飮食而'과 '惡衣服而'와 '卑宮室而'를 말한다.

409) 음식과 의복과 궁실이다 : '菲飮食'과 '惡衣服'과 '卑宮室'을 가리켜서 말한 것이다.

410) 호광 편(胡廣 編), 『논어집주대전(論語集註大全)』「태백(泰伯)」.

411) '불면(黻冕)'은 그 뜻이 아마도 조정에서 조회할 때 입는 옷에 해당한다 : 주자(朱子 : 朱熹)가

朱註

所謂有天下而不與也.

이른바 천하를 두고서도 간여(干與)하지 않았다는 것이다.

詳說

○ **去聲.**[412]

'불여야(不與也)'에서 '여(與)'자는 거성(去聲 : 干與함)이다.

○ **引前章爲證.**

앞의 장(章)을 인용하여 증거로 삼았다.[413]

朱註

夫何間然之有?"

대저 어찌 흠잡아서 헐뜯음을 두겠는가?"

詳說

○ **音扶.**[414]

'부(夫)'자는 음이 부(扶)이다.

○ **雲峰胡氏曰 : "舜稱禹克儉, 於此見之."**[415]

운봉 호씨(雲峰胡氏 : 胡炳文)가 말하였다. "순 임금이 우 임금의 능히 청렴함을 칭송하였는데, 여기에 보인다."

이미 위에서 제복(祭服)으로 규정하였는데, 다시 조복(朝服)일 수도 있다는 의견을 내놓았다.

412) 호광 편(胡廣 編), 『논어집주대전(論語集註大全)』「태백(泰伯)」에는 "與, 音預."라고 하였다.

413) 앞의 장(章)을 인용하여 증거로 삼았다 : 「태백(泰伯)」 18장의 "子曰 : '巍巍乎! 舜禹之有天下也, 而不與焉.'"을 말한다.

414) 호광 편(胡廣 編), 『논어집주대전(論語集註大全)』「태백(泰伯)」.

415) 호광 편(胡廣 編), 『논어집주대전(論語集註大全)』「태백(泰伯)」에는 "雲峯胡氏曰 : '舜稱禹克儉, 於此見之. 授禹以執中, 亦於此見其能行之. 『集註』以爲, 或豐或儉, 各適其宜, 即各適其中也; 若能儉而不能豐, 則墨氏之儉, 非中矣.'"로 되어 있다.

권9

논어집주상설

論語集註詳說

자한 ∘ 子罕

第九 제9편

朱註

凡三十章.

모두 30장이다.[1)]

1) 형병(邢昺)의 『논어주소(論語注疏)』에 의하면, "이 편은 모두 공자의 덕행을 논의한 것이다. 그러므로 이 편을 태백과 요임금 우임금의 지극한 덕행 다음에 놓았다(此篇, 皆論孔子之德行也. 故以此泰伯 · 堯 · 禹之至德)"라고 하였다.

[9-1-1]

子, 罕言利與命與仁.
공자는 이(利)와 명(命)과 인(仁)을 드물게 말하였다.

朱註

'罕', 少也.
'한(罕)'은 적음이다.

詳說

○ 訓.
훈고이다.

朱註

程子曰 : "計利, 則害義; '命'之理, 微; '仁'之道, 大,
정자(程子 : 程頤)가 말하였다. "이익을 꾀하면 의리(義理)를 해치며, '명(命)'의 이치는 은미하며, '인(仁)'의 도리는 크니,

詳說

○ 叔子.
'정자왈(程子曰)'에서 '정자(程子)'는 동생 정이(程頤)이다.

○ 朱子曰 : "『易』, 只言利物, 不言自利."[2]

---

2) 호광 편(胡廣 編), 『논어집주대전(論語集註大全)』「자한(子罕)」에는 "問 : 竊謂, '夫子罕言者, 乃放於利而行之利, 若利用出入, 乃義之所安處. 曰 : 利用出入之利, 亦不可去尋討, 尋討著, 便是放於利之利. 如言利物, 足以和義; 只云利物, 不言自利.'"라고 되어 있다. 『주자어류(朱子語類)』 권36, 「논어18(論語十八)」, 10조에는 "問 : 或曰 : '罕言利, 是何等利?' 楊氏曰 : '一般云云.' 竊謂夫子罕言者, 乃放於'利而行'之利. 若'利用出入,' 乃義之所安處, 卻不可以爲一般. 曰 : "'利用出入'之利, 亦不可去尋討. 尋討著, 便是放於'利而行'之利. 如言利物足以和義, 只去利物, 不言自利.'(물었다. '어떤 이가 '이익을 드물게 말하였다고 하였는데, 어떤 이익입니까?'라고 하니, 양씨[양시(楊時)]가 '마찬가지이다'라고 하였습니다. 가만히 생각하니 공자가 드물게 말하신 것은 '이익에 따라 행동한다'라고 할 때의 이익입니다. '나가고 들어옴에 이롭게 사용한다'라는 것은 바로 의리가 편안히 있는 것이니 도리어 마찬가지라고 여길 수 없습니다.' 주희가 말하였다. "'나가고 들어옴에 이롭게 사용한다'는 것의 이로움도 또한 깊이 살펴서 찾아서는 안 된다. 깊이 살

주자(朱子 : 朱熹)가 말하였다. "『주역(周易)』에서는 다만 사물을 이롭게 함을 말하였고, 스스로 이롭게 함을 말하지 않았다."[3)]

○ 又曰 : "元亨利貞之利, 亦不可計較, 計較著卽害義."[4)]

주자(朱子 : 朱熹)가 또 말하였다. "원형이정(元亨利貞)의 이로움은 또한 견주어 헤아려서는 안 되니, 견주어 헤아림에 집착하면 의리를 해치는 것이다."[5)]

○ 朱子曰 : "天之所以賦與人者, 理也; 人之壽夭窮通, 氣也. 理, 精微而難言; 氣數, 又不可盡委之而廢人事. 故罕言."[6)]

주자(朱子 : 朱熹)가 말하였다. "하늘이 사람에게 부여한 것은 리(理)이고, 사람의 오래 살고 일찍 죽으며 궁색하고 통달함은 기(氣)이다. 리(理)는 정미하여 말하기 어려우며, 기수(氣數 : 命運)는 또 다 내버려두어서 사람의 일을 망가뜨려서는 안 된다. 그러므로 드물게 말씀하신 것이다."

○ 龜山楊氏曰 : "夫子對問, 多言求仁; 仁之本體, 則未嘗言."[7)]

구산 양씨(龜山楊氏 : 楊時)[8)]가 말하였다. "공자가 대답하고 물음에 인(仁)을 구하

펴서 찾는다면 곧 '이익에 따라 행동한다'는 것의 이익이다. 만약 '사물을 이롭게 하여 의리에 조화롭게 할 수 있다'라고 말한다면, 사물을 이롭게 할 뿐이니 자신을 이롭게 하는 것을 말하지 않았다."라고 하였다.

3) 『주역(周易)』에서는 다만 사물을 이롭게 함을 말하였고, 스스로 이롭게 함을 말하지 않았다 : 『주역(周易)』「건괘(乾卦)」에서는 "아름다운 모임은 충분히 예에 배합해야 하고, 사물을 이롭게 함은 충분히 의리에 화합해야 한다.(嘉會足以合禮, 利物足以和義.)"라고 하였다.

4) 호광 편(胡廣 編), 『논어집주대전(論語集註大全)』「자한(子罕)」에는 "又曰 : '只元亨利貞之利, 亦不可計較, 計較著卽害義. 爲義之人, 只知有義而已, 不知利之爲利.'"라고 하였고, 『주자어류(朱子語類)』 권36, 「논어18(論語十八)」, 10조목에도 동일한 내용이 보인다.

5) 원형이정(元亨利貞)의 이로움은 또한 견주어 헤아려서는 …… 의리를 해치는 것이다 : 『주역(周易)』「건괘(乾卦)」에서 "乾, 元亨利貞."이라고 한 건(乾)의 네 가지 덕(德)을 '이(利)'의 개념으로 정의하였다. 사덕(四德)에 대하여 『자하전(子夏傳)』에서는 "元, 始也; 亨, 通也; 利, 和也; 貞, 正也."라고 하고, 정이(程頤)의 『역전(易傳)』에서는 "元亨利貞, 謂之四德. 元者, 萬物之始; 亨者, 萬物之長; 利者, 萬物之遂; 貞者, 萬物之成."이라고 하였다.

6) 호광 편(胡廣 編), 『논어집주대전(論語集註大全)』「자한(子罕)」에는 "命, 只是一箇命, 有以理言者, 有以氣言者, 天之所以賦與人者, 是理也; 人之所以壽夭窮通者, 是氣也. 理, 精微而難言; 氣數, 又不可盡委之而至於廢人事. 故聖人罕言之也. 仁之理, 至大, 數言之, 不惟使人躐等, 亦使人有玩之之心, 蓋擧口便說仁, 人便自不把當事了."라고 하였고, 『주자어류(朱子語類)』 권36, 「논어18(論語十八)」, 6조목에도 동일하게 실려 있다.

7) 호광 편(胡廣 編), 『논어집주대전(論語集註大全)』「자한(子罕)」에는 "龜山楊氏曰 : '夫子對問, 仁多矣. 曰罕言者, 蓋言求仁之方而已, 仁之本體, 則未嘗言.'"으로 되어 있다.

는 방도에 대하여 많이 말씀하셨으나, 인의 본체는 일찍이 말씀하신 적이 없다."

○ 不問而自言者, 蓋罕矣.

물어보지 않고 스스로 말한 것이 대개 드물었던 것이다.9)

朱註

皆夫子所罕言也.

모두 공자가 드물게 말한 것이다.

詳說

○ 勿軒熊氏曰 : "不與門人常言."10)

물헌 웅씨(勿軒熊氏 : 熊禾)11)가 말하였다. "문인들과 더불어 평상시에 말하지 않았다."

○ 釋畢.

경문의 풀이가 끝났다.

○ 雙峰饒氏曰 : "夫子, 有雅言者; 有不語者; 有罕言者, 無非教人. 故門人, 皆謹記之."12)

---

8) 양시(楊時 : 1053~1135) : 북송 시대 사람으로, 자는 중립(中立)이고, 호는 구산(龜山)이다. 먼저 정호(程顥)와 정이(程頤)에게 배워서 유작(游酢)·여대림(呂大臨)·사양좌(謝良佐)와 함께 '정문사대제자(程門四大弟子)'라고 불렸으며, 나종언(羅從彦)·이동(李侗)과 함께 '남검삼선생(南劍三先生)'이라고도 불렸다. 만면에 구산(龜山)에 은거하여 학자들이 '구산선생'이라고 하였다.

9) 물어보지 않고 스스로 말한 것이 대개 드물었던 것이다 : 박문호(朴文鎬)가 위의 양시(楊時)의 말에 의거하여 공자가 제자 등과 대문(對問)의 과정 없이 인(仁)의 본체에 대하여 스스로 말을 한 것이 드물었음을 다시 한 번 더 진술한 것이다.

10) 호광 편(胡廣 編), 『논어집주대전(論語集註大全)』「자한(子罕)」에는 "勿軒熊氏曰 : '『易』六十四卦, 皆言利, 尤詳於性命之原, 罕言者, 非與門人常言之道.'(물헌 웅씨가 말하였다. '『주역(周易)』 64괘는 모두 이익 됨을 말하였고, 성명의 근원에 더욱 상세하니, 드물게 말하였다는 것은 문인과 더불어 평상시에 말한 도가 아니라는 것이다.')"로 되어 있다.

11) 웅화(熊禾 : 1247~1312) : 송말원초 때 사람으로, 자가 위신(位辛) 또는 거비(去非)이고, 호가 물헌(勿軒) 또는 퇴재(退齋)이며, 건안(建安) 사람이다. 어려서부터 염(濂)·락(洛)·관(關)·민(閩)의 학문에 뜻을 두었으며, 주희(朱熹)의 문인 보광(輔廣)에게 배워 주자의 이학(理學)을 계승 발전시켰다. 저서로는 『역경강의(易經講義)』·『주역집소(周易集疏)』·『서설(書說)』·『대학상서구의(大學尚書口義)』·『삼례고략(三禮考略)』·『춘추통해(春秋通解)』·『사서표제(四書標題)』·『대학광의(大學廣義)』·『사서소학집소(四書小學集疏)』 등이 있다.

12) 호광 편(胡廣 編), 『논어집주대전(論語集註大全)』「자한(子罕)」에는 "雙峯饒氏曰 : '夫子, 有常言者, 『詩』·『書』執禮是也; 有不言者, 怪·力·亂·神是也; 有罕言者, 利·命·仁是也, 無非教人

쌍봉 요씨(雙峰饒氏 : 饒魯)[13]가 말하였다. "공자는 바른 말을 한 것도 있으며, 말하지 않은 것도 있으며, 드물게 말한 것도 있으나, 사람들에게 가르치지 않은 것이 아니다. 그러므로 모두 삼가 기록한 것이다."

者. 故門人皆謹記之.'(쌍봉 요씨(雙峰饒氏 : 饒魯)가 말하였다. '공자께서는 떳떳한 말을 하신 것이 있으니 『시경(詩經)』·『서경(書經)』과 예를 지키심이 이것이며, 말씀하지 않은 것이 있으니 괴이·용력·반란·귀신이 이것이며, 드물게 말씀하신 것이 있으니 이익 됨과 명운과 인이 이것이나, 사람을 가르치지 않은 것이 아니다. 그러므로 문인들이 모두 그것들을 삼가 기록한 것이다.')"라고 하였다.

13) 요로(饒魯 : 1193~1264) : 남송 시대 사람으로, 자가 백여(伯輿) 또는 중원(仲元)이고, 호가 쌍봉(雙峰)이며, 시호가 문원(文元)이다. 저서로는 『오경강의(五經講義)』·『어맹기문(語孟紀聞)』·『서명도(西銘圖)』 등이 있다.

[9-2-1]

達巷黨人曰 : "大哉! 孔子! 博學而無所成名."
달항(達巷) 마을 사람이 말하였다. "크도다! 공자여! 넓게 배웠어도 이름을 이룬 것이 없도다."

詳說

○ 蓋語於門人, 如'封人'·'大宰'耳.
대개 공자의 문인(門人)들에게 말한 것이니, '봉인(封人)'[14]이나 '태재(太宰)'[15]와 같을 뿐이다.

朱註

'達巷', 黨名. 其人姓名, 不傳.
'달항(達巷)'은 마을 이름이다. 그 사람의 성명은 전하지 않는다.

---

14) 봉인(封人) : 옛날 관직 이름으로 『주례(周禮)』에 의하면, 사도(司徒)에 속한 벼슬이며 제왕의 사단(社壇) 및 경기(京畿)의 강계(疆界)를 지켰다고 하였다. 여기서 말하는 봉인(封人)은 『논어(論語)』「팔일(八佾)」에 나오는 '의봉인(儀封人)을 가리키며, 그 내용은 다음과 같다. "의 땅의 봉인이 공자를 만나기를 청하며 말하였다. '군자가 이곳에 이름에 내가 일찍이 뵙지 않은 적이 없었습니다.' 시종하는 제자들이 공자를 뵙도록 하였는데 나오면서 말하였다. '여러분은 어찌 지위를 잃었다고 근심하십니까? 천하에 도가 없어진 지 오래되었습니다. 하늘이 장차 공자로써 목탁으로 삼으실 것입니다.'(儀封人, 請見曰 : '君子之至於斯也, 吾未嘗不得見也.' 從者見之, 出曰 : '二三子, 何患於喪乎? 天下之無道也久矣. 天將以夫子, 爲木鐸.'"

15) 태재(大宰) : 옛날 관직 이름으로 『주례(周禮)』에 의하면, 천자의 육경(六卿) 가운데 천관(天官)이 태재가 된다고 하였다. 주나라에서는 총재(冢宰)라고 불렀으며, 천관(天官)의 우두머리로 삼았다. 여기서 말하는 태재(大宰)는 『논어(論語)』「자한(子罕)」에 나오는 '태재(大宰)'를 말하며, 자공(子貢)과 나눈 문답 내용은 다음과 같다. "태재가 자공에게 물었다. '공자는 성인이신가? 어찌 그렇게 다능하신가?'자공이 말하였다. '진실로 하늘이 놓으시어 장차 성인이 되게 하시고, 또 다능하십니다.' 공자가 듣고 말하였다. '태재가 나를 알겠는가? 나는 어려서 천하였다. 그러므로 비천한 일에 많이 능한 것이다. 군자는 다능한 것인가? 다능하지 않은 것이다.'자장이 말하였다. '공자께서 이르시길, 내가 시용되지 않았다. 그러므로 재주 있는 것이라고 하셨습니다.'(大宰, 問於子貢曰 : '夫子, 聖者與? 何其多能也?' 子貢曰 : '固天縱之將聖, 又多能也.' 子聞之曰 : '大宰知我乎? 吾少也賤. 故多能鄙事. 君子多乎哉? 不多也.' 牢曰 : '子云, 吾不試. 故藝.'"

詳說

○ 節齋陳氏曰："孟康註「董仲舒傳」, 達巷黨人, 乃項橐."[16)]
절재 진씨(節齋陳氏)가 말하였다. "맹강(孟康)[17)]의 『한서(漢書)』「동중서전(董仲舒傳)」 주석에, 달항(達巷)의 마을 사람은 바로 항탁(項橐)[18)]이라고 하였다."

○ 『集註』, 特著此一句, 以見不可必其爲'橐'也.
『논어집주(論語集註)』에서 특별히 이 한 구절을 드러내어 반드시 '항탁(項橐)'이 될 수 없다는 것을 보였다.

○ 訓.
훈고이다.

朱註

博學而無所成名, 蓋美其學之博, 而惜其不成一藝之名也.
넓게 배웠는데도 이름을 이룬 것이 없었으니, 대개 그 배움의 넓음을 아름답게 여기면서도 하나의 기예(技藝)에 이름을 이루지 못함을 안타깝게 여긴 것이다.

詳說

○ '美'字, 襯'大'字.
'미(美)'자는 '대(大)'자에 가깝다.

○ '惜'字, 從本文而字來.
'석(惜)'자는 경문에서부터 글자가 온 것이다.

○ 以下節而可知, 此指'一藝'也.
아래의 구절로써 알 수 있으니, 이는 '일예(一藝 : 하나의 기예)'를 가리키는 것이다.

○ 厚齋馮氏曰："無所成名, 乃夫子之所以爲大, 而黨人不悟."[19)]

16) 호광 편(胡廣 編), 『논어집주대전(論語集註大全)』「자한(子罕)」. 첨도전(詹道傳)의 『論語纂箋』 권5에 의하면, "「董仲舒傳」, 孟康注云 : '項橐'."이라고 하였다.

17) 맹강(孟康) : 전국 시대 위(魏) 나라 사람으로, 자가 공휴(公休)이며, 저서로는 『한서주(漢書註)』가 있다.

18) 항탁(項橐) : 춘추 시대 사람으로, 일찍이 공자(孔子)가 스승으로 삼았던 인물로 후세에 항탁을 성공(聖公)이라 존칭하였다. 『삼자경(三字經)』에 "昔仲尼, 師項橐, 古聖賢, 尙勤學."이라고 하였다.

후재 풍씨(厚齋馮氏 : 馮椅)[20]가 말하였다. "이름을 이룬 것이 없자, 이에 공자가 크게 여긴 까닭이로되, 마을 사람들이 깨닫지 못한 것이다."

[9-2-2]

子聞之, 謂門弟子曰 : "吾何執? 執御乎? 執射乎? 吾執御矣."

공자가 들으시고 문하(門下) 제자들에게 일러 말하였다. "내가 무엇을 잡을까? 어거(馭車)함을 잡으랴? 활 쏨을 잡으랴? 나는 어거함을 잡을 것이다."

朱註

執, 專執也.

'집(執)'은 오로지 잡음이다.

詳說

○ 猶言'專治'.

'오로지 다스림'이라는 말과 같다.

○ 訓.

훈고이다.

朱註

'射'·'御', 皆一藝, 而'御'爲人僕, 所執尤卑.

'활쏘기'와 '말 몰기'는 모두 하나의 기예(技藝)인데, '말 몰기'는 마부가 되나니, 잡는 것이 더욱 비천(卑賤)하다.

乃夫子之所以爲大, 而黨人不悟也. 堯之民, 無能名, 此堯之所以爲大也歟.'"로 되어 있다.

20) 풍의(馮椅, 생몰년 미상) : 남송 시대 사람으로, 자가 의지(儀之) 또는 기지(奇之)이고, 호가 후재(厚齋)이며, 남가도창(南康都昌) 사람이다. 주희(朱熹)에게 학업을 배웠으며, 저술로는 『주역(周易)』·『시경(詩經)』·『서경(書經)』·『맹자(孟子)』·『태극도설』·『서명』의 집설(輯說)이 있고, 『공문제자전(孔門弟子傳)』 등이 있다.

詳說

○ 雙峰饒氏曰 : "'射' · '御', 藝之卑者, '御'又最卑."[21]

쌍봉 요씨(雙峰饒氏 : 饒魯)가 말하였다. "'활쏘기'와 '말 몰기'는 기예의 비천한 것이고, '말 몰기'는 또 가장 비천(卑賤)하다."

○ 先明'執御矣'之意, 然後釋之.

먼저 '집어의(執御矣 : 어거함을 잡을 것이다)'의 뜻을 밝히고, 그런 뒤에 풀이를 하였다.

朱註

言 : "欲使我, 何所執以成名乎? 然則吾將執御矣."

말하기를, "나에게 무엇을 잡아서 이름을 이루게 하려는 것인가? 그렇다면 나는 장차 말 몰기를 잡을 것이다."라고 하였으니,

詳說

○ 一釋三'執'字.

한 번에 세 개의 '집(執)'자를 풀이한 것이다.[22]

○ 必欲執以成名.

'연(然)'은 반드시 기예(技藝)를 잡아서 이름을 이루려고 한 것이다.

○ 釋畢.

경문의 풀이가 끝났다.

○ 此下, 又著其言外意.

이 아래에서는 또 그 말 밖의 뜻을 드러냈다.

朱註

聞人譽己, 承之以謙也.

---

21) 호광 편(胡廣 編), 『논어집주대전(論語集註大全)』「자한(子罕)」에는 "雙峯饒氏曰 : '六藝 · 禮樂, 爲大夫子, 只說射 · 御, 射 · 御, 藝之卑者, 御又最卑.'"로 되어 있다.

22) 한 번에 세 개의 '집(執)'자를 풀이한 것이 : 본문의 "내가 무엇을 잡을까? 어거(馭車)함을 잡으랴? 활 쏨을 잡으랴? 나는 어거함을 잡을 것이다.(吾何執? 執御乎? 執射乎? 吾執御矣.)"에 나오는 네 개의 '집(執)'자 가운데 앞의 세 개를 말한다.

남이 자기에게 의문(疑問)함을 듣고 겸손하게 받아들인 것이다.

詳說

○ 平聲.[23]

'문인예기(聞人譽己)'에서 '예(譽)'자는 평성(平聲 : 疑問함)이다.

○ 以尤卑自居.

더욱 자신의 처지를 낮춘 것이다.

朱註

尹氏曰 : "聖人, 道全而德備, 不可以偏長目之也. 達巷黨人, 見孔子之大, 意其所學者博, 而惜其不以一善得名於世, 蓋慕聖人而不知者也. 故孔子曰 : '欲使我, 何所執而得爲名乎? 然則吾將執御矣.'"

윤씨(尹氏 : 尹焞)[24]가 말하였다. "성인은 도가 온전하고 덕이 갖추어졌으니, 한 방면의 장기(長技)로써 지목해서는 안 된다. 달항 마을사람들이 공자의 위대함을 보고 그 배운 것이 넓으리라 생각하였는데, 하나의 장기로도 세상에서 이름을 얻지 못한 것을 안타깝게 여겼으니, 대개 성인을 사모하되 알지 못한 것이다. 그러므로 공자(孔子)가 말하기를, '나에게 무엇을 잡아서 이름을 이루게 하려는 것인가? 그렇다면 나는 장차 말 몰기를 잡을 것이다.'라고 한 것이다."

詳說

○ 大博.

'도가 온전하고 덕이 갖추어졌음'은 크고 넓은 것이다.

○ 一善.

'장(長)'은 하나의 장기(長技)이다.

○ 句.

'견공자지대(見孔子之大 : 공자의 위대함을 보고)'는 문장이 끊어지는 곳이다.

---

23) 호광 편(胡廣 編), 『논어집주대전(論語集註大全)』「자한(子罕)」.

24) 윤순(尹焞 : 1071~1142) : 송나라 때 사람으로, 자가 언명(彦明) 또는 덕충(德充)이고, 하남(河南) 낙양(洛陽) 사람이며, 사호(賜號)가 화정처사(和靖處士)이다. 주희(朱熹)가 화정선생첩(和靖先生帖)을 얻어서 1180년에 백록동서원에 새겨 두었다고 한다. 저서로는 『화정선생집(和靖先生集)』·『논어해(論語解)』 등이 있다.

○ **'欲使'以下, 雖已見上文, 釋與論, 自別不爲重疊. 『註』中, 往往有此例.**

'욕사(欲使)' 아래[25]는 비록 윗글에서 보였으나, 경문의 풀이와 의미 설명이 스스로 구별되어 중첩되지 않는다. 『논어집주(論語集註)』 가운데 이따금씩 이러한 예가 있다.

○ **'成名', 此章之題目.**

'성명(成名 : 이름을 이룸)'이 이 장의 제목이다.

---

25) '욕사(欲使)' 아래 : 공자(孔子)가 말한 "나에게 무엇을 잡아서 이름을 이루게 하려는 것인가? 그렇다면 나는 장차 말 몰기를 잡을 것이다.(欲使我, 何所執而得爲名乎? 然則吾將執御矣.)"의 내용을 가리킨다.

[9-3-1]

子曰 : "麻冕禮也, 今也純, 儉, 吾從衆."
공자가 말하였다. "삼베로 만든 갓이 예(禮)이거늘, 이제 생실로 만드니 검소하기 때문에, 나는 많은 사람이 하는 것을 좇을 것이다."

朱註

'麻冕', 緇布冠也.
'마면(麻冕)'은 검은 베로 만든 갓이다.

詳說

○ 莊持反.[26]
'치포관야(緇布冠也)'에서 '치(緇)'는 '장(莊)'과 '지(持)'의 반절(反切)이다.

○ 胡氏曰 : "績麻爲布, 染爲赤黑色."[27]
호씨(胡氏 : 胡泳)[28]가 말하였다. "길쌈한 삼이 베가 되며, 치포관(緇布冠)[29]은 베를 물들여서 적흑색으로 만든 것이다."

○ 士冠禮, 始加所用者.
선비들의 관례(冠禮)에 비로소 더하여 사용한 것이다.

朱註

'純', 絲也. '儉', 謂省約.
'순(純)'은 실이다. '검(儉)'은 줄이고 아낌을 이른다.[30]

---

26) 호광 편(胡廣 編), 『논어집주대전(論語集註大全)』「자한(子罕)」.

27) 호광 편(胡廣 編), 『논어집주대전(論語集註大全)』「자한(子罕)」에는 "胡氏曰 : '麻, 績麻, 爲布; 冕, 冠, 上板也. 謂之緇布冠者, 染布爲赤黑色也. 冠者, 首服之總名; 冕者, 冠中之別號. 『禮』, 朝服十五升, 冠倍之. 鄭註, 八十縷爲升, 升字, 當爲登, 登, 成也.'"로 되어 있다.

28) 호영(胡泳, 1138~1175) : 송나라 때 사람으로, 자는 백량(伯量)이고, 호는 동원(桐原)이며, 남강(南康) 출신이다. 저서로는 『논어연설(論語衍說)』 등이 있다.

29) 치포관(緇布冠) : 옛날 선비와 서민들이 항상 사용한 일종의 갓으로, 관례를 행할 때 처음에는 치포관을 더하고, 다음에는 피변(皮弁)을 더하고, 다음으로 작변(爵弁)을 더한다. 『예기(禮記)』「옥조(玉藻)」에 "始冠, 緇布冠, 自諸侯下達, 冠而敝之, 可也."라고 하였다.

30) 『주자어류(朱子語類)』 권36, 「논어18(論語十八)」, 14조목에는 "'순수하니 검소하다'는 것은 실

詳說

○ 蠶繭繅者.

누에고치가 켠 것이다.

○ 功力減省.

공력을 줄이고 줄이는 것이다.

○ 訓畢.

훈고가 끝났다.

朱註

'緇布冠', 以三十升布, 爲之.

'치포관(緇布冠)'은 30승의 베로 만든다.

詳說

○ 鄭氏玄曰 : "'升'字, 當爲登, 登, 成也."[31]

정현(鄭玄)[32]이 말하였다. "'승(升)'자는 마땅히 등(登)으로 해야 하니, 등(登)은 이룸이다."

○ 禮本如此.

예의(禮儀)가 본래 이와 같은 것이다.

朱註

升八十縷, 則其經二千四百縷矣.

승(升 : 새)마다 80가닥이니 그 날실이 2,400가닥인 것이다.[33]

을 말하는 것이니, 실을 사용하는 것이 생략되는 것만 못하다.('純, 儉,' 絲也. 不如用絲之省約)"라고 하였다.

31) 호광 편(胡廣 編), 『논어집주대전(論語集註大全)』「자한(子罕)」에는 "胡氏曰 : '…… 鄭註, 八十縷爲升, 升字, 當爲登, 登, 成也.'"라 하였고, 『의례(儀禮)』「상복(喪服)」에는 "冠六升, 外畢." 鄭玄注. "布八十縷, 爲升."이라 하였다.

32) 정현(鄭玄 : 127~200) : 동한(東漢) 말기의 사람으로, 자가 강성(康成)이고, 북해고밀(北海高密) 사람이다. 고문경학(古文經學) 연구를 중심으로 금문경설(今文經說)을 아울렀으며, 유가경전을 두루 주석하였다.

33) 『주자어류(朱子語類)』 권36, 「논어18(論語十八)」, 13조목에는 "베로 만든 면류관은 검정 베로

詳說

○ 每升.

'승80루(升八十縷)'에서 '승(升)'은 매 승(升 : 새)마다이다.

○ 隴主反.[34)]

'승80루(升八十縷)'에서 '루(縷)'는 '롱(隴)'과 '주(主)'의 반절(反切)이다.

○ 經緯之經.

'즉기경(則其經)'에서 '경(經)'은 경위(經緯 : 날줄과 씨줄)의 경(經 : 날줄)이다.

○ 三八二十四.

30승(升 : 새)에 80루(縷 : 가닥, 올)이니, 2,400루(縷)인 것이다.

朱註

細密難成, 不如用絲之省約.

세밀하여 완성하기가 어려우니 실 쓰는 것을 생략하는 것만 같지 못하다.

○ 今俗.

'실을 사용함[用絲]'은 지금의 풍속이다.

○ 是以從衆.

'실 쓰는 것을 생략함만 같지 못하다.[不如用絲之省約]'라고 하였으니, 이 때문에 많은 사람들이 하는 것[풍속]을 좇는다.

○ 釋畢.

경문의 풀이가 끝났다.

○ 好禮者, 依禮造之, 亦可.

예(禮)를 좋아하는 사람은 예의(禮儀)에 의거하여 그것을 만드니, 또한 괜찮다.

만든 치포관(緇布冠)이니, 30승(升)되는 베로 만든다. 승(升)은 80올(縷)이니, 그 날실이 2,400올이 된다. 80올은 40초(抄)이다.(麻冕, 緇布冠也, 以三十升布爲之. 升八十縷, 則其經二千四百縷矣. 八十縷, 四十抄也.)"라고 하였다.

34) 호광 편(胡廣 編), 『논어집주대전(論語集註大全)』「자한(子罕)」.

[9-3-2]

拜下禮也, 今拜乎上, 泰也. 雖違衆, 吾從下."

당(堂) 아래에서 절함이 예(禮)이거늘, 이제는 당 위에서 절을 하니 교만(驕慢)한 것이다. 비록 많은 사람들이 하는 것과 어긋나더라도 나는 당 아래에서 절함을 좇을 것이다."

朱註

臣與君, 行禮, 當拜於堂下, 君辭之, 乃升成拜. '泰', 驕慢也.

신하가 임금과 함께 예(禮)을 행할 때는 마땅히 당(堂) 아래에서 절을 해야 하고, 임금이 사양하면 이에 당 위에 올라가서 절을 한다. '태(泰)'는 교만(驕慢)함이다.

詳說

◯ '當'字, 從本文'禮'字來.

'당배어당하(當拜於堂下)'에서 '당(當)'자는 경문의 '예(禮)'자로부터 온 것이다.[35)]

◯ 『儀禮』「燕禮」曰: "公取大夫所酳觶, 以酬賓, 降西階下, 再拜稽首, 公命小臣辭, 賓升成拜. 鄭氏注: '升成拜, 復再拜稽首也.'"[36)]

『의례(儀禮)』「연례(燕禮)」에서 말하였다. "공이 대부의 입가심하는 술잔을 취하여 빈객에게 술을 따를 때 서쪽 계단으로 내려감에 두 번 절하고 머리를 조아리는데 공이 소신들에게 명하여 사양하면 빈객이 당 위로 올라가서 절을 한다. 정씨(鄭氏: 鄭玄)의 주석에 '당 위로 올라가서 절을 한다는 것은 다시 두 번 절하고 머리를 조아리는 것이다.'라고 하였다."

---

35) '당배어당하(當拜於堂下)'에서 '당(當)'자는 경문의 '예(禮)'자로부터 온 것이다: 경문의 "拜下禮也."에서 볼 때, 신하가 임금을 만나는 예식(禮式)에서 처음에 당(堂) 아래에서 절을 하는 것이 마땅한 예(禮)라는 것을 주자(朱子: 朱熹)가 강조하기 위하여 주석에서 설명하면서 '당(當)'자를 쓴 것이라고 보았다.

36) 호광 편(胡廣 編), 『논어집주대전(論語集註大全)』「자한(子罕)」에는 "慶源輔氏曰: '按「燕禮」, 君燕卿大夫禮也, 公坐取大夫所酳觶, 興以酢賓, 降西階下, 再拜稽首. 公命小臣辭, 賓升成拜. 鄭註, 升成拜, 復再拜稽首也. 又「覲禮」, 天子賜侯氏以車服, 侯氏拜賜禮, 亦如之.'"로 되어 있다. 이는 조순손(趙順孫), 『논어찬소(論語纂疏)』 권5. 호병문(胡炳文), 『논어통(論語通)』 권5. 첨도전(詹道傳), 『논어찬전(論語纂箋)』 권5의 내용과 동일하다.

○ 雙峰饒氏曰："已拜於堂下, 而君辭之, 則是不曾受其拜. 故升堂再拜以成之, 時君弱臣强, 徑自拜於堂上. 故孔子云然, 人以爲諂, 想是此類."37)

쌍봉 요씨(雙峰饒氏 : 饒魯)가 말하였다. "이미 당 아래서 절을 하여 임금이 사양하면 이는 그 절을 받지 않은 것이다. 그러므로 당 위로 올라가서 두 번 절을 하여 예를 이룬다. 당시의 임금이 약하고 신하가 강하여 곧장 스스로 당 위에 올라가서 절을 하였다. 그러므로 공자(孔子)가 그렇게 이른 것인데, 사람들이 아첨하는 것이라고 여겼으니, 바로 이러한 유형을 생각하였다."

○ 有訓無釋.

훈고는 있으나 경문의 풀이는 없다.

朱註

程子曰："君子處世, 事之無害於義者, 從俗, 可也;

정자(程子 : 程頤)가 말하였다. "군자가 세상을 살아감에 일이 의리를 해침이 없는 것은 세상 풍속을 좇는 것도 괜찮지만,

詳說

○ 叔子.

'정자왈(程子曰)'에서 '정자(程子)'는 동생 정이(程頤)이다.

○ 上聲.38)

'군자처세(君子處世)'에서 '처(處)'자는 상성(上聲 : 居住함)이다.

○ 如'純儉'39).

'일이 의리를 해침이 없는 것'은 '생실로 만듦이 검소함'과 같다.

○ 亦可.40)

'가(可)'는 또한 괜찮다는 말이다.

---

37) 호광 편(胡廣 編), 『논어집주대전(論語集註大全)』「자한(子罕)」 "雙峯饒氏曰 : '先已拜於堂下, 而君辭之, 則是不曾受其拜. 故升堂再拜以成之. 孔子時君弱臣强, 徑自拜於堂上. 故孔子云然. 人以爲諂, 想是此類.'"

38) 호광 편(胡廣 編), 『논어집주대전(論語集註大全)』「자한(子罕)」.

39) 위 경문의 "子曰 : '麻冕禮也, 今也純, 儉, 吾從衆.'"에 나오는 내용이다.

40) 위의 상설(詳說)에서 '好禮者, 依禮造之, 亦可.'라고 한 것과 같은 의미이다.

朱註

害於義, 則不可從也."

의리를 해치면 좇아서는 안 된다."

詳說

○ 如'拜上'[41].

'의리를 해침'은 '당(堂) 위에 올라가서 절함'과 같은 것이다.

○ 趙氏曰: "制度節文之細, 猶可隨時; 繫乎綱常者, 萬世不可易."[42]

조씨(趙氏: 趙順孫)[43]가 말하였다. "제도와 절문(節文)이 상세한 것은 오히려 시대를 따를 수 있지만, 강상(綱常)에 매여 있는 것은 영원히 바꿔서는 안 된다."

○ 新安陳氏曰: "程子, 以此爲例, 而推其餘也."

신안 진씨(新安陳氏: 陳櫟)가 말하였다. "정자(程子)가 이것으로써 예로 삼아 그 나머지를 유추하였다."

○ 汎言也.

'군자(君子)'[44]는 일반적으로 말하는 것이다.

---

41) 위 경문의 "拜下禮也, 今拜乎上, 泰也. 雖違衆, 吾從下."에 나오는 내용이다.

42) 호광 편(胡廣 編), 『논어집주대전(論語集註大全)』「자한(子罕)」에는 "趙氏曰: '制度節文之細, 猶可以隨時; 至於繫乎三綱五常者, 萬世而不容易.'"라 하였다. 조순손(趙順孫), 『논어찬소(論語纂疏)』 권5에는 "愚謂制度節文之細, 猶可以隨時; 至於繫乎三綱五常者, 歷萬世而不容易也."로 되어 있다.

43) 조순손(趙順孫 : 1215~~277) : 남송 시대 사람으로, 자가 화중(和仲)이고, 호가 격암(格庵)이며, 진운운당(縉雲雲塘) 사람이다. 저서로는 『주초(奏草)』 29편, 『사서찬소(四書纂疏)』 10권, 『근사록(近思錄)』 등이 있다.

44) 군자(君子) : 위의 주석 "程子曰: "君子處世,"에서 '군자(君子)'를 가리킨다.

[9-4-1]

子絶四, 毋意; 毋必; 毋固; 毋我.
공자는 네 가지를 끊어 없으셨으니, 사의(私意)가 없으며, 기필(期必)함이 없으며, 고집(固執)함이 없으며, 이기심(利己心)이 없으셨다.

朱註

'絶', 無之盡者. '毋', 『史記』作'無', 是也. '意', 私意也; '必', 期必也; '固', 執滯也. '我', 私己也.
'절(絶)'은 다 없는 것이다. '무(毋)'는 『사기(史記)』에서 '무(無)'라고 쓴 것이 이것이다. '의(意)'는 사사로운 뜻이다. '필(必)'은 기필(期必)함이다. '고(固)'는 잡고 놓지 않음이다. '아(我)'는 사사로운 이기심(利己心)이다.

詳說

○ 胡氏曰 : "私心之發."[45]
호씨(胡氏 : 胡泳)[46]가 말하였다. "사사로운 마음이 드러남이다."

○ 朱子曰 : "留於心."[47]
주자(朱子 : 朱熹)가 말하였다. "마음에 머무르는 것이다."

---

45) 호광 편(胡廣 編), 『논어집주대전(論語集註大全)』「자한(子罕)」 "胡氏曰 : '理本於天, 意出於己, 『大學』以誠意爲言. 蓋好善惡惡, 一有不實, 則所謂意者, 爲私意. 意不可以孤行, 必根於理而後可, 此獨以意言, 即私心之發也.'"

46) 호영(胡泳, 1138~1175) : 송나라 때 사람으로, 자가 백량(伯量)이고, 호가 동원(桐原)이며, 남강(南康) 출신이다. 저서로 『논어연설(論語衍說)』이 있다.

47) 『주자어류(朱子語類)』 권36, 「논어18(論語十八)」, 23조목에는 "意 · 必 · 固 · 我, 亦自有先後. 凡起意作一事, 便用必期之望. 所期之事或未至, 或已過, 又執滯而留於心, 故有有我之患. 意是爲惡先鋒, 我是爲惡成就. 正如四德, 貞是好底成就處, 我是惡底成就處.(사사로운 뜻[意], 꼭 이루어지기를 기필함[必], 고집함[固], 이기심[我]도 또한 저절로 선후가 있다. 사사로운 뜻이 일어나 어떤 일을 하면 반드시 기약하는 바람이 있다. 기약하는 일이 간혹 이르지 않거나 간혹 이미 지나가버렸다면 또 붙들고 집착하여 마음에 남아 있기 때문에 이기심이 생기는 근심이 있게 된다. 사사로운 뜻은 악을 행하는 것이 선봉(先鋒)이 되니 이기심은 악을 행하는 것이 성취된다. 바로 사덕(四德)과 같으니 만물의 완성됨[貞]은 좋은 것이 성취되는 곳이며, 이기심은 악한 것이 성취되는 곳이다."로 되어 있다.

○ 有訓無釋.

훈고는 있으나 경문의 풀이는 없다.

○ 此下, 又合四者而論之.

이 아래에서 또 네 가지를 종합하여 의미를 설명하였다.

朱註

四者, 相爲終始, 起於意; 遂於必; 留於固, 而成於我也.

네 가지가 서로 처음과 끝이 되니, 의(意 : 私意)에 일어나서 필(必 : 期必함)을 이루고, 고(固 : 固執함)에 머물러서 아(我 : 利己心)를 이루는 것이다.

詳說

○ 『大全』曰 : "將成而勢不容已."48)

『논어집주대전』에서 말하였다. "수(遂)는 장차 이루어져서 그 형세를 자기가 용납하지 못하는 것이다."

○ 朱子曰 : "三者, 只成就得一箇我."49)

주자(朱子 : 朱熹)가 말하였다. "세 가지는 다만 하나의 아(我)를 성취시키는 일이다."

---

48) 호광 편(胡廣 編), 『논어집주대전(論語集註大全)』「자한(子罕)」에는 "遂, 謂將成而勢不容已."로 되어 있다.

49) 『주자어류(朱子語類)』 권36, 「논어18(論語十八)」, 26조목에는 "吳仁父問'意·必·固·我'. 曰 : '須知四者之相生 : 凡人做事, 必先起意, 不問理之是非, 必期欲事成而已. 事旣成, 是非得失已定, 又復執滯不化, 是之謂固. 三者, 只成就得一箇我. 及至我之根源愈大, 少間三者, 又從這裏生出. 我生意, 意又生必, 必又生固, 又歸宿於我. 正如'元·亨·利·貞', 元了亨, 亨了又利, 利了又貞, 循環不已.'(오인보(吳仁父)가 사사로운 뜻[意], 기필함[必], 고집함[固], 이기심[我]에 대해 물었다. 주희가 말하였다. '모름지기 네 가지가 상생(相生)하는 것임을 알아야 한다. 사람이 일을 할 때는 반드시 먼저 생각이 생기는데, 이치의 옳고 그름을 따지지 않고 반드시 일이 이루어지기를 기약할 뿐이다. 일이 이미 이루어지면 옳고 그름, 득과 실이 이미 결정되는데, 또 다시 붙잡고 고집하여 변하지 않는 것을 고집이라 한다. 세 가지는 다만 한 개의 아(我)를 성취시키는 것이다. 이기심의 근원이 더욱 커지는데 이르면 조금 뒤에 세 가지가 또 여기에서 생겨나게 된다. 이기심은 사사로운 뜻을 생기게 하고 사사로운 뜻은 꼭 그렇게 되기를 기약하는 마음이 생기게 하고, 꼭 그렇게 되기는 기약함은 또 고집을 생기게 하고, 또 이기심으로 귀결되게 된다. 바로 '원형이정'과 같으니 만물이 생겨나면 형통하게 되고 형통하게 되면 또 이롭게 되고, 이롭게 되면 또 만물이 완성되어 순환하여 그치지 않는 것이다."라 하였다.

○ 又曰 : "意, 是爲惡先鋒."50)

주자(朱子 : 朱熹)가 또 말하였다. "의(意)는 악의 선봉이 되는 것이다."

○ 又曰 : "四者, 又各是一疵51)."52)

주자(朱子 : 朱熹)가 또 말하였다. "네 가지는 또 각각 하나의 병통이다."

朱註

蓋意·必, 常在事前; 固·我, 常在事後; 至於我, 又生意, 則物欲牽引, 循環不窮矣.

대개 의(意)와 필(必)은 항상 일이 있기 전에 있고, 고(固)와 아(我)는 항상 일이 있은 뒤에 있는데, 아(我)에 이르러 또 의(意)가 생기면 물욕에 이끌려서 되풀이하여 빙빙 도는 것이 끝이 없게 된다.

詳說

○ 新安陳氏曰 : "'四者'以下三節, 皆說常人之累於私."53)

신안 진씨(新安陳氏 : 陳櫟)가 말하였다. "'네 가지' 아래의 세 구절은 모두 보통 사람이 사사로움에 얽매임을 말한 것이다."

---

50) 『주자어류(朱子語類)』 권36, 「논어18(論語十八)」, 23조목에는 "意·必·固·我, 亦自有先後. 凡起意作一事, 便用必期之望. 所期之事或未至, 或已過, 又執滯而留於心, 故有有我之患. 意是爲惡先鋒, 我是爲惡成就. 正如四德, 貞是好底成就處, 我是惡底成就處."로 되어 있다.

51) 疵 : 『주자어류(朱子語類)』 권36, 「논어18(論語十八)」, 31조목에는 '病'으로 되어 있다.

52) 『주자어류(朱子語類)』 권36, 「논어18(論語十八)」, 31조목에는 "問 : '橫渠謂 : '四者有一焉, 則與天地不相似.' 略有可疑.' 曰 : '人之爲事, 亦有其初未必出於私意, 而後來不能化去者. 若曰絶私意則四者皆無, 則曰'子絶一'便得, 何用更言'絶四'? 以此知四者又各是一病也.'(물었다. '횡거(橫渠)는 '네 가지 가운데 하나라도 있으면 천지와 더불어 서로 비슷하지 않다'고 생각하였는데, 조금 의심할만한 점이 있는 듯합니다.' 주희가 말하였다. '사람이 어떤 일을 할 때 또한 그 처음에는 반드시 사사로운 뜻에서 나오지는 않았으나 나중에 변할 수 없는 것이 있다. 만약 사사로운 뜻이 전혀 없다고 말한다면 네 가지가 모두 없는 것이니, '공자는 한 가지가 전혀 없었다'고만 말해도 될 것인데, 어찌 다시 '네 가지가 전혀 없다'고 하였겠는가? 이것으로 네 가지는 또 각각 하나의 병통임을 알 수 있다."라고 하였다.

53) 호광 편(胡廣 編), 『논어집주대전(論語集註大全)』「자한(子罕)」에는 "新安陳氏曰 : '『集註』, 四者, 相爲終始, 以下乃以常人之私欲, 細分之有此四者, 相爲終始. 又平分之, 作兩截, 判以事前·事後. 又翻轉說終而復始, 如元而亨·利·貞, 貞下又起元, 有三節意, 皆說常人之累於私, 如此. 非謂夫子之心無私, 亦有此三件節數也. 聖人之心, 惟純乎大公, 而渾然一無私耳, 細察之, 則皆無常人此四者之累也.'"라고 하였다.

朱註

程子曰："此'毋'字, 非禁止之辭, 聖人絶此四者, 何用禁止?" 張子曰："四者, 有一焉, 則與天地, 不相似."[54)]

정자(程子 : 程頤)가 말하였다. "이 '무(毋)'자는 금지하는 말이 아니거늘, 성인이 이 네 가지를 끊은 것에 어찌 금지하는 말을 사용하였는가?" 장자(張子 : 張載)[55)]가 말하였다. "네 가지 가운데 한 가지라도 있으면 천지와 더불어 서로 같지 않다."

詳說

○ 當考.

말한 사람이 동생 정이(程頤)인지 형 정호(程顥)인지 마땅히 살펴봐야 한다.[56)]

---

54) 張子曰："四者, 有一焉, 則與天地, 不相似." : 『주자어류(朱子語類)』 권36, 「논어18(論語十八)」, 30조목, 31조목. 30조목에는 "必, 在事先; 固, 在事後. 有意·必·固三者, 乃成一箇我. 如道是我恁地做, 蓋固滯而不化, 便成一箇我. 橫渠曰 : '四者有一焉, 則與天地不相似.'(꼭 이루어지기를 기약함[必]은 일보다 먼저 있으며, 집착함[固]은 일이 끝난 뒤에 있다. '사사로운 뜻[意], 꼭 이루어지기를 기약함[必], 집착함[固]'의 세 가지가 있으면 이에 아집[我]이 생기게 된다. 만약 나는 이렇게 한다고 말한다면 대개 집착하여 변하지 않는 것이니 아집이 생기는 것이다. 횡거(橫渠)가 말하기를, '네 가지 가운데 하나라도 있으면 천지와 더불어 서로 비슷하지 않다')"라고 하였고, 31조목에는 "問 : '橫渠謂 : '四者有一焉, 則與天地不相似.' 略有可疑.' 曰 : '人之爲事, 亦有其初未必出於私意, 而後來不能化去者. 若曰絶私意則四者皆無, 則曰'子絶一'便得, 何用更言'絶四'? 以此知四者又各是一病也.'(물었다. '횡거(橫渠)는 '네 가지 가운데 하나라도 있으면 천지와 더불어 서로 비슷하지 않다'라고 생각하였는데, 조금 의심할만한 점이 있는 듯합니다.' 주희가 말하였다. '사람이 어떤 일을 할 때 또한 그 처음에는 반드시 사사로운 뜻에서 나오지는 않았으나 나중에 변할 수 없는 것이 있다. 만약 사사로운 뜻이 전혀 없다고 말한다면 네 가지가 모두 없는 것이니, '공자는 한 가지가 전혀 없었다'고만 말해도 될 것인데, 어찌 다시 '네 가지가 전혀 없다'고 하였겠는가? 이것으로 네 가지는 또 각각 하나의 병통임을 알 수 있다.')"라고 하였다.

55) 장재(張載 : 1020~1077) : 북송 시대 학자로, 자가 자후(子厚)이고, 봉상미현(鳳翔郿縣) 횡거진(橫渠鎭) 사람이라서 횡거선생(橫渠先生)이라 부르고 장자(張子)라고 존칭하였다. 장재와 주돈이(周敦頤), 소옹(邵雍), 정이(程頤), 정호(程顥)를 북송오자(北宋五子)라고 한다. 저서로는 『정몽(正蒙)』·『횡거역설(橫渠易說)』 등이 있다.

56) 말한 사람이 동생 정이(程頤)인지 형 정호(程顥)인지 마땅히 살펴봐야 한다 : 박문호(朴文鎬)가 미처 밝히지 못하여 마땅히 고증해 보아야 한다고 말한 '정자(程子)'는 아래의 문헌에 의하면, 동생 정이(程頤)임이 분명하다. 주희, 『논어정의(論語精義)』 권5상에 의하면, "伊川解曰 : '…….' 又曰 : '毋, 非禁止之詞, 聖人絶此四者, 何用禁止? 意與我相近; 固與必相近, 須要分別, 出不同處. …….'"라고 하였고, 주희, 『이정외서(二程外書)』 권3, 「진씨본습유(陳氏本拾遺)」에 의하면, "毋意, 毋, 非禁止之辭, 聖人絶此四者, 何用禁止? 毋意與毋我, 相近; 毋固與毋必, 相近,

○ 新安陳氏曰 : "天地, 大公而已."[57]

신안 진씨(新安陳氏 : 陳櫟)가 말하였다. "천지는 크게 공변될 따름이다."

朱註

楊氏曰 : "非知足以知聖人, 詳視而默識之, 不足以記此."

양씨(楊氏 : 楊時)가 말하였다. "지혜가 넉넉하게 성인을 알아보고, 상세하게 보고서 말없이 잠잠히 아는 사람이 아니면 이를 기록하기에 부족하다."

詳說

○ 去聲.[58]

'비지족이지성인(非知足以知聖人)'에서 '지(知)'자는 거성(去聲 : 知慧)이다.

○ 見『孟子』「公孫丑」.

'지혜가 넉넉하게 성인을 알아봄'은 『맹자(孟子)』「공손추(公孫丑)」에 보인다.[59]

○ 此章之善記心意, 與'温厲章'之言記容貌, 相似. 故皆有說以美記者.

이 장의 심의(心意)를 잘 기록함은 『논어(論語)』 온려장(温厲章)의 용모(容貌)를 잘 기록한 것[60]과 서로 같다. 그러므로 모두 해설함을 두어 기록한 것을 아름답게 여겼다.

須要分別不同. …….”이라고 하였다.

57) 호광 편(胡廣 編), 『논어집주대전(論語集註大全)』「자한(子罕)」에는 "新安陳氏曰 : '天地, 大公而已, 四者, 才有一, 則累於私小, 無復大公氣象 何由與天地相似?'"로 되어 있다.

58) 호광 편(胡廣 編), 『논어집주대전(論語集註大全)』「자한(子罕)」. 호병문(胡炳文)의 『논어통(論語通)』 권5와 첨도전(詹道傳)의 『논어찬전(論語纂箋)』 권5에도 있는 내용이다.

59) '지혜가 넉넉하게 성인을 알아봄'은 『맹자(孟子)』「공손추(公孫丑)」에 보인다 : 『맹자(孟子)』「공손추상(公孫丑上)」에서 "맹자가 말하였다. '재아와 자공과 유약은 지혜가 넉넉하게 성인을 알아보아서 자신을 더럽혀서 그 좋아하는 것에 아첨하는 데까지는 이르지 않았다.'(曰 : '宰我子貢有若, 智足以知聖人, 汙不至阿其所好.')"라고 한 구절을 말한다.

60) 『논어(論語)』 온려장(温厲章)의 용모(容貌)를 잘 기록한 것 : 온려장(温厲章)은 『논어(論語)』「술이(述而)」의 "공자께서는 온화하면서도 엄숙하며, 위엄이 있으면서도 사납지 않으며, 공손하면서도 편안하셨다.(子, 温而厲; 威而不猛; 恭而安.)"라는 구절을 말한다. 이 구절에 대한 주자의 주석에서 "그러나 지혜가 성인을 알 만하고 덕행을 잘 말할 수 있는 자가 아니라면 이것을 기록할 수 없다. 따라서 정자는 증자의 말이라고 하였으니, 배우는 자들이 마땅히 반복하여 마음에 새겨야 한다.(抑非知足以知聖人, 而善言德行者, 不能記. 故程子, 以爲曾子之言, 學者所宜反復而玩心也.)"라고 하였다.

[9-5-1]

子, 畏於匡,
공자가 광(匡) 땅에서 두려워 하셨으니,

朱註

'畏'者, 有戒心之謂. '匡', 地名.
'외(畏)'라는 것은 경계하는 마음이 있음을 이른다. '광(匡)'은 땅이름이다.

詳說

○ 出『孟子』「公孫丑」.
'계심(戒心 : 경계하는 마음)'은 『맹자(孟子)』「공손추하(公孫丑下)」에 나온다.[61]

○ 厚齋馮氏曰 : "宋邑."[62]
후재 풍씨(厚齋馮氏 : 馮椅)가 말하였다. "송나라 마을이다."

○ 訓畢.
훈고가 끝났다.

朱註

『史記』云 : "陽虎曾暴於匡, 夫子貌似陽虎. 故匡人圍之."
『사기(史記)』에서 말하였다. "양호(陽虎)가 일찍이 광(匡) 땅에서 포학(暴虐)하였는데, 공자[夫子 : 孔子]의 외모가 양호를 닮았다. 그러므로 광 땅의 사람들이 공자를 에워쌌다."

詳說

○ 「世家」.

---

61) '계심(戒心 : 경계하는 마음)'은 『맹자(孟子)』「공손추하(公孫丑下)」에 나온다 : 『맹자(孟子)』「공손추하(公孫丑下)」에서 "마땅히 설 땅에 있을 적에는 내가 경계하는 마음이 있었는데, 보내온 말에 '경계하신다고 들었습니다. 그러므로 병기를 위해서 돈을 보냅니다.'라고 하였으니 내가 어찌하여 받지 않겠는가?(當在薛也, 予有戒心, 辭曰 : '聞戒. 故爲兵餽之.' 予何爲不受?"라고 하였다.

62) 호광 편(胡廣 編), 『논어집주대전(論語集註大全)』「자한(子罕)」에는 "厚齋馮氏曰 : '匡, 宋邑. 陽虎, 曾暴於匡, 夫子弟子顔尅, 時與虎, 俱夫子適陳, 過匡, 顔尅御, 匡人識尅, 夫子貌又似虎, 匡人以兵圍之, 五日弟子懼. 故子曰如下所云.'"으로 되어 있다.

『사기(史記)』는 「공자세가(孔子世家)」이다.

○ 時適陳過匡.

그때 진(陳)나라로 가다가 광(匡) 땅을 지나간 것이다.

○ 引『史記』而釋之.

『사기(史記)』를 인용하여 경문을 풀이하였다.

[9-5-2]

曰 : "文王旣沒, 文不在茲乎?

공자가 말하였다. "문왕이 이미 죽었으니 문(文)이 여기에 있지 않겠는가?

詳說

○ 朱子曰 : "與'天生德於予', 意思一般."[63]

주자(朱子 : 朱熹)가 말하였다. "'하늘이 나에게 덕을 생기게 하였음'[64]과 뜻이 같다."

---

63) 『주자어류(朱子語類)』 권36, 「논어18(論語十八)」, 44조목에는 "文不在茲乎! 言'在茲', 便是'天未喪斯文'.(문명이 여기 나에게 있지 않으냐?'라고 하였는데, '여기에 있다'고 말한 것은 '하늘이 아직 이 문명[斯文]을 버리지 않았다'는 것이다."라고 하였고, 45조목에는 "後死者, 夫子自謂也. '死'字對'沒'字.(뒤에 죽을 사람은 공자 자신을 말한다. '죽는다[死]'는 글자는 '이미 돌아가셨다[沒]'는 글자와 대구가 된다."라고 하였다. 또한 47조목에는 "後死者, 是對上文'文王'言之. 如曰'未亡人'之類, 此孔子自謂也. 與'天生德於予', 意思一般. 斯文旣在孔子, 孔子便做著天在. 孔子此語, 亦是被匡人圍得緊後, 方說出來.(뒤에 죽을 사람은 위의 '문왕(文王)'과 상대하여 말한 것으로, 아직 '사망하지 않은 사람'의 무리라고 말하는 것과 같으니, 이는 공자가 자신을 말한 것이다. '하늘이 나에게 덕을 생기게 하였다'라는 것과 의미가 마찬가지이다. 이 문명이 이미 공자께 있으니 공자는 곧 하늘이 부여한 일을 하는 것이다. 공자의 이 말은 또한 광(匡) 땅 사람들에게 포위되어 긴박한 상황이 된 뒤에 비로소 말한 것이다."라고 하였다.

64) 하늘이 나에게 덕을 생기게 하였음 : 『논어(論語)』「술이(述而)」에서 "공자가 말하였다. '하늘이 나에게 덕을 생기게 하였으니, 환퇴가 나를 어쩌겠는가?'(子曰 : '天生德於予, 桓魋其如予何?')"라고 하였다. 공자가 노나라 애공 3년인 60세에 송나라를 지나갈 적에 송나라 사마(司馬)인 환퇴가 죽이려고 하자, 공자가 하늘로부터 인의도덕(仁義道德)을 받아서 천하를 구제하려는 자신을 환퇴가 해치지 못할 것이라고 말한 사안과 동일하다고 보았다.

朱註

道之顯者, 謂之文, 蓋禮樂·制度之謂. 不曰'道'而曰'文', 亦謙辭也. 玆, 此也, 孔子自謂.

도가 밝게 드러난 것을 문(文)이라고 이르니, 대개 예악(禮樂)과 제도(制度)를 이르는 것이다. '도(道)'라고 하지 않고 '문'이라고 한 것은 또한 겸사(謙辭)이다. '자(玆)'는 '이(이 몸)에'라는 말이니, 공자가 스스로 이른 것이다.

詳說

◯ 自任中, 有謙意. 故下'亦'字.
스스로 맡았다고 한 가운데 겸손한 뜻을 두었다. 그러므로 '역(亦)'자를 놓은 것이다.

◯ 不曰'我', 而曰'玆', 亦有謙意.
'아(我)'라고 하지 않고 '자(玆)'라고 하였으니, 또한 겸손한 뜻을 두었다.

◯ 有訓無釋.
훈고는 있으나 경문의 풀이는 없다.

[9-5-3]

天之將喪斯文也, 後死者, 不得與於斯文也; 天之未喪斯文也, 匡人, 其如予何?"

하늘이 장차 이 문(文)을 잃게 할진댄 뒤에 죽을 사람이 이 문에 참여(參與)하지 못하였을 것이려니와, 하늘이 이 문을 잃지 않았으니 광 땅의 사람이 나를 어찌하겠는가?"

朱註

'喪'·'與', 竝去聲.65) 馬氏曰: "文王旣沒. 故孔子自謂'後死者'."

---

65) 조순손(趙順孫)의 『논어찬소(論語纂疏)』와 호병문(胡炳文)의 『논어통(論語通)』, 첨도전(詹道傳)의 『논어찬전(論語纂箋)』과 호광 편(胡廣 編), 『논어집주대전(論語集註大全)』「자한(子罕)」에는 "'喪'·'與', 皆去聲."이라고 하였다.

'천지장상사문야(天之將喪斯文也)'에서 '상(喪)'자와 '부득여어사문야(不得與於斯文也)'에서 '여(與)'자는 모두 거성(去聲 : 喪失함·參與함)이다. 마씨(馬氏 : 馬融)[66]가 말하였다. "문왕이 이미 죽었다. 그러므로 공자가 스스로 '뒤에 죽는 사람'이라고 이른 것이다."

詳說

○ 馬說, 似止此.
마융(馬融)의 말이 여기서 그친 것 같다.

○ 訓.
훈고이다.

朱註

言天若欲喪此文, 則必不使我得與於此文, 今我旣得與於此文, 則是天未欲喪此文也.
하늘이 만약에 이 문(文)을 잃게 하고자 하였다면 반드시 나에게 이 문에 참여할 수 없도록 했을 텐데, 지금 나는 이미 이 문에 참여할 수 있으니 이는 하늘이 이 문을 잃으려 하지 않은 것이다.

詳說

○ 添此二句, 以足其言外之意.
이 두 구절을 보태서[67] 그 말 밖의 뜻을 넉넉하게 하였다.

朱註

天旣未欲喪此文, 則匡人其柰我何? 言必不能違天害己也.
하늘이 이미 이 문(文)을 잃으려 하지 않았으니 광 땅의 사람이 나를 어찌하겠는

66) 마융(馬融 : 79~166) : 동한(東漢) 시대 사람으로, 자가 계장(季長)이고, 부풍무릉(扶風茂陵) 사람이다. 평생 동안 주요 경서에 대하여 주석서를 냈으며, 청나라 때 편찬한 『옥함산방총서(玉函山房叢書)와 『한학당총서(漢學堂叢書)』에 그 집록이 있다. 노식(盧植)과 정현(鄭玄)이 그의 문도이다.

67) 이 두 구절을 보태서 : 위의 "今我旣得與於此文, 則是天未欲喪此文也.(지금 나는 이미 이 문에 참여할 수 있으니 이는 하늘이 이 문을 잃으려 하지 않은 것이다.)"를 말한다.

가?라고 말한 것이다. 반드시 하늘을 어기고 자기를 해칠 수 없음을 말하였다.

詳說

○ 此句, 釋'其如予何'之意.

이 구절은 '기여여하(其如予何 : 나를 어찌하겠는가?)'의 뜻을 풀이한 것이다.

○ 程子曰 : "聖人德盛, 與天爲一, 出此等語, 自不覺耳."[68]

정자(程子 : 程顥)[69]가 말하였다. "성인은 덕이 성대하여 하늘과 더불어 하나가 되거늘, 이러한 말이 나와도 스스로 깨닫지 못할 뿐이다."

○ 釋畢.

경문의 풀이가 끝났다.

○ 雲峰胡氏曰 : "紂能囚文王, 不能違天而害文王; 匡人能圍夫子, 不能違天而害夫子."[70]

운봉 호씨(雲峰胡氏 : 胡炳文)가 말하였다. "주왕(紂王)이 문왕(文王)을 가두어도 하늘을 어기면서 문왕을 해칠 수 없었으며, 광 땅의 사람이 공자를 에워쌀 수 있어도 하늘을 어기면서 공자를 해칠 수 없었다."

○ '文'字, 此章之題目.

'문(文)'자가 이 장의 제목이다.

---

68) 호광 편(胡廣 編), 『논어집주대전(論語集註大全)』「자한(子罕)」에는 "程子曰 : '於天之將喪斯文下, 便言後死者不得與於斯文, 則是文之興喪, 在孔子, 與天爲一矣. 蓋聖人德盛, 與天爲一, 出此等語, 自不覺耳.'"로 되어 있다. 주희, 『맹자정의(孟子精義)』 권4, 「공손추장구하(公孫丑章句下)」에서 정명도(程明道)의 말이라고 하였다. 그 내용은 다음과 같다. "明道曰 : …… 又云 : '孔子於天之將喪斯文下, 便言後死者不得與於斯文, 則是文之興喪, 在孔子, 與天爲一矣. 蓋聖人德盛, 與天爲一, 出此等語, 自不覺耳. …….'"

69) 정호(程顥 : 1032~1085) : 북송 시대 사람으로, 자가 백순(伯淳)이고, 학자들이 명도선생(明道先生)이라 불렀다. 일찍이 동생 정이(程頤)와 함께 주돈이(周敦頤)에게 배웠으며, 세상에서 이정(二程)이라 불렀다. 저서로는 『이정전서(二程全書)』가 있다.

70) 호광 편(胡廣 編), 『논어집주대전(論語集註大全)』「자한(子罕)」에는 "雲峯胡氏曰 : '文不在玆之文, 卽文王之所以爲文也. 文王接堯舜禹湯之統, 夫子接文王之統, 皆天也. 紂能囚文王, 不能違天而害文王, 匡人能圍夫子, 不能違天而害夫子.'"로 되어 있다.

[9-6-1]

大宰, 問於子貢曰 : "夫子, 聖者與? 何其多能也?"
태재(太宰)가 자공(子貢)에게 물으면서 말하였다. "공자[夫子]는 성인(聖人)이신가요? 어찌 재능이 많으신가요?"

朱註

'大', 音泰. '與', 平聲. 孔氏曰 : "大宰, 官名, 或吳或宋, 未可知也."[71] '與'者, 疑辭.

'태재(大宰)'에서 '태(大)'자는 음이 태(泰)이다. '성자여(聖者與)'에서 '여(與)'자는 평성(平聲 : 어조사)이다. 공씨(孔氏 : 孔安國)가 말하였다. "태재(太宰)는 관직 이름인데, 오나라인지 송나라인지 알 수 없다." '여(與)'라는 것은 의문어조사이다.

詳說

○ 杜氏曰 : "春秋時, 惟吳 · 宋 · 魯有大宰, 吳嚭 · 宋華督 · 向帶. 魯公子翬, 疑此卽吳嚭也. 吳與魯, 會繒, 嚭召季康子, 康子使子貢往焉."[72]

두씨(杜氏 : 杜預)[73]가 말하였다. "춘추 시대에 오직 오나라와 송나라와 노나라에

---

71) 형병(邢昺), 『논어주소(論語注疏)』 권9에는 "孔曰 : '大宰, 大夫官名, 或吳或宋, 未可分也. 疑孔子多能於小藝.'"로 되어 있다.

72) 호광 편(胡廣 編), 『논어집주대전(論語集註大全)』「자한(子罕)」에는 "杜氏曰 : '按春秋之時, 以大宰名官者, 惟吳宋與魯耳. 吳有大宰嚭; 宋有大宰華督, 事殤公, 其後九世, 至平公, 乃以向帶爲大宰. 平公卽位之歲, 距孔子過宋, 歷二公八十餘年, 其間或廢或否, 雖未可知, 然『左氏』及『史記』, 亦不復載不可考也. 況孔子過宋時, 遭桓司馬之厄, 遂微服而去, 豈復有問子貢者歟? 疑此大宰, 卽吳嚭也, 吳與魯會繒嚭召季康子, 康子使子貢往焉, 則此當是吳大宰, 而亦當在此年也. 魯自公子翬, 請於隱公, 欲殺桓以求大宰, 其後不復見.'"으로 되어 있다. 『사기(史記)』와 『논어집주통증(論語集註通證)』을 보면 박문호(朴文鎬)의 상설(詳說) 내용이 더욱 분명해진다. 『사기(史記)』 권47, 「공자세가(孔子世家)」 권17. "於是, 孔子自楚反乎衛, 是歲也, 孔子年六十三, 而魯哀公六年也. 其明年, 吳與魯, 會繒, 徵百牢太宰嚭, 召季康子, 康子使子貢往, 然後得已, 孔子曰 : '魯衛之政, 兄弟也.'" 장존중(張存中), 『논어집주통증(論語集註通證)』 권상, 「太宰問於子貢曰章 · 太宰官名或吳或宋」. "『史記』「孔子世家」, 孔子自楚反乎衛, 是歲也; 孔子年六十三, 而魯哀公六年也. 其明年, 吳與魯, 會繒, 徵百牢太宰嚭, 召季康子, 康子使子貢往, 然後得已. 「宋世家」, 殤公立, 以孔父嘉爲司馬, 華督爲太宰, 至平公, 以向帶爲太宰, 魚府爲少宰."

73) 두예(杜預 : 222~285) : 서진(西晉) 때 사람으로, 자가 원개(元凱)이고, 경조두릉(京兆杜陵) 사람이다. 경적(經籍)을 널리 탐독하여 두루 통달하였으며, 저서로는 『춘추좌씨경전집해(春秋左

만 태재(太宰)가 있었으니, 오나라의 비(嚭)와 송나라의 화독(華督)과 상대(向帶)이다. 노나라 공자 휘(翬)는 의심컨대 이는 곧 오나라 비(嚭)일 것이다. 오나라와 노나라가 증(繒) 고을에서 만날 적에 비(嚭)가 계강자(季康子)를 불렀는데, 계강자가 자공(子貢)에게 가게 하였다."

○ 大宰司敗, 疑皆有諱而改官名, 如晉諱師, 以太師爲太宰.

태재(大宰)와 사패(司敗 : 司寇)는 의심컨대 모두 휘(諱)할 것이 있어서 관직 이름을 고친 것이니, 진(晉)나라 때 사(師)자를 휘하여 태사(太師)를 태재(太宰)라고 한 것과 같다.

○ 孔說, 疑止此.

공안국(孔安國)의 말이 의심컨대 여기서 그친 듯하다.

○ 訓畢.

훈고가 끝났다.

朱註

大宰, 蓋以多能爲聖也.

태재(太宰)는 대개 재능(才能)이 많으므로 성인(聖人)이라고 여겼다.

詳說

○ 大宰, 合聖, 多能爲一事.74)

태재(太宰)는 성인(聖人)에 부합할 정도로 재능이 많은 것을 한 가지 일로 여겼다.

○ 釋畢.

경문의 풀이가 끝났다.

氏經傳集解)』 및 『춘추석례(春秋釋例)』 등이 있다.

74) 조순손(趙順孫), 『논어찬소(論語纂疏)』 권5에서 보광(輔廣)이 "大宰與黨人, 其論聖人, 雖不同, 而其智不足以知聖人, 則一也. 惜其無所成名者, 望聖人之全也; 疑以多能爲聖者, 待聖人之淺也."라고 한 것과, 호병문(元胡炳文), 『논어통(論語通)』 권5에서 풍의(馮椅)가 "古之人, 所能一藝一事而已. 夫子無所不能. 故疑其聖也, 聖者無所不通者也."라고 말한 내용을 아울러 보면 도움이 될 것이다.

[9-6-2]

子貢曰 : "固天縱之將聖, 又多能也."
자공이 말하였다. "진실로 하늘이 내려놓으신 장차 성인이시고, 또 재능이 많으십니다."

朱註

'縱', 猶肆也, 言不爲限量也.[75] '將', 殆也, 謙若不敢知之辭.
'종(縱)'은 사(肆 : 縱肆, 놓음)와 같으니, 한정하여 헤아리지 못함을 말한 것이다. '장(將)'은 태(殆 : 庶幾, 거의)이니, 겸손하게 감히 알지 못하는 듯이 하는 말이다.

詳說

○ 去聲.
'언불위한량야(言不爲限量也)'에서 '양(量)'자는 거성(去聲 : 計量, 헤아림)이다.

○ 朱子曰 : "庶幾也."[76]
'장, 태야(將, 殆也)'에서 '태(殆)'는 주자(朱子 : 朱熹)가 말하였다. "거의이다."

○ 訓畢.
훈고가 끝났다.

75) 言不爲限量也 : 『주자어류(朱子語類)』 권36, 「논어18(論語十八)」, 56조목에는 다음과 같이 되어 있다. "問: ''天縱之將聖.' '縱, 猶肆也, 言不爲限量', 何如?' 曰: '天放縱聖人做得恁地, 不去限量它.' 問: '如此, 愚不肖是天限量之乎?' 曰: '看氣象, 亦似天限量它一般. 如這道理, 聖人知得盡得, 愚不肖要增進一分不得, 硬拘定在這裏.'(물었다. '하늘이 내려주신 거의 성인에 가까운 분'에서 내려주신[縱]은 풀어 놓는다[肆]와 같으니 제한하지 않음[不爲限量]을 말하는 듯합니다. 어떻게 생각하십니까?' 주희가 말하였다. '하늘이 성인을 내려줌에 이와 같이 하여 그것에 제한하지 않은 것이다.' 물었다. '그렇다면 어리석고 불초한 사람은 하늘이 그들을 제한한 것입니까?' 주희가 말하였다. '기상을 보면 또한 하늘이 그들을 제한한 것과 마찬가지인 듯하다. 만약 도리를 말한다면 성인은 모든 것을 다 알고 있지만 어리석고 불초한 사람은 조금 나아가려고 해도 그럴 수 없고 여기에 견고하게 구애된다.')"

76) 호광 편(胡廣 編), 『논어집주대전(論語集註大全)』「자한(子罕)」에는 "朱子曰 : '…… 殆, 庶幾也, 如而今說將次.'"로 되어 있다.

朱註

聖, 無不通; 多能, 乃其餘事. 故言'又', 以兼之.

'성(聖)'은 통하지 않음이 없음이고, '다능(多能)'은 이에 그 나머지의 일이다. 그러므로 '우(又)'자를 말하여 아우른 것이다.

詳說

○ 亦該於'無不通'之中
또한 통하지 않음이 없는 가운데 갖추어지는 것이다.

○ '又'字.
'우(又)'는 '우(又)'자이다.

○ 子貢說, 在分合之間.
자공(子貢)의 말이 나누어졌다가 합쳐지는[77] 사이에 있다.

○ 釋畢.
경문의 풀이가 끝났다.

[9-6-3]

子聞之曰 : "大宰知我乎. 吾少也, 賤. 故多能鄙事, 君子, 多乎哉? 不多也."
공자가 듣고 말하였다. "태재는 나를 알도다. 내가 어렸을 적에 비천(鄙賤)하였다. 그러므로 비천한 일에 재능이 많으니, 군자는 재능이 많은 것인가? 많지 않도다."

詳說

○ 朱子曰 : "不直謂'大宰不足以知我', 只說'大宰知我', 便見聖人待人溫厚."[78]

---

77) 나누어졌다가 합쳐지는 : 원문 '분합(分合)'에서 '분(分)'은 변석(辨析)이니 변별분석(辨別分析)을 뜻하고, '합(合)'은 귀류(歸類)이니 귀결유합(歸結類合)을 뜻한다.

78) 호광 편(胡廣 編), 『논어집주대전(論語集註大全)』「자한(子罕)」에는 "又曰 : '太宰知我乎以下, 煞有曲折意思. 聖人不直謂大宰不足以知我, 只說大宰也知我, 這便見聖人待人恁地溫厚.'"라고 하

주자(朱子 : 朱熹)가 말하였다. "곧바로 '태재가 나를 넉넉하게 알지 못하였다.'라고 이르지 않고, 다만 '태재가 나를 알았다.'라고 말한 것은 곧 성인(聖人)이 사람을 대함이 온후(溫厚)하다는 뜻을 보인 것이다."

○ 變'聖'言'君子'者, 嫌於以聖自居也.

'성(聖)'자를 바꾸어 '군자(君子)'라고 말한 것은 성인(聖人)으로써 스스로 뻐김을 싫어한 것이다.

朱註

言由少賤. 故多能, 而所能者鄙事爾,

어려서부터 비천하였다. 그러므로 재능이 많은데, 능한 것은 비천한 일뿐이고,

詳說

○ 去聲.[79]

'언유소천(言由少賤)'에서 '소(少)'자는 거성(去聲 : 젊다)이다.

○ 朱子曰 : "釣弋獵較之類."[80]

주자(朱子 : 朱熹)가 말하였다. "낚시질과 주살질과 사냥질의 따위이다."

朱註

非以聖而無不通也.

성인으로서 통달하지 못함이 없는 것이 아님을 말하였다.

詳說

○ 朱子曰 : "謙辭."[81]

였고, 『주자어류(朱子語類)』 권36에도 같은 내용이 보인다. "太宰知我乎以下, 煞有曲折意思. 聖人不直謂太宰不足以知我, 只說太宰也知我, 這便見聖人待人恁地溫厚. 又曰 : '聖人自是多能. 今若只去學多能, 則只是一箇雜骨董底人, 所以說 : 君子多乎哉? 不多也.'"

79) 형병(邢昺), 『논어주소(論語注疏)』 권9에는 "少, 詩照反, 注同."이라 하였다.

80) 호광 편(胡廣 編), 『논어집주대전(論語集註大全)』「자한(子罕)」에는 "朱子曰 : '鄙事, 如釣弋獵較之類.'"로 되어 있다.

81) 『주자어류(朱子語類)』 권36, 「논어18(論語十八)」, 53조목에는 "問 : '太宰初以多能爲夫子之聖. 子貢所答方正說得聖人體段. 夫子聞之數語, 卻是謙辭, 及有多能非所以率人之意.' 曰 : '固是子貢說得聖人本分底. 聖人所說乃謙辭.'(태재가 처음에는 능력이 많은 것으로 공자를 성인이라고 생각하였

주자(朱子 : 朱熹)가 말하였다. "겸양의 말이다."

◯ **退溪曰 : "以字釋於'通'字."**

퇴계(退溪 : 李滉)[82]가 말하였다. "글자로써 '통(通)'자를 풀이한 것이다."

◯ **尤菴曰 : "以字屬'聖'字, 釋恐平順."**[83]

우암(尤庵 : 宋時烈)[84]이 말하였다. "글자를 '성(聖)'자에 엮으면 풀이가 아마도 평탄하고 순조로울 것이다."

朱註

且多能, 非所以率人.

또 재능이 많다고 해서 사람을 헤아릴 수 있는 것은 아니다.

詳說

◯ **沙溪曰 : "'率'通作'律', 小註[85], 朱子曰 : '不可以律人, 當以律讀率'."**[86]

으나, 자공이 대답한 바가 바로 성인의 특징을 바르게 설명하였는데, 공자가 듣고 말하신 몇 마디는 도리어 겸손하게 표현한 말로 능력이 많이 있음이 사람을 거느리는 바가 아니라는 의도에 이른 것이다."라고 하였다.

82) 이황(李滉 : 1501~1570) : 본관이 진보(眞寶), 초명이 서홍(瑞鴻), 자가 경호(景浩) 또는 계호(季浩), 호가 퇴계(退溪)·퇴옹(退翁), 시호가 문순(文純)이다. 저서로 『퇴계집』·『주자서절요(朱子書節要)』 등이 있다.

83) 송시열(宋時熱), 『송자대전(宋子大全)』, 권133, 「잡저(雜著) 퇴계사서질의의의(退溪四書質疑疑義)1」. "子罕非以聖而無不通◯聖이라無不通ᄒᆞ므로ᄡᅥᄒᆞᆫ거시아니라 以字屬聖字釋恐平順."

84) 송시열(宋時烈 : 1607~1689) : 본관이 은진(恩津), 자가 영보(英甫), 호가 우암(尤庵) 또는 우재(尤齋), 시호가 문정(文正)이다. 저서로 『주자대전차의(朱子大全箚疑)』·『주자어류소분(朱子語類小分)』·『이정서분류(二程書分類)』 등이 있다.

85) 호광 편(胡廣 編), 『논어집주대전(論語集註大全)』「자한(子罕)」에는 "朱子嘗問學者曰 : 大宰云 : 夫子聖者與? 何其多能也? 是以多能爲聖也. 子貢對以夫子固天縱之將聖, 又多能也. 是以多能爲聖人餘事也. 子曰 : 吾少也賤. 故多能鄙事. 君子多乎哉? 不多也. 是以聖爲不在於多能也. 三者之說不同, 諸君且道, 誰說得聖人地位? 著諸生多主. 夫子之言曰 : 大宰以多能爲聖, 固不是. 若要形容聖人地位, 則子貢之言爲盡. 蓋聖主於德, 固不在多能, 然聖人未有不多能者. 夫子以多能, 不可以律人. 故言君子不多尙德, 而不尙藝之意, 而其實聖人未嘗不多能也."로 되어 있다. 『주자어류(朱子語類)』 권36, 「논어18(論語十八)」, 52조목에도 동일하게 실려 있다. "先生曰: '太宰云: '夫子聖者歟! 何其多能也?'是以多能爲聖也. 子貢對以夫子'固天縱之將聖, 又多能也'. 是以多能爲聖人餘事也. 子曰: '吾少也賤, 故多能鄙事. 君子多乎哉? 不多也.' 是以聖爲不在於多能也. 三者之說不同, 諸君且道誰說得聖人地位著?' 諸生多主夫子之言. 先生曰: '太宰以多能爲聖, 固不是. 若要

사계(沙溪 : 金長生)[87]가 말하였다. "'솔(率)'은 '율(律)'로 쓰는 것과 통하니, 소주(小註)에서 주자(朱子 : 朱熹)가 말하였다. '사람을 헤아릴 수 없으니, 마땅히 율(律)로써 율(率)을 읽어야 한다.'"

○ 慶源輔氏曰 : "以多能率人, 則人將尙才而不務德."[88]

경원 보씨(慶源輔氏 : 輔廣)가 말하였다. "재능이 많은 것으로써 사람을 헤아릴 수 있다면, 사람들이 재능을 숭상하고 덕에 힘쓰지 않을 것이다."

朱註

故又言君子不必多能, 以曉之.

그러므로 또 군자는 반드시 재능을 많지 않음을 말하여 깨우쳐준 것이다.

形容聖人地位, 則子貢之言爲盡. 蓋聖主於德, 固不在多能, 然聖人未有不多能者. 夫子以多能不可以律人, 故言君子不多, 尙德而不尙藝之意, 其實聖人未嘗不多能也.'(선생이 말하였다. '태재가 '공자는 성인이신가? 어찌 그리도 능력이 많으신가?'라 하니, 이는 능력이 많음을 성인으로 생각한 것이다. 자공이 공자는 '진실로 하늘이 내려주신 거의 성인에 가까운 분이고 또 능력이 많다'는 것으로 대답하였으니, 이는 능력이 많은 것을 성인의 남은 일로 생각한 것이다. 공자가 말하기를, '나는 어렸을 때 천하였기 때문에 비루한 일에 능함이 많다. 군자는 능함이 많아야 하겠느냐? 많지 않아도 된다.'라고 하였으니, 이는 성인을 능력이 많음에 있지 않다고 생각한 것이다. 세 사람의 설명이 같지 않으니, 여러분은 또 누가 성인의 지위를 설명했는지 말해 보아라. 여러 제자들 가운데 공자의 말을 위주로 삼는 이가 많았다. 선생이 말하였다. '태재가 능력이 많은 것을 성인으로 생각한 것은 진실로 옳지 않다. 성인의 지위를 형용하고자 한다면 자공의 말이 곡진하다. 대개 성인은 덕에 주장하고 진실로 능력이 많음에 있지 않지만 성인 가운데 능력이 많지 않은 사람은 있지 않다. 공자는 능력이 많음으로 다른 사람을 평가할 수 없었기 때문에 군자는 능력이 많지 않으며, 덕을 숭상하고 재주를 숭상하지 않는다는 뜻을 말하였으니, 그 실제로 성인도 능력이 많지 않은 적은 없었다.')"

86) 김장생(金長生), 『경서변의(經書辨疑)·논어(論語)』「자한(子罕)」. "率, 『韻會』通作律. 小註, 朱子曰 : '夫子以多能, 不可以律人. 當以律讀率'."

87) 김장생(金長生 : 1548~1631) : 본관이 광산(光山), 자가 희원(希元), 호가 사계(沙溪), 시호가 문원(文元)이다. 저서로는 『상례비요(喪禮備要)』·『가례집람(家禮輯覽)』·『전례문답(典禮問答)』·『의례문해(疑禮問解)』·『근사록석의(近思錄釋疑)』·『경서변의(經書辨疑)』·『사계선생전서(沙溪先生全書)』 등이 있다.

88) 호광 편(胡廣 編), 『논어집주대전(論語集註大全)』「자한(子罕)」에는 "慶源輔氏曰 : '若以多能率人, 則人將徇末而忘本, 尙才而不務德, 卒無以入聖賢之域矣.'"로 되어 있다.

詳說

○ 夫子上下說, 皆分爲兩事, 而歸重在下說, 所以正大宰之失.

공자의 위아래 말[89]이 모두 두 가지 일로 나누어지지만, 중요하게 여기는 것이 아래 말에 있으니, 태재의 과실을 바로잡은 것이다.

○ 有釋無訓.

경전의 풀이는 있으나 훈고는 없다.

○ 朱子曰 : "大宰以多能爲聖; 子貢以多能爲聖人餘事; 孔子以聖爲不在於多能. 若要形容聖人地位, 則子貢之言爲盡, 聖人未有不多能者."[90]

주자(朱子 : 朱熹)가 말하였다. "태재(太宰)는 재능이 많은 것으로써 성인이라 여겼고, 자공(子貢)은 재능이 많은 것으로써 성인의 나머지 일이라 여겼으며, 공자(孔子)는 성(聖)이 재능이 많은 것에 있지 않다고 여겼다. 만약 요컨대 성인의 지위를 형용한다면 자공의 말이 다한 것이 되니, 성인은 재능이 많지 않은 적이 있지 않은 것이다."

[9-6-4]

牢曰 : "子云 : '吾不試. 故藝.'"

뇌(牢 : 子張)가 말하였다. "공자가 이르렀다. '내가 임용(任用)되지 못하였다. 그러므로 기예(技藝)를 익혀서 통달한 것이다.'"

---

89) 공자의 위아래 말 : 위 경문의 "大宰知我乎. 吾少也, 賤. 故多能鄙事.(태재는 나를 알도다. 내가 어렸을 적에 비천(鄙賤)하였다. 그러므로 비천한 일에 재능이 많다.)"와 "君子, 多乎哉? 不多也.(군자는 재능이 많은 것인가? 많지 않도다.)"를 말한다.

90) 호광 편(胡廣 編), 『논어집주대전(論語集註大全)』「자한(子罕)」에는 "朱子嘗問學者曰 : 大宰云 : 夫子聖者與? 何其多能也? 是以多能爲聖也. 子貢對以夫子固天縱之將聖, 又多能也. 是以多能爲聖人餘事也. 子曰 : 吾少也賤. 故多能鄙事. 君子多乎哉? 不多也. 是以聖爲不在於多能也. 三者之說不同, 諸君且道, 誰說得聖人地位? 著諸生多主. 夫子之言曰 : 大宰以多能爲聖, 固不是. 若要形容聖人地位, 則子貢之言爲盡. 蓋聖主於德, 固不在多能, 然聖人未有不多能者. 夫子以多能, 不可以律人. 故言君子不多尙德, 而不尙藝之意, 而其實聖人未嘗不多能也."로 되어 있다.

朱註

'牢', 孔子弟子, 姓琴, 字子開, 一字子張. '試', 用也.

'뇌(牢)'는 공자 제자니 성이 금(琴)이고, 자가 자개(子開)이며, 다른 하나의 자가 자장(子張)이다. '시(試)'는 임용(任用)됨이다.

詳說

○ 『家語』曰: "衛人."[91)]

'자장(子張[92)])'은 『공자가어(孔子家語)』에서 말하였다. "위(衛)나라 사람이다."

○ 訓畢.

훈고가 끝났다.

朱註

言由不爲世用.

세상에 쓰임이 되지 못한 데 말미암은 것이다.

詳說

○ 於'少賤', 爲近.[93)]

어려서 비천(鄙賤)한 일을 한 것이 이에 근사(近似)한 뜻이 된다.

○ 訓畢.

훈고가 끝났다.

朱註

故得以習於藝而通之.

그러므로 기예(技藝)를 익혀서 통달하게 되었던 것이다.

---

91) 호광 편(胡廣 編), 『논어집주대전(論語集註大全)』「자한(子罕)」에서 "衛人."이라고 하였다.

92) 자장(子張 : B.C.504~?) : 춘추전국 시대 진(陳)나라 사람으로, 복성(複姓)이 전손(顓孫)이고, 이름이 사(師)이며, 자가 자장이다. 공자 문하 12제자 가운데 한 명이다. 사람됨이 용무(勇武)하고 청류(清流)하여 공자(孔子)가 성정(性情)이 편격偏激)하다고 평하였다.

93) 뒤에 나오는 오씨(吳氏)의 말을 참조하여 진술한 것이다. 여기서 '於'는 '以'의 의미로 사용하였다.

詳說

○ 於'多能', 爲近.

재능이 많은 것이 이에 근사한 뜻이 된다.

○ 朱子曰 : "聖人事事會, 但不見用, 所以人只見小小技藝."[94]

주자(朱子 : 朱熹)가 말하였다. "성인은 모든 일에서 단지 임용(任用)되지 못하였는데, 사람들은 다만 자잘한 기예(技藝)만 본 것이다."

○ 新安陳氏曰 : "謙辭."[95]

신안 진씨(新安陳氏 : 陳櫟)가 말하였다. "겸양의 말이다."

○ 釋畢.

경문의 풀이가 끝났다.

朱註

○ 吳氏曰 : "弟子記夫子此言之時,

오씨(吳氏 : 吳棫)[96]가 말하였다. "제자들이 공자의 이 말을 기록할 때,

詳說

○ 上節之上一半.

위 구절의 상단 가운데 절반이다.

---

94) 호광 편(胡廣 編), 『논어집주대전(論語集註大全)』「자한(子罕)」에는 "問'吾不試故藝.' 朱子曰 : '想見聖人事事會, 但不見用, 所以人只見小小技藝, 若使其得用, 便做出大功業來, 不復有小小技藝之, 可見矣.'"라 하였고, 『주자어류(朱子語類)』 권36, 「논어18(論語十八)」, 56조목에는 다음과 같이 되어 있다. "'나는 등용되지 못했기 때문에 재주가 많다'라고 한 것에 대해 물었다. 주희가 말하였다. '생각해 보면, 성인은 일마다 모두 할 수 있으나 등용되지 못하기 때문에 사람들이 그 자잘한 재주만 알 뿐이다. 만약 등용될 수 있다면 위대한 공업을 하여 다시는 볼만한 자잘한 재주를 쓰지는 않을 것이다.'(問'吾不試, 故藝.' 曰: '想見聖人事事會, 但不見用, 所以人只見它小小技藝. 若使其得用, 便做出大功業來, 不復有小小技藝之可見矣.')"

95) 호광 편(胡廣 編), 『논어집주대전(論語集註大全)』「자한(子罕)」에는 "新安陳氏曰 : '多能, 亦聖, 德無不通之驗. 大宰認多能爲聖, 知其末不知其本也. 子貢謂聖而又多能, 知其由本而該末也. 孔子自言, 與琴牢所聞, 皆謙辭耳.'"로 되어 있다.

96) 오역(吳棫, 1100~1154) : 송나라 때 학자로, 자가 재로(才老)이고, 서주(舒州) 사람이다.

朱註

子牢因言昔之所聞, 有如此者, 其意相近. 故竝記之."

자뢰(子牢 : 子張)가 예전에 들은 것에 이와 같음이 있음을 말한 내용으로, 그 뜻이 서로 근사하다. 그러므로 아울러 기록한 것이다."

詳說

○ 此節.

'차(此)'는 이 구절이다.

○ 去聲.

'고병기지(故竝記之)'에서 '병(竝)'자는 거성(去聲 : 兼併)이다.

○ 以稱名者觀之, 此節, 疑牢之自記.

이름을 일컬은 것으로 보면, 이 구절은 의심컨대 자뢰(子牢)가 스스로 기록한 듯하다.

○ '多能', 此章之題目.

'다능(多能 : 재능이 많은 것)'이 이 장의 제목이다.

[9-7-1]

子曰："吾有知乎哉? 無知也. 有鄙夫問於我, 空空如也, 我叩其兩端而竭焉."
공자(孔子)가 말하였다. "내가 아는 것이 있느냐? 아는 것이 없다. 어떤 비천(鄙賤)한 사내가 나에게 물었는데 하나도 아는 것이 없더라도 그 두 끝을 드러내어 다 말하였도다."

朱註

音古. 孔子謙言, 己無知識,
'아고기량단(我叩其兩端)'에서 '고(叩)'자는 음이 고(古)이다. 공자(孔子)의 겸손한 말은 자기가 지식(知識)이 없지마는,

詳說

○ 朱子曰："聖人謙辭, 未有無因而發, 這上面必有說話, 門人記不全."97)

97) 호광 편(胡廣 編), 『논어집주대전(論語集註大全)』「자한(子罕)」에는 "朱子曰：'兩端, 就一事而言, 說這淺近道理, 那箇深遠道理也, 便在這裏. 吾有知乎哉? 無知也. 此聖人謙辭. 凡聖人謙辭, 未有無因而發者, 這上面必有說話, 門人想記不全, 須求這意始得. 如達巷黨人稱譽孔子博學而無所成名, 聖人乃曰：吾執御矣. 皆是因人譽己, 聖人方承之以謙. 此處想必是人稱道聖人無所不知, 誨人不倦, 有這般意思. 聖人方道是我無知識, 亦不是誨人不倦, 但鄙夫來問我, 則盡情向他說. 若不如此, 聖人何故自恁地謙? 自今觀之, 人無故說謙話, 便似要人知模樣'."으로 되어 있다. 이는 『주자어류(朱子語類)』 권36, 「논어18(論語十八)」, 61조목에서 "問：'竭兩端處, 疑與不憤不啓一段相反. 不憤不啓, 聖人待人自理會, 方啓發他. 空空鄙夫, 必著竭兩端告之, 如何?' 曰：'兩端, 就一事而言. 說這淺近道理, 那箇深遠道理也, 便在這裏. 如擧一隅, 以四角言. 這桌子擧起一角, 便有三角在. 兩端, 以兩頭言之. 凡言語, 便有兩端. 文字不可類看, 這處與那處說又別, 須是看他語脈. 論這主意, 在吾有知乎哉? 無知也. 此聖人謙辭, 言我無所知, 空空鄙夫來問, 我又盡情說與他. 凡聖人謙辭, 未有無因而發者. 這上面必有說話, 門人想記不全, 須求這意始得. 如達巷黨人稱譽聖人博學而無所成名, 聖人乃曰：吾執御矣. 皆是因人譽己, 聖人方承之以謙. 此處想必是人稱道聖人無所不知, 誨人不倦, 有這般意思. 聖人方道是我無知識, 亦不是誨人不倦, 但鄙夫來問我, 則盡情向他說. 若不如此, 聖人何故自恁地謙? 自今觀之, 人無故說謙話, 便似要人知模樣'.(물었다. '양쪽 끝[兩端]을 다 말해 준다는 것은 아마 '분발하지 않으면 깨우쳐 주지 않는다'는 단락과는 서로 반대가 되는 듯합니다. '분발하지 않으면 깨우쳐 주지 않는다'는 것은 성인인 공자가 사람이 스스로 이해하기를 기다려서 바야흐로 그를 계발시키는 일입니다. 아는 것이 없는 비루한 사람은 반드시 양쪽 끝을 다 말해주어야 할 것 같은데 어떻게 생각하십니까?' 주희가 말하였다. '양쪽 끝은 한 가지 일에 대해 말함에 얕고 비근한 도리를 말하는 것이니, 깊고 요원한 도리도 바로 여기에 있다. 한 모퉁이를 예로 들어 네 모퉁이를 말하는 것과 같다. 이 탁자의 한쪽 모퉁이

주자(朱子 : 朱熹)가 말하였다. “성인의 겸손한 말은 말미암아서 발표함이 없지 않아서 저 윗면에 반드시 이야기가 있을 것이니, 문인들이 기록한 것이 온전하지 못하다.”

○ 若‘聖與仁’等章, 皆放此.

‘성여인장(聖與仁章)’98) 등과 같은 장이 모두 이에 의거한다.

朱註

但其告人, 雖於至愚,

단지 다른 사람에 말해 줄 적에 비록 매우 어리석더라도

詳說

○ 朱子曰 : “空空, 指鄙夫.”99)

주자(朱子 : 朱熹)가 말하였다. “‘공공(空空)’은 비천(鄙賤)한 사내를 가리킨다.”

를 들면 곧 세 모퉁이가 함께 있다. 양쪽 끝은 양쪽의 상대되는 개념을 말해주는 것이다. 언어에는 양쪽 끝이 있다. 문자(文字)는 분류할 수 없으니, 이곳과 저곳은 설명이 다르니 모름지기 그것의 문맥을 살펴야 한다. 이 주된 의미에 대한 논의는 ‘내가 아는 것이 있겠느냐? 아는 것이 없다’에 있다. 이는 성인이 겸손하게 하신 말씀이니, 내가 아는 바가 없으므로 아는 것이 없는 비루한 사람이 질문하러 오면 나 또한 마음을 다하여 그에게 설명해 준다는 말이다. 성인의 겸손하신 말씀은 어떤 원인이 있어 펼치지 않는 것이 없으니, 이 위에 반드시 어떤 말씀이 있었을 것이다. 문인들의 기억이 완전하지 못한 것이니, 이 뜻을 찾아봐야 이해할 수 있다. 예를 들어 달항(達巷) 마을 사람들이 성인을 칭송하여 ‘널리 배웠으나 이름을 이룬 것이 없도다’라고 하였는데, 공자가 이에 ‘나는 수레를 잡겠다’라고 하였는데, 모두 남들이 자신을 칭송함으로 인하여 성인이 바야흐로 겸손함으로 받은 것이다. 이곳도 생각건대, 반드시 남들이 성인이 알지 못하는 바가 없다고 칭송하였기 때문에 사람들에게 게으르지 말 것을 가르치려고 하였으니, 이런 의도가 있다. 성인이 바야흐로 ‘나는 아는 것이 없다’고 말한 것은 또한 사람들에게 게으르지 말 것을 가르치려고 한 것이 아니라, 비루한 사람이 오면 나는 마음을 다하여 그에게 설명한다는 것이다. 이와 같지 않으면 성인이 무슨 까닭으로 스스로 이렇게 겸손하였겠는가? 지금의 관점으로 보건대, 사람들이 이유 없이 겸손하게 말하는 것은 사람들에게 알아달라는 모습인 듯하다.’)”으로 되어 있다.

98) 성여인장(聖與仁章) : 『논어(論語)』「술이(述而)」에서 “공자가 말하였다. ‘성과 인으로 말하면 내가 어찌 감히 자처하겠는가? 그러나 행하기를 싫어하지 않으며 남을 가르치기를 게을리하지 않는 것은 그렇다고 할 수 있을 뿐이다.’ 공서화가 말하였다. ‘바로 이것이 제자들이 배울 수 없는 점입니다.’(子曰 : ‘若聖與仁, 則吾豈敢? 抑爲之不厭, 誨人不倦, 則可謂云爾已矣.’ 公西華曰: ‘正唯弟子不能學也.’)”라고 한 구절을 말한다.

99) 『주자어류(朱子語類)』 권36, 「논어18(論語十八)」, 61조목.

○ '鄙', 乃愚也. '空空', 則愚之至.

경문에서 '비부(鄙夫)'의 '비(鄙)'는 어리석음이다. '공공(空空)'은 곧 어리석음이 지극한 것이다.

朱註

不敢不盡耳. '叩', 發動也. '兩端', 猶言兩頭. 言終始 · 本末 · 上下 · 精粗, 無所不盡.

감히 다하지 못하지 않을 뿐이다. '고(叩)'는 발동함이다. '양단(兩端)'은 양두(兩頭 : 양 끝)라고 말함과 같다. 처음과 끝, 근본과 말단, 위와 아래, 깔끔함과 거침을 다하지 않는 것이 없음을 말한다.

詳說

○ 朱子曰 : "兩端, 就一事而言."[100]

주자(朱子 : 朱熹)가 말하였다. "'양단(兩端)'은 한 가지 일에서 말한 것이다."

○ 姑擧四者, 以該其餘.

잠시 네 가지를 들어서 그 나머지를 갖추었다.

○ 釋間訓.

경문을 풀이하는 사이에 훈고하였다.

朱註

○ 程子曰 : "聖人之教人, 俯就之若此,

정자(程子 : 程頤)가 말하였다. "성인이 사람을 가르침에 자기를 굽혀서 남에게 나아감이 이와 같았는데,

詳說

○ 叔子.

'정자왈(程子曰)'에서 '정자(程子)'는 동생 정이(程頤)이다.

100) 호광 편(胡廣 編), 『논어집주대전(論語集註大全)』「자한(子罕)」에는 "朱子曰 : '兩端, 就一事而言, 說這淺近道理, 那箇深遠道理也, 便在這裏.'로 되어 있다.

○ 自謙.

스스로 겸손한 것이다.

朱註

猶恐衆人以爲高遠而不親也. 聖人之言, 必降而自卑, 不如此, 則人不親; 賢人之言, 則引而自高, 不如此, 則道不尊, 觀於孔子孟子, 可見矣."

오히려 많은 사람들이 높고 아득하여 친하지 못한다고 여길까 염려하였다. 성인의 말은 반드시 내려서 스스로 낮추는데 이와 같지 않으면 사람들이 친하지 않으며, 현인(賢人)의 말은 끌어서 스스로 높이는데 이와 같지 않으면 도가 높아지지 않으니, 공자(孔子)와 맹자(孟子)를 자세히 보면 볼 수 있다."101)

---

101) 성인의 말은 반드시 내려서 스스로 낮추는데 …… 공자(孔子)와 맹자(孟子)를 자세히 보면 볼 수 있다. :『주자어류(朱子語類)』 권35, 「논어17(論語十七)」, 64조목에는 "물었다. '이천(伊川)이 '성인의 말씀은 반드시 내려서 스스로를 낮추니 이렇게 하지 않으면 남들이 친하지 않으며, 현인(賢人)의 말은 반드시 끌어서 스스로를 높이니 이렇게 하지 않으면 도(道)가 높아지지 않는다.'라 하니, 이는 성인과 현인의 기상이 같지 않음을 형용한 것입니까? 아니면 그 지위가 마땅히 이러해야 한다는 것입니까? 주희가 말하였다. '성인은 매우 높고 위대하니, 사람들이 스스로 그런 경지에 이르기를 바라기 어려우나, 만약 다시 굽어 나아가지 않는다면 사람들은 더욱 두려워하고 꺼려서 감히 나아가지 못할 것이다. 현인은 아직 익숙하지 못한 곳이 있어 사람들이 감복하지 않으니 만약 끌어서 스스로를 높이지 않으면 사람들이 반드시 얕고 비근(卑近)하여 할 만한 것이 못된다고 생각할 것이다. 맹자는 사람들이 모두 우활(迂闊: 세상 물정에 어두움)하다고 여겨 쓸모가 없다고 생각하였다. 만약 맹자도 또한 '나는 진실로 우활하여 쓸모가 없다'고 말했나면 어떻게 사람들에게 사모하는 마음을 생기게 할 수 있었겠느냐? 다른 사람과 논쟁하고 분변하는 것은 남에게 자신을 높여 달라는 것이 아니라 남들에게 이 도의 위대함을 알게 하여 두려워하며 힘써 노력하기를 바란 것이다. 공자가 일찍이 '만약 나를 등용해 주는 사람이 있다면 일 년이면 괜찮아 질 것이다.'라 하였고, 또 '나는 동쪽의 주나라처럼 만들겠다'라고 하였다. 이런 말은 평상시 한가하게 말하신 것이다. 맹자가 말하기를, '만약 천하를 평정하여 다스리고자 한다면 지금 시대를 당하여 나를 버리고 누구이겠느냐?'고 하였는데, 말하는 것은 넓으니 그 형세가 이와 같게 하지 않을 수 없기 때문이다. 또 물었다. '정자(程子)가 말한 것 같은 것도 또한 끌어서 스스로를 높이는 것입니까?' 주희가 말하였다. '반드시 이와 같이 번다한 가지와 마디가 생기게 할 필요는 없다. 또 이 본문에서 한 단락을 보면 모름지기 반복하여 보고 또 보아서 익숙하려고 해야 비로소 의미를 명쾌하게 알 수 있다. 지금 사람들은 결코 다른 단락을 보고서 이해하려고 하지 않는다.'(問: '伊川謂: '聖人之言必降而自卑, 不如此則人不親; 賢人之言必引而自高, 不如此則道不尊.' 此是形容聖人氣象不同邪? 抑據其地位合當如此?'

詳說

○ 一作'道'.

'언(言)'은 어떤 판본에는 '도(道)'로 쓴다.[102]

○ 此, 論本文上一半.

이는 본문 상단의 절반을 진술한 것이다.

朱註

尹氏曰 : "聖人之言, 上下兼盡, 卽其近, 衆人皆可與知; 極其至, 則雖聖人, 亦無以加焉, 是之謂'兩端'. 如答樊遲之問仁知,

윤씨(尹氏 : 尹焞)가 말하였다. "성인의 말은 위와 아래를 아울러서 다하니 그 비근(卑近)함에 나아가면 많은 사람들이 모두 함께 알 수 있고, 그 지극함에 이르면 비록 성인이라도 또한 더할 것이 없으니 이것을 '양단(兩端)'이라고 일컫는다. 번지(樊遲)가 인(仁)과 지(知)를 물어서 답할 때[103]

曰: '聖人極其高大, 人自難企及, 若更不俯就, 則人愈畏憚而不敢進. 賢人有未熟處, 人未甚信服, 若不引而自高, 則人必以爲淺近不足爲. 孟子, 人皆以爲迂闊, 把做無用. 使孟子亦道我底誠迂闊無用, 則何以起人慕心! 所以與他爭辯, 不是要人尊己, 直使人知斯道之大, 庶幾竦動, 著力去做. 孔子嘗言: '如有用我者, 期月而已可也.' 又言: '吾其爲東周乎!' 只作平常閑說. 孟子言: '如欲平治天下, 當今之世, 舍我其誰! '便說得廣, 是勢不得不如此.' 又問: '如程子說話, 亦引而自高否?' 曰: '不必如此又生枝節. 且就此本文上看一段, 須反覆看來看去, 要爛熟, 方見意味快樂, 令人都不欲看別段, 始得.')"라고 되어 있다.

102) '언(言)'은 어떤 판본에는 '도(道)'로 쓴다 : 『논어집주(論語集註)』·『논어찬소』·『논어통』·『논어찬전』·호광 편(胡廣 編), 『논어집주대전(論語集註大全)』「자한(子罕)」 등에는 모두 '道'로 표기되어 있다.

103) 번지(樊遲)가 인(仁)과 지(知)를 물어서 답할 때 : 『논어(論語)』에 나오는 번지(樊遲)의 '문인(問仁)'과 '문지(問知)'에 대한 내용은 모두 세 곳이다. 『논어(論語)』「옹야(雍也)」에는 "樊遲問知, 子曰 : '務民之義, 敬鬼神而遠之, 可謂知矣.' 問仁, 曰 : '仁者, 先難而後獲, 可謂仁矣.'"라 하였고, 『논어(論語)』「안연(顏淵)」에는 "樊遲問仁, 子曰 : '愛人.' 問知, 子曰 : '知人.' 樊遲未達, 子曰 : '擧直錯諸枉, 能使枉者直.' 樊遲退, 見子夏曰 : '鄕也, 吾見於夫子而問知, 子曰 : 擧直錯諸枉, 能使枉者直, 何謂也?' 子夏曰 : '富哉, 言乎! 舜有天下, 選於衆, 擧皐陶, 不仁者, 遠矣; 湯有天下, 選於衆, 擧伊尹, 不仁者, 遠矣.'"라 하였으며, 『논어(論語)』「자로(子路)」에는 "樊遲問仁, 子曰 : '居處恭; 執事敬; 與人忠; 雖之夷狄, 不可棄也.'"라고 하였다.

詳說

○ 去聲.

'중인개가여지(衆人皆可與知)'에서 '여(與)'자는 거성(去聲 : 參與)이다.

○ 一作'智'.

'지(知)'자는 어떤 판본에는 '지(智)'자로 쓴다.[104]

○ 見「顔淵」.

「안연(顔淵)」에 보인다.[105]

○ 此句, 本伊川語.

이 구절은 이천(伊川 : 程頤)의 말에 근본한다.[106]

朱註

兩端竭盡, 無餘蘊矣.

양 끝을 다하여 나머지를 쌓아 둠이 없었던 것과 같다.

詳說

○ 委粉於問二反.[107]

'무여온의(無餘蘊矣)'에서 '온(蘊)'은 '위(委)'와 '분(粉)', '어(於)'와 '문(問)' 두 가지의 반절(反切)이다.

○ 雙峰饒氏曰 : "只是眼前事, 子夏推之舜湯之治."[108]

쌍봉 요씨(雙峰饒氏 : 饒魯)가 말하였다. "다만 이는 문 앞에 생긴 일인데, 자하(子夏)가 순 임금과 탕 임금의 정치로써 유추하였다."

---

104) '지(知)'자는 어떤 판본에는 '지(智)'자로 쓴다 : 『논어집주(論語集註)』에는 '知'로 표기되어 있고, 『논어찬소』 · 호광 편(胡廣 編), 『논어집주대전(論語集註大全)』「자한(子罕)」 등에는 '智'로 표기되어 있다.

105) 「안연(顔淵)」에 보인다 : 위에서 인용한 『논어(論語)』「안연(顔淵)」. "樊遲問仁, 子曰 : '愛人.' 問知, 子曰 : '知人.' ……"을 말한다.

106) 이 구절은 이천(伊川 : 程頤)의 말에 근본한다 : 위에 나오는 "程子曰 : "聖人之教人, 俯就之若此, ……"를 말한다.

107) 호광 편(胡廣 編), 『논어집주대전(論語集註大全)』「자한(子罕)」.

108) 호광 편(胡廣 編), 『논어집주대전(論語集註大全)』「자한(子罕)」에는 "雙峯饒氏曰 : '如答樊遲問仁智, 只是眼前事, 子夏推之, 則舜湯之治, 亦不過此. 故於兩端爲竭焉.'"으로 되어 있다.

朱註

若夫語上而遺下, 語理而遺物,

만약 위만 말하고 아래를 버린다거나, 이치만 말하고 사물을 버린다면

詳說

○ 音扶.[109]

'약부어상(若夫語上)'에서 '부(夫)'자는 음이 부(扶)이다.

○ 亦姑擧二事.

또한 잠시 두 가지 일을 든 것이다.

朱註

則豈聖人之言哉?"

어찌 성인(聖人)의 말이겠는가?"

詳說

○ 此, 論本文下一半.

이는 경문 하단의 절반을 논의한 것이다.

○ 雲峰胡氏曰: "大舜是取人之言, 執其兩端而用其一; 夫子是教人之言, 竭其兩端而未嘗遺其一."[110]

운봉 호씨(雲峰胡氏: 胡炳文)가 말하였다. "위대한 순 임금이 사람을 취하는 말에는 그 양끝을 잡되 그 하나만 사용하였고, 공자가 사람을 가르치는 말에는 그 양끝을 다하여 일찍이 그 하나를 버린 적이 없었다."

○ 舜之執兩端, 兩端虛; 夫子之竭兩端, 兩端實.

순 임금은 양끝을 잡았으나 양끝이 허약하였고, 공자는 양끝을 다하여 양끝이 튼실하였다.

---

109) 호광 편(胡廣 編), 『논어집주대전(論語集註大全)』「자한(子罕)」.

110) 호광 편(胡廣 編), 『논어집주대전(論語集註大全)』「자한(子罕)」에는 "雲峯胡氏曰: '大舜是取人之言, 執其兩端, 而用其一; 夫子是教人之言, 竭其兩端, 而未嘗遺其一也.'"라 하였고, 호병문의 『논어통』에는 "通曰: '朱子釋兩端, 謂本末終始上下精粗, 及釋中庸兩端曰: 小大厚薄. 蓋此是夫子教人之言, 彼是大舜取人之言. 舜取人言, 執其兩端而用其一; 此則夫子之言, 竭其兩端, 未嘗遺其一也.'"로 되어 있다.

[9-8-1]

子曰："鳳鳥不至，河不出圖，吾已矣夫."
공자(孔子)가 말하였다. "봉황새가 이르지 아니하며, 황하에서 그림이 나오지 아니하니, 내가 말아야 하겠다."

朱註

'夫', 音扶. 鳳, 靈鳥, 舜時來儀; 文王時, 鳴於岐山; 河圖, 河中龍馬負圖, 伏羲時出, 皆聖王之瑞也. '已', 止也.

'오이의부(吾已矣夫)'에서 '부(夫)'자는 음이 부(扶)이다. 봉(鳳)은 신령한 새이니 순 임금 때 날아와서 춤추었고, 문왕(文王) 때 기산(岐山)에서 울었으며, 하도(河圖)는 황하에서 나온 용마(龍馬)의 등에 그려진 별 모양의 그림으로 복희(伏羲) 때 나왔는데, 모두 성스러운 군왕의 상서로운 징조이다. '이(已)'는 말다[止 : 그만둠]이다.

詳說

○ 見『書』「舜典」.

'봉(鳳)은 신령한 새이니 순 임금 때 날아와서 춤추었고'는 『서경(書經)』「순전(舜典)」에 보인다.[111]

○ 見『詩』「卷阿」及『書』「君奭」.

'문왕(文王) 때 기산(岐山)에서 울었으며'는 『시경(詩經)』「권아(卷阿)」 및 『서경(書經)』「군석(君奭)」에 보인다.[112]

---

111) 『서경(書經)』「순전(舜典)」에 보인다 : 『서경(書經)』「순전(舜典)」에 보인다고 하였으나, 실제는 『서경(書經)』「우서(虞書)·익직(益稷)」에 "夔曰 : '戛擊鳴球, 搏拊琴瑟以詠, 祖考來格, 虞賓在位, 群后德讓. 下管鼗鼓, 合止柷敔, 笙鏞以間, 鳥獸蹌蹌. 簫韶九成, 鳳凰來儀'."라고 실려 있다.

112) 『시경(詩經)』「권아(卷阿)」 및 『서경(書經)』「군석(君奭)」에 보인다 : 『시경(詩經)』「생민지십(生民之什)·권아(卷阿)」에서 "鳳凰于飛, 翽翽其羽, 亦集爰止. 藹藹王多吉士, 維君子使, 媚于天子. 鳳凰于飛, 翽翽其羽, 亦傅于天. 藹藹王多吉人, 維君子命, 媚于庶人. 鳳凰鳴矣, 于彼高岡. 梧桐生矣, 于彼朝陽. 菶菶萋萋, 雝雝喈喈. 君子之車, 旣庶且多. 君子之馬, 旣閑且馳. 矢詩不多, 維以遂歌."라고 한 구절과 『서경(書經)』「주서(周書)·군석(君奭)」에서 "今在予小子旦, 若游大川, 予往曁汝奭其濟. 小子同未在位, 誕無我責. 收罔勗不及, 耇造德不降. 我則鳴鳥不聞, 矧曰其有能格?"라고 한 구절을 말하는데, 이 내용은 『국어(國語)』「주어(周語)」에서 "周之興也, 鸑鷟

○ 見『易』「繫辭」.

'하도(河圖)는 황하에서 나온 용마(龍馬)의 등에 그려진 별 모양의 그림으로 복희(伏羲) 때 나왔는데'는 『주역(周易)』「계사(繫辭)」에 보인다.[113]

○ 有訓無釋.

훈고는 있으나 경문의 풀이는 없다.

○ 以圈下備也.

이에 동그라미(○ : 圈)로 구분하여 아래에 갖추었다.[114]

朱註

張子曰 : "鳳至圖出, 文明之祥, 伏羲 · 舜 · 文之瑞, 不至, 則夫子之文章, 知其已矣."

장자(張子 : 張載)가 말하였다. "봉황새가 이르고 하도(河圖)가 나온 것은 문덕(文德)이 밝게 빛날 것[115]이라는 상서로운 징조이니, 복희와 순 임금과 문왕의 상서로움이 이르지 않으면 공자의 예악제도(禮樂制度)[116]가 그치게 됨을 안다는 것이다."

詳說

○ 慶源輔氏曰 : "禮樂制度之類."[117]

鳴於岐山."이라고 한 것에 보다 부합한다.

113) 『주역(周易)』「계사(繫辭)」에 보인다 : 『주역(周易)』「계사전상(繫辭傳上)」에서 "河出圖, 洛出書, 聖人則之."라고 한 구절을 말한다.

114) 아래 단락의 "張子曰 : 鳳至圖出, 文明之祥……"를 말한다.

115) 문덕(文德)이 밝게 빛날 것 : 『시경(詩經)』「순전(舜典)」에서 "깊고 밝으시고 우아하고 총명하시며, 온화하고 공손하고 진실하고 착실하시다.(濬哲文明, 溫恭允塞.)"라고 하였는데, 공영달(孔穎達)이 "經天緯地曰文, 照臨四方曰明."이라고 정치적인 덕망으로 정의한 것을 참조하였다.

116) 예악제도(禮樂制度) : 『예기』에서 "考文章."이라고 하였는데, 정현(鄭玄)은 "文章, 禮法也."라 하고, 손희단(孫希旦)은 "文章, 謂禮樂制度."라고 하였으며, 『논어(論語)』「태백(泰伯)」의 "巍巍乎其有成功也, 煥乎其有文章."에서 주자(朱子 : 朱熹)가 "文章, 禮樂法度也."라고 정의한 것에 의거한다.

117) 호광 편(胡廣 編), 『논어집주대전(論語集註大全)』「자한(子罕)」에는 "慶源輔氏曰 : '聖人之道行, 則文章著見於外, 禮樂制度之類也. 故鳳至圖出, 以兆文明之祥, 鳳以其文采; 圖以其卦畫. 文明之祥不至, 則夫子之道不行. 故知其文章已矣.'"라고 하였다.

경원 보씨(慶源輔氏 : 輔廣)가 말하였다. "예악제도의 유형이다."

○ 不止於威儀 · 文辭而已.

위의(威儀)나 문사(文辭)에 그치지 않을 따름이다.

○ 南軒張氏曰 : "歎明王不興, 道終不行耳."[118]

남헌 장씨(南軒張氏 : 張栻)[119]가 말하였다. "명철(明哲)한 군왕이 흥기(興起)하지 못하여 도(道)가 마침내 행해지지 못함을 탄식하였을 뿐이다."

○ 新安陳氏曰 : "麟出似矣而踣焉, 『春秋』所以作也. 斯歎也, 其在獲麟之前乎."[120]

신안 진씨(新安陳氏 : 陳櫟)가 말하였다. "기린이 나온 것과 같은데 없었으니, 『춘추(春秋)』가 지어진 까닭이다. 이 탄식함은 아마도 기린을 잡기[121] 전에 있었던 것이리라."

---

118) 호광 편(胡廣 編), 『논어집주대전(論語集註大全)』「자한(子罕)」에는 "南軒張氏曰 : '鳳至圖出, 蓋治世之徵也, 聖人歎明王之不興, 而道之終不行耳."로 되어 있다.

119) 장식(張栻 : 1133~1180) : 남송 시대 한주(漢州) 사람으로, 자가 경부(敬夫), 흠부(欽夫), 낙재(樂齋)이며, 호가 남헌(南軒), 또는 남헌선생(南軒先生)이다. 시호가 '선(宣)'이라서 후세에 장선공(張宣公)으로도 불렸다. 학문의 일파를 이루어 주희(朱熹)나 여조겸(呂祖謙)과 함께 이름을 나란히 하여 한때 '동남삼현(東南三賢)'으로 칭송되었다. 남송(南宋) 이종(理宗) 원년(1241)에 공자 사당에서 제사 지낸 뒤, 이관(李寬) · 한유(韓愈) · 이사진(李士眞) · 주돈이(周敦頤) · 주희(朱熹) · 황간(黃幹)과 함께 석고서원(石鼓書院) 칠현사(七賢祠)에서 제사 지냈으며, '석고칠현(石鼓七賢)'이라고 일컬어졌다.

120) 호광 편(胡廣 編), 『논어집주대전(論語集註大全)』「자한(子罕)」에는 "新安陳氏曰 : '吾道文明, 必有其應, 鳳至圖出, 文明祥瑞之應也. 夫子有其德無其時, 鳳不至圖不出, 天未欲聖道之行, 可知矣. 夫子所以深歎也. 麟出似矣而踣焉, 『春秋』所以作也. 斯歎也, 其在獲麟之前乎.'"로 되어 있다.

121) 기린을 잡기 : 『춘추(春秋)』에 의하면 노(魯)나라 애공(哀公) 14년 봄에 서쪽으로 사냥을 나가서 기린을 잡은 것을 말하는데, 공자(孔子)가 『춘추(春秋)』를 짓다가 이에 이르러 그만두었다고 한다.

[9-9-1]

子見齊衰者; 冕衣裳者; 與瞽者, 見之, 雖少, 必作; 過之, 必趨.
공자(孔子)가 상복을 입은 사람과, 갓을 쓰고 차려입은 사람과, 장님을 보고 그들을 만나보게 되면 비록 나이가 적더라도 반드시 일어나고, 지나갈 때에는 반드시 빨리 걸어갔다.

朱註

'齊', 音咨; '衰', 七雷反. '少', 去聲.122)

'자견자최자(子見齊衰者)'에서 '자(齊)'자는 음이 자(咨)이며, '최(衰)'는 '칠(七)'과 '뢰(雷)'의 반절(反切)이다. '수소(雖少)'에서 '소(少)'자는 거성(去聲 : 年少)이다.

詳說

○ '衰'·'冕', 俱係衣服. 故不著. '與'字上'見'字, 汎言也; 下'見'字, 切言也. 或云 : "再言'見之', 爲與'過之'作對也.

'최(衰)'와 '면(冕)'은 모두 의복과 관계된다. 그러므로 드러내지 않았다. '여(與)'자 위의 '견(見)'자는 두루 말한 것이고, 아래의 '견(見)'자는 절실하게 말한 것이다. 어떤 사람이 말하였다. "다시 '견지(見之)'라고 말한 것은 '과지(過之)'의 상대어를 만든 것이 된다."

朱註

'齊衰', 喪服. '冕', 冠也. '衣', 上服; '裳', 下服, 冕而衣裳, 貴者之盛服也.

'자최(齊衰)'는 상복(喪服 : 거친 삼베옷)이다. '면(冕)'은 갓이다. '의(衣)'는 윗옷이고, '상(裳)'은 아래옷이니, 갓을 쓰고 윗옷과 아래옷을 갖춰 입은 것은 귀한 사람의 성대한 복장(服裝)이다.

---

122) 호광 편(胡廣 編), 『논어집주대전(論語集註大全)』「자한(子罕)」. 『논어집주(論語集註)』를 비롯하여 『논어찬소』·『논어통』·『논어찬전』 등에도 같은 내용이 있다.

詳說

◯ '齊', 諺音誤.

'자(齊)'는 『언해(諺解)』의 음이 잘못되었다.[123]

◯ 邢氏曰 : "言齊衰, 則斬衰從可知也."[124]

형씨(邢氏 : 邢昺)[125]가 말하였다. "자최(齊衰)를 말하면 참최(斬衰)도 이로부터 알 수 있는 것이다."

◯ 『禮記』「玉藻」注曰 : "冕服, 玄上纁下."[126]

『예기』「옥조(玉藻)」의 주석에서 말하였다. "갓과 옷은 검은색이 위로 가고, 분홍빛이 아래로 간다."[127]

朱註

> '瞽', 無目者. '作', 起也. '趨', 疾行也. 或曰 : "'少', 當作'坐'."
>
> '고(瞽)'는 눈이 없는 사람이다. '작(作)'은 일어남이다. '추(趨)' 빨리 감이다. 어떤 사람이 말하였다. "'소(少)'는 마땅히 '좌(坐)'로 써야 한다."

詳說

◯ 朱子曰 : "'作'與'趨', 是敬."[128]

---

123) '자(齊)'는 『언해(諺解)』의 음이 잘못되었다 : 『논어언해』「자장(子張)」에는 齊자의 음을 '재'로 하였는데, 즉, '齊지衰최흔者쟈'로 되어 있다.

124) 호광 편(胡廣 編), 『논어집주대전(論語集註大全)』「자한(子罕)」.

125) 형병(邢昺 : 932~1010) : 송나라 때의 학자로, 자가 숙명(叔明)이고, 조주제음군(曹州濟陰郡) 사람이다. 저서로는 『논어주소(論語注疏)』·『이아주소(爾雅注疏)』·『효경주소(孝經注疏)』 등이 있다.

126) 호광 편(胡廣 編), 『논어집주대전(論語集註大全)』「자한(子罕)」에는 "『禮』「玉藻」曰 : '衣正色, 裳間色.' 鄭曰 : '冕服, 玄上纁下.'"로 되어 있다.

127) 갓과 옷은 검은색이 위로 가고, 분홍빛이 아래로 간다 : 『예기주소(禮記註疏)』「옥조(玉藻)」에 "衣正色, 裳間色." 구절에 대한 정현(鄭玄)의 주석으로 그 내용이 실려 있다.

128) 호광 편(胡廣 編), 『논어집주대전(論語集註大全)』「자한(子罕)」에는 "問 : '作與趨者, 敬之貌也. 何爲施之於齊衰與瞽者?' 朱子曰 : '作與趨, 固是敬. 然敬心之所由發, 則不同. 見冕衣裳者, 敬心生焉, 而因用其敬; 見齊衰者·瞽者, 則哀矜之心, 動於中而自加敬也.'"라 하였다. 물론 이는 『주자어류(朱子語類)』 권36, 「논어18(論語十八)」, 65조목에서는 "康叔臨問 : '作與趨者, 敬之貌也, 何爲施之於齊衰與瞽者?' : '作與趨, 固是敬, 然敬心之所由發, 則不同. 見冕衣裳者, 敬心

주자(朱子 : 朱熹)가 말하였다. "'일어남'과 '빨리 감'은 경(敬)이다."

○ 旣曰'作', 則更不消言'坐'. 言'坐'猶可, 而尤不必言. 雖蓋, 備一說耳.

이미 '작(作)'을 말하였으면 다시 '좌(坐)'라고 말할 것까지는 없었다. '좌'를 말하여도 오히려 괜찮지만, 더욱이 말할 필요까지 없었다는 것이다. 비록 말이 초과하였더라도 하나의 말을 갖춘 것일 뿐이다.

○ 有訓無釋.

훈고는 있으나 경문의 풀이가 없다.

○ 以圈下備也.

이에 동그라미(○ : 圈)로 구분하여 아래에 갖추었다.[129)]

朱註

范氏曰 : "聖人之心, 哀有喪; 尊有爵; 矜不成人. 其'作'與'趨', 蓋有不期然而然者. 尹氏曰 : "此, 聖人之誠心, 內外一者也."

범씨(范氏 : 范祖禹)[130)]가 말하였다. "성인의 마음은 거상(居喪)을 당한 사람을 슬퍼하고, 벼슬이 있는 사람을 존중하고, 몸을 갖추지 못한 사람을 불쌍히 여긴다. 그 '일어남'과 '빨리 감'은 대개 그렇게 함을 기약하지 않아도 그렇게 함이 있는 것이다. 윤씨(尹氏 : 尹焞)가 말하였다. "이는 성인의 정성스런 마음이 안팎으로 같은 것이다."

生焉, 而因用其敬; 見齊衰者·瞽者, 則哀矜之心, 動於中, 而自加敬也. 呂刑所謂哀敬折獄, 正此意也.'(강숙림(康叔臨)이 물었다. ''일어남[作]'과 '종종 걸음으로 걸음[趨]'은 공경하는 모양이니, 무슨 까닭으로 제최복 입은 사람과 장님에게 그렇게 하였습니까? 주희가 말하였다. ''일어남[作]'과 '종종 걸음으로 걸음[趨]'은 진실로 공경하는 일이나 공경하는 마음이 말미암아 생기는 이유는 같지 않다. 관을 쓰고 옷을 차려 입은 사람은 공경하는 마음이 생기지만 인하여 그 공경함을 쓰며, 제최복 입은 사람과 장님은 불쌍히 여기는 마음이 마음속에서 발동하여 스스로 공경하는 것이다. 『상서(尙書)』「주서(周書)·여형(呂刑)」에 이른바 '재판 판결하는 일을 불쌍히 여기고 공경한다'라고 한 것은 바로 이런 뜻이다.')"로 되어 있다.

129) 아래 단락의 "范氏曰 : 聖人之心, 哀有喪……"을 말한다.

130) 범조우(范祖禹 : 1041~1098) : 송나라 때 학자로, 자가 순보(淳甫, 淳夫, 純父), 또는 몽득(夢得)이고, 성도화양(成都華陽) 사람이다. 저서로는 『시해(詩解)』·『고문효경설(古文孝經說)』·『제의(祭儀)』·『경서요언(經書要言)』 등이 있다.

詳說

○ **朱子曰："敬心之所由發, 則不同."**[131)]

주자(朱子 : 朱熹)가 말하였다. "공경하는 마음이 말미암아 나오는 것이 같지 않다."

---

131) 호광 편(胡廣 編), 『논어집주대전(論語集註大全)』「자한(子罕)」에는 "朱子曰 : '作與趨, 固是敬. 然敬心之所由發, 則不同. 見冕衣裳者, 敬心生焉, 而因用其敬; 見齊衰者 · 瞽者, 則哀矜之心, 動於中而自加敬也.'"로 되어 있고, 『주자어류(朱子語類)』 권36, 「논어18(論語十八)」, 65조목에도 동일하게 실려 있다.

[9-10-1]

顔淵喟然歎曰："仰之彌高, 鑽之彌堅; 瞻之在前, 忽焉在後.
안연(顔淵)이 감개(感慨)하여 찬탄(讚歎)하며 말하였다. "우러름에 더욱 높으며 뚫음에 더욱 굳으며, 우러러봄에 앞에 있더니 문득 뒤에 있도다.

朱註

'喟', 苦位反. '鑽', 祖官反. '喟', 歎聲. 仰彌高, 不可及; 鑽彌堅, 不可入. 在前在後, 恍惚不可爲象.

'위연탄왈(喟然歎曰)'에서 '위(喟)'는 '고(苦)'와 '위(位)'의 반절(反切)이다. '찬지미견(鑽之彌堅)'에서 '찬(鑽)'은 '조(祖)'와 '관(官)'의 반절(反切)이다. '위(喟)'는 감탄하는 소리이다. 우러름에 더욱 높아서 미칠 수 없으며, 뚫음에 더욱 굳어서 들어갈 수 없다. 앞에 있다가 뒤에 있으니 황홀하여 상형할 수 없다.

詳說

○ 諺音誤.
'위(喟)'는 『언해(諺解)』의 음이 잘못되었다.[132]

○ 新安陳氏曰："'象', 形也, 初未有的見時, 如此."[133]
신안 진씨(新安陳氏 : 陳櫟)가 말하였다. "'상(象)'은 모양을 상형함이니, 애초에 확실하게 본 적이 있지 않음이 이와 같다."

○ 南塘曰："'高'·'堅', 如性·天道不可得聞也. '瞻'·'忽', 如與上大夫言誾誾; 與下大夫言'侃侃'也."
남당(南塘 : 韓元震)[134]이 말하였다. "'고(高)'와 '견(堅)'은 공자가 성(性)과 천도(天

---

132) '위(喟)'는 『언해(諺解)』의 음이 잘못되었다 : 『논어언해』「자장(子張)」에서 '喟'를 '위'라고 하였는데, 반절음이 '귀'인 것을 지적한 것이다.

133) 호광 편(胡廣 編), 『논어집주대전(論語集註大全)』「자한(子罕)」.

134) 한원진(韓元震 : 1682~1751) : 조선 후기의 학자로, 자가 덕소(德昭)이고, 호가 남당(南塘)이며, 본관은 청주이다. 권상하(權尙夏)의 문인으로 강문팔학사(江門八學士) 가운데 한 사람이며, 호락논쟁(湖洛論爭)에서 호론(湖論)인 인물성이론(人物性異論)을 주장하였다. 저서로는 『남당집』 외에 『임시취고(臨時取考)』·『경의기문록(經義記聞錄)』·『의례경전통해보(儀禮經傳通解補)』·『심경부주차기(心經附註箚記)』·『춘추별전(春秋別傳)』·『근사록주설(近思錄註說)』·『이락연원록(伊洛淵源錄)』·『가례소의의록(家禮疏擬疑錄)』·『가례원류의록(家禮源流疑錄)』·『고

道)에 관해 말한 것을 얻어 들을 수 없는 것[135]과 같다. '첨(瞻)'과 '홀(忽)'은 상대부와 말함에 화락(和樂)하였고, 하대부와 말함에 강직(剛直)한 것[136]과 같다."

○ 訓畢.

훈고가 끝났다.

朱註

此, 顏淵深知夫子之道無窮盡 · 無方體, 而歎之也.

이는 안연(顏淵)이 공자의 도(道)가 끝도 다함도 없고, 방위도 형체도 없는 것을 깊이 알고 감탄한 것이다.

詳說

○ 『大全』曰 : "彌高堅."

'무궁진(無窮盡)'은 『논어집주대전』에서 말하였다. "더욱 높고 굳음에서이다."

○ 『大全』曰 : "在前後."

'무방체(無方體)'는 『논어집주대전』에서 말하였다. "앞뒤에 있어서이다."

○ 無定方, 無定體.

'무방체(無方體)'는 정해진 방위가 없고, 정해진 형체가 없는 것이다.

○ 程子曰 : "善形容聖人之道."[137]

정자(程子 : 程頤) 말하였다. "성인(聖人)의 도를 잘 형용하였다."

○ 上蔡謝氏曰 : "'高' · '堅', 以見聖人之道大; '前' · '後', 以見聖人之道中."[138]

상채 사씨(上蔡謝氏 : 謝良佐)[139]가 말하였다. "'고(高)'와 '견(堅)'은 성인의 도(道)

사편람(古事便覽)』 등이 있다.

135) 공자가 성(性)과 천도(天道)에 관해 말한 것을 얻어 들을 수가 없는 것 : 『논어(論語)』「공야장(公冶長)」에서 "子貢曰 : '夫子之文章, 可得而聞也; 夫子之言性與天道, 不可得而聞也.'"라고 하였다.

136) 상대부와 말함에 화락(和樂)하였고, 하대부와 말함에 강직(剛直)한 것 : 『논어(論語)』「향당(鄕黨)」에서 "朝, 與下大夫言, 侃侃如也; 與上大夫言, 誾誾如也. 君在, 踧踖如也; 與與如也."라고 하였다.

137) 호광 편(胡廣 編), 『논어집주대전(論語集註大全)』「자한(子罕)」에는 "程子曰 : '仰之彌高, 見其高而未能至也; 鑽之彌堅, 測其堅而未能達也, 此, 顏子知聖人之道而善形容者也.'"로 되어 있다.

138) 주희, 『논어정의(論語精義)』 권5 상에는 "又曰 : '顏子學得親切如孟子. 仰之彌高, 鑽之彌堅, 無限量也, 以見聖人之道大; 瞻之在前, 即不及, 忽焉在後, 又蹉, 却以見聖人之道中. 觀此一段, 即知顏子看得極親切. 博我以文, 使之識廣; 約我以禮, 歸宿處也.'"로 되어 있다.

가 위대함을 보인 것이고, ‘전(前)’과 ‘후(後)’는 성인의 도(道)가 중용(中庸)임을 보인 것이다.”

◯ **朱子曰 : “皆是譬喩, ‘高’·‘堅’; ‘前’·‘後’, 不是別有箇物事.”**[140]

주자(朱子 : 朱熹)가 말하였다. “모두 비유한 것이니, ‘고(高)’와 ‘견(堅)’, ‘전(前)’과 ‘후(後)’는 따로 있는 사물이 아니다.”

◯ **釋畢.**

경문의 풀이가 끝났다.

[9-10-2]

夫子循循然善誘人, 博我以文; 約我以禮.

공자가 차례차례 사람을 잘 이끌어 주시는데 나를 넓혀 주시되 문(文)으로써 하시고, 나를 묶어 주시되 예(禮)로써 하셨다.

詳說

◯ 若無此節, 則殆將不知上下節之是何謂.

만약 이 구절이 없다면 아마도 장차 위아래 구절이 무엇을 말하는지 알지 못할 것이다.

朱註

‘循循’, 有次序貌. ‘誘’, 引進也. 博文·約禮, 教之序也.

---

139) 사량좌(謝良佐 : 1050~1103) : 북송 시대의 학자로, 자가 현도(顯道)이고, 호가 상채(上蔡)이며, 하남성 사람이다. 유초(游酢)·여대림(呂大臨)·양시(楊時)와 함께 정문사대제자(程門四大弟子)이다. 저서로는 『논어설(論語說)』·『상채어록(上蔡語錄)』 등이 있다.

140) 호광 편(胡廣 編), 『논어집주대전(論語集註大全)』「자한(子罕)」에는 “朱子曰 : ‘高·堅, 是說難學; 前·後, 是說聖人之道, 捉摸不著, 皆是譬喻如此. 聖人只是一箇中的道理, 高·堅:前·後, 只是箇中庸不可能. 蓋聖人之道, 是箇恰好的道理, 不著意, 又失了; 纔着意, 又過了, 只是難到恰好處. 顏子仰之彌高, 鑽之彌堅, 瞻之在前, 忽焉在後, 不是別有箇物事, 只是做來做去, 只管不到聖人處. 若做得緊, 又大過了, 若放慢做, 又不及聖人, 則動容周旋, 都是這道理.’”로 되어 있다.

'순순(循循)'은 차례가 있는 모양이다. '유(誘)'는 이끌어서 나아가게 함이다. 학문으로써 넓혀 주고, 예절로써 묶는 것은 가르침의 차례이다.

詳說

○ 朱子曰:"非特以博文約禮, 分先後; 博文約禮中, 各有次序."[141)]

주자(朱子:朱熹)가 말하였다. "다만 박문약례(博文約禮)로써 앞뒤를 나누었을 뿐 아니라, 박문약례 가운데 각각 차례가 있다."

○ 先博後約.

넓혀 줌을 먼저 하고, 묶는 것을 뒤에 한다.[142)]

○ 訓畢.

훈고가 끝났다.

朱註

言夫子道, 雖高妙,

공자의 도(道)가 비록 고원(高遠)하고 오묘(奧妙)하더라도

詳說

○ 雙峰饒氏曰:"高, 說彌高彌堅; 妙, 說在前在後."[143)]

쌍봉 요씨(雙峰饒氏:饒魯)가 말하였다. "'고(高)'는 더욱 높고 더욱 굳음을 말한 것이고, '묘(妙)'는 앞에 있고 뒤에 있음을 말한 것이다."

○ 承上節.

위의 문절을 이은 것이다.

朱註

而教人有序也.

사람을 가르침에 차례가 있음을 말한 것이다.

---

141) 호광 편(胡廣 編), 『논어집주대전(論語集註大全)』「자한(子罕)」에는 "朱子曰:'所謂次序者, 非特以博文約禮分先後次序; 博文約禮中, 各有次序先後淺深.'"이라 하였다.

142) 넓혀 줌을 먼저 하고, 묶는 것을 뒤에 한다:박문(博文)과 약례(約禮) 가운데 박문(博文)을 먼저 하고 약례(約禮)를 뒤에 하는 공자의 교육, 가르침의 차례를 적시한 것이다.

143) 호광 편(胡廣 編), 『논어집주대전(論語集註大全)』「자한(子罕)」.

詳說

○ 朱子曰 : "博文而不約之以禮, 便無歸宿處.[144] 博文條目多, 事事著去理會.[145] 終歸於一理, 乃所以約禮也.[146]"

주자(朱子 : 朱熹)가 말하였다. "글을 넓게 배우면서 예로써 묶지 않으면 곧 돌아갈 곳이 없다. 글을 넓게 배움에 조목이 많으니 일마다 분명하게 이해해야 한다. 마침내 하나의 리(理)로 돌아가니, 바로 예로써 묶은 까닭이다."

○ 又曰 : "博文, 近於致知; 約禮, 近於力行."[147]

주자(朱子 : 朱熹)가 또 말하였다. "박문(博文)은 치지(致知)에 가깝고, 약례(約禮)

---

144) 호광 편(胡廣 編), 『논어집주대전(論語集註大全)』「자한(子罕)」에는 "朱子曰 : '博我以文, 是要四方八面, 都見得, 周匝無遺. 至約我以禮, 又要收向身, 己上來無一毫之不盡, 兩事須互相發明, 若博文而不約以禮, 便無歸宿處'."로 되어 있다.

145) 『주자어류(朱子語類)』 권33, 「논어15(論語十五)」, 19조목에는 "行夫問 : '博文約禮'. 曰 : '博文條目多, 事事著去理會. 禮卻只是一箇道理, 如視也是這箇禮, 聽也是這箇禮, 言也是這箇禮, 動也是這箇禮. 若博文而不約之以禮, 便是無歸宿處. 如讀書, 讀詩, 學易, 學春秋, 各自有一箇頭緖. 若只去許多條目上做工夫, 自家身己都無歸著, 便是離畔於道也.'(행부가 '문을 넓히고 예로 요약하는 것'에 대하여 물었다. 주희가 말하였다. '문을 넓히는 것은 조목이 많아 모든 일에 이해를 해나가는 것이다. 예는 다만 하나의 도리로 이를테면 보는 것도 이 예이고, 듣는 것도 이 예이며, 말하는 것도 이 예이고, 움직이는 것도 이 예이다. 문을 넓히기만 하고 예로 요약을 하지 않는다면 돌아가 머물 곳이 없다. 이를테면 『서경(書經)』을 읽고 『시경(詩經)』을 읽으며, 『역경』을 배우고 『춘추(春秋)』를 베우는데 각기 나름의 두서가 있는 것이다. 허다한 조목마다 공부를 해간다면 자신의 몸에는 아예 귀의할 곳이 없을 것이니 도에서 떠나 어긋나게 되는 것이다.')"라고 하였다.

146) 『주자어류(朱子語類)』 권36, 「논어18(論語十八)」, 73조목에는 "安卿問 : '博文是求之於外, 約禮是求之於內否?' 曰 : '何者爲外? 博文也是自內裏做出來. 我本來有此道理, 只是要去求. 知須是致, 物須是格. 雖是說博, 然求來求去, 終歸於一理, 乃所以約禮也.'(안경(安卿)이 물었다. '문(文)으로 넓히는 것은 밖에서 구하는 일이며 예(禮)로 요약하게 하는 것은 안에서 구하는 일입니까?' 주희가 물었다. '무엇이 밖이냐? 문(文)으로 넓히는 것은 또한 안에서 나오는 것이다. 나에게 본래 이런 도리가 있으나 구하려고 할 뿐이다. 앎은 모름지기 지극하게 해야 하며, 사물은 모름지기 이치를 끝까지 찾아야 한다. 넓힌다고 말하였으나 구하는 것이니, 결국 하나의 이치로 귀결되어야 비로소 예로 요약하는 것이 된다.')"라고 하였다.

147) 호광 편(胡廣 編), 『논어집주대전(論語集註大全)』「자한(子罕)」에는 "覺軒蔡氏曰 : '博文條目多, 事事著去理會. 禮却只是一箇道理, 如視也是這禮; 聽也是這禮; 言也是這禮; 動也是這禮. 若博文而不約之以禮, 便是無歸宿處. 詳此數條, 解釋已極分明. …… 凡天理之自然, 人心之固有, 截然而有定則者, 皆是也. 極其約則操持固執, 而天下之理, 渾然於吾身而無所虧. 博文近於致知, 約禮近於力行, 不博則無以造乎約, 不約則無以盡乎博'."으로 되어 있다.

는 역행(力行)에 가깝다."

○ 又曰："'博學於文, 約之以禮', 是汎言顔子, 則更深於此耳."[148]

주자(朱子：朱熹)가 또 말하였다. "글을 넓게 배우고, 예로써 자신을 묶는다[149]고 하였으니, 이는 보통 안자(顔子：顔淵)를 말하는 것인데, 곧 이보다 더욱 심할 뿐이다."

○ 所已能也, 非且然也. 故謂之更深.

이미 능한 것이고, 장차 그러함이 아니다. 그러므로 '갱심(更深)'이라고 말한 것이다.

○ 以一貫言, 則'博'; 是所貫者'約', 是一也

일관(一貫)으로써 말하면 '박(博)'이고, 이에 꿰뚫는 것은 '약(約)'이니, 이는 하나이다.

○ 覺軒蔡氏曰："兩'我'字, 尤見以身體之切實用功處."[150]

각헌 채씨(覺軒蔡氏：蔡模)[151]가 말하였다. "두 개의 '아(我)'자[152]는 더욱 신체의 절실한 공력을 들이는 곳을 보인 것이다."

---

148) 호광 편(胡廣 編), 『논어집주대전(論語集註大全)』「자한(子罕)」에는 "朱子曰：'博我以文, 約我以禮, 與博學於文, 約之以禮一般. 但博學於文, 約之以禮, 孔子是泛言, 人能博文而又約禮, 可以弗畔大道, 而顔子則更深於此耳. 侯氏謂：博文, 是致知格物; 約禮, 是克己復禮, 分曉'.('문으로 나를 넓히게 하고, 예로 나를 요약하게 한다'는 것은 '문으로 학문을 넓히고, 예로 학문을 요약하게 한다'는 것과 마찬가지이다. 다만 '문으로 학문을 넓히고, 예로 학문을 요약하게 한다'는 것은 공자가 일반적으로 말한 것이다. 사람이 문으로 넓히고 또 예로 요약할 수 있다면 도를 배반하지 않을 수 있다. 그러나 안자는 다시 이에 대해 깊이 빠졌을 뿐이다. 후씨(侯氏)는 문으로 넓히는 것은 '앎을 지극히 하고 사물에 나아가 이치를 궁구하는 것'이며, 예로 요약하게 하는 것은 '자기의 욕심을 버리고 예로 돌아가는 것'이라고 생각하였는데. 매우 분명하게 알고 있는 것이다.')"라고 하였는데, 『주자어류(朱子語類)』 권36, 「논어18(論語十八)」, 97조목에도 동일한 내용이 실려 있다.

149) 글을 넓게 배우고, 예로써 자신을 묶는다：『논어(論語)』「옹야(雍也)」·「안연(顔淵)」에서 "子曰：'君子博學於文, 約之以禮, 亦可以弗畔矣夫'."라고 하였다.

150) 호광 편(胡廣 編), 『논어집주대전(論語集註大全)』「자한(子罕)」에는 "覺軒蔡氏曰：'不說窮理, 又不說格物, 只說博文. 蓋文字上該乎理, 而比之理, 則尤顯下該乎物; 而比之物, 則尤精不說理. 只說禮, 便是與復禮之禮同, 此禮字, 更有檢束, 便有規矩準繩, 若只說理, 便泛了更味. 兩箇我字, 尤見以身體之切實用功處."로 되어 있다.

151) 채모(蔡模：1188~1246)：남송 시대 학자로, 자가 중각(仲覺)이고, 호가 각헌(覺軒)이며, 채침(蔡沈)의 큰 아들이다.

152) 두 개의 '아(我)'자："博我以文; 約我以禮."에 나오는 두 개의 '我'자를 말한다.

○ 人猶是汎指我, 則更莫切矣.

사람들이 오히려 나를 두루 가리키면 다시 이보다 절실함이 없는 것이다.

○ 釋畢.

경문의 풀이가 끝났다.

朱註

侯氏曰 : "博我以文, 致知格物也; 約我以禮, 克己復禮也." 程子曰 : "此顏子稱聖人最切當處, 聖人敎人, 惟此二事而已."

후씨(侯氏 : 侯仲良)[153]가 말하였다. "글로써 나를 넓혀 주었다는 것은 치지격물(致知格物)이고, 예로써 나를 묶어 주었다는 것은 극기복례(克己復禮)이다." 정자(程子)가 말하였다. "이는 안자(顏子)가 성인(聖人)의 가장 절실하고 적당한 곳을 일컬은 것이니, 성인이 사람을 가르침에는 오직 이 두 가지 일일 따름이었다."

詳說

○ 叔子.

'정자왈(程子曰)'에서 '정자(程子)'는 동생 정이(程頤)이다.

○ 去聲.

'최절당처(最切當處)'에서 '당(當)'자는 거성(去聲 : 適當함)이다.

○ 所以『語』中凡三及, 二則夫子言之; 一則顏子言之.

『논어(論語)』 안에서 모두 세 번 언급한 것에서 두 번은 공자가 언급한 것이고, 한 번은 안자(顏子 : 顏淵)가 언급한 것이다.[154]

---

153) 후중량(侯仲良, 생몰년 미상) : 송나라 때의 학자로, 자가 사성(師聖)이고 화양(華陽) 사람이다. 저서로는 『논어설(論語說)』과 『아언(雅言)』이 있다.

154) 『논어(論語)』 안에서 모두 세 번 언급한 것에서 …… 한 번은 안자(顏子 : 顏淵)가 언급한 것이다 : 『논어(論語)』 안에서 '박문약례(博文約禮)'를 언급한 것이 모두 세 곳인데, 「옹야(雍也)」에서 "子曰 : '君子, 博學於文; 約之以禮, 亦可以弗畔矣夫'."라고 한 것과 「안연(顏淵)」에서 "子曰 : '博學於文; 約之以禮, 亦可以弗畔矣夫'."라고 한 것은 공자의 언급이고, 여기서 "夫子循循然善誘人, 博我以文; 約我以禮."라고 한 것은 안연의 언급이다.

[9-10-3]

欲罷不能, 旣竭吾才, 如有所立卓爾, 雖欲從之, 末由也已."
그만두고자 하나 능히 못하여 이미 내 재력(才力)을 다하니 마치 서 있는 것이 드높음이 있는 듯해서 비록 좇고자 하나 말미암을 수가 없었다."

朱註

'卓', 立貌. '末', 無也.
'탁(卓)'은 드높이 서 있는 모양이다. '말(末)'은 없는 것이다.

詳說

○ 訓畢.
훈고가 끝났다.

朱註

此, 顔子自言其學之所至也.
이는 안자(顔子)가 스스로 그 학문이 이른 곳을 말한 것이다.

詳說

○ 先總提.
먼저 총괄적으로 제시하였다.

朱註

蓋悅之深, 而力之盡, 所見益親, 而又無所用其力也.
대개 배우고 익힘[학문]의 기쁨155)이 깊어서, 공력(功力)을 다하게 하며, 본 것이 더욱 친근해졌으나, 또 그 재력(才力)을 쓸 수가 없었다.

155) 기쁨 : '열(悅)'은 『논어(論語)』「학이(學而)」에서 공자가 말한 "學而時習之, 不亦說乎?"라는 데서 출발하고, 『논어(論語)』「옹야(雍也)」에서 또한 공자가 말한 "知之者, 不如好之者; 好之者, 不如樂之者."라는 데로 귀결되는 군자의 자강불식(自强不息)하는 학문적 열락(悅樂)을 가리키는 말이다.

詳說

○ 『大全』曰 "欲罷不能."[156]

'배우고 익힘[학문]의 기쁨이 깊어서'에 대해, 『논어집주대전』에서 말하였다. "그만 두고자 하나 능히 하지 못하였다."

○ 『大全』曰 : "旣竭吾才."

'공력(功力)을 다하게 하며'에 대해, 『논어집주대전』에서 말하였다. "이미 나의 재력(才力)을 다한 것이다."

○ 『大全』曰 : "如有所立卓爾."

'본 것이 더욱 친근해졌으나'에 대해, 『논어집주대전』에서 말하였다. "마치 서 있는 것의 드높음이 있을 뿐이다."

○ 『大全』曰 : "欲從末由."

'그 재력(才力)을 쓸 수가 없었다.'에 대해, 『논어집주대전』에서 말하였다. "좇고자 하나 말미암을 수 없는 것이다."

○ 釋畢.

경문의 풀이가 끝났다.

朱註

吳氏曰 : "所謂'卓爾', 亦在乎日用行事之間,[157] 非所謂'窈冥昏默'者."

오씨(吳氏 : 吳棫)가 말하였다. "이른바 '드높음'이란 또한 날마다 쓰고 일을 행하는 사이에 있고, 이른바 '머나멀고 어두컴컴한' 것이 아니다."

詳說

○ 音杳[158].

'요명혼묵(窈冥昏默)'에서 '요(窈)'자는 음이 묘(杳)이다.

---

156) 호광 편(胡廣 編), 『논어집주대전(論語集註大全)』「자한(子罕)」.

157) 『주자어류(朱子語類)』 권36, 「논어18(論語十八)」, 95조목에는 "吳氏以爲卓爾, 亦不出乎日用行事之間."로 되어 있다.

158) 호광 편(胡廣 編), 『논어집주대전(論語集註大全)』「자한(子罕)」에는 "窈, 伊小反."으로 표기되어 있다.

○ 朱子曰:"'卓爾', 卽前日高堅前後底, 今看得確定親切, 不似向來無摸捉處, 不是高堅前後之外, 別有所謂'卓爾'者也."159)

주자(朱子:朱熹)가 말하였다. "'드높음'은 전날에 높고 굳으며 앞뒤에 있는 것을 지금 확정하고 친절함을 얻었어도 지난번처럼 더듬거리며 잡는 곳이 없지 않으니, 높고 굳으며 앞뒤의 밖으로 벗어남이 아닌데도 따로 이른바 '드높음'이 있는 것이다."

○ 雙峰饒氏曰:"窈窈冥冥, 至道之精; 昏昏默默, 至德之極, 列子之言也. 此章, 學者易得求之高遠故, 引吳說以明之."160)

쌍봉 요씨(雙峰饒氏:饒魯)가 말하였다. "머나멂은 지극한 도의 정미함이고, 어두컴컴함은 지극한 덕의 지극함이니 열자(列子)의 말이다.161) 이 장은 배우는 사람이 쉽게 고원(高遠)함을 구하려고 하기 때문에 오씨(吳氏:吳棫)의 말을 인용하여 밝힌 것이다."

○ 吳氏論'所立卓爾'.

오씨(吳氏:吳棫)가 '소립탁이(所立卓爾)'의 의미를 설명하였다.

朱註

程子曰:"到此地位, 工夫尤難, 直是峻絶, 又大段著力不得."162)

정자(程子)가 말하였다. "이 지위에 이르면 공부가 더욱 어려우니, 그야말로 높

---

159) 호광 편(胡廣 編), 『논어집주대전(論語集註大全)』「자한(子罕)」에는 "朱子曰:'卓爾, 是聖人之大本, 立於此, 以酧酢萬變處, 卽前日高堅前後底, 今看得確定親切, 不似向來無捉摸處, 不是離高堅前後之外, 別有所謂卓爾者也.'"로 되어 있다.

160) 호광 편(胡廣 編), 『논어집주대전(論語集註大全)』「자한(子罕)」.

161) 머나멂은 지극한 도의 정미함이고, 어두컴컴함은 지극한 덕의 지극함이니 열자(列子)의 말이다: 『장자(莊子)』「재유(在宥)」에서 "至道之精, 窈窈冥冥; 至道之極, 昏昏默默."이라 하고, 『장자』「천운(天運)」에서 "動於無方, 居於窈冥."이라고 한 것에 근거하는 것으로, 실체의 모호성을 가리키는 말이다.

162) 『주자어류(朱子語類)』 권36, 「논어18(論語十八)」, 93조목에는 "程子曰:'到此地位, 工夫尤難, 直是峻絶, 又大段著力不得. 所以著力, 不得緣聖人不勉而中不思而得了. 賢者若著力, 要不勉不思, 便是思勉了, 此所以說大段著力不得'.(정자가 말하였다. '이런 지위에 이르는 공부는 더욱 어려우니 다만 높고 빼어나서 또 대단히 힘을 붙일 수 없다고 하였으니 힘을 붙일 수 없는 까닭은 성인은 힘쓰지 않아도 도에 맞고, 생각하지 않아도 알기 때문이다. 현명한 사람은 힘을 붙인다면 힘쓰지도 않고 생각하지도 않아도 곧 생각하고 힘쓰게 될 것이니, 이것이 대단히 힘 쓸 수 없다고 말하는 까닭이다.)"이라고 되어 있다.

다랗고 가팔라서 대체로 힘을 쓰지 못한다."

詳說

○ 當考.

말한 사람이 동생 정이(程頤)인지 형 정호(程顥)인지 마땅히 살펴봐야 한다.

○ 慶源輔氏曰 : "指'旣竭吾才', '如有所立卓爾'之地位."[163]

경원 보씨(慶源輔氏 : 輔廣)가 말하였다. "'이미 나의 재력(才力)을 다한 것'[164]을 지적한 것은 '여유소립탁이(如有所立卓爾 : 마치 서 있는 것이 드높음이 있는 듯함)'의 지위이다."

○ 陟略反.[165]

'착력부득(著力不得)'에서 '착(著)'은 '척(陟)'과 '략(略)'의 반절(反切)이다.

○ 欲大著力而不可得也.

크게 힘을 쓰려고 하나 힘을 쓰지 못하는 것이다.

朱註

楊氏曰 : "自可欲之謂善, 充而至於大, 力行之積也; 大而化之, 則非力行所及矣.
양씨(楊氏 : 楊時)가 말하였다. "사랑할 만한 사람을 선(善)이라 하는 것으로부터 충실하게 하여 대(大)에 이르기까지는 힘써 실행함의 쌓임이지만, 광대하게 변화시키는 것은 힘써 실행함으로써 미치는 일이 아니다.

詳說

○ 仍『孟子』本文之謂字.

거듭해서 『맹자(孟子)』 본문에서 말한 글자이다.

---

163) 호광 편(胡廣 編), 『논어집주대전(論語集註大全)』에는 "慶源輔氏曰 : '地位, 指旣竭吾才, 如有所立卓爾之地位也. 至此地位, 則其理爲至精至微, 非淺智浮識之所能知, 疾趨大步之所能至也. 惟寬以居之, 勿忘勿助長, 則不日而化矣. 夫能爲之謂才, 竭其才, 則是盡其所能爲之才, 則其工夫, 蓋非才所能及矣. 此其所以著力不得也."로 되어 있다.

164) 이미 나의 재력(才力)을 다한 것 : 위에서 진술한 "『大全』曰 : '旣竭吾才.'"를 말한다.

165) 『흠정사고전서고증(欽定四庫全書考證)』 권25, 「전한서(前漢書)」에 의하면, "何焯曰 : '著, 讀陟畧反. 昌黎詩, 吾老著, 讀本此'."라고 하였으며, 육찬(陸粲)의 『좌전부주(左傳附注)』 권5에서는 "著, 陟略反. 別本, 作直畧反, 是也."라고 하였다. 『광운(廣韻)』에 의하면 "張略切."과 "直略切."의 두 가지 용례가 있다.

◯ 新安陳氏曰 : "此將『孟子』善 · 信 · 美 · 大 · 聖 · 神之次第, 以配此章. 大, 猶是力行積累之功, 化則久, 久, 純熟自然無跡之妙."166)

신안 진씨(新安陳氏 : 陳櫟)가 말하였다. "이는 『맹자(孟子)』의 선(善) · 신(信) · 미(美) · 대(大) · 성(聖) · 신(神)의 차례167)를 가지고 이 장과 짝지은 것이다. 대(大)는 힘써 실행하여 쌓인 공이고, 변화하면 오래 가니, 오래 감은 순수하게 숙련된 자연이며 자취 없는 오묘함이다."

◯ 見「盡心」.

『맹자(孟子)』「진심(盡心)」에 보인다.

朱註

> 此顏子所以未達一間也."
>
> 이것이 안자(顏子)가 한 칸을 이르지 못한 까닭이다."

詳說

◯ 如字.168)

'미달일간야(未達一間也)'에서 '간(間)'은 본래의 음으로 읽는다.

◯ 朱子曰 : "'欲從' · '末由', 只是脚步未到, 蓋不能得似聖人從從容中道也."169)

주자(朱子 : 朱熹)가 말하였다. "'욕종(欲從)'과 '말유(末由)'는 다만 한 걸음이 이르

---

166) 호광 편(胡廣 編), 『논어집주대전(論語集註大全)』「자한(子罕)」.

167) 『맹자(孟子)』의 선(善) · 신(信) · 미(美) · 대(大) · 성(聖) · 신(神)의 차례 : 『맹자(孟子)』「진심 하(盡心下)」에서 "사랑할 만한 사람을 선이라 하고, 선이 자기에게 있는 것을 신이라 하고, 선을 채워서 알찬 것을 미라 하고, 선을 채워서 알차며 빛남이 있는 것을 대라 하고, 광대하게 변화시키는 것을 성이라 하고, 성스러워서 알 수 없는 것을 신이라 한다.(可欲之謂善, 有諸己之謂信, 充實之謂美, 充實而有光輝之謂大, 大而化之之謂聖, 聖而不可知之之謂神.)"라고 한 구절을 말한다.

168) 호광 편(胡廣 編), 『논어집주대전(論語集註大全)』「자한(子罕)」.

169) 호광 편(胡廣 編), 『논어집주대전(論語集註大全)』「자한(子罕)」에는 "仰高鑽堅, 瞻前忽後, 此猶是見得未親切, 在如有'所立卓爾'. 方始親切, '雖欲從之, 末由也已', 只是脚步未到, 蓋不能得似聖人從容中道也.('우러러 볼수록 더욱 높고 뚫을수록 더욱 견고하며, 바라봄에 앞에 있다가 갑자기 뒤에 있다'는 것은 오히려 보는 것이 친절하지 못함이 있다. '우뚝하게 선 바가 있는 듯하다'는 표현이 비로소 친절하다. '비록 따르고자 하나 말미암을 방법이 없도다'라는 말은 걸음이 이르지 않는 것이니, 대개 성인이 조용하게 도에 맞는 경지와 같을 수 없다는 말이다.)"라 하였고, 『주자어류(朱子語類)』 권36, 「논어18(論語十八)」, 79조목에도 동일하게 실려 있다.

지 못한 것이니, 대개 성인의 '조용히 도에 맞는 것'과 같을 수 없다."

○ 已見'不違仁'註.

'미달일간(未達一間)'[170]은 이미 '불위인(不違仁)'의 주석[171]에 보였다.

○ 程·楊論'欲從'·'末由'.

정자(程子)와 양시(楊時)가 '종욕(欲從)'과 '말유(末由)'에 대하여 설명한 것이다.

朱註

程子曰:"此, 顏子所以爲深知孔子, 而善學之者也." 胡氏曰:"無上事而喟然歎,

정자(程子:程頤)가 말하였다. "이는 안자(顏子)가 공자를 깊이 알고 잘 배운 사람이 되는 까닭이다." 호씨(胡氏:胡安國)[172]가 말하였다. "위에 아무 일도 없는데 감개(感慨)하여 찬탄(讚歎)하였으니,

詳說

○ 叔子.

'정자왈(程子曰)'에서 '정자(程子)'는 동생 정이(程頤)이다.

○ 『大全』曰:"非如孔子因曾點而喟歎."

『논어집주대전』에서 말하였다. "공자가 증점에 말미암아 감개하여 감탄한 것[173]과 같은 사안이 아니다."

---

170) 미달일간(未達一間):『논어(論語)』「옹야(雍也)」에서 "子曰:'回也, 其心, 三月不違仁, 其餘則日月至焉而已矣.'"라고 하였다.

171) '불위인(不違仁)'의 주석:『논어집주(論語集註)』「옹야(雍也)」 주석에서 윤순(尹焞)의 해설인 "尹氏曰:'此顏子於聖人, 未達一間者也, 若聖人則渾然無間斷矣.'"를 말한다.

172) 호안국(胡安国:1074~1138):북송 시대 학자로, 또 이름이 호적(胡迪)이고, 자가 강후(康候)이고, 호가 청산(青山)이며, 시호가 문정(文定)이다. 학자들이 무이선생(武夷先生)이라 불렀으며, 후세에는 호문정공(胡文定公)이라 불렀다. 특히 『춘추(春秋)』 연구에 집중하여 『춘추전(春秋傳)』을 남겼고, 또 저서로 『자치통감거요보유(資治通鑒擧要補遺)』 등이 있다.

173) 공자가 증점에 말미암아 감개하여 감탄한 것:공자가 증점(曾點)의 큰 뜻을 품은 것에 감탄한 『논어(論語)』「선진(先進)」의 내용인 "點! 爾何如? 鼓瑟希, 鏗爾舍瑟而作, 對曰:'異乎三子者之撰.' 子曰:'何傷乎? 亦各言其志也.' 曰:'莫春者, 春服旣成, 冠者五六人, 童子六七人, 浴乎沂, 風乎舞雩, 詠而歸.' 夫子喟然嘆曰:'吾與點也.'"를 가리킨다.

朱註

此顔子學, 旣有得. 故述其先難之故 · 後得之由, 而歸功於聖人也.

이는 안자(顔子)의 학문이 이미 얻음이 있었던 것이다. 그러므로 그 먼저 어려웠던 연고와 뒤에 얻게 된 사유를 진술하고, 공(功)을 성인에게 돌린 것이다.

詳說

◯ 新安陳氏曰: "'先難', 指'仰' · '鑽' · '瞻' · '忽'; '後得', 指'如有所立卓爾'; '由'字, 指'善誘' · '博' · '約'."174)

신안 진씨(新安陳氏 : 陳櫟)가 말하였다. "'선난(先難)'은 '앙(仰)'과 '찬(鑽)'과 '첨(瞻)'과 '홀(忽)'을 가리키고, '후득(後得)'은 '여유소립탁이(如有所立卓爾 : 마치 서 있는 것이 드높음이 있는 듯함)'를 가리키고, '유(由)'자는 '선유(善誘)'와 '박(博)'과 '약(約)'을 가리킨다.

◯ '善誘'之功.

'공(功)'은 '잘 이끌어줌'의 공이다.

朱註

'高' · '堅' · '前' · '後', 語道體也; '仰' · '鑽' · '瞻' · '忽', 未領其要也. 惟夫子循循善誘, 先博我以文, 使我知古今 · 達事變然後, 約我以禮, 使我尊所聞 · 行所知, 如行者之赴家, 食者之求飽.

'고(高)'와 '견(堅)'과 '전(前)'과 '후(後)'는 도체(道體)를 말한 것이고, '앙(仰)'과 '찬(鑽)'과 '첨(瞻)'과 '홀(忽)'은 도체(道體)의 요지를 받아들이지 못한 것이다. 오직 공자가 차례차례 사람을 잘 이끌어 주시는데, 먼저 나를 넓혀 주시되 학문으로써 하여 나에게 옛날과 지금을 알게 하고, 사물의 변화에 통달하게 하신 뒤에, 나를 묶어 주시되 예절로써 하여 나에게 들은 것을 존중하게 하고, 아는 것을 실행하게 하시니, 마치 길 가는 사람이 집에 다다르고, 밥 먹는 사람이 배부름을 구하는 것과 같았다.

---

174) 호광 편(胡廣 編), 『논어집주대전(論語集註大全)』「자한(子罕)」.

詳說

○ 蒙上'聖人'.

위의 '성인(聖人)'을 이어받았다.

○ 先設'欲罷不能'之譬.

먼저 '욕파불능(欲罷不能 : 그만두고자 하나 능히 못함)'의 비유를 베풀어 놓은 것이다.

朱註

是以, 欲罷而不能, 盡心盡力, 不少休廢然後, 見夫子所立之卓然, 雖欲從之, 末由也已. 是蓋不怠所從, 必求至乎卓立之地也.

이 때문에 그만두고자 하나 능히 못하여 마음을 다하고 힘을 다하도록 조금도 쉬거나 그만두지 못한 뒤에, 공자가 서 있음의 드높은 모양을 보고서 비록 좇고자 하였으나 말미암을 수가 없었다. 이는 대개 좇는 것을 게을리하지 않아서 반드시 드높이 서 있는 지위에 이름을 구한 것이다.

詳說

○ 一無'而'字.

'시이욕파이불능(是以欲罷而不能)'에서, 어떤 판본에는 '이(而)'자가 없다.[175]

○ 補二字.

'견부자소립지탁연(見夫子所立之卓然)'에서, '부자(夫子)'는 두 글자를 보충한 것이다.

○ 朱子曰 : "不是到此便休, 但工夫用得細, 不似初間用許多麄[176]氣力."[177]

---

175) 어떤 판본에는 '이(而)'자가 없다 : 호광 편(胡廣 編), 『논어집주대전(論語集註大全)』에 '而'자가 없다.

176) 麄 : 호광 편(胡廣 編), 『논어집주대전(論語集註大全)』「자한(子罕)」과 『주자어류(朱子語類)』 등에는 '粗'로 표기되어 있다.

177) 호광 편(胡廣 編), 『논어집주대전(論語集註大全)』「자한(子罕)」에는 "問 : '程子言到此, 大段著力不得.' 胡氏又曰 : '不怠所從, 必欲至乎卓立之地, 何也?' 朱子曰 : '末由也己, 不是到此便休了不用力. 但工夫用得細, 不是初間用得許多粗氣力.' ……"이라 하였고, 『주자어류(朱子語類)』 권36, 「논어18(論語十八)」, 95조목에는 다음과 같이 되어 있다. "問 : '顏淵喟然歎一段, 高堅前後, 可形容否?' 曰 : '只是說難學, 要學聖人之道, 都摸索不著. 要如此學不得, 要如彼學又不得, 方取他前, 又見在後. 這處皆是譬喻如此. 其初恁地難, 到循循善誘, 方略有箇近傍處.' 吳氏以爲

주자(朱子 : 朱熹)가 말하였다. "이 지위에 이르지 못하고 곧 그만두면 다만 공부는 세소(細小)함을 얻게 되니, 처음부터 간혹 많이 거칠게나마 기력을 쓰는 것만 같지 못하다."

◯ **其語則似乎自盡, 而其意則實自任.**

그 말은 곧 스스로 다하는 것 같지만, 그 뜻은 실제로 스스로 맡겨 두는 것이다.

朱註

抑斯歎也, 其在'請事斯語'之後, '三月不違'178)之時乎.

그렇지 않으면 이 감탄은 '청사사어(請事斯語 : 청컨대 이 말에 마음과 힘을 다함)'179)의 뒤나, '삼월불위인(三月不違仁 : 세 달 동안 인을 어기지 않음)'의 시기에 있었을 것이다.

卓爾亦不出乎日用行事之間. 問 : '如何見得?' 曰 : '是他見得恁地定, 見得聖人定體規模. 此處除是顔子方見得.' 問 : '程子言到此大段著力不得, 胡氏又曰不怠所從, 必欲至乎卓立之地, 何也?' 曰 : '末由也已, 不是到此便休了不用力. 但工夫用得細, 不似初間用許多粗氣力, 如博學 · 審問 · 愼思 · 明辯 · 篤行之類.' ……(물었다. '안연이 크게 탄식하였다'는 단락에서 '높고', '견고하고', '앞에 있고', '뒤에 있다'는 것은 형용할 수 있습니까?' 주희가 말하였다. '배우기 어렵다고 말할 뿐이니, 성인의 도를 배우려고 하면 결코 탐색해서 찾을 수 없다. 이와 같고자 하는 것을 배울 수 없고, 저와 같고자 하는 것도 배울 수 없다. 막 그의 앞에서 가지려 하면 또 뒤에 있는 것을 보게 된다. 이런 경지는 모두 이와 같음을 비유하는 것이니 그 처음에는 이와 같이 되기 어렵다. '차근차근 잘 깨우쳐 준다'는 것에 이르면 바야흐로 근접한 곳이 있다.' 오씨는 우뚝함은 또한 날로 사용하거나 일을 실천하는 사이에 나오지 않는다고 생각하였는데, 어떻게 볼 수 있는지 묻습니다. 주희가 말하였다. '그의 견해가 이와 같이 확정된 것이니 성인의 온전한 몸과 규모를 볼 수 있다. 이곳은 안자라야 볼 수 있는 것이다.' 물었다. '정자가 '이런 곳에 이르면 대단히 힘을 붙일 수 없다'라고 하였고, 호씨는 또 '따를 바에 게으르지 않은 것은 반드시 우뚝하게 서는 경지에 이르려고 하는 것이다'라고 하였는데, 무슨 까닭입니까?' 주희가 말하였다. '말미암을 수 없다'는 것은 이런 경지에 이르러 그만두고 힘쓰지 않는다는 것이 아니다. 공부는 쓰는 것이 세밀해야, 처음에 허다한 거친 기력과 같지 않으니, 널리 배우고, 자세히 물으며 삼가 생각하고 밝게 분별하며 돈독하게 실천하는 것 같은 종류이다.……')"

178) 『논어(論語)』「옹야(雍也)」. "子曰 : '回也, 其心, 三月不違仁, 其餘則日月至焉而已矣.'"

179) 청사사어(請事斯語 : 청컨대 이 말에 마음과 힘을 다함) : 『논어(論語)』「안연(顔淵)」에서 "顔淵問仁, 子曰 : '克己復禮爲仁, 一日克己復禮, 天下歸仁焉, 爲仁由己, 而由人乎哉?' 顔淵曰 : '請問其目.' 子曰 : '非禮勿視; 非禮勿聽; 非禮勿言; 非禮勿動.' 顔淵曰 : '回雖不敏, 請事斯語矣.'" 라고 한 구절과 "仲弓問仁, 子曰 : '出門如見大賓; 使民如承大祭; 己所不欲, 勿施於人, 在邦無怨; 在家無怨.' 仲弓曰 : '雍雖不敏, 請事斯語矣.'"라고 한 구절에서 보인다.

詳說

◯ **雙峰饒氏曰 : "'請事斯語', 是'約我以禮'時事; '三月不違仁', 是'有**[180] **立卓爾'時事."**[181]

쌍봉 요씨(雙峰饒氏 : 饒魯)가 말하였다. "'청사사어(請事斯語)'는 '약아이례(約我以禮)' 때의 일이고, '삼월불위인(三月不違仁)'은 '유소립탁이(有所立卓爾)' 때의 일이다."

◯ **博文約禮, 此章之題目.**

'박문약례(博文約禮 : 문을 널리하고 예로 요약함)'가 이 장의 제목이다.

---

180) 有 : 호광 편(胡廣 編), 『논어집주대전(論語集註大全)』「자한(子罕)」에는 '有'뒤에 '所'자가 있다.

181) 호광 편(胡廣 編), 『논어집주대전(論語集註大全)』「자한(子罕)」에는 "雙峰饒氏曰 : '不急所從是發明, 雖欲從之, 末由也已, 言不是恁地住了. 請事斯語, 是約我以禮時事; 三月不違仁, 是有所立卓爾時事.'"로 되어 있다.

[9-11-1]

子疾病, 子路, 使門人, 爲臣,
공자가 병이 나서 앓자, 자로가 문인에게 신하로 삼았더니

詳說

○ 門人, 蓋子路之門人; 或孔子門人之少者. 故子路得而使之也.
문인은 대개 자로(子路)의 문인이거나 혹은 공자(孔子)의 문인 가운데 나이 어린 사람일 것이다. 그러므로 자로가 그들을 부릴 수 있었다.

朱註

夫子, 時已去位, 無家臣,
공자는 이때 이미 지위를 떠나서 가신(家臣)이 없는데

詳說

○ 胡氏曰: "必是失司寇後, 未致仕之前也. 大夫老而致仕後, 得從其列, 無家臣者, 無祿故也."[182]
호씨(胡氏: 胡泳)가 말하였다. "반드시 사구(司寇)를 잃은 뒤이나 아직 벼슬을 그만두기 전이다. 대부가 늙고 벼슬을 그만둔 뒤에는 그 반열을 좇으니, 가신(家臣)이 없는 것은 봉록(俸祿)이 없기 때문이다."

朱註

子路, 欲以家臣治其喪, 其意實尊聖人, 而未知所以[183]尊也.
자로(子路)가 가신으로써 공자(孔子)의 초상(初喪)을 치르려고 하였으니, 그 뜻은 실제로 성인을 높였으나 높이는 방도를 알지 못하였던 것이다.

---

182) 호광 편(胡廣 編), 『논어집주대전(論語集註大全)』「자한(子罕)」에는 "胡氏曰: '此必夫子失司寇之後, 未致其仕之前也. 若夢奠則子路死於衛久矣. 大夫老而致仕後, 得從其列, 無家臣者, 無祿故也.'"로 되어 있다.

183) 所以: 여기서 '所以'는 '所爲'이나 '所作'의 뜻으로 쓰였다.

詳說

○ 以論釋之, 無訓.

경문의 의미 설명으로 풀이하였고 훈고는 없다.

[9-11-2]

病間曰 : "久矣哉. 由之行詐也! 無臣而爲有臣, 吾誰欺? 欺天乎.
병이 조금 나음에 말하였다. "오래되었다. 유(由)의 속임을 행함이여! 신하가 없어야 하는 사람이 신하를 두었으니, 내가 누구를 속였나? 하늘을 속였도다.

朱註

如字.[184)]

'병간왈(病間曰)'에서 '간(間)'은 본래의 음으로 읽는다.

詳說

○ 朱子曰: "'久矣哉', 不特指那一事, 是指平日而言."[185)]

주자(朱子 : 朱熹)가 말하였다. "'구의재(久矣哉)'는 다만 한 가지 일을 가리키는 것이 아니라, 평일을 가리켜서 말하였다."[186)]

○ 幷及素行, 此其爲切責也.

아울러 평소의 품행을 언급하였는데, 이는 절실하게 지적하여 질책한 것이 된다.[187)]

---

184) 호광 편(胡廣 編), 『논어집주대전(論語集註大全)』「자한(子罕)」.

185) 호광 편(胡廣 編), 『논어집주대전(論語集註大全)』「자한(子罕)」에는 "朱子曰 : '久矣哉, 不特指那一事, 是指從來而言. 子路一時, 不循道理, 本心亦不知其爲詐. 然子路平日, 强其所不知以爲知, 只有一毫不誠, 便是詐也."로 되어 있다.

186) 『주자어류(朱子語類)』 권36, 「논어18(論語十八)」, 102조목에는 "물었다. '오래 되었도다, 유[자로]가 거짓을 행한 것이'라는 말은 다만 이 일만 가리켜 말한 것은 아닙니다.' 주희가 말하였다. '이는 뒤에 오는 것을 가리켜 말한 것이다.' 물었다. '사람이 진실로 앎이 지극하지 않고 뜻이 성실하지 않으면 이런 뜻과 염려가 때때로 다시 발현되어도 스스로 깨닫지 못합니까?' 주희가 말하였다. '그렇다.'(問: ''久矣哉, 由之行詐!'是不特指那一事言也.' 曰: '是指從來而言.' 問: '人苟知未至, 意未誠, 則此等意慮時復發露而不自覺?' 曰: '然.')"라고 하였다.

朱註

'病間', 少差也.

'병간(病間)'은 조금 나은 것이다.[188]

詳說

○ 初賣反, 下同.[189]

'소차야(少差也)'에서 '차(差)'는 '초(初)'와 '매(賣)'의 반절(反切)이며, 아래도 같다.

○ 訓.

훈고이다.

朱註

病時不知, 旣差, 乃知其事. 故言: "我之不當有家臣, 人皆知之, 不可欺也, 而爲有臣, 則是欺天而已."

병들어 아팠을 때는 알지 못하고 있다가 이미 조금 나아서야 이에 그 사실을 알았던 것이다. 그러므로 말하였다. "나는 마땅히 가신(家臣)을 두어서는 안 되는 것을 사람들이 모두 알고 있어서 속일 수 없는데, 가신을 두게 되었으니 이는 하늘을 속였을 따름이다."

詳說

○ 八字, 釋'誰欺'.

'인개지지, 불가기야(人皆知之, 不可欺也 : 사람들이 모두 알고 있어서 속일 수 없

187) 이는 절실하게 지적하여 질책한 것이 된다 : '절책(切責)'의 의미는 크게 두 가지로 갈리는데, 그 하나는 『논어(論語)』「자로(子路)」의 "切切偲偲."에 대하여 하안(何晏)의 『논어집해』에서 한나라 마융(馬融)의 주석을 인용하여 "切切偲偲, 相切責之貌."라고 하여 서로 절차탁마(切磋琢磨)하면서 면학(勉學)을 돌려한다는 뜻이고, 다른 하나는 근엄하고 절실하게 지적하여 질책한다는 뜻이다. 이 가운데 박문호(朴文鎬)는 후자를 말한 것 같다.

188) '병간(病間)'은 조금 나은 것이다 : 하안(何晏)의 『논어집해』에서 공안국(孔安國)의 주석을 인용하여 "少差曰間."이라고 하였는데, 주자(朱子 : 朱熹)가 이를 원용(援用)한 것이다.

189) 호광 편(胡廣 編), 『논어집주대전(論語集註大全)』「자한(子罕)」에는 "楚懈反, 下同."으로 표기되어 있다. 호병문(胡炳文)의 『논어통(論語通)』도 이와 같다. 『광운(廣韻)』·『집운(集韻)』·『운회(韻會)』·『정운(正韻)』 등에는 "楚懈切." 또는 "楚嫁切."이라 하였고, 『석문(釋文)』에는 "初賣反."이라고 하였다.

다.)'라는 여덟 자는 '누구를 속였나?[誰欺]'를 풀이한 것이다.

○ 新安陳氏曰 : "無家臣而用之, 非理也. '天'者理而已."190)

신안 진씨(新安陳氏 : 陳櫟)가 말하였다. "가신이 없어야 하는데 가신을 썼으니 도리가 아니다. '하늘'이라는 것은 도리일 따름이다."

○ 天之不可欺, 實有甚於人者, 而云'欺天', 此其爲深責.

하늘을 속여서는 안 되는데, 실제로 남에게 옳게 여기지 않는 일을 둔 사람이 있어서 '하늘을 속였다'고 말한 것이니, 이는 그를 깊이 질책한 것이 된다.

○ 釋.

경문의 풀이다.

朱註

人而欺天, 莫大之罪, 引以自咎, 其責子路, 深矣.

사람으로서 하늘을 속이는 일은 더 이상 큰 것이 없는 죄인데, '기천(欺天)'이라는 말을 끌어다가 스스로 책망하였으니, 자로(子路)를 질책함이 깊은 것이다.

詳說

○ 吾.

'인이자구(引以自咎 : '기천(欺天)'이라는 말을 끌어다가 스스로 책망하였으니)'에서의 '자(自)'는 '나[吾]'이다.

○ 論.

경문의 의미를 설명하였다.

190) 호광 편(胡廣 編), 『논어집주대전(論語集註大全)』「자한(子罕)」에는 "新安陳氏曰 : '有家臣而用家臣, 理也; 無而用之, 非理也. 天者理而已. 非理則欺天矣. 子路欲尊夫子, 豈知陷於欺天, 尊夫子者, 反所以累夫子歟.'"로 되어 있다.

[9-11-3]

且予與其死於臣之手也, 無寧死於二三子之手乎? 且予縱不得大葬, 予死於道路乎?" 또 내가 신하의 손에 죽기보다는 차라리 너희들의 손에 죽음이 편하지 아니하냐? 또 내가 비록 큰 장례(葬禮)를 치루지 못하나 내가 길에서 죽으랴?"

朱註

'無寧', 寧也. '大葬', 謂君臣禮葬. '死於道路', 謂棄而不葬,

'무녕(無寧)'은 '녕(寧 : 차라리)'이다. '대장(大葬)'은 임금과 신하의 예장(禮葬)을 이른다. '사어도로(死於道路 : 길에서 죽다)'는 내버려서 장사 지내지 않음을 이르니,

詳說

○ 『大全』曰 : "有'無'字·'乎'字故, 可訓'無寧'爲寧."[191]

『논어집주대전』에서 말하였다. "'무(無)'자와 '호(乎)'자가 있기 때문에 '무녕(無寧)'을 새겨서 녕(寧 : 차라리)이라고 할 수 있는 것이다."

○ 臣葬君以盛禮者也, 家臣亦臣也, 家臣於所事大夫有君道.

신하가 임금을 장사 지냄에 성대한 예로써 하는 것이니, 가신(家臣)도 또한 신하이기 때문에 가신이 섬기는 대부(大夫)에 대하여 임금을 위하는 도(道)를 두는 것이다.

○ 訓畢.

훈고가 끝났다.

朱註

又曉之以不必然之故.

또 반드시 그렇지 않을 까닭으로써 환히 알게 한 것이다.

詳說

○ 照上'深責'而言'又曉'.

위의 '심책(深責 : 깊이 질책함)'[192]을 참조하여 '우효(又曉 : 또 환히 알게 함)'를 말

---

191) 호광 편(胡廣 編), 『논어집주대전(論語集註大全)』「자한(子罕)」.

하였다.

○ 勉齋黃氏曰 : "'欺天'者, 曉之以理之正; 此又告之以利害之實. 聖人之言, 委曲詳盡, 如此."193)

면재 황씨(勉齋黃氏 : 黃榦)194)가 말하였다. "'기천(欺天)'이라는 것은 이치의 바른 것으로써 환히 알게 한 것이고, 이는 또 이익과 손해의 실제를 말한 것이다. 성인(聖人)의 말이 자세하고 상세함을 다한 것이 이와 같다."

○ 省文釋畢.

글을 생략하면서 경문의 풀이를 끝냈다.

朱註

范氏曰 : "曾子將死, 起而易簀曰 : '吾得正而斃焉, 斯已矣.'

범씨(范氏 : 范祖禹)가 말하였다. "증자(曾子 : 曾參)가 장차 죽으려 하다가 다시 살아나서195) 대자리를 바꾸고196) 말하였다. '나는 바르게 살다가 죽으면 그만이다.'

---

192) 심책(深責 : 깊이 질책함) : 위 상설(詳說)의 "하늘을 속여서는 안 되는데, 실제로 남에게 옳게 여기지 않는 일을 둔 사람이 있어서 '하늘을 속였다'고 말한 것이니, 이는 그를 깊이 질책한 것이 된다.(天之不可欺, 實有甚於人者, 而云'欺天', 此其爲深責.)"의 내용에 나오는 '심책(深責)'을 가리킨다.

193) 호광 편(胡廣 編), 『논어집주대전(論語集註大全)』「자한(子罕)」에는 "勉齋黃氏曰 : '久矣哉, 責子路之素行, 如此也. 欺天者, 曉之以理之正, 且予以下則告之以利害之實, 聖人之言, 委曲詳盡, 如此."로 되어 있다.

194) 황간(黃榦 : 1152~1233) : 송나라 때의 학자로, 자가 직경(直卿)이고, 호가 면재(勉齋)이며, 주자에게 학업을 배웠다. 저서로 『논어주어문답통석(論語注語問答通釋)』·『효경본지(孝經本旨)』·『주역계사전해(周易繫辭傳解)』 등이 있다.

195) 다시 살아나서 : 원문의 '기(起)'는 병을 치유(治癒)함, 또는 죽은 사람이 다시 살아남을 말하는 것[復蘇]이다.

196) 대자리를 바꾸고 : 『논어(論語)』「태백(泰伯)」 "曾子有疾, 召門弟子曰 …….."의 내용에서 진술하였다. '역책(易簀)'은 삿자리를 바꾼다는 말로, 사람이 병이 위중하여 장차 죽으려 함을 가리키는 말이다. 옛날 예제(禮制)에 대부의 신분이 되어야만 책(簀 : 삿자리)을 사용할 수 있었는데, 증삼(曾參)이 대부가 되기도 전에 사용하다가 죽기 직전에 바른 도리가 아님을 알고 증원(曾元)에게 교체하도록 명한 『예기(禮記)』 속에 나오는 이야기다. 자세한 내용은 다음과 같다. 『예기(禮記)』「단궁상(檀弓上)」. "증자가 병석에 누워서 앓았는데 악정자춘이 병상 아래 앉고, 증원과 증신이 발치에 앉고, 어린애가 방구석에 앉아서 촛불을 잡고 있었다. 어린애가 말하였다. '화려하고 찬란합니다. 대부의 삿자리인가요?' …… 증자가 말하였다. '그렇다. 이는 계손씨가 나에게 준 것이라 내가 아직 바꿀 수가 없었구나. 증원아! 나를 일으켜서 삿자리

詳說

◯ 音責.

'역책(易簀)'에서 '책(簀)'자는 음이 책(責)이다.

◯ 音弊.

'폐언(斃焉)'에서 '폐(斃)'자는 음이 폐(弊)이다.

◯ 見『禮記』「檀弓」.

『예기』「단궁(檀弓)」에 보인다.

◯ 汪氏曰 : "夫子苟死於家臣之手, 不正甚矣. 執燭童子, 尚知大夫之簀不可不易, 子路乃不知無臣之不可有臣乎."[197]

왕씨(汪氏 : 汪炎昶)[198]가 말하였다. "공자가 진실로 가신(家臣)의 손에 죽는 것은 바르지 못함이 심한 사안이다. 촛불을 잡는 어린아이도 오히려 대부가 대자리를 바꾸지 않아서는 안 된다는 것을 아는데, 자로(子路)가 이에 가신(家臣)이 없어야 하는 사람에게 가신을 두어서는 안 된다는 사실을 알지 못한 것이다."

를 바꿔라.' 증원이 말하였다. '공자의 병세가 극심하여 바꿀 수 없으니, 바라건대 아침이 되면 청컨대 삼가 바꾸어 드리겠습니다.' 증자가 말하였다. '너의 나에 대한 사랑은 저 사람만 같지 못하다. 군자가 남을 사랑함은 덕으로써 하고, 소인이 남을 사랑함은 한때의 편안함으로써 한다. 내가 무엇을 바라겠는가? 나는 바르게 살다가 죽으면 그만이다.' 이에 들고 부축하여 삿자리를 바꾸었는데 병석에 되돌아 앉지도 못하고 죽었다.(曾子寢疾, 病, 樂正子春, 坐於床下, 曾元·曾申, 坐於足, 童子隅坐而執燭. 童子曰 : '華而睆, 大夫之簀與?' …… 曾子曰 : '然. 斯季孫之賜也, 我未之能易也. 元! 起易簀.' 曾元曰 : '夫子之病革矣, 不可以變, 幸而至於旦, 請敬易之.' 曾子曰 : '爾之愛我也, 不如彼. 君子之愛人也, 以德; 細人之愛人也, 以姑息, 吾何求哉? 吾得正而斃焉, 斯已矣.' 擧扶而易之, 反席未安而沒.)"

197) 호광 편(胡廣 編), 『논어집주대전(論語集註大全)』「자한(子罕)」에는 "汪氏曰 : '『禮記』「易簀章」, 一正字, 足以斷此章而責子路. 故引之曾子易簀而死爲得其正. 夫子苟死於家臣之手, 不正甚矣. 彼執燭之童子, 尚知大夫之簀不可不易; 子路乃不知無臣之不可爲有臣乎. 況夫子席不正, 且不坐; 割不正, 且不食, 況臨死生之際乎. 范氏引此, 見聖人心安於正, 生死一而已矣."로 되어 있다.

198) 왕염창(汪炎昶 : 1261~1338) : 송나라 때 학자로, 자가 무원(懋遠)이고, 자호가 고일민(古逸民)이며, 학자들이 고일선생(古逸先生)이라고 불렀다. 일찍이 태학생 손숭(孫崇) · 원유(元游)와 종유(從遊)하였고, 정자(程子)와 주자(朱子)의 성리학의 요체를 터득하였으나, 벼슬을 하지 않고 시주(詩酒)를 즐겼다.

朱註

子路欲尊夫子, 而不知無臣之不可爲有臣. 是以陷於行詐, 罪至欺天. 君子之於言動, 雖微, 不可不謹, 夫子深懲子路, 所以警學者也.

자로가 공자를 존경하여 대접하려고 하였는데, 가신(家臣)이 없어야 하는 사람에게 가신을 두어서는 안 되는 사실을 알지 못하였다.199) 이 때문에 속임을 행함에 빠져서 죄가 하늘을 속임에 이른 것이다. 군자가 말과 행동에서 비록 미세한 것이더라도 삼가지 않으면 안 되니, 공자가 깊이 자로를 혼내서 배우는 이들을 경계한 것이다.

詳說

○ 言外意也.

'경학자(警學者 : 배우는 이들을 경계함)'는 말 밖에 있는 뜻이다.

朱註

楊氏曰 : "非知至而意誠, 則用智自私, 不知行其所無事, 往往自陷於行詐欺天, 而莫之知也, 其子路之謂乎."

양씨(楊氏 : 楊時)가 말하였다. "앎이 지극하고 뜻이 정성됨이 아니면 지혜를 씀이 스스로 사특(私慝)하여 문제없는 일을 행할 줄 몰라서 이따금씩 스스로 속임을 행하여 하늘을 속임에 빠져도 알지 못하니, 자로(子路)를 이르는 것이로다."

詳說

○ 見『大學』.

'의성(意誠 : 뜻이 정성됨)'은 『대학(大學)』에 보인다.200)

---

199) 가신(家臣)이 없어야 하는 사람에게 가신을 두어서는 안 되는 사실을 알지 못하였다. : 『주자어류(朱子語類)』 권36, 「논어18(論語十八)」, 104조목에는 "세상에 어떤 종류의 일이 분명이 좋지 못하다면, 사람들은 또한 모두 그것이 좋지 못함을 안다. 자로가 문인에게 가신을 삼은 것 같은 이런 일은 좋지 못함이 있지 않고 또 하늘을 속이지도 않는다. 다만 자로의 견해가 투철하지 못하여 도리어 좋은 일을 한다고 생각하였으니, 그것이 실제로는 도리어 옳지 않은 일임을 알지 못한다.(世間有一種事, 分明是不好, 人也皆知其不好. 謂如子路使門人爲臣, 此等事, 未有不好, 亦未爲欺天. 但子路見不透, 卻把做好事去做了, 不知其實卻不是了.)"라고 설명하고 있다.

○ **五字, 出『孟子』「離婁」.**

‘행기소무사(行其所無事 : 문제없는 일을 행함)’라는 다섯 글자는 『맹자(孟子)』「이루(離婁)」에 나온다.[201]

○ **此及謂祷, 必省其初年事耳, 蓋其事則固非, 而其事帥之, ‘誠意’, 又不可不知也.**

이 언급은 기망(期望)함을 이른 것이니, 반드시 그 초년의 일을 살폈을 뿐이다. 대개 그 일이 진실로 그릇되어 그 일이 따른 것이니, ‘성의(誠意 : 뜻을 정성되게 함)’를 또 알지 않을 수 없다.

---

200) ‘의성(意誠 : 뜻이 정성됨)’은 『대학(大學)』에 보인다 : 『대학장구(大學章句)』에서 “物格而后知至; 知至而后意誠; 意誠而后心正; 心正而后身脩; 身脩而后家齊; 家齊而后國治; 國治而后天下平.”라고 하였다.

201) ‘행기소무사(行其所無事 : 문제없는 일을 행함)’의 …… 『맹자(孟子)』「이루(離婁)」에 나온다 : 『맹자(孟子)』「이루하(離婁下)」에서 “孟子曰 : ‘天下之言性也, 則故而已矣. 故者以利爲本, 所惡於智者, 爲其鑿也. 如智者, 若禹之行水也, 則無惡於智矣, 禹之行水也, 行其所無事也. 如智者, 亦行其所無事也, 則智亦大矣. 天之高也, 星辰之遠也, 苟求其故, 千歲之日至, 可坐而致也.’”라고 하였다.

[9-12-1]

子貢曰 : “有美玉於斯, 韞匵而藏諸? 求善賈而沽諸?” 子曰 : “沽之哉. 沽之哉. 我, 待賈者也.”
자공이 말하였다. “아름다운 옥이 이에 있으니 궤(櫃)에 싸서 감추어 두겠습니까? 좋은 값을 구하여 팔겠습니까?” 공자가 말하였다. “팔 것이다. 팔 것이다. 나는 좋은 값을 기다리는 사람이다.”

朱註

紆紛反; 徒木反. 音嫁. ‘韞’, 蔵也. ‘匵’, 匱也. ‘沽’, 賣也.
‘온독이장제(韞匵而藏諸)’에서 ‘온(韞)’은 ‘우(紆)’와 ‘분(粉)’의 반절(反切)이고, ‘독(匵)’은 ‘도(徒)’와 ‘목(木)’의 반절(反切)이다. ‘대가자야(待賈者也)’에서 ‘가(賈)’자는 음이 가(嫁)이다. ‘온(韞)’은 감춤이다. ‘독(匵)’은 궤(櫃)이다. ‘고(沽)’는 팔다이다.

詳說

○ 善賈謂厚賈.
‘선가(善賈)’는 후한 값을 이른다.

○ 恐讀者作‘古’音. 故特著音.
‘가(賈)’는 읽는 사람이 ‘고(古)’의 소리를 낼까 염려한 것이다. 그러므로 특별히 음가(音價 : 音嫁)를 드러낸 것이다.[202]

○ ‘我’字, 從‘斯’字來.
‘아(我)’자는 ‘사(斯)’자로부터 온 것이다.

○ 訓畢.
훈고가 끝났다.

---

202) ‘가(賈)’는 읽는 사람이 ‘고(古)’의 소리를 낼까 …… 음가(音價 : 音嫁)를 드러낸 것이다 : ‘가(賈)’는 특히 두 가지 의미 및 소리로 활용되니, ‘가(價 : 값)’와 ‘고(賈 : 장사)’이다. 그래서 읽는 사람들이 종종 착오하는 경우가 있으므로 이러한 문제점을 지적하여 밝힌 것이다.

朱註

子貢, 以孔子有道不仕. 故設此二端以問也, 孔子言 : "固當賣之.

자공(子貢)은 공자가 도를 가지고 있으면서도 벼슬하지 못한 것으로 여겼다. 그러므로 이 두 가지 단서를 설정하여 물은 것이니, 공자가 말하였다. "진실로 마땅히 아름다운 옥을 팔 것이다.

詳說

○ 美玉.

'도(道)'는 아름다운 옥이다.

○ 韞而不沽.

'불사(不仕 : 벼슬하지 않음)'는 감추어 두고 팔지 않은 것이다.

○ '蔵' · '沽'.[203]

'이단(二端)'은 '장(藏 : 감춤)'과 '고(沽 : 팔다)'이다.

○ 朱子曰 : "言'沽之哉'而繼以'待賈', 不得, 爲疑辭矣."[204]

주자(朱子 : 朱熹)가 말하였다. "'팔 것이다.'라고 하고서 '좋은 값을 기다린다'라고 이은 뜻은 옳지 않으니, 의심스러운 말인 듯이다."

○ 重言, 以見其必然耳.

거듭해서 말한 것은 그 반드시 그렇게 할 뿐임을 보인 것이다.

朱註

但當待賈, 而不當求之耳."

다만 마땅히 좋은 값을 기다려야 하고, 그저 파는 것을 구하는 일은 마땅하지 않을 뿐이다."

---

203) 두 가지 단서(端緖)란 '아름다운 옥을 궤에 넣어서 감추어 둘 것인가'와 '좋은 값을 구하여 팔 것인가'를 말한 것이다.

204) 주희, 『회암집(晦庵集)』 권55, 「서(書) 답이수약(答李守約)」. "'哉', 本歎辭, 其或爲疑辭者, 亦歎以疑之也. 此言'沽之哉'而繼以待價, 則不得, 爲疑辭矣." 『주자전서(御纂朱子全書)』 권16, 「논어7(論語七) 자한제9(子罕第九) 자공왈유미옥장(子貢曰有美玉章)」. "問 : '沽之哉, 哉之爲義, 以常例言之, 則爲疑辭. 『集注』直曰 : 固當賣之, 而不以爲疑辭, 何也?' 曰 : '哉本歎詞, 其或爲疑辭者, 亦歎以疑之也. 此言沽之哉而繼以待價, 則不得, 爲疑辭矣.'"

詳說

◯ 添此四字, 以足其言外意.

이 네 글자[不當求之]를 보태서 그 말 밖에 있는 뜻을 충족하였다.[205]

◯ 南軒張氏曰: "待賈者, 循乎天理; 求善賈者, 其心先動."[206]

남헌 장씨(南軒張氏: 張栻)가 말하였다. "좋은 값을 기다리는 사람은 천리(天理)를 좇고, 좋은 값을 구하는 사람은 그 마음이 먼저 움직인다."

◯ 釋畢.

경문의 풀이가 끝났다.

◯ 慶源輔氏曰: "此子貢初年語, 至答武叔子禽之問, 必不尙[207]以夫子出處爲疑矣."[208]

경원 보씨(慶源輔氏: 輔廣)가 말하였다. "이는 자공(子貢)의 초년의 말이니 무숙(武叔: 叔孫武叔)과 자금(子禽: 陳亢)의 물음에 답한 것[209]에 이르러서 반드시 공

205) 이 네 글자를 보태서 그 말 밖에 있는 뜻을 충족하였다: 네 글자는 '대가(待賈)'라는 말 밖의 뜻인 '부당구지(不當求之)'를 말한다. 이는 좋은 값이 아니면 팔지 않겠다는 뜻을 함축한 것이다.

206) 호광 편(胡廣 編), 『논어집주대전(論語集註大全)』「자한(子罕)」에는 "南軒張氏曰: '子貢以美玉爲喩, 疑夫子將終, 藏而不售也. 若夫子之意, 則以爲君子, 豈不欲施用於世乎. 然其不輕售者, 必待其可而後出耳, 如子貢所謂求善賈則非矣. 待賈者, 循乎天理; 而求善賈者, 則己心先動矣.'"로 되어 있다.

207) 尙: 호광 편(胡廣 編), 『논어집주대전(論語集註大全)』「자한(子罕)」에는 '當'으로 되어 있다.

208) 호광 편(胡廣 編), 『논어집주대전(論語集註大全)』에는 "慶源輔氏曰: '沽之哉二句, 見理則當沽; 而意則不求沽也. 此亦子貢初年語, 至答武叔子禽之問, 必不當以夫子出處, 爲凝矣.'"로 되어 있다.

209) 무숙(武叔: 叔孫武叔)과 자금(子禽: 陳亢)의 물음에 답한 것: 노(魯)나라 대부 숙손무숙(叔孫武叔)이 공자의 출처를 비난한 것과 공자 제자 자금(子禽)이 공자의 출처에 대하여 의심한 것을 말한다. 『논어(論語)』「자장(子張)」에는 "숙손무숙이 중니를 헐뜯자 자공이 말하였다. '하지 말라. 중니는 헐뜯어서는 안 된다. 다른 사람의 현명한 것은 언덕이라서 오히려 넘을 수 있지만, 중니는 해와 달이라 넘을 수가 없다. 사람들이 비록 스스로 끊으려 하여도 어찌 해와 달을 손상시키겠는가? 도량을 모르는 것만 많이 보여주는 것이다.'(叔孫武叔, 毁仲尼, 子貢曰: '無以爲也. 仲尼不可毁也. 他人之賢者, 丘陵也, 猶可踰也; 仲尼日月也, 無得而踰焉. 人雖欲自絶, 其何傷於日月乎? 多見其不知量也.')"라고 하였고, 『논어(論語)』「학이(學而)」에는 "자금이 자공에게 물었다. '공자가 이 나라에 이르러 반드시 정사를 들었는데 구하려는 것인가? 아니면 주려는 것인가?' 자공이 말하였다. '공자는 온화함과 선량함과 공경함과 검소함과 겸양함으로써 얻으니, 공자의 구함은 사람들이 구함과 다른 것이다.'(子禽問於子貢曰: '夫子至於是邦也, 必聞其政, 求之與? 抑與之與?' 子貢曰: '夫子, 溫良恭儉讓以得之, 夫子之求之也, 其諸異乎人之求之與.')"라고 하였다.

자의 출처(出處)를 의심하는 것은 마땅하지 않다."

○ 雲峯胡氏曰: "子禽之問, 病在一'求'字, 今子貢亦自病, 在一'求'字, 豈答子禽者, 在後歟?"210)

운봉 호씨(雲峯胡氏: 胡炳文)가 말하였다. "자금(子禽)의 물음은 결함이 하나의 '구(求)'자에 있고,211) 지금 자공(子貢) 또한 스스로의 결함이 하나의 '구'자에 있으니,212) 어찌 자금에게 답한 것이 뒤에 있는 것이겠는가?"

朱註

范氏曰: "君子, 未嘗不欲仕也, 又惡不由其道. 士之待禮, 猶玉之待賈也. 若伊尹之耕於野; 伯夷·太公之居於海濱, 世無成湯文王, 則終焉而已, 必不枉道以從人, 衒玉而求售也."

범씨(范氏: 范祖禹)가 말하였다. "군자는 일찍이 벼슬하고자 하지 않은 적이 없으나, 그 도(道)를 말미암지 않는 것을 싫어한다. 선비가 예우(禮遇)를 기다림은 옥(玉)이 좋은 값을 기다리는 것과 같다. 만약에 이윤(伊尹)이 들판에서 경작하고, 백이(伯夷)와 태공(太公)이 바닷가에서 살았는데, 세상에 성탕(成湯)과 문왕(文王)이 없었다면 삶을 그냥 마쳤을 따름일 테고, 반드시 정당한 도(道)를 굽혀가면서 사람을 좇고, 옥(玉)을 자랑하면서 파는 것을 구하지 않았을 것이다."

詳說

○ 去聲.

'우오불유기도(又惡不由其道)에서 '오(惡)'자는 거성(去聲: 嫌惡함)이다.

○ 出『孟子』「滕文公」.

---

210) 호광 편(胡廣 編), 『논어집주대전(論語集註大全)』「자한(子罕)」에는 "雲峯胡氏曰: '子貢嘗答子禽曰: 夫子之求之也, 其諸異乎人之求之與. 蓋以子禽之問, 病在一求字也; 今子貢之問, 亦自病, 在一求字, 豈問夫子者在先, 而答子禽者在後歟?'"로 되어 있다.

211) 자금(子禽)의 물음은 결함이 하나의 '구(求)'자에 있고: 『논어(論語)』「학이(學而)」에서 "子禽問於子貢曰: '夫子至於是邦也, 必聞其政, 求之與? 抑與之與?' 子貢曰: '夫子, 溫良恭儉讓以得之, 夫子之求之也, 其諸異乎人之求之與'."라는 내용에서 '求'자의 물음을 한 결함에 대하여 지적한 것을 말한다.

212) 지금 자공(子貢) 또한 스스로의 결함이 하나의 '구'자에 있으니: 본문의 "求善賈而沽諸"를 가리킨다.

‘미상불욕사야, 오불유기도(未嘗不欲仕也, 惡不由其道 : 일찍이 벼슬하고자 하지 않은 적이 없으나, 그 도를 말미암지 않는 것을 싫어함)’은 『맹자(孟子)』「등문공(滕文公)」에 나온다.[213)]

○ 禮字, 足以補本文之正意.

‘사지대례(士之待禮 : 선비가 예우를 기다림)’에서 ‘예(禮 : 禮遇)’자는 충분히 경문의 진정한 뜻을 보충해 준다.

○ 見『孟子』「萬章」.

‘이윤지경어야(伊尹之耕於野 : 이윤이 들판에서 경작함)’는 『맹자(孟子)』「만장(萬章)」에 나온다.[214)]

○ 見『孟子』「離婁」.

‘백이 · 태공지거어해빈(伯夷 · 太公之居於海濱 : 백이와 태공이 바닷가에서 삶)’은 『맹자(孟子)』「이루(離婁)」에 나온다.[215)]

---

213) 『맹자(孟子)』「등문공(滕文公)」에 나온다 : 『맹자(孟子)』「등문공하(滕文公下)」에서 “옛사람은 일찍이 벼슬하고자 하지 않은 적이 없으나, 그 정당한 도를 말미암지 않는 것을 싫어하였으니, 그 정당한 도를 말미암지 않고 벼슬하러 가는 사람은 부모의 명이나 중매의 말을 기다리지 않고 담장 구멍을 뚫고서 서로 엿보는 남녀와 같은 것이다.(古之人, 未嘗不欲仕也, 又惡不由其道, 不由其道而往者, 與鑽穴隙之類也.)”라고 하였다. 이는 박문호(朴文鎬)가 구체적인 내용의 출처를 부각시켜서 소상하게 밝히고자 한 것이다.

214) 『맹자(孟子)』「만장(萬章)」에 나온다 : 『맹자(孟子)』「만장상(萬章上)」에서 “이윤이 유신씨의 들판에서 경작하면서 요 임금과 순 임금의 도를 즐겼는데, 그 의리가 아니고 그 도리가 아니면 천하로써 녹봉을 주어도 돌아보지 않았으며, 말 4천 마리를 매어 두어도 돌아보지 않았으니, 그 의리가 아니고 그 도리가 아니면 한 오라기의 풀이라도 남에게 주지 않고 한 오라기의 풀이라도 남에게서 취하지 않았다.(伊尹耕於有莘之野, 而樂堯舜之道焉, 非其義也, 非其道也, 祿之以天下, 弗顧也; 繫馬千駟, 弗視也; 非其義也, 非其道也, 一介, 不以與人; 一介, 不以取諸人.)”라고 하였다. 이 또한 박문호(朴文鎬)가 구체적인 내용의 출처를 부각시켜서 소상하게 밝히고자 한 것이다.

215) 『맹자(孟子)』「이루(離婁)」에 나온다 : 『맹자(孟子)』「이루상(離婁上)」에서 “맹자가 말하였다. ‘백이는 주왕을 피하여 북해 바닷가에서 살다가 문왕이 일어났다는 말을 듣고 말하였다. ‘어찌 돌아가지 않겠는가? 나는 서백이 노인들을 잘 봉양하는 사람이라고 들었도다.’ 태공은 주왕을 피하여 동해 바닷가에서 살다가 문왕이 일어났다는 말을 듣고 말하였다. ‘어찌 돌아가지 않겠는가? 나는 서백이 노인들을 잘 봉양하는 사람이라고 들었도다.’ 두 늙은이는 천하의 훌륭한 늙은이인데 그에게 돌아갔으니, 이는 천하의 부모가 그에게로 돌아간 것이다.’(孟子曰 : ‘伯夷辟紂, 居北海之濱, 聞文王作興, 曰 : ‘盍歸乎來? 吾聞西伯善養老者.’ 太公辟紂, 居東海之濱, 聞文王作興, 曰 : ‘盍歸乎來? 吾聞西伯善養老者.’ 二老者, 天下之大老也, 而歸之, 是天下之父歸之也.’)”라고 하였다. 『孟子』「진심상(盡心上)」에도 이와 유사한 내용이 실려 있다. “孟子

○ 此間, 似當有'如'字, 而本文旣主言玉. 故於此不復分賓主言之.

'필불왕도이종인(必不枉道以從人 : 반드시 정당한 도를 굽혀가면서 사람을 좇음)'에서 이 사이에는 마땅히 '여(如)'자가 있어야 할 것 같으며,216) 본문에서는 이미 옥(玉)을 위주로 말하였다. 그러므로 여기서 다시 손님과 주인으로 나누어서 말하지 않았다.

○ 伯夷 · 太公之禮聘, 經傳無文, 要之必不自衒.

백이(伯夷)와 태공(太公)의 예우(禮遇)하여 초빙(招聘)함에 대하여 경전(經傳)에서 설명한 글이 없지만, 요약하면 반드시 스스로 자랑하지 않는다는 말이다.

○ 音眩.

'현옥이구수야(衒玉而求售也)'에서 '현(衒)'자는 음이 현(眩)이다.

○ 音壽.

'현옥이구수야(衒玉而求售也)'에서 '수(售)'자는 음이 수(壽)이다.

○ '待賈', 此章之題目.

'대가(待賈 : 좋은 값을 기다림)'이 이 장의 제목이다.

曰 : '伯夷辟紂, 居北海之濱, 聞文王作興, 曰 : '盍歸乎來? 吾聞西伯善養老者.' 太公辟紂, 居東海之濱, 聞文王作興, 曰 : '盍歸乎來? 吾聞西伯善養老者.' 天下有善養老, 則仁人, 以爲己歸矣.'"

216) 이 사이에는 마땅히 '여(如)'자가 있어야 할 것 같으며 : '여(如)'자가 문장 중간에 있어야 할 것 같다고 말한 이유는, "반드시 정당한 도(道)를 굽혀가면서 사람을 좇는다면, 옥(玉)을 자랑하면서 파는 것을 구하는 일과 같을 것이다.(必如枉道以從人, 衒玉而求售也.)"와 같은 논지를 전개해야 한다고 보았기 때문이다.

[9-13-1]

子欲居九夷,
공자가 구이(九夷)에 살고자 하였더니

朱註

東方之夷, 有九種.
동쪽 지방의 오랑캐에는 아홉 종족(種族)이 있었다.

詳說

○ 上聲.[217]
'유구종(有九種)'에서 '종(種)'자는 상성(上聲 : 種類)이다.

○ 『後漢書』曰 : "畎夷 · 子夷 · 方夷 · 黃夷 · 白夷 · 赤夷 · 玄夷 · 風夷 · 陽夷."[218]
『후한서』에서 말하였다. "견이(畎夷) · 자이(子夷) · 방이(方夷) · 황이(黃夷) · 백이(白夷) · 적이(赤夷) · 현이(玄夷) · 풍이(風夷) · 양이(陽夷)이다."

○ 朱子曰 : "古者中國, 亦有夷狄 · 淮夷 · 伊雒之戎, 是也."[219]
주자(朱子 : 朱熹)가 말하였다. "옛날 중국에 또한 이(夷) · 적(狄)과 회이(淮夷)와 이락(伊雒)의 오랑캐가 있었다는 말이 이것이다."[220]

217) 호광 편(胡廣 編), 『논어집주대전(論語集註大全)』「자한(子罕)」. 첨도전(詹道傳), 『논어찬전(論語纂箋)』에도 이 내용이 있다.

218) 호광 편(胡廣 編), 『논어집주대전(論語集註大全)』「자한(子罕)」. "『後漢』「東夷傳」, 夷有九種, 曰 : '畎夷 · 于夷 · 方夷 · 黃夷 · 白夷 · 赤夷 · 玄夷 · 風夷 · 陽夷. 九種, 見『書』「旅獒」'." 첨도전(詹道傳), 『논어찬전(論語纂箋)』에도 이와 같은 내용이 있는데, 다음과 같다. "『後漢』「東夷傳」, 夷有九種, 曰 : '畎夷 · 于夷 · 方夷 · 黃夷 · 白夷 · 赤夷 · 玄夷 · 風夷 · 陽夷.' 又玄菟 · 樂浪 · 高驪 · 蒲飾 · 鳧臾 · 索家 · 東屠 · 倭人 · 天鄙, 爲九種."

219) 호광 편(胡廣 編), 『논어집주대전(論語集註大全)』「자한(子罕)」에는 "問 : '子欲居九夷, 使聖人居之, 眞有可變之理否?' 曰 : '然.' 或問 : '九夷, 前輩或以箕子爲證, 謂朝鮮之類, 是否?' 曰 : '此亦未見得. 古者中國, 亦有夷 · 狄, 如魯有淮夷, 周有伊雒之戎, 是也.'"로 되어 있다.

220) 『주자어류(朱子語類)』 권36, 「논어18(論語十八)」, 106조목에는 "물었다. '구이(九夷)에 대해 이전 선배들은 혹 기자(箕子)를 증거로 삼아 조선(朝鮮)같은 곳을 말한다고 생각하였는데, 옳습니까?' 주희가 말하였다. '이 또한 알 수 없다. 옛날에는 중국에도 또한 이적(夷狄)이 있었으니 노(魯)나라에 회이(淮夷)가 있었고, 주(周)나라에 이락(伊雒)의 오랑캐가 있었다는 말이 그것이다.(或問: '九夷, 前輩或以箕子爲證, 謂朝鮮之類, 是否?' 曰: '此亦未見得. 古者中國亦有夷 · 狄, 如魯有淮夷, 周有伊雒之戎是也.')로 되어 있다.

○ 訓.

훈고이다.

朱註

欲居之者, 亦乘桴浮海之意.

그곳[九夷]에 살고자 한 것은 또한 뗏목 타고 바다를 떠다니려는 뜻이다.

詳說

○ **見「公冶長」.**

『논어(論語)』「공야장(公冶長)」에 보인다.221)

○ **朱子曰: "見道不行, 偶發此歎, 非戲言也."**222)

주자(朱子: 朱熹)가 말하였다. "도(道)가 행해지지 않음을 보고서 우연히 이러한 한탄이 나온 것이지, 우스갯소리가 아니다."

○ **厚齋馮氏曰: "是蓋有激而姑云爾, 非素志也."**223)

후재 풍씨(厚齋馮氏: 馮椅)가 말하였다. "이는 대개 격분함이 있어 잠시 말한 것일 뿐이지, 본래의 뜻은 아니다."

○ **'欲居'之事, 曰'浮'之言, 非微有緊歇之分.**

'살고자 하였다'는 일과 '떠다니겠다'는 말에는 조금도 긴박(緊迫)과 휴식(休息)의 나눔이 있는 것이 아니다.

○ **釋.**

경문의 풀이다.

---

221) 『논어(論語)』「공야장(公冶長)」에 보인다: 『논어(論語)』「공야장(公冶長)」에서 "道不行, 乘桴, 浮於海."라고 하였는데, 세상에 도가 행해지지 않아서 절망하고 한탄한 뒤에 '주류사방(周流四方)'한 것과 같다고 본 것이다.

222) 호광 편(胡廣 編), 『논어집주대전(論語集註大全)』「자한(子罕)」에는 "問: '此及浮海, 莫是戲言否?' 朱子曰: '只見道不行, 偶發此歎, 非戲言也.'"로 되어 있다.

223) 호광 편(胡廣 編), 『논어집주대전(論語集註大全)』「자한(子罕)」에는 "厚齋馮氏曰: '箕子封於朝鮮, 東夷之地也, 何陋之有? 雖然, 夫子去父母之國, 尙遲遲其行, 况舍中國而之夷狄乎. 是蓋有激而姑云爾, 非素志也.'"로 되어 있고, 『주자어류(朱子語類)』 권36, 「논어18(論語十八)」, 106 조목에도 동일한 내용이 실려 있다.

[9-13-2]

或曰 : "陋, 如之何?" 子曰 : "君子居之, 何陋之有?"
어떤 사람이 말하였다. "누추하다 하니 어찌하시겠습니까?" 공자가 말하였다. "군자가 사는데 어찌 누추함이 있겠습니까?"

朱註

君子所居則化, 何陋之有?
군자가 사는 곳은 감화(感化)되니, 어찌 누추함이 있겠는가?

詳說

○ 朱子曰 : "聖人居之, 眞有可變之理."[224]
주자(朱子 : 朱熹)가 말하였다. "성인이 그곳에 살면 진실로 변화할 이치가 있는 것이다."

○ 厚齋馮氏曰 : "箕子封於朝鮮, 何陋之有?"[225]
후재 풍씨(厚齋馮氏 : 馮椅)가 말하였다. "기자(箕子)가 조선(朝鮮)에 봉해졌으나, 어찌 누추함이 있었겠는가?"

○ 有釋無訓.
경문의 풀이는 있으나 훈고는 없다.

---

224) 호광 편(胡廣 編), 『논어집주대전(論語集註大全)』「자한(子罕)」에는 "問 : '子欲居九夷, 使聖人居之, 真有可變之理否?' 曰 : '然.'"로 되어 있고, 『주자어류(朱子語類)』 권36, 「논어18(論語十八)」, 106조목에도 동일한 내용이 실려 있다.

225) 호광 편(胡廣 編), 『논어집주대전(論語集註大全)』「자한(子罕)」에는 "厚齋馮氏曰 : '箕子封於朝鮮, 東夷之地也, 何陋之有? 雖然, 夫子去父母之國, 尚遲遲其行, 況舍中國而之夷狄乎. 是蓋有激而姑云爾, 非素志也.'"로 되어 있다.

[9-14-1]

子曰:"吾自衛反魯然後, 樂正, 雅·頌, 各得其所."
공자가 말하였다. "내가 위나라로부터 노나라에 돌아온 뒤에 음악이 바르게 되어 아(雅)와 송(頌)이 각각 그 자리를 얻은 것이다."

朱註

魯哀公十一年冬, 孔子自衛反魯, 是時, 周禮在魯.
노나라 애공 11년 겨울에 공자가 위(衛)나라로부터 노나라에 돌아왔는데, 이때 주나라의 예(禮)가 노나라에 있었다.

詳說

○ 本事之訓.
옛일에 관한 훈고이다.

○ 周之禮.
'주례(周禮)'는 주나라의 예이다.[226]

○ 四字, 出『左』「昭」三年.
'주례재로(周禮在魯: 주나라의 예가 노나라에 있었다.)'라는 네 글자는 『춘추좌전(春秋左傳)』「소공(昭公)」 3년조에 나온다.

朱註

然詩·樂, 亦頗殘缺失次. 孔子周流四方, 參互考訂, 以知其說. 晩知道終不行. 故歸而正之.
그러나 시(詩)와 음악이 또한 이지러지고 차례를 잃었다. 공자가 사방을 두루 떠돌면서 서로 참조하고 조사하여 밝혀서 그 방도(方道)를 알았던 것이다. 만년에 도(道)가 끝내 천하에 행해지지 못할 것을 알았다. 그러므로 노나라로 돌아와 시(詩)와 음악을 바르게 하였던 것이다.

---

226) '주례(周禮)'는 주나라의 예이다: '주례(周禮: 주나라의 예)'는 13경 가운데 하나인 문헌으로서 『주례(周禮)』가 아님을 밝힌 것이다.

詳說

○ **南軒張氏曰 : "獨擧雅 · 頌, 蓋其大者耳."**227)

남헌 장씨(南軒張氏 : 張栻)가 말하였다. "오직 아(雅)와 송(頌)을 든 것은 대개 그 큰 것이기 때문일 뿐이다."

○ **胡氏曰 : "在齊學『韶』, 亦其事也."**228)

호씨(胡氏 : 胡泳)가 말하였다. "제(齊)나라에 있으면서 『소(韶 : 舜樂名)』를 배웠으니,229) 또한 그 일이다."

○ **新安陳氏曰 : "詩者, 樂之章, 詩得其所而後, 樂得其正, 聖人追言其效. 故先樂而後詩."**230)

신안 진씨(新安陳氏 : 陳櫟)가 말하였다. "시라는 것은 음악의 문장(文章)이니, 시가 그 자리를 얻은 뒤에 음악이 그 바름을 얻어서 성인이 그 효험을 좇아서 말한 것이다. 그러므로 음악을 먼저하고 시를 뒤에 한 것이다."

○ **釋畢.**

경문의 풀이가 끝났다.

---

227) 호광 편(胡廣 編), 『논어집주대전(論語集註大全)』「자한(子罕)」에는 "南軒張氏曰 : '聖人未刪詩以前, 篇章交錯, 不以其序者亦多矣. 故反魯之後, 然後樂正雅頌, 各得其所, 獨擧雅頌, 蓋其大者耳.'"로 되어 있다.

228) 호광 편(胡廣 編), 『논어집주대전(論語集註大全)』「자한(子罕)」에는 "胡氏曰 : '聖人雖生知, 然於聲音節奏, 必考而後詳; 必驗而後信. 在齊聞韶, 學之三月, 亦其事也.'"로 되어 있다.

229) 제(齊)나라에 있으면서 「소(韶 : 舜樂名)」를 배웠으니 : 『논어(論語)』「술이(述而)」에서 "子在齊聞『韶』, 三月不知肉味."라고 하였다.

230) 호광 편(胡廣 編), 『논어집주대전(論語集註大全)』「자한(子罕)」에는 "新安陳氏曰 : '晩知道不行於當時. 故歸而正詩樂, 以傳之來世. 詩者, 樂之章, 詩得其所而後, 樂得其正, 聖人追言其效. 故先樂而後詩耳.'"로 되어 있다.

[9-15-1]

子曰 : "出則事公卿; 入則事父兄, 喪事不敢不勉, 不爲酒困, 何有於我哉?"
공자가 말하였다. "나가서는 공경(公卿)을 섬기고, 들어와서는 부형(父兄)을 섬기며, 상사(喪事)를 감히 힘쓰지 않음이 없으며, 술 때문에 곤란해지지 않나니, 무엇이 나에게 있겠는가?"

詳說

○ 雙峰饒氏曰 : "不特三年之喪, 如期功緦之輕者, 皆不可以不勉."[231]

쌍봉 요씨(雙峰饒氏 : 饒魯)가 말하였다. "다만 3년의 상사(喪事)뿐만 아니라, 대공(大功 : 服期九月)과 소공(小功 : 服期五月)과 시마(緦麻 : 服期三月)의 가벼운 복상(服喪)의 기일 같은 것이라도 모두 힘쓰지 않을 수 없다."

○ 朱子曰 : "'不爲酒困', 此必有爲而言."[232]

주자(朱子 : 朱熹)가 말하였다. "'술 때문에 곤란해지지 않는다.'라고 하였는데, 이는 반드시 그런 일이 있어서 말한 것이다."

○ 猶亂也.

'불위주곤(不爲酒困)'에서 '곤(困)'은 란(亂 : 어지럽다)과 같다.

朱註

說見「第七篇」.

같은 말이 「제7편」「술이(述而)」에 보인다.

231) 호광 편(胡廣 編), 『논어집주대전(論語集註大全)』「자한(子罕)」에는 "雙峰饒氏曰 : '事公卿父兄, 事生之禮; 喪事, 事死之禮, 常情多謹於事生而易忽於事死. 不特三年之喪, 如期功緦之輕者, 皆不可以不勉三件, 皆是大節目. 不爲酒困, 是至小底, 然亦甚難, 有時被人勸, 而稍多飮, 便能使人神昏氣亂, 常人往往忽視, 以爲小事, 聖人之心, 無時不存, 亦因可以勉人耳.'"로 되어 있다.

232) 『주자어류(朱子語類)』 권36, 「논어18(論語十八)」, 107조목에는 "喪事不敢不勉, 不爲酒困, 此等處, 聖人必有爲而言.(상사(喪事)에는 감히 힘쓰지 않음이 없었으며 술 때문에 곤란해지지 않았다고 하였는데, 이런 곳은 성인이 반드시 실천한 것이 있어서 말하였을 것이다.)"이라 하였다.

詳說

○ 音現.[233]

'현(見)'은 음이 현(現)이다.

○ 『大全』曰 : "黙而識章, 亦言'何有於我'."

『논어집주대전』에서 말하였다. "'묵이지장(黙而識章)'에 또한 '하유어아(何有於我 : 어찌 나에게 있겠는가?)'를 말하였다."[234]

朱註

然此則其事愈卑, 而意愈切矣.

그러나 이것은 그 일이 더욱 비속(卑俗)하나, 그 의미가 더욱 절실(切實)하다.

詳說

○ 南軒張氏曰 : "警學者之意, 益深切."[235]

---

233) 호광 편(胡廣 編), 『논어집주대전(論語集註大全)』「자한(子罕)」에는 "見, 形甸反."이라고 하였다.

234) '묵이지장(黙而識章)'에 또한 '하유어아(何有於我 : 어찌 나에게 있겠는가?)'를 말하였다 : 『논어(論語)』「술이(述而)」에서 "子曰 : '黙而識之, 學而不厭, 誨人不倦, 何有於我哉?'"라고 하였다. 『주자어류(朱子語類)』 권36, 「논어18(論語十八)」, 108조목에는 "『논어(論語)』에는 두 곳에 이런 말이 있으나 모두 명확하게 알기 어렵다. 일반적으로 세 가지의 설명이 있다. 하나는 위의 몇 가지 일은 나에게 모두 해당되는 것이 없다는 뜻이며, 또 하나는 이 몇 가지 일 외에 나에게 다시 어떤 것이 있겠느냐는 말이며, 다른 한 가지는 나에게 무슨 어려움이 있겠느냐는 것이다. 그러나 모두 온당하지 않으니, 나는 지금 비워 둔다.(『語』有兩處如此說, 皆不可曉. 尋常有三般說話: 一以爲上數事我皆無有; 一說謂此數事外我皆復何有; 一說云於我何有, 然皆未安, 某今闕之.)"라고 하였다. 『논어(論語)』에는 "何有於我哉"라는 표현이 두 군데 기록되어 있는데, 「술이(述而)」와 이 곳 「자한(子罕)」에 나온다. 「술이(述而)」에 공자가 말하기를, "묵묵히 깨닫고, 배우는데 싫증을 내지 않으며, 가르치는데 게으르지 않는 것 가운데 그 어떤 것이 나에게 있겠는가?(黙而識之, 學而不厭, 誨人不倦, 何有於我哉?)"라고 하였는데, 주희의 집주에 "何有於我는 '어떤 것이 나에게 있을 수 있겠는가'라는 말이다. 세 가지의 일은 성인의 지극한 일이 아닌데도 오히려 자처하지 않았으니, 겸손하고 또 겸손하신 말씀이다(何有於我, 言何者能有於我也. 三者已非聖人之極至, 而猶不敢當, 則謙而又謙之辭也)"라고 하였다. 이는 세 가지 설 가운데 첫 번째 설을 따른 것이다.

235) 박문호(朴文鎬)의 『상설』에서 남헌 장씨(南軒張氏 : 張栻)의 말이라고 하였으나, 『논어집주대전』에 의하면 경원 보씨(慶源輔氏 : 輔廣)의 말로 되어 있다. 경원 보씨와 남헌 장씨가 말한 전문은 다음과 같다. "慶源輔氏曰 : '此章, 所以警學者, 使自察於踐履之間, 不忽於卑近, 不達於微小之意, 益深切矣.'" ; "南軒張氏曰 : '此章視之若易能, 然行之無憾則未易也. 蓋於天理之當爲

남헌 장씨(南軒張氏 : 張栻)가 말하였다. “배우는 사람들을 경계시키는 뜻이 더욱 깊고 절실하다.”

○ 新安陳氏曰 : “視謙而又謙之辭, 而愈卑, 其謙謙之意, 愈切.”236)

신안 진씨(新安陳氏 : 陳櫟)가 말하였다. “겸손하고 또 겸손함을 보인 말은 더욱 비속하지만, 그 겸손하고 겸손한 뜻은 더욱 절실하다.”

○ 有論, 無訓 · 釋.

경문의 의미 설명은 있으나, 훈고와 경문 풀이가 없다.

者, 求盡其道, 而於人情之易動者, 不踰其則, 雖聖人亦極乎是理而已. 夫子敎人, 每指而示之近, 使人皆可勉焉.'”

236) 호광 편(胡廣 編), 『논어집주대전(論語集註大全)』「자한(子罕)」에는 “新安陳氏曰 : ‘彼三者, 以爲雖非聖人之極至, 猶不敢當, 謙而又謙之辭. 此則視前三者事, 愈卑而其謙謙之意, 愈切矣.'”로 되어 있다.

[9-16-1]

子在川上曰："逝者如斯夫. 不舍晝夜."
공자가 냇가에 있으면서 말하였다. "가는 것이 이와 같구나. 낮과 밤에 그치지 않도다."

朱註

'夫', 音扶. '舍', 上聲.237)

'서자여사부(逝者如斯夫)'에서 '부(夫)'자는 음이 부(扶)이다. '불사주야(不舍晝夜)'에서 '사(舍)'자는 상성(上聲：止息)이다.

詳說

○ 新安倪氏曰："『楚辭辨證』, '忍而不能舍', 註：'舍, 止息也;『論語』, 不舍晝夜, 今人或音捨, 非是.'238) 按:『辨證』, 著於己未明年, 公易簀.『集註』, '舍, 上聲'者, 舊音赦者, 定說也."239)

신안 예씨(新安倪氏：倪士毅240))가 말하였다. "『초사변증(楚辭辨證)』의 '인이불능

---

237) 『논어주소(論語注疏)』 권9, 육덕명(陸德明) 음의(音義)에는 "夫, 音符, 下章有矣夫, 竝同. 舍, 音捨."라고 하였다. 주자의 『논어집주(論語集註)』를 비롯하여 조순손(趙順孫), 『논어찬소(論語纂疏)』와 호병문(胡炳文), 『논어통(論語通)』과 첨도전(詹道傳), 『논어찬전(論語纂箋)』과 호광 편(胡廣 編), 『논어집주대전(論語集註大全)』「자한(子罕)」에는 모두 "夫音扶. 舍上聲."이라고 하여 박문호(朴文鎬)도 이를 그대로 수용하였다. 그러나 '사(舍)'가 상성(上聲)인 '사기(捨棄)'의 뜻이 아니라, 거성(去聲)인 '지식(止息)'의 뜻으로 쓰였기 때문에 상성(上聲)이라고 하는 것은 옳지 않다.

238) 주희(朱熹), 『초사변증(楚辭辨證)』 상, 「이소경(離騷經)」. "洪注, 引顏師古曰：'舍, 止息也.' 屋舍·次舍, 皆此意.『論語』, '不舍晝夜' 謂曉夕不息耳, 今人或音'捨'者, 非是."

239) 호광 편(胡廣 編), 『논어집주대전(論語集註大全)』「자한(子罕)」에는 신안 진씨(新安陳氏：陳櫟)라고 표기되어 있다. 그 전문은 다음과 같다. "新安陳氏曰：'『楚辭辨證』「騷經」, 忍而不能舍也; 洪氏註, 引顏師古曰：舍, 止息也. 屋舍次舍, 皆此義.『論語』, 不舍晝夜, 謂曉夕不息耳. 今人或音捨, 非是. 按：『辨證』, 文公著於慶元己未三月, 明年庚申四月, 公易簀矣.『集註』, 舍, 上聲者, 舊音讀如赦者, 定說也.'"

240) 예사의(倪士毅：1303~1348)：원(元)나라 때의 학자로, 자가 중홍(仲弘)이고, 호가 도천(道川)이며, 시호가 문정(文靜)이다. 진력(陳櫟)에게 수학하였으며, 학자들이 도천선생(道川先生)이라고 불렀다. 저서로는 진력의 『사서발명(四書發明)』과 호병문의 『사서통(四書通)』에 근거하여 만든 『사서집석(四書集釋)』이 있다.

사(忍而不能舍 : 차마 멈출 수가 없다.)'[241]의 주석에 의하면, '사(舍)는 멈추어 쉼이라 하였고, 『논어(論語)』의 '불사주야(不舍晝夜)'에서는 지금 사람들이 간혹 음의(音義)가 사(捨)라고 하는데 옳지 않다.'라고 하였다. 살펴보건대, 『초사변증』에 기미년(己未年)과 이듬해에 공(公 : 朱文公)이 병환이 위중하여 장차 죽으려고 했음이 드러났다. 『논어집주(論語集註)』에서 '사(舍)는 상성(上聲)'이라고 한 것이나, 옛날 음의(音義)가 '사(赦)'라고 한 것은 정설(定說)이었다."

朱註

天地之化, 往者過; 來者續, 無一息之停, 乃道體之本然也.

천지의 조화(造化)는 가는 것은 지나가 버리고, 오는 것은 이어져 가서 한 순식간(瞬息間)의 머무름이 없으니, 바로 도체(道體)의 본연이다.

詳說

○ **雙峰饒氏曰 : "不說來者, 無以見往者之無窮, 二者皆往也."**[242]

쌍봉 요씨(雙峰饒氏 : 饒魯)가 말하였다. "오는 것을 말하지 않아서 가는 것의 끝없음을 볼 수가 없으나, 두 가지는 모두 가는 일이다."

○ **'逝', 猶運也, 運字, 可包往來.**

'서(逝 : 가다)'는 '운(運 : 돌다)'과 같으니, 운(運)자는 가고 옴을 포괄한다.

○ **此句, 襯'不舍晝夜'.**

'한 순식간(瞬息間)의 머무름이 없으니'라는 이 구절은 '불사주야(不舍晝夜)'와 밀접하다.

○ **『大全』曰 : "此五句, 所包甚闊."**

『논어집주대전』에서 말하였다. "이 다섯 구절[243]은 포괄한 것이 매우 넓다."

---

241) 『초사변증(楚辭辨證)』의 '인이불능사(忍而不能舍 : 차마 멈출 수가 없다.)' : 『초사(楚辭)』「이소경(離騷經)」에서 "나는 진실로 간언이 우환이 됨을 알았지만, 차마 잠시라도 충언을 멈출 수가 없었도다. 높은 하늘 가리키며 바른 도리를 행했으니, 오로지 명철한 인군을 위하는 까닭이었어라.(余固知謇謇之爲患兮, 忍而不能舍也. 指九天以爲正兮, 夫唯靈脩之故也.)"라고 하였다.

242) 호광 편(胡廣 編), 『논어집주대전(論語集註大全)』「자한(子罕)」에는 "雙峯饒氏曰 : '不說來字, 無以見往者之無窮, 往是前面已去底, 来是後来接續去底, 二者皆往也.'"로 되어 있다.

243) 이 다섯 구절 : 바로 위에서 진술한 『논어집주(論語集註)』의 "天地之化, 往者過; 來者續, 無一息之停, 乃道體之本然也."를 말한다.

朱註

然其可指而易見者, 莫如川流.

그러나 가리켜서 쉽게 눈으로 볼 수 있는 것은 시냇물만 한 것이 없다.

詳說

○ '其', 指'道體', 水亦'道體'中一物

'연기가지(然其可指 : 그러나 가리켜서)'에서 '기(其)'는 '도체(道體)를 가리키니, 물도 또한 도체(道體) 가운데 한 물건이다.

○ 去聲.[244]

'이견자(易見者)'에서 '이(易)'자는 거성(去聲 : 쉽다)이다.

○ 吳氏曰 : "'逝'字, 不指水; '斯'字, 方指水."[245]

오씨(吳氏)가 말하였다. "'서(逝)'자는 물을 가리키지 않고, '사(斯)'자는 그야말로 물을 가리킨다."

○ '逝'者, 指'道體'之運行者.

'서(逝)'라는 것은 '도체(道體)'가 운행하는 것을 가리킨다.

朱註

故於此, 發以示人, 欲學者時時省察, 而無毫髮之間斷也.

그러므로 여기서 말하여 사람들에게 제시하여 배우는 사람들이 때때로 성찰하여 털끝만한 그침이나 끊어짐이 없도록 하였다.

詳說

○ 有釋無訓.

'시인(示人 : 사람들에게 제시함)'에는 경문의 풀이는 있으나 훈고는 없다.

○ 悉井反.[246]

'시시성찰(時時省察)'에서 '성(省)'은 '실(悉)'과 '정(井)'의 반절(反切)이다.

---

244) 호광 편(胡廣 編), 『논어집주대전(論語集註大全)』「자한(子罕)」.

245) 호광 편(胡廣 編), 『논어집주대전(論語集註大全)』「자한(子罕)」.

246) 호광 편(胡廣 編), 『논어집주대전(論語集註大全)』「자한(子罕)」.

○ 去聲.[247]

'이무호발지간단야(而無毫髮之間斷也)'에서 '간(間)'자는 거성(去聲 : 間隔)이다.

○ 徒玩反.[248]

'이무호발지간단야(而無毫髮之間斷也)'에서 '단(斷)'은 '도(徒)'와 '완(玩)'의 반절(反切)이다.

○ 慶源輔氏曰 : "無間斷, 則庶不虧本體."[249]

경원 보씨(慶源輔氏 : 輔廣)가 말하였다. "그침이나 끊어짐이 없으면 거의 본체(本體)가 이지러지지 않을 것이다."

○ 新安陳氏曰 : "此, 又發言外意."[250]

신안 진씨(新安陳氏 : 陳櫟)가 말하였다. "이는 또 말 밖의 뜻을 드러낸 것이다."

朱註

程子曰 : "此道體也, 天運而不已,

정자(程子 : 程頤)가 말하였다. "이는 도체(道體)이니, 하늘이 운행함에 그치지 않아서

詳說

○ 叔子.

'정자왈(程子曰)'에서 '정자(程子)'는 동생 정이(程頤)이다.

○ 逝者.

'차(此 : 이는)'는 '가는 것'이다.

○ 下四句, 皆統於此.

아래의 네 구절은 모두 이것[此者 : 逝者]에 근본한다.[251]

---

247) 호광 편(胡廣 編), 『논어집주대전(論語集註大全)』「자한(子罕)」.

248) 호광 편(胡廣 編), 『논어집주대전(論語集註大全)』「자한(子罕)」.

249) 호광 편(胡廣 編), 『논어집주대전(論語集註大全)』「자한(子罕)」에는 "慶源輔氏曰 : '天理流行, 無處不然, 無時或已. 但隱於人心者, 不若形於川流者易見, 人能即此而有發焉, 則當自强於體察, 致力於謹獨, 使之無一息之間斷, 則庶幾乎不虧其本體矣.'"로 되어 있다.

250) 호광 편(胡廣 編), 『논어집주대전(論語集註大全)』「자한(子罕)」에는 "新安陳氏曰 : '此又發言外意, 欲學者, 於川流上, 察識道體之自然不息, 而法之以自强不息也.'"로 되어 있다.

251) 아래의 네 구절은 모두 이것[此者 : 逝者]에 근본한다 : 아래의 『논어집주(論語集註)』 내용 가운데 "日往則月來, 寒往則暑來; 水流而不息, 物生而不窮."라는 구절이 모두 도체(道體)인 이

朱註

日往則月來, 寒往則暑來; 水流而不息,

해가 가면 달이 오고, 추위가 가면 더위가 오며, 물이 흘러서 쉬지 않고,

詳說

◯ 見『易』「繫辭」.

'해가 가면 달이 오고, 추위가 가면 더위가 온다.[日往則月來, 寒往則暑來]'라는 것은 『주역(周易)』「계사전(繫辭傳)」에 보인다.[252)]

◯ 水居其一.

'수류이불식(水流而不息 : 물이 흘러서 쉬지 않음)'은 물이 그 첫 번째를 차지하는 것이다.

朱註

物生而不窮, 皆與道爲體,

사물이 생겨서 다하지 않으니, 모두 도(道)와 더불어 본체가 되며,

詳說

◯ 朱子曰 : "與那道, 爲形體也, 道本無體, 此四者, 非道之體. 但因此, 可見道之體耳."[253)]

것[此者 : 逝者]에 근본한다고 말한 것이다.

252) '해가 가면 달이 오고, 추위가 가면 더위가 온다 …… 『주역(周易)』「계사전(繫辭傳)」에 보인다 : 『주역(周易)』『계사전하(繫辭傳下)』에서 "寒往則暑來, 暑往則寒來, 寒暑相推, 而歲成焉."라고 하였다.

253) 호광 편(胡廣 編), 『논어집주대전(論語集註大全)』「자한(子罕)」에는 "朱子曰 : '此是形容道體, 伊川所謂與道爲體, 此一句最妙.' …… '道本無體, 此四者, 非道之體也. 但因此可見 道之體耳. 那無聲無臭底, 便是道, 只於無聲無臭上推究, 如何見得道? 因有四者, 方見得那無聲無臭底, 所以說與道爲體'."라고 하였고, 『주자어류(朱子語類)』 권36, 「논어18(論語十八)」, 121조목에도 이와 유사한 내용이 있는데, 다음과 같다. "伊川曰 : '此道體也. 天運而不已, 至皆與道爲體, 如何?' 曰 : '形而上者謂之道, 形而下者謂之器, 道本無體. 此四者, 非道之體也, 但因此則可以見道之體耳. 那無聲無臭, 便是道. 但尋從那無聲無臭處去, 如何見得道? 因有此四者, 方見得那無聲無臭底, 所以說與道爲體'. 劉用之曰 : '如炭與火相似.' 曰 : '也略是如此.'(이천이 말하기를, '이것은 도의 본체이니, 천리가 운행하여 그치지 않는다'고 한 것부터 '모두 도와 일체가 된다'고 한 것까지는 어떻습니까? 주희가 말하였다. '형이상(形而上)을 도라고 하고 형이하(形而下)를 그릇[器]라고 하는데, 도는 본래 형체가 없다. 이 네 가지는 도의 본체가 아니지만 다만 이것

주자(朱子 : 朱熹)가 말하였다. “저 도(道)와 더불어 형체가 되지만, 도는 본래 형체가 없으며, 이 네 가지[254]는 도의 본체(本體)가 아니다. 다만 이것으로 말미암아 도(道)의 형체를 볼 수 있을 뿐이다.”

○ 胡氏曰 : “大而造化之流行, 近而口鼻之呼吸, 莫不皆然.”[255]

호씨(胡氏 : 胡泳)가 말하였다. “광대하게는 조화의 유행이고, 가깝게는 입과 코의 호흡이니, 모두 그러하지 않음이 없다.”

朱註

運乎晝夜, 未嘗已也. 是以君子法之, 自強不息, 及其至也, 純亦不已焉.”

낮과 밤에 운행하여 일찍이 그친 적이 없다. 이 때문에 군자가 본받아서 스스로 힘쓰며 쉬지 않으니, 그 지극함에 이르면 순일(純一)함이 또한 그치지 않는 것이다.”

詳說

○ 上聲.

‘자강불식(自強不息)’에서 ‘강(強)’자는 상성(上聲 : 힘쓰다)이다.

○ 見『易』「乾大象」.

‘자강불식(自強不息)’은 『주역(周易)』「건괘(乾卦)」‘대상(大象)’에 보인다.[256]

으로 인하면 도의 본체를 볼 수 있을 뿐이다. 저 ‘소리도 없고 냄새도 없다’는 것은 곧 도이다. 다만 ‘소리도 없고 냄새도 없는 곳’에서 어떻게 도를 볼 수 있는가? 이 네 가지가 있기 때문에 바야흐로 ‘소리도 없고 냄새도 없는 것’을 볼 수 있으니, 이 때문에 ‘도와 일체가 된다’라고 말하는 것이다.’ 유용지(劉用之)가 물었다. ‘숯과 불의 관계처럼 서로 비슷합니까?’ 주희가 말하였다. ‘대략 그렇다.’)”

254) 이 네 가지 : 위의 『논어집주(論語集註)』 내용에 “日往則月來, 寒往則暑來; 水流而不息, 物生而不窮.”라고 한 것을 말한다.

255) 호광 편(胡廣 編), 『논어집주대전(論語集註大全)』「자한(子罕)」에는 “胡氏曰 : ‘夫子因所見之一物而言, 程子因夫子之說, 併擧三者而言. 夫道體可見, 固不專於水, 亦不專於四者. 大而造化之流行, 近而口鼻之呼吸, 莫不皆然.’”으로 되어 있다.

256) ‘자강불식(自強不息)’은 『주역(周易)』「건괘(乾卦)」‘대상(大象)’에 보인다 : 『주역(周易)』「건괘(乾卦)」‘상사(象辭)’에서 “天行健, 君子以, 自彊不息.”라고 하였다. 이 내용은 호광 편(胡廣 編), 『논어집주대전(論語集註大全)』「자한(子罕)」의 내용에도 실려 있다. “新安陳氏曰 : ‘『易』「乾卦象傳」曰 : 天行健, 君子以, 自强不息. 『集註』之意, 本此是乃勉而行之者’.”

○ 見『中庸』.

'순역불이언(純亦不已焉)'은 『중용(中庸)』에 보인다.257)

朱註

又曰:"自漢以來, 儒者皆不識此義. 此見聖人之心, 純亦不已也, 純亦不已, 乃天德也. 有天德, 便可語王道, 其要只在謹獨."

정자가 또 말하였다. "한나라로부터 이래로 유학자(儒學者)들이 모두 이 뜻을 알지 못하였다. 이는 성인의 마음이 순일(純一)함 또한 그치지 않음을 보인 것이니, 순일함 또한 그치지 않음은 바로 하늘의 덕(德)이다. 하늘의 덕이 있어야 곧 왕의 도리를 말할 수 있으니, 그 요체는 다만 근독(謹獨 : 홀로를 삼감)에 있을 뿐이다.

詳說

○ 伯子.258)

'우왈(又曰)'의 주체는 형 정호(程顥)이다.

○ 蓋解'逝者'爲義, 月之逝.

'차의(此義)'는 대개 '서자(逝者 : 가는 것)'의 뜻됨을 풀이함이니, 세월이 감이다.

○ 一作'行'.259)

'편가어왕도(便可語王道)'에서 '어(語)'자는 어떤 판본에는 '행(行)'으로 썼다.

○ 朱子曰:"不愼獨, 便間断, 如何如川流?"260)

---

257) '순역불이언(純亦不已焉)'은 『중용(中庸)』에 보인다 : 『중용(中庸)』에서 "『詩』云 : '維天之命, 於穆不已', 蓋曰 : '天之所以爲天也, 於乎不顯? 文王之德之純', 蓋曰 : '文王之所以爲文也, 純亦不已'."라고 하였다.

258) 『주자어류(朱子語類)』 권36에 실려 있는 다음 내용에 근거한다. "又問 : '明道云 : 自漢以來, 諸儒皆不識此, 如何?' 曰 : '是他不識, 如何卻要道他識. 此事除了孔孟, 猶是佛老見得些形象. 譬如畫人一般, 佛老畫得些模樣. 後來儒者於此全無相著, 如何敎他兩箇不做大!'"

259) 주자의 『논어집주(論語集註)』에는 "可與王道."로 표기되어 있다.

260) 호광 편(胡廣 編), 『논어집주대전(論語集註大全)』「자한(子罕)」에는 "朱子曰 : '有天德, 則便是天理, 便做得王道; 無天德, 則便是私意, 是計較. 人多無天德, 所以做王道不成. 人多於獨處, 間斷才不愼獨, 便去隱微處, 間斷了. 能愼獨則無間斷, 而其理不窮. 若不愼獨, 便有欲來參入裏面, 便間斷了, 如何便會如川流底意?'"라고 하였고, 『주자어류(朱子語類)』 권36, 「논어18(論語十八)」, 114조목에도 이와 같은 내용이 실려 있다. 그 전문은 다음과 같다. "或問 : '子在川上.'

주자(朱子 : 朱熹)가 말하였다. "홀로를 삼가지 않으면 곧 그치거나 끊어지나니, 어떻게 시냇물과 같겠는가?"

◯ 慶源輔氏曰 : "人心 · 天德 · 王道, 只是一理."261)

경원 보씨(慶源輔氏 : 輔廣)가 말하였다. "인심(人心)과 천덕(天德)과 왕도(王道)는 다만 하나의 이치일 뿐이다."

朱註

愚按, 自此至終篇, 皆勉人進學不已之辭.

내가 살펴보건대, 이로부터 마지막 편에 이르기까지는 모두 사람들에게 권면(勸勉)하여 학문에 나아가서 그치지 않도록 하는 뜻이다.

詳說

◯ '逝者', 此章之題目.

'서자(逝者 : 가는 것)'이 이 장의 제목이다.

曰 : '此是形容道體. 伊川所謂與道爲體, 此一句最妙. 某嘗爲人作「觀瀾詞」, 其中有二句云 : 觀川流之不息兮, 悟有本之無窮.' 又問 : '明道曰 : 其要只在愼獨, 如何?' 曰 : '能愼獨, 則無間斷, 而其理不窮. 若不愼獨, 便有欲來參入裏面, 便間斷了也, 如何卻會如川流底意?(어떤 이가 '공자가 시냇가에 있다'는 것에 대해 물었다. 주희가 말하였다. '이는 도체를 형용한 것이다. 이천이 이른바 '도와 일체가 된다'라는 이 한 구절이 가장 묘하다. 나는 일찍이 옛날에 지은 「관란기(觀瀾記)」의 두 구절을 기억하는데, '시냇물이 흘러 그치지 않음을 보고 근본이 있는 것은 다함이 없음을 깨닫겠네.'라고 하였다. 또 말하였다. '명도가 말하기를, '그 요점은 홀로 있을 때를 삼가는데 있다'고 하였는데, 어떻게 생각하는가?' 주희가 말하였다. 홀로 있을 때를 삼갈 수 있다면 중간에 끊어짐이 없어 그 이치가 다하지 않을 것이다. 홀로 있을 때를 삼가지 못한다면 욕심이 와서 내면으로 들어와 중간에 끊어지게 될 것이니, 어떻게 물이 흘러가는 의미와 같을 수 있겠는가?')"

261) 호광 편(胡廣 編), 『논어집주대전(論語集註大全)』「자한(子罕)」에는 "慶源輔氏曰 : '人心即天德所寓, 天地之道, 常久而不已也, 則純亦不已, 非天德, 而何聖人之心, 則全具得此天德者也. 即是而推之, 便是王道 · 人心 · 天德, 王道只是一理.'"로 되어 있다.

[9-17-1]

子曰 : "吾未見好德, 如好色者也."
공자가 말하였다. "내가 덕을 좋게 여김이 색(色)을 좋게 여김과 같이 하는 사람을 보지 못하였노라."

朱註

'好', 去聲. 謝氏曰 : "好好色, 惡惡臭, 誠也, 好德如好色, 斯誠好德矣. 然民鮮能之."
'호(好)'자는 거성(去聲 : 愛好함)이다. 사씨(謝氏 : 謝良佐)가 말하였다. "좋은 색깔을 좋아하고 나쁜 냄새를 싫어함은 성실(誠實)함이니, 덕(德)을 좋아하기를 좋은 색(色)을 좋아하는 것 같이 하면 이는 참으로 덕을 좋아하는 것이다. 그러나 백성들은 드물게 능한 것이다."

詳說

○ 如字.
'호호색(好好色)'에서 '호(好)'는 본래의 음으로 읽는다.262)

○ 去聲.263)
'오악취(惡惡臭)'에서 '오(惡)'자는 거성(去聲 : 싫어함)이다.

○ 見『大學』.
'호호색, 오악취, 성야(好好色, 惡惡臭, 誠也)'는『대학(大學)』에 보인다.264)

○ '賢賢易色'之意.
'현현역색(賢賢易色 : 현명한 사람을 현명하게 여김에 색(色)을 좋아하는 마음과 바꿀 수 있다)'265)의 뜻이다.

---

262) '호호색(好好色)'에서의 '호(好)'자는 글자 그대로와 같다 : 호광 편(胡廣 編),『논어집주대전(論語集註大全)』「자한(子罕)」에는 두 개의 '好'자 가운데 앞의 것만 "好, 去聲."이라 하였는데, 박문호(朴文鎬)는 뒤의 '好'자에 대하여 음의(音義)를 밝혔다.

263) 호광 편(胡廣 編),『논어집주대전(論語集註大全)』「자한(子罕)」.

264) '호호색, 오악취, 성야(好好色, 惡惡臭, 誠也)'는『대학(大學)』에 보인다 :『대학(大學)』에서 "所謂誠其意者, 毋自欺也, 如惡惡臭; 如好好色, 此之謂自謙. 故君子必愼其獨也."라고 하였다.

265) 현현역색(賢賢易色 : 현명한 사람을 현명하게 여김에 색(色)을 좋아하는 마음과 바꿀 수 있다) :『논어(論語)』「학이(學而)」에서 "자하(子夏)가 말하였다. '현명한 사람을 현명하게 여김에

○ 上聲.[266]

‘‘선(鮮)’자는 상성(上聲 : 드물다)이다.

○ 以論釋之, 無訓.

경문의 의미 설명으로 풀이하였고 훈고는 없다.

朱註

『史記』, 孔子居衛, 靈公, 與夫人同車, 使孔子爲次乘, 招搖市過之,

『사기(史記)』에 공자가 위(衛)나라에서 지낼 적에 영공(靈公)이 부인과 더불어 수레를 같이 타고 공자(孔子)에게 다음 수레를 타게 하고는 날아가듯이 저자거리를 지나갔는데,[267]

색(色)을 좋아하는 마음과 바꿀 수 있고, 부모를 섬김에 그 힘을 다 쏟을 수 있으며, 군주를 섬김에 그 몸을 바칠 수 있고, 친구와 사귐에 말이 진실될 수 있으면, 비록 그 사람이 배우지 않았다고 하더라도 나는 반드시 그를 배운 사람이라고 할 것이다.’(子夏曰 : ‘賢賢易色; 事父母, 能竭其力; 事君, 能致其身; 與朋友交, 言而有信, 雖曰未學, 吾必謂之學矣.’)”라고 하였다.

266) 호광 편(胡廣 編), 『논어집주대전(論語集註大全)』「자한(子罕)」.

267) 『주자어류(朱子語類)』 권36, 「논어18(論語十八)」, 132조목에는 다음과 같이 설명하고 있다. “지지(至之)가 물었다. ‘덕을 좋아하기를 이성을 좋아하는 것같이 한다’는 『대학(大學)』6장의 ‘좋은 빛깔을 좋아하듯 한다’는 뜻이니, 이와 같이 성실해야 합니다. 그러나 『논어집주(論語集註)』에 위령공(衛靈公)의 일을 기재한 것이 이 뜻과 서로 호응하지 않는데, 무슨 까닭입니까? 주희가 말하였다. ‘글은 이렇게 읽는 것이 아니다. 위령공(衛靈公)의 일을 제외하면 무엇으로 밝힐 수 있겠는가? 그곳에 위령공의 일을 두는 것이 무슨 장애가 있는가? 이는 모두 긴요함이 없다. 성인이 낭초에 이렇게 탄식한 것은 덕을 좋아하기를 그 좋은 빛깔을 좋아하는 것 같이 하는 사람을 보지 못했기 때문이다. 스스로 마땅히 마음을 비우고 보아야 하니, 반성하여 구하고 스스로 어떻게 하는 것이 덕을 좋아하는 것이며, 어떻게 하는 것이 이성을 좋아하는 것인지를 생각해야 바야흐로 이로움이 있을 것이다. 만약 그것을 비교하여 헤아림에만 관여한다면 성인의 뜻과는 더욱 어긋나게 될 것이다. 성인의 말은 스스로 종과 같아야 하니, 그의 명령에 따라 멈추라고 지시하면 곧 멈추고 가라고 지시하면 곧 가야한다. 지금 스승이나 벗과 마찬가지로 여겨 그와 비교하기만 하니 어떻게 알 수 있겠는가? 『대학(大學)』의 설명은 그 자체로 『대학(大學)』의 뜻이며, 『논어(論語)』의 설명은 그 자체로 『논어(論語)』의 뜻이다. 『논어(論語)』의 뜻은 말한 것이 지나치니, 끝부분이 중요하면 첫 부분은 가볍고, 이쪽이 낮으면 저쪽은 높다. 『대학(大學)』은 두 구절을 평행으로 말하였으니 말하는 것이 더욱 힘이 있다. 어떻게 두 곳의 의미를 하나로 설명할 수 있겠는가?(至之問: ‘‘好德如好色’, 此卽大學‘如好好色’之意, 要得誠如此. 然集注載衛靈公事, 與此意不相應, 何也?’ 曰: ‘書不是恁地讀. 除了靈公事, 便有何發明? 存靈公事在那上, 便有何相礙? 此皆沒緊要. 聖人當初只是恁地歎未見好德如那好色者. 自家當虛

詳說

○「世家」.

'『사기(史記)』'는 「공자세가(孔子世家)」이다.

○『大全』曰:"南子."[268]

'부인(夫人)'에 대해,『논어집주대전』에서 말하였다. "남자(南子)이다."

○ 去聲.[269]

'사공자위차승(使孔子爲次乘)'에서 '승(乘)'자는 거성(去聲:수레)이다.

○『大全』曰:"第二乘, 次其後."[270]

『논어집주대전』에서 말하였다. "두 번째 수레가 그 뒤에 차례를 한 것이다."

○ 朱子曰:"如翺翔."[271]

'초요(招搖)'에 대해, 주자(朱子:朱熹)가 말하였다. "날개 치며 날아감과 같은 것이다."

○ 疑與'逍遙'同.

'초요(招搖)'는 의심하건대 '소요(逍遙)'와 같은 것이다.[272]

○ 不曰'過市'而曰'市過之', 蓋言中市而過之.

'과시(過市:저자를 지나가다)'라고 말하지 않고 '시과지(市過之:저자거리로 지나가다)'라고 말한 것은 대개 저자 가운데로 지나갔음을 말한다.

○ 新安陳氏曰:"夫人不翟第[273]自蔽, 公與同車, 翺翔過市, 無恥孰甚焉?"[274]

心去看, 又要反求思量, 自己如何便是好德, 如何便是好色, 方有益. 若只管去校量他, 與聖人意思愈見差錯. 聖人言語, 自家當如奴僕, 只去隨他, 敎住便住, 敎去便去. 今卻如與做師友一般, 只去與他校, 如何得! 大學之說, 自是大學之意; 論語之說, 自是論語之意. 論語只是說過去, 尾重則首輕, 這一頭低, 那一頭昂. 大學只將兩句平頭說去, 說得尤力. 如何要合兩處意來做一說得!')"

268) 호광 편(胡廣 編),『논어집주대전(論語集註大全)』「자한(子罕)」.

269) 호광 편(胡廣 編),『논어집주대전(論語集註大全)』「자한(子罕)」.

270) 호광 편(胡廣 編),『논어집주대전(論語集註大全)』「자한(子罕)」.

271) 호광 편(胡廣 編),『논어집주대전(論語集註大全)』「자한(子罕)」에는 "朱子曰:'招搖, 如翺翔.'"이라 하였고,『주자어류(朱子語類)』권36,「논어18(論語十八)」, 133조목에도 동일하게 실려 있다.

272) '초요(招搖)'는 의심하건대 '소요(逍遙)'와 같은 것이다:박문호(朴文鎬)는 '초요(招搖)'를 '소요(逍遙)'와 같은 것으로 보았는데, 상양(徜徉:느리게 어슬렁거림)의 의미보다는 우유자득(優游自得:우아하고 느긋하게 스스로 뽐냄)의 의미로 본 것 같다.

273) 第:호광 편(胡廣 編),『논어집주대전(論語集註大全)』「자한(子罕)」에는 '茀'로 표기되어 있다.

신안 진씨(新安陳氏 : 陳櫟)가 말하였다. "부인이 적불(翟茀 : 발이 드리워진 부녀자의 수레)로 스스로 가리지 아니하고 영공(靈公)과 함께 수레를 타고 날아가듯이 저자를 지나갔으니 수치심(羞恥心)이 없는 것이 누가 더 심한가?"

朱註

孔子醜之. 故有是言.

공자가 나쁘게 여겼다. 그러므로 이 말을 둔 것이다.

詳說

○ 按 : 『史記』之說, 不可必其然. 故不以爲正釋, 而置之圈下云.

살펴보건대, 『사기(史記)』의 말은 반드시 그래서는 안 된다. 그러므로 진정한 풀이를 하지 않고 동그라미(○ : 圈) 아래에 둔 것이다.[275]

○ '好色', 此章之題目.

'호색(好色 : 여색을 좋아함)'이 이 장의 제목이다.[276]

---

274) 호광 편(胡廣 編), 『논어집주대전(論語集註大全)』「자한(子罕)」에는 "新安陳氏曰 : '夫人不翟茀自蔽, 公與同車, 翱翔過市, 無恥孰甚焉? 孔子此言, 因靈公好色而發也.'"로 되어 있다.

275) 위의 구절 "『史記』, 孔子居衛 ……"를 말한다.

276) '호색(好色 : 여색을 좋아함)'이 이 장의 제목이다 : 『논어(論語)』「위령공(衛靈公)」에도 이와 같은 내용이 또 실려 있는데, 다음과 같다. "子曰 : '已矣乎. 吾未見好德, 如好色者也.'"

[9-18-1]

子曰："譬如爲山, 未成一簣, 止吾止也; 譬如平地, 雖覆一簣, 進吾往也."
공자가 말하였다. "비유하건대 산을 만듦에 한 삼태기를 이루지 못하여서 그침도 내가 그침과 같으며, 비유하건대 땅을 평평하게 함에 비록 한 삼태기를 덮었으나 나아감도 내가 감과 같은 것이다."

朱註

'簣', 求位反. '覆', 芳服反.

'미성일궤(未成一簣)'에서 '궤(簣)'는 '구(求)'와 '위(位)'의 반절(反切)이다. '수복일궤(雖覆一簣)'에서 '복(覆)'은 '방(芳)'과 '복(服)'의 반절(反切)이다.

詳說

○ '成', 猶終也.

'미성일궤(未成一簣)'에서 '성(成)'은 종(終 : 마침)과 같다.

朱註

'簣', 土籠也.

'궤(簣)'는 흙을 담는 삼태기이다.

詳說

○ 『大全』曰："『韻書』, '籠', 擧土器."[277]

『논어집주대전』에서 말하였다. "『운서(韻書)』에 의하면, '농(籠)'은 흙을 들어 나르는 기구이다."

○ 訓.

훈고이다.

277) 호광 편(胡廣 編), 『논어집주대전(論語集註大全)』「자한(子罕)」. "『韻書』, '籠字, 平聲'者註云 : 擧土器, 則此合平聲."

朱註

『書』曰：“爲山九仞，功虧一簣”，夫子之言，蓋出於此.

『서경(書經)』에서 “산을 아홉 길 높이로 만드는데, 공이 한 삼태기 모자라서 이지러진다.”라고 하였으니, 공자의 말이 대개 여기서 나온 것이다.

詳說

○ 「旅獒」.

'『서(書)』'는 『서경(書經)』「여오(旅獒)」이다.[278]

○ 先著其言之所出.

먼저 그 말이 나온 곳을 드러냈다.

朱註

言山成而但少一簣，其止者，吾自止耳；平地而方覆一簣，其進者，吾自往耳.

산이 이루어짐에 다만 한 삼태기가 적은데 그 그치는 것은 내가 스스로 그칠 뿐이며, 땅을 평평하게 함에 바야흐로 한 삼태기를 뒤덮어야 하는데 그 나아가는 것은 내가 스스로 갈 뿐임을 말하였다.

詳說

○ 釋畢.

경문의 풀이가 끝났다.

○ 此下，又申釋其言外之正意.

이 아래에서는 또 그 말 밖의 진정한 뜻을 거듭해서 풀이하였다.

朱註

蓋學者，自強不息，則積少成多；中道而止，則前功盡棄，

대개 배우는 사람들은 스스로 힘써서 쉬지 않으면 작은 공력을 쌓아서 큰 공적을 이루며, 중도에 그치면 앞에 쌓은 공력이 다 버려지는 것이니,

---

278) '『서(書)』'는 『서경(書經)』「여오(旅獒)」이다 : 『서경(書經)』「여오(旅獒)」에서 “작은 행실을 삼가지 않으면 마침내 큰 덕에 누를 끼치니, 산을 아홉 길 높이로 만듦에 공은 하나의 삼태기 때문에 이지러진다.(不矜細行，終累大德，爲山九仞，功虧一簣.)”라고 하였다.

詳說

○ 上聲.

'자강불식(自強不息)'에서 '강(強)'자는 상성(上聲 : 勉强)이다.

○ 於本文則倒, 於事則順.

본문의 '중도에 그치면 앞에 쌓은 공력이 다 버려지는 것이니[中道而止, 則前功盡棄.]라는 구절에서는 곧 전도(顚倒)되었지만, 일에서는 곧 순리(順理)인 것이다.

朱註

其止其往, 皆在我而不在人也.

그침과 나아감이 모두 나에게 달려 있지 남에게 달려 있지 않다.

詳說

○ 添此句, 以陪'吾'字.

이 구절을 더한 것은 '오(吾)'자를 보탰기 때문이다.[279]

○ 新安陳氏曰 : "『語』有三四章, 純如『詩』六義之比. 此只言爲山, 而未嘗言爲學. 然爲學之義, 見於言外, 松柏 · 驥力 · 苗秀章, 是也."[280]

신안 진씨(新安陳氏 : 陳櫟)가 말하였다. "『논어(論語)』의 서너 장은 순일함이 『시경(詩經)』 육의(六義 : 風 · 雅 · 頌 · 興 · 比 · 賦)의 비(比)와 같다. 이는 다만 산을 만듦에 대해서 말한 것이며, 일찍이 학문을 하는 데 대해서는 말한 적이 없다. 그러나 학문을 하는 뜻이 말 밖에 보이니, 송백후조(松柏後彫 : 소나무와 잣나무는 나중에 시든다)장[281]과 기력칭덕(驥力稱德 : 준마의 능력은 덕으로써 칭송한다)장[282], 묘수부실(苗秀不實 : 싹이 패도 열매 맺지 못한 것이 있다)장[283]이 이것이다."

---

279) 이 구절을 더한 것은 '오(吾)'자를 보탰기 때문이다 : 경문의 '吾止'와 '吾往'을 말한다.

280) 호광 편(胡廣 編), 『논어집주대전(論語集註大全)』「자한(子罕)」에는 "新安陳氏曰 : '其往乃自强; 其止乃自棄. 自强者不成不止; 自棄者止而必不成. 『語』有三四章, 純如『詩』六義之比. 此止言爲山, 而未嘗言爲學. 然爲學之義, 見於言外, 此外松栢 · 驥力 · 苗秀章, 是也.'"로 되어 있다.

281) 송백후조(松柏後彫 : 소나무와 잣나무는 나중에 시든다)장 : 『논어(論語)』「자한(子罕)」의 "歲寒然後, 知松柏之後彫也."라는 구절을 말한다.

282) 기력칭덕(驥力稱德 : 준마의 능력은 덕으로써 칭송한다)장 : 『논어(論語)』「헌문(憲問)」의 "驥不稱其力, 稱其德也."라는 구절을 말한다.

283) 묘수부실(苗秀不實 : 싹이 패도 열매 맺지 못한 것이 있다)장 : 『논어(論語)』「자한(子罕)」의

○ 此章, 雖不說出'學'一字. 然上下文, 皆以譬言之, 又與觚·驥·松·苗章, 微異.

이 장에서는 비록 '학(學)' 한 글자를 말하지 않았으나, 위아래 글에서 모두 비유로써 말하였다. 또 고불고(觚不觚 : 술잔이 모나지 않다)장[284]과 기력칭덕장(驥力稱德章), 송백후조장(松柏後彫章)과 묘수부실장(苗秀不實章)과는 약간 다르다.

"苗而不秀者, 有矣夫! 秀而不實者, 有矣夫!"라는 구절을 말한다.

284) 고불고(觚不觚 : 술잔이 모나지 않다)장 : 『논어(論語)』「옹야(雍也)」의 "觚不觚, 觚哉! 觚哉!"라는 구절을 말한다.

[9-19-1]

子曰 : "語之而不惰者, 其回也與."
공자가 말하였다. "말해줌에 게으르지 아니한 사람은 그 안회(顔回)이리라."

朱註

'語'去聲. '與'平聲. '惰', 懈怠也.
'어지이(語之而)'에서 '어(語)'자는 거성(去聲 : 말해주다)이다. '기회야여(其回也與)'에서 '여(與)'자는 평성(平聲 : 어조사)이다. '타(惰)'는 게으름이다.

詳說

○ 居隘反.[285]
'해태야(懈怠也)'에서의 '해(懈)'는 '거(居)'와 '애(隘)'의 반절(反切)이다.

○ 訓.
훈고이다.

朱註

范氏曰 : "顔子聞夫子之言, 而心解力行,
범씨(范氏 : 范祖禹)가 말하였다. "안자(顔子 : 顔回)는 공자의 말을 들으면 마음으로 이해하고 힘써 실행하여

詳說

○ 朱子曰 : "行上, 不惰."[286]
주자(朱子 : 朱熹)가 말하였다. "실행함에서 게으르지 않는 것이다."

---

285) 호광 편(胡廣 編), 『논어집주대전(論語集註大全)』「자한(子罕)」.

286) 호광 편(胡廣 編), 『논어집주대전(論語集註大全)』「자한(子罕)」에는 "朱子曰 : '語之而不惰, 惟於行上見得, 顔子不惰, 如得一善, 則拳拳服膺而不失, 欲罷不能, 皆是其不惰處.'"로 되어 있고, 『주자어류(朱子語類)』 권36, 「논어18(論語十八)」, 134조목에는 "惟於行上見得他不惰.(오직 실천하는 데서 그가 게으르지 않음을 볼 수 있다)"라고 하였다.

朱註

造次顚沛, 未嘗違之,

황급(遑急)하거나 위급(危急)하더라도 일찍이 어긴 적이 없었으니,

詳說

◯ 音糙.[287]

'조차전패(造次顚沛)'에서 '조(造)'자는 음이 조(糙)이다.

◯ 四字, 襯'不惰'.

'조차전패(造次顚沛)'의 네 글자[288]는 '불타(不惰 : 게으르지 않다)'와 밀접하다.

◯ '違'字, 卽'不違仁'之'違'字.

'위(違)'자는 곧 '불위인(不違仁 : 인을 어기지 않는다)'[289]의 '위(違)'자이다.

朱註

如萬物得時雨之潤, 發榮滋長,

마치 만물이 때맞은 비의 적셔줌을 얻어 꽃을 피우고 점차 자라나는 것과 같으니,

詳說

◯ 新安陳氏曰 : "自『孟子』'如時雨化之'來."[290]

신안 진씨(新安陳氏 : 陳櫟)가 말하였다. "『맹자(孟子)』의 '여시우화지(如時雨化之 : 때맞게 내리는 비에 변화됨과 같다)'[291]로부터 온 것이다."

---

287) 호광 편(胡廣 編), 『논어집주대전(論語集註大全)』「자한(子罕)」에는 "造, 七到反."으로 표기되어 있다.

288) '조차전패(造次顚沛)'의 네 글자 : 『논어(論語)』「이인(里仁)」에 나오는 말인데, 다음과 같다. "君子無終食之間違仁, 造次必於是, 顚沛必於是."

289) 불위인(不違仁 : 인을 어기지 않는다) : 『논어(論語)』「옹야(雍也)」에서 "子曰 : '回也, 其心三月不違仁; 其餘則日月至焉而已矣.'"라고 하였고, 『논어집주(論語集註)』「공야장(公冶長)」에서도 "程子曰 : '夫子安仁; 顏淵不違仁; 子路求仁.'"라고 하였다.

290) 호광 편(胡廣 編), 『논어집주대전(論語集註大全)』「자한(子罕)」에는 "新安陳氏曰 : '顏子惟明睿. 故聞夫子之言而心解, 惟健决. 故聞夫子之言而力行, 一知一行, 皆不懈也. 又以物得時雨比之, 此意, 自如時雨化之來. 『孟子集註』, 謂孔子之於顏曾是也. 惟顏子能化於時雨, 惟孔子能當其可化之時而化. 以時雨發榮滋長, 所謂則苗勃然興之者也.'"로 되어 있다.

291) 『맹자(孟子)』의 '여시우화지(如時雨化之 : 때맞게 내리는 비에 변화됨과 같다)' : 『맹자(孟子)』「진심 상(盡心上)」에서 "孟子曰 : '君子之所以教者五, 有如時雨化之者; 有成德者; 有達財者;

○ 上聲.[292]

'발영자장(發榮滋長)'에서 '장(長)'자는 상성(上聲 : 자라나다)이다.

朱註

何有於惰? 此群弟子所不及也."

어찌 게으름을 두었으랴? 이는 많은 제자들이 미치지 못한 것이다."

詳說

○ 此句, 襯'其回也與'.

이 구절은 '기회야여(其回也與 : 그 안회이리라)'와 밀접하다.

○ 慶源輔氏曰 : "稱顔子, 所以厲[293]群弟子也."[294]

경원 보씨(慶源輔氏 : 輔廣)가 말하였다. "안자(顔子 : 顔回)를 칭송한 것은 많은 제자들을 격려하려는 까닭이다."

○ 釋畢.

경문의 풀이가 끝났다.

有答問者; 有私淑艾者, 此五者, 君子之所以敎也.'"라고 하였다.

292) 호광 편(胡廣 編), 『논어집주대전(論語集註大全)』「자한(子罕)」.

293) 厲 : 호광 편(胡廣 編), 『논어집주대전(論語集註大全)』「자한(子罕)」에는 '勵'로 표기되어 있다.

294) 『상설』에는 경원 보씨(慶源輔氏 : 輔廣)라고 하였으나, 호광 편(胡廣 編), 『논어집주대전(論語集註大全)』「자한(子罕)」에는 쌍봉 요씨(雙峯饒氏 : 饒魯)로 되어 있다. 그 전문은 다음과 같다. "雙峯饒氏曰 : '惟其心解, 所以力行, 夫子稱顔子, 所以勵群弟子也.'"

[9-20-1]

子謂顔淵曰："惜乎! 吾見其進也, 未見其止也."
공자가 안연(顔淵)에 대하여 말하였다. "아깝도다! 내가 그 나아감을 보고, 그 그침을 보지 못하였도다."

詳說

○ 猶論也.
'위(謂)'는 논(論 : 對說)과 같다.

朱註

'進'·'止'二字, 說見上章.
'진(進)'과 '지(止)'의 두 글자는 설명이 위의 장에 보인다.[295]

詳說

○ 音現.[296]
'설현상장(說見上章)'에서 '현(見)'자는 음이 현(現)이다.

○ 訓.
훈고이다.

○ 此以訓說言, 未必謂其文義之相蒙, 夗顔子說耳. 若乃'勉人進學不已'之意, 則'川上'以下諸章, 莫不相蒙, 不止此二章耳.
이는 훈고로써 말한 것이니, 반드시 그 문장의 뜻과 서로 연관되지 않으며, 안자(顔子)를 다룬 말일 뿐이다. 만약 사람들이 학문에 나아가서 그치지 않도록 하는[297] 뜻이라면 '천상장(川上章)'[298] 이하의 여러 장이 서로 연관되지 않음이 없

295) 『주자어류(朱子語類)』 권36, 「논어18(論語十八)」, 138조목에는 "횡거의 설명에 '지(止)'는 중용에 그치는 것이라고 생각하였는데 또한 설득력(說得力)이 있으나 의미가 죽어 생동적이지 못하다. 대개 안자가 그런 지극한 곳에 이르지 못했다면 그런 결과를 이룬 곳에 이르지 못했을 것이다. 안자의 규범은 매우 컸으니 그 결과를 거두어들일 수 있다면 반드시 크게 볼만한 사안이 있을 것이다.(如橫渠之說, 以爲止是止於中, 亦說得, 但死而不活. 蓋只是顔子未到那處, 未到那成就結果處. 蓋顔子一箇規模許多大, 若到那收因結果, 必有大段可觀者也.)"라고 하였다.
296) 『논어집주대전』에는 "見, 形甸反."이라고 하였다.

을 것이고, 이 두 개의 장에 그치지 않았을 뿐이다.

朱註

顔子旣死, 而孔子惜之, 言其方進而未已也.
안자(顔子)가 이미 죽음에 공자가 안타깝게 여겼으니, 그 바야흐로 나아가서 그치지 않았음을 말한 것이다.

詳說

○ 釋畢.
경문의 풀이가 끝났다.

297) 사람들이 학문에 나아가서 그치지 않도록 하는 : '천상장(川上章)'의 주석에 나오는 내용이다. 그 전문은 다음과 같다. "愚按, 自此至終篇, 皆勉人進學不已之辭."

298) 천상장(川上章) : 위의 장에 나온 "子在川上曰 : '逝者如斯夫! 不舍晝夜.'"라는 구절을 말한다.

[9-21-1]

子曰 : "苗而不秀者有矣夫, 秀而不實者有矣夫."
공자가 말하였다. "싹이 나서 패지 못한 것이 있으며, 패었으나 곡식이 여물지 못한 것이 있도다."

朱註

'夫', 音扶. 穀之始生曰'苗'; 吐華曰'秀'; 成穀曰'實'.
'유의부(有矣夫)'에서 '부(夫)'자는 음이 부(扶)이다. 곡식이 나기 시작하는 것을 '묘(苗)'라 하고, 꽃이 피는 것을 '수(秀)'라 하고, 곡식을 이루는 것을 '실(實)'이라 한다.

詳說

○ 花同.
'화(華)'는 '화(花 : 꽃)'와 같다.

○ 有訓無釋.
훈고는 있으나 경문의 풀이는 없다.

○ 此下, 即釋其言外之正意.
이 아래에서는 곧 그 말 밖의 진정한 뜻을 풀이하였다.

朱註

蓋學而不至於成, 有如此者. 是以, 君子貴自勉也.
대개 배워서 이룸에 이르지 못함이 이와 같은 것이 있다. 이 때문에 군자는 스스로 힘씀을 귀중하게 여긴다.[299)]

---

299) 『주자어류(朱子語類)』 권36, 「논어18(論語十八)」, 139조목에는 "모두 사람에게 이같이 학문에 정진하기를 권면하는 것이다. 이런 도리는 감당하기 어려우니, 이렇게 힘써 노력함에 관계될 뿐이다. '싹은 났으나 꽃이 피지 않다'와 '꽃은 피었으나 열매 맺지 않다'는 것은 사물이 생겨남은 있으나 잘 자람에 이르지 못하는 것이 있고, 잘 자라지만 열매를 맺는데 이르지 못하는 것이 있다.'(皆是勉人進學如此. 這箇道理難當, 只管恁地勉强去. '苗而不秀, 秀而不實', 大概只說物有生而不到長養處, 有長養而不到成就處.)"라고 설명하였다.

詳說

○ **新安陳氏曰 : "此章, 或謂'孔子惜顏子', 非也. 以比始學而不發達; 發達而不成就."**[300]

신안 진씨(新安陳氏 : 陳櫟)가 말하였다. "이 장을 어떤 사람이 이르기를, '공자가 안자(顏子)를 아깝게 여긴 것이다.'라고 하였는데, 아니다. 배우기 시작하되 발달하지 못하고, 발달하되 성취하지 못함을 비유한 것이다."

300) 호광 편(胡廣 編), 『논어집주대전(論語集註大全)』「자한(子罕)」에는 "新安陳氏曰 : '此章, 或謂孔子惜顏回, 非也. 此以其始學而不發達; 發達而不成就者. 學者不可以方苗而秀自止, 當以旣秀且實自勉也.'"로 되어 있다.

[9-22-1]

子曰:“後生可畏, 焉知來者之不如今也? 四十五十而無聞焉, 斯亦不足畏也已.”

공자가 말하였다. “후생(後生)이 가히 두려우니 어찌 뒤에 오는 사람이 이제 있는 사람만 같지 못할 줄을 알리오? 사십 오십이면서 이름 들음이 없으면 이 또한 족히 두렵지 않은 것이다.”

朱註

‘焉’, 於虔反. 孔子言:“‘後生’, 年富力彊, 足以積學而有待, 其勢可畏, 安知其將來不如我之今日乎? 然或不能自勉, 至於老而無聞, 則不足畏矣.

‘언지(焉知: 어찌 알리오?)’의 ‘언(焉)’은 ‘어(於)’와 ‘건(虔)’의 반절(反切)이다. 공자(孔子)가 말하였다. “‘후생(後生)’은 살아갈 햇수가 많고 기력(氣力)이 강하여, 충분히 배움을 쌓아서 기대할 것이 있게 되니, 그 기세가 가히 두려워할 만한 것이다. 어찌 그 장래가 오늘날만 같지 못하리라는 것을 알겠는가? 그러나 혹시 스스로 힘쓸 수 없어서, 늙음에 이르도록 이름을 들음이 없다면[301] 족히 두려워하지 않아도 될 것이다.”

詳說

○ 『大全』曰:“方來之年多, 曰‘年富’.”[302]

『논어집주대전』에서 말하였다. “바야흐로 앞으로 올 해가 많을 것을 ‘연부(年富: 살아갈 햇수가 많나)’라고 한다.”

○ 添‘然’字, 以反上意.

‘연(然)’자를 보태서 위의 뜻을 뒤집었다.

○ 四十以後, 始衰.

‘지어노(至於老: 늙음에 이르도록)’는 사십 이후에 비로소 쇠약해지는 것이다.

---

301) 늙음에 이르도록 이름을 들음이 없다면: 『주자어류(朱子語類)』 권36, 「논어18(論語十八)」, 141조목에는 다음과 같이 설명한다. “‘후생은 두려워할만하다’는 것은 한창 정진하는 일이며, ‘40·50이 되어서도 들림이 없다’는 것은 중도에 포기하는 것입니다.’라고 묻자, ‘그렇다’라고 하였다.(‘後生可畏’, 是方進者也; ‘四十五十而無聞’, 是中道而止者也.’ 曰: ‘然.’)”

302) 호광 편(胡廣 編), 『논어집주대전(論語集註大全)』「자한(子罕)」.

○ 有釋無訓.
경문의 풀이는 있으나 훈고는 없다.

朱註

言此以警人, 使及時勉學也.
이것을 말하여 사람들을 경계시켜서 때에 미칠 때마다 배움에 힘쓰도록 한 것이다.

詳說

○ 此則言外之正意.
이는 곧 말 밖의 진정한 뜻이다.

朱註

曾子曰 : "五十而不以善聞, 則不聞矣." 蓋述此意.
증자(曾子 : 曾參)가 말하였다. "오십이 돼서도 좋은 명성(名聲)이 들리지 않으면 이름이 알려지지 않은 것이다." 대개 이 뜻을 진술한 것이다.

詳說

○ 見『大戴禮』「修身篇」.[303]
『대대례(大戴禮)』「수신편(修身篇)」에 보인다.

○ 此章.
'차(此)'는 이장이다.

○ 此則餘意.
이는 곧 나머지 뜻이다.

朱註

尹氏曰 : "少而不勉, 老而無聞, 則亦已矣. 自少而進者, 安知其不至於極乎? 是可畏也.

---

303) 호광 편(胡廣 編), 『논어집주대전(論語集註大全)』「자한(子罕)」에는 "『大戴禮』「修身篇」, 曾子曰 : '年三十四十之間而無藝, 則無藝矣; 五十而不以善聞, 則不聞矣; 七十而未壞, 雖有後過, 亦可以免矣.'"로 되어 있다.

윤씨(尹氏 : 尹焞)가 말하였다. "젊어서 힘쓰지 않으면 늙어서 이름 들림이 없으니, 곧 또한 끝난 것이다. 젊어서부터 나아간 사람이 어찌 그 지극함에 이르지 못함을 알겠는가? 이는 가히 두려워할 만한 것이다."

詳說

○ 去聲, 下同.[304]

'소이불면(少而不勉)'에서 '소(少)'자는 거성(去聲 : 年少함)이니, 아래도 같다.

○ 雙峰饒氏曰 : "可畏, 期望而勉勵之; 不足畏, 絶望而警戒之. 尹氏先釋後二句, 却轉來釋前二句, 見勉勵之意重."[305]

쌍봉 요씨(雙峰饒氏 : 饒魯)가 말하였다. "'가외(可畏)'는 이루어지길 바라면서 권면(勸勉)하고 격려하는 것이고, '부족외(不足畏)'는 절망하여 경계하는 것이다. 윤씨(尹氏 : 尹焞)가 먼저 뒤의 두 구절을 풀이하다가 도리어 옮겨와서 앞의 두 구절을 풀이하였으니, 권면하고 격려함의 중대함을 보인 것이다."

---

304) 호광 편(胡廣 編), 『논어집주대전(論語集註大全)』「자한(子罕)」.

305) 호광 편(胡廣 編), 『논어집주대전(論語集註大全)』「자한(子罕)」에는 "雙峯饒氏曰 : '曰可畏, 期望以勉勵之, 曰不足畏, 絶望以警戒之. 尹氏先釋後二句, 却轉來釋前二句, 見勉勵之意. 重不成, 只說他, 不足畏了便休.'"로 되어 있다.

[9-23-1]

子曰 : "法語之言, 能無從乎? 改之爲貴. 巽與之言, 能無說乎? 繹之爲貴. 說而不繹, 從而不改, 吾末如之何也已矣."

공자가 말하였다. "법도에 맞게 말해 주는 말을 따르지 않을 수 있겠는가? 허물을 고침이 귀중한 것이다. 부드럽게 인도하는 말에 기뻐함이 없을 수 있겠는가? 끄트머리를 찾음이 귀중한 것이다. 기뻐하되 끄트머리를 찾지 않으며, 따르되 허물을 고치지 않으면 내가 어찌할 수가 없는 것이다."

朱註

'法語'者, 正言之也. '巽言'者, 婉而導之也. '繹', 尋其緖也.

'법어(法語)'라는 것은 바르게 말해주는 일이다. '손언(巽言)'이라는 것은 공순(恭順)하게 인도해 주는 일이다. '역(繹)'은 그 실마리를 찾는 일이다.

詳說

○ 去聲, 下同.[306]

'법어(法語)'에서 '어(語)'자는 거성(去聲 : 말해 주다)이며, 아래도 같다.

○ 以法相告.

'바르게 말해주는 일'은 법도(法道)로써 서로 말해 주는 것이다.

○ 以巽相與.

'공순(恭順)하게 인도해 주는 일'은 공순(恭順)함으로써 서로 대해 주는 것이다.

○ 新安陳氏曰 : "尋其端而思之."[307]

'그 실마리를 찾는 일'은 신안 진씨(新安陳氏 : 陳櫟)가 말하였다. "그 실마리를 찾아서 생각하는 것이다."

○ 訓畢.

훈고가 끝났다.

---

306) 호광 편(胡廣 編), 『논어집주대전(論語集註大全)』「자한(子罕)」에는 "陸氏, 音, 魚據反, 下同." 이라고 하였다.

307) 호광 편(胡廣 編), 『논어집주대전(論語集註大全)』「자한(子罕)」에는 "新安陳氏曰 : '如絲有端緖, 尋求其端緖, 而思慮紬繹之也.'"로 되어 있다.

朱註

法言, 人所敬憚. 故必從, 然不改, 則面從而已. 巽言, 無所乖忤. 故必說, 然不繹, 則又不足以知其微意之所在也.

법도(法道)에 맞게 하는 말은 사람들이 경외(敬畏)하여 꺼리는 것이다. 그러므로 반드시 따르지만, 그러나 허물을 고치지 않으면 겉으로만 좇을 따름이다. 공순(恭順)하게 하는 말은 어그러지고 거스르는 것이 없다. 그러므로 반드시 기뻐하지만, 그러나 실마리를 찾지 않으면 또 그 은미한 뜻이 있는 곳을 충분히 알지 못할 것이다.

詳說

○ 心不從.

'겉으로만 좇을 따름이다'는 마음으로 좇지 않는 것이다.

○ 音悞.308)

'무소괴오(無所乖忤)'에서 '오(忤)'자는 음이 오(悞)이다.

○ 悅同, 下同.309)

'고필열(故必說)'에서 '열(說)'자는 열(悅)과 같으며, 아래도 같다.

○ 言者.

'기(其)'는 '말'이라는 것이다.

○ 朱子曰: "與他說得也, 不濟事. 故曰: '吾末如之何也.'"310)

주자(朱子: 朱熹)가 말하였다. "다른 사람과 더불어 설득한 것인데, 구제(救濟)할 수 없는 일이었다. 그러므로 '내가 어찌할 수가 없다.'라고 하였다."

---

308) 호광 편(胡廣 編), 『논어집주대전(論語集註大全)』「자한(子罕)」에는 "忤, 五故反."이라고 하였다.

309) 호광 편(胡廣 編), 『논어집주대전(論語集註大全)』「자한(子罕)」에는 "說, 音悅, 下同."이라고 하였다.

310) 『주자어류(朱子語類)』 권37, 「논어19(論語十九)」, 1조목에는 다음과 같이 되어 있다. "'法語之言', '巽與之言', '巽', 謂巽順. 與他說, 都是教他做好事, 如'有言遜于汝志'. 重處在'不改'·'不繹'. 聖人謂如此等人, 與他說得也不濟事. 故曰: '吾末如之何也已.'('법이 되는 말'과 '공손하게 하는 말[巽與之言]'에서 '공손[巽]'은 공손하고 순종함[巽順]을 말한다. 다른 사람에게 말할 때 모두 그에게 좋은 일을 하도록 가르치는 것이니 '말이 네 마음에 맞다'는 것이다. 중점을 둔 곳은 '고치지 않는다'와 '실마리를 찾지 않는다'는데 있다. 성인이 이런 사람들은 다른 사람에게 말하면서도 일을 이루지 못한다고 생각했기 때문에 '나는 어떻게 할 수 없다'라고 하였다.')"

○ 釋畢.

경문의 풀이가 끝났다.

朱註

楊氏曰 : "法言, 若孟子論行王政之類, 是也; 巽言, 若其論好貨好色之類, 是也.

양씨(楊氏 : 楊時)가 말하였다. "'법언(法言 : 법도에 맞게 하는 말)'은 맹자(孟子)가 왕도(王道) 정치를 시행함에 대하여 말한 유형과 같은 뜻이 이것이며, '손언(巽言 : 공순하게 하는 말)'은 맹자가 재화(財貨)를 좋아하고 여색(女色)을 좋아함에 대하여 말한 유형과 같은 사안이 이것이다.311)

詳說

○ 孟子.

'기(其)'는 맹자이다.

---

311) 『논어집주(論語集註)』 권37, 2조목에는 다음과 같이 설명하고 있다. "식(植)이 말하였다. '『논어집주(論語集註)』에 '법이 되는 말은 사람이 공경하며 꺼리는 바이기 때문에 반드시 따라야 합니다. 그러나 고치지 않으면 겉으로만 따르는 것일 뿐이다'라 하였는데, 한무제(漢武帝)가 급암(汲黯)의 강직함이 매우 공경하고 꺼릴 것이어서 장막에 이르러 아뢸 수 있을 것임을 보았으니 따를 만하다고 말할 수 있습니다. 그러나 급암이 무제(武帝)를 평하여 '안으로는 욕심이 많으면서 밖으로만 인의(仁義)를 베푼다'고 하였으니 어찌 겉으로만 따르는 것이 아니겠습니까? 『논어집주(論語集註)』에 '공손한 말은 어그러지고 거스르는 바가 없기 때문에 반드시 기뻐한다. 그러나 실마리를 찾지 않으면 또 그 미묘한 뜻이 있는 곳을 알 수 없다'고 하였는데, 맹자가 태왕(太王)을 여색을 좋아하고 재물을 좋아한다고 논평한 것과 같으니, 제왕이 어찌 기뻐하지 않았겠습니까? 만약 실마리를 찾을 줄 모른다면 옛사람이 이른 바 여색을 좋아했다는 것만 알뿐이고 그가 '안으로는 남편 없는 여인이 없고, 밖으로는 아내 없는 남자가 없게' 할 줄은 알지 못했으며, 옛 사람이 재물 좋아하는 것만 알뿐이고 '거주하는 사람들인 창고에 곡식을 쌓으며, 길 떠나는 사람은 양식을 쌀 수 있게' 할 줄은 알지 못하였습니다.' 선생이 말하였다. '『논어집주(論語集註)』에서는 양씨의 설명을 예로 들었는데, 또한 좋다.'(植說: '此章集注云: '法語, 人所敬憚, 故必從. 然不改, 則面從而已.' 如漢武帝見汲黯之直, 深所敬憚, 至帳中可其奏, 可謂從矣. 然黯論武帝'內多慾而外施仁義', 豈非面從! 『集注』云: '巽言無所乖忤, 故必悅. 然不繹, 又不足以知其微意之所在.' 如孟子論太王好色·好貨, 齊王豈不悅. 若不知繹, 則徒知古人所謂好色, 不知其能使'內無怨女, 外無曠夫'; 徒知古人所謂好貨, 不知其能使'居者有積倉, 行者有裹糧'.' 先生因曰: '『集注』中擧楊氏說, 亦好.')"

○ 去聲, 下同.[312]

'호화호색지류(好貨好色之類)'에서 '호(好)'자는 거성(去聲 : 愛好함)이며, 아래도 같다.

○ 幷見「梁惠王」.

아울러서 『맹자(孟子)』「양혜왕(梁惠王)」에 보인다.[313]

朱註

> 語之而不達, 拒之而不受, 猶之可也,
>
> 말해 주어도 이르지 않거나, 거부하여 받아들이지 않아도 오히려 괜찮으니,

詳說

○ 新安陳氏曰 : "全不從不說."[314]

신안 진씨(新安陳氏 : 陳櫟)가 말하였다. "전부 좇지도 않고 기뻐하지도 않는 것이다."

○ 尤菴曰 : "以俚語句之, 當曰尼."[315]

---

312) 호광 편(胡廣 編), 『논어집주대전(論語集註大全)』「자한(子罕)」에는 "好, 去聲."이라고 하였다.

313) 아울러서 『맹자(孟子)』「양혜왕(梁惠王)」에 보인다 : '아울러'라고 한 것은 '논행왕정지류(論行王政之類)'와 '논호화호색지류(論好貨好色之類)'를 말한다. 먼저 '논행왕정지류(論行王政之類)'로는 『맹자(孟子)』「양혜왕상(梁惠王上)」에서 "不違農時, 穀不可勝食也; …… 養生喪死, 無憾, 王道之始也."라고 한 구절, "無恒産而有恒心者, 惟士爲能, 若民則無恒産, 因無恒心, …… 王欲行之, 則盍反其本矣?"라고 한 구절, "夫明堂者, 王者之堂也. 王欲行王政, 則勿毁之矣."라고 한 구절 등이 있다. '논호화호색지류(論好貨好色之類)'로는 「양혜왕상(梁惠王下)」에서 "王曰 : '寡人有疾, 寡人好貨.' 對曰 : '昔者, 公劉好貨, 詩云 : '乃積乃倉, 乃裹餱糧. 于橐于囊, 思戢用光. 弓矢斯張, 干戈戚揚, 爰方啓行.' 故居者, 有積倉; 行者, 有裹糧也然後, 可以爰方啓行. 王如好貨, 與百姓同之, 於王何有?' 王曰 : '寡人有疾, 寡人好色.' 對曰 : '昔者, 大王好色, 愛厥妃. 詩云 : '古公亶父, 來朝走馬. 率西水滸, 至于岐下. 爰及姜女, 聿來胥宇.' 當是時也, 內無怨女, 外無曠夫. 王如好色, 與百姓同之, 於王何有?'"라고 한 구절 등이 있고, 그 밖에 「이루하(離婁下)」에도 "孟子曰 : '世俗所謂不孝者五, 惰其四肢, 不顧父母之養, 一不孝也; 博奕好飮酒, 不顧父母之養, 二不孝也; 好貨財私妻子, 不顧父母之養, 三不孝也; 從耳目之欲, 以爲父母戮, 四不孝也; 好勇鬪狠, 以危父母, 五不孝也.'"라는 '논호화호색지류(論好貨好色之類)'가 있다.

314) 호광 편(胡廣 編), 『논어집주대전(論語集註大全)』「자한(子罕)」에는 "新安陳氏曰 : '謂全不從不說者, 此等不足責.'"으로 되어 있다.

315) 송시열(宋時烈), 『송자대전(宋子大全)』 권94, 「서(書) 답이동보(答李同甫)」. "別紙 : 論語法語章小註, 來示所疑, 正符鄙見矣. 其元註之意, 蓋自不從不說, 至改且繹, 只一串說. 而只以下文, 還釋上文之意, 至其後段從且悅, 而終不改繹, 然後, 始搏換其文勢, 以反前段之意矣. 元註之意, 分明如此, 而陳氏之說, 則有所不然者矣. 從前以此語人, 則人以古書之故, 無有見信者, 今吾友

우암(尤菴 : 宋時烈)이 말하였다. “이어(俚語 : 諺文. 한글)로 어구(語句)를 끊는다면 마땅히 ‘니’로 현토(懸吐)해야 한다.”

朱註

其或喩焉, 則尚庶幾其能改繹矣. 從且說矣, 而不改繹焉, 則是終不改繹也已, 雖聖人, 其如之何哉?”

그 간혹 깨우친다면 오히려 거의 허물을 고치고 실마리를 찾을 수 있을 것이다. 법도(法道)에 맞게 하는 말을 따르고 또 공순(恭順)하게 하는 말을 기뻐하면서도 허물을 고치고 실마리를 찾지 않는다면, 이는 끝내 허물을 고치고 실마리를 찾지 못할 뿐이니, 비록 성인이라 하더라도 그를 어찌할 수 있겠는가?”

詳說

○ 從說.

‘혹유(或喩 : 간혹 깨우침)’는 법도(法道)에 맞게 하는 말을 따르고, 공순(恭順)하게 하는 말을 기뻐한 것이다.

看破如此. 竊仰致精之功, 而自幸淺見之不謬也.” 이에 이어서 덧붙인 가운데 다음과 같은 내용이 있다. “元註 : 以俚語句之, 則當曰可也尼(니), 改且繹矣於尼臥(어니와).” 이는 “猶之可也”에 언문 현토를 “오히려 괜찮으니”로 하고, 또 “其或喩焉, 則尚庶幾其能改繹矣.”에 언문 현토를 “그 간혹 깨우친다면 오히려 거의 허물을 고치고 실마리를 찾을 수 있을 거니와”로 해야 한다는 말이다.

[9-24-1]

子曰 : "主忠 · 信; 毋友不如己者; 過則勿憚改."
공자가 말하였다. "충(忠)과 신(信)으로 주장하며, 나만 같지 못한 사람을 벗하지 말 것이고, 허물이 있거든 고치기를 꺼려하지 말아야 하는 것이다."

朱註

重出, 而逸其半.

거듭해서 나왔는데, 그 절반이 없다.

詳說

○ 平聲.316)

'중(重)'자는 평성(平聲 : 거듭)이다.

○ 華陽范氏曰 : "所常言也."317)

화양 범씨(華陽范氏 : 范祖禹)가 말하였다. "공자(孔子)가 항상 말하는 것이다."

○ 上一半.318)

'일기반(逸其半 : 그 절반이 없다)'은 위의 절반이다.

○ 新安陳氏曰 : "弟子各記所聞, 有詳有略."319)

신안 진씨(新安陳氏 : 陳櫟)가 말하였다. "제자들이 각기 들은 사안을 기록함에 상세한 것도 있고 소략한 것도 있다."

○ 無訓釋.

훈고와 경문의 풀이는 없다.

---

316) 호광 편(胡廣 編), 『논어집주대전(論語集註大全)』「자한(子罕)」.

317) 주희, 『논어정의(論語精義)』 권5 상에는 "范曰 : '此夫子所常言也. 弟子各以所聞記之. 故又見於此.'"로 되어 있다.

318) 『논어(論語)』「학이(學而)」. "子曰 : '君子不重則不威, 學則不固. 主忠信; 無友不如己者; 過則勿憚改.'"

319) 호광 편(胡廣 編), 『논어집주대전(論語集註大全)』「자한(子罕)」.

[9-25-1]

子曰 : "三軍, 可奪帥也; 匹夫, 不可奪志也."
공자가 말하였다. "삼군(三軍)은 가히 장수(將帥)를 빼앗겠거니와, 필부(匹夫)는 가히 뜻을 빼앗지 못하는 것이다."

詳說

○ 猶曰"可奪三軍之帥也, 不可奪匹夫之志也."
"삼군(三軍 : 많은 군사)의 장수(將帥)는 빼앗을 수 있지만, 필부(匹夫 : 한 사내)의 뜻은 빼앗을 수 없다."라는 것과 같다.

朱註

侯氏曰 : "三軍之勇, 在人; 匹夫之志, 在己.
후씨(侯氏 : 侯仲良)가 말하였다. "삼군(三軍 : 많은 군사)의 용기는 남에게 달려 있고, 필부(匹夫 : 한 사내)의 뜻은 자기에게 달려 있다.

詳說

○ 主帥而言'人', '人'即三軍也
장수(將帥)를 중심으로 하여 '남'을 말하였으니, '남'은 곧 삼군(三軍)이다.

○ 南軒張氏曰 : "'志'者, 中有所主也."320)
남헌 장씨(南軒張氏 : 張栻)가 말하였다. "'지(志)'라는 것은 마음속에 주장함이 있음이다."

朱註

故帥可奪, 而志不可奪,
그러므로 장수(將帥)는 빼앗을 수 있으나 필부의 뜻은 빼앗을 수 없으니,

---

320) 호광 편(胡廣 編), 『논어집주대전(論語集註大全)』「자한(子罕)」에는 "南軒張氏曰 : '志者, 中有所主也. 三軍雖衆, 其帥可奪者, 資諸人故也; 匹夫雖微, 其志則不可奪者, 存諸己故也. 夫使志而可奪, 則不得謂之志矣. ……'"라고 하였다.

詳說

○ 有釋無訓.

경문의 풀이는 있으나 훈고는 없다.

○ 此下, 又申論'志'一義, 以歸重於本文主意.

이 아래에서 또 '지(志)'의 제일의 뜻을 거듭 말하고 경문의 주요 의미를 중시하며 좇았다.

朱註

> 如可奪, 則亦不足謂之志矣.
> 만일 빼앗을 수 있다면 또한 뜻이라고 충분히 이를 수 없는 것이다.

詳說

○ 反說以難其事.

반대로 말하여 그 일을 어렵게 여겼다.

○ 洪氏曰 : "志氣之帥. 故以爲喩."[321]

홍씨(洪氏 : 洪興祖)[322]가 말하였다. "뜻과 기개(氣概)의 장수이다. 그러므로 비유로 삼았다."

---

321) 호광 편(胡廣 編), 『논어집주대전(論語集註大全)』「자한(子罕)」에는 "洪氏曰 : '志氣之帥也. 故以爲喩.'"로 되어 있다.

322) 홍흥조(洪興祖 : 1090~1155) : 송나라 때의 학자로, 자가 경선(慶善)이고, 호가 연당(練塘)이며, 단양(丹陽) 사람이다. 젊어서 『예기』와 『중용(中庸)』을 정독하여 이학(理學)의 방도를 깊이 깨달았다. 저서로는 『논어설(論語說)』·『초사보주(楚辭補注)』·『초사고이(楚辭考異)』 등이 있다.

[9-26-1]

子曰：“衣敝縕袍，與衣狐貉者，立而不恥者，其由也與.”
공자가 말하였다. “해진 솜옷을 입고서 여우와 담비의 털옷을 입는 사람과 더불어 섰으되 부끄러워 않을 사람은 그 유(由：子路)이리라.”

朱註

‘衣’，去聲；‘縕’，紆粉反. ‘貉’，胡却反. ‘與’，平聲.

‘의폐온포(衣敝縕袍)’에서 ‘의(衣)’자는 거성(去聲：입다)이고, ‘온(縕)’은 ‘우(紆)’와 ‘분(紛)’의 반절(反切)이다. ‘여의호학자(與衣狐貉者)’에서 ‘학(貉)’은 ‘호(胡)’와 ‘각(却)’의 반절(反切)이다. ‘기유야여(其由也與)’에서 ‘여(與)’자는 평성(平聲：어조사)이다.

詳說

○ 音旣在‘貉’下. 故不復言也, 與之‘與’.

‘여의호학자(與衣狐貉者)’에서 ‘여(與)’는 음의(音義)가 이미 ‘학(貊)’ 아래에까지 들어있다. 그러므로 다시 말하지 않은 것이니, 그와 더불어 함께한다는 ‘여(與)’이다.

朱註

‘敝’，壞也. ‘縕’，枲著也.

‘폐(敝)’는 훼괴(毁壞：훼손됨)됨이다. ‘온(縕)’은 모시 솜이다.

詳說

○ 想里反.[323]

‘시저야(枲著也)’에서 ‘시(枲)’는 ‘상(想)’과 ‘리(里)’의 반절(反切)이다.

○ 展呂反,[324] 下同.

‘시저야(枲著也)’에서 ‘저(著)’는 ‘전(展)’과 ‘려(呂)’의 반절(反切)이며, 아래도 같다.

○ 牡麻, 漚爲綿者.

모마(牡麻：枲麻)는 물에 담가서 솜을 만드는 것이다.

---

323) 호광 편(胡廣 編), 『논어집주대전(論語集註大全)』「자한(子罕)」.
324) 호광 편(胡廣 編), 『논어집주대전(論語集註大全)』「자한(子罕)」.

朱註

‘袍’, 衣有著者也, 蓋衣之賤者. ‘狐貉’, 以狐貉之皮爲裘, 衣之貴者.

‘포(袍)’는 옷에 솜이 들어 있는 것이니, 대개 옷의 천한 것이다. ‘호학(狐貉)’은 여우와 담비의 가죽으로써 갖옷을 만든 것이니, 옷의 귀한 것이다.

詳說

○ 『禮記』「玉藻」曰 : “‘縕’爲袍.”325)

『에기』「옥조(玉藻)」에서 말하였다. “‘온(縕)’은 헌 솜옷이다.”

○ 朱子曰 : “‘袍’, 謂夾衣, 有綿在胎底.”326)

주자(朱子 : 朱熹)가 말하였다. “‘포(袍)’는 겹옷을 이르니, 솜이 옷의 속 바닥에 들어 있는 것이다.”

○ 與‘狐貉’對言. 故知其爲賤. 且無明文, 如褐寬博. 故言‘蓋’.

‘호학(狐貉 : 여우와 담비)’과 더불어 상대하여 말하였다. 그러므로 그 천함이 됨을 알 수 있는 것이다. 또 분명한 글이 없음이 마치 갈관박(褐寬博 : 거친 베로 헐렁하게 만든 추레한 옷)과 같다. 그러므로 ‘개(蓋)’를 말한 것이다.

○ 衣旣賤而又敝.

옷이 이미 천하고 또 낡았다.

○ 諺音誤.

‘학(貉)’은 『언해(諺解)』의 음(音)이 잘못되었다.327)

○ 訓畢.

훈고가 끝났다.

---

325) 호광 편(胡廣 編), 『논어집주대전(論語集註大全)』「자한(子罕)」 가운데 물헌 웅씨(勿軒熊氏 : 熊禾)가 언급한 내용에도 들어있다. “‘縕, 枲著’, 出『記』「玉藻」, 云 : ‘纊爲繭; 縕爲袍.’ ……”

326) 『주자어류(朱子語類)』 권37, 「논어19(論語十九)」, 4조목에는 “‘衣敝縕袍’, 是裏面夾衣, 有綿作胎底.(‘낡은 솜옷을 입다’라는 것은 안에 옷을 껴입는 것인데 솜으로 안감을 만든 것이다.)”라고 하였다.

327) ‘학(貉)’은 『언해(諺解)』의 음(音)이 잘못되었다 : 『논어언해』「자한(子罕)」에서 ‘貉’자의 음을 ‘락’이라고 하였는데, 이를 잘못되었다고 한 것이다.

朱註

子路之志, 如此,

자로(子路)의 뜻이 이와 같았으니,

詳說

○ 有其志, 必能爲其事, 此'志'字, 蓋從「車馬章」'志'字來.

그 뜻이 있으면 반드시 그 일을 잘 할 수 있으니, 이 '지(志)'자는 대개 '거마장(車馬章)'의 '지(志)'자로부터 온 것이다.[328]

○ 省文釋畢.

글을 생략하며 경문의 풀이를 끝냈다.

○ 此下, 論其言外之意.

이 아래에서는 그 말 밖의 뜻을 논의하였다.

朱註

則能不以貧富動其心, 而可以進於道矣. 故夫子稱之.

가난함과 부유함으로써 그 마음이 잘 움직이지 않아서 가히 도(道)에 나아갈 수 있었던 것이다. 그러므로 공자가 칭찬한 것이다.

詳說

○ 厚齋馮氏曰: "其立志之初也."[329]

후재 풍씨(厚齋馮氏 : 馮椅)가 말하였다. "그 뜻을 세운 맨 처음이다."

328) 이 '지(志)'자는 대개 '거마장(車馬章)'의 '지(志)'자로부터 온 것이다 : 이 장의 자로(子路)의 '지(志)'는 이미 앞의 '거마장(車馬章)'의 '지(志)'에서 온 것이라고 보았다. 전문은 다음과 같다. 『논어(論語)』「공야장(公冶長)」. "顔淵·季路侍, 子曰: '盍各言爾志?' 子路曰: '願車馬, 衣輕裘, 與朋友共, 敝之而無憾.' 顔淵曰: '願無伐善, 無施勞.' 子路曰: '願聞子之志.' 子曰: '老者安之; 朋友信之; 少者懷之'."

329) 호광 편(胡廣 編), 『논어집주대전(論語集註大全)』「자한(子罕)」에는 "厚齋馮氏曰: '與美衣服者, 竝立而此心不動, 其志足以帥氣而不可奪矣. 烏得不與之, 然特其立志之初也.'"로 되어 있다.

[9-26-2]

不忮不忕[330], 何用不臧?
해치지 않으며, 탐내지 않으면 어찌 착하지 않겠는가?

朱註

忮之豉反.'忮', 害也. '求', 貪也. '臧', 善也.
'불기불출(不忮不忕)'에서 '기(忮)'는 '지(之)'와 '시(豉)'의 반절(反切)이다. '기(忮)'는 해침이다. '구(求)'는 탐함이다. '장(臧)'은 착함이다.

詳說

○ 諺音誤.
'기(忮)'는 『언해(諺解)』의 음이 잘못되었다.[331]

○ 訓畢.
훈고가 끝났다.

朱註

言'能不忮不求, 則何爲不善乎?'
'능히 해치지 않으며 탐내지 않는데 곧 어찌 착하지 않음이 되겠는가?'라고 말한 것이다.

詳說

○ 釋畢.
경문의 풀이가 끝났다.

330) 호광 편(胡廣 編), 『논어집주대전(論語集註大全)』「자한(子罕)」에는 '求'로 표기되어 있다.
331) '기(忮)'는 언해(諺解)의 음이 잘못되었다 : 『논어언해』「자한(子罕)」에서 '忮'자는 '기'라고 되어 있는데, 호광 편(胡廣 編), 『논어집주대전(論語集註大全)』「자한(子罕)」의 내용에 의거하면 '지'이다. '忮'는 『당운(唐韻)』·『운회(韻會)』·『정운(正韻)』 등에서 "支義切, 音寘."라 하고, 『집운(集韻)』에서는 "奇寄切, 音芰." 또는 "居企切, 音馶. 又遣尒切, 音企. 又章移切, 音支."라 하였으며, 『광운(廣韻)』에서도 "支義切."라고 하였다.

朱註

此「衛風 · 雄雉」之詩, 孔子引之, 以美子路也.

이는 「위풍(衛風) · 웅치(雄雉)」의 시인데,332) 공자가 끌어다가 자로(子路)를 아름답게 말한 것이다.

詳說

○ 此, 補本文未足之語.

이는 경문의 충분하지 못한 부분을 보충한 말이다.

朱註

呂氏曰 : "貧與富交, 彊者必忮, 弱者必求.

여씨(呂氏 : 呂大臨)333)가 말하였다. "가난함과 부유함이 서로 사귀면 강한 사람은 반드시 해치고, 약한 사람은 반드시 탐한다.

詳說

○ 幷上節而言.

위의 구절을 아울러서 말한 것이다.

○ 朱子曰 : "不妒嫉他, 便羡慕他."334)

주자(朱子 : 朱熹)가 말하였다. "그를 질투(嫉妬)하지 않으며, 곧 그를 부러워하고 그리워해야 한다."

---

332) 이는 「위풍(衛風) · 웅치(雄雉)」의 시인데 : 『시경(詩經)』「위풍 · 웅치」의 시라고 하였으나, 잘못 말한 것이다. 실제는 「패풍(邶風) · 웅치(雄雉)」의 시구로, "百爾君子, 不知德行? 不忮不求, 何用不臧?"라고 하였다.

333) 여대림(呂大臨 : 1040~1092) : 송나라 때 학자로, 자가 여숙(與叔)이고, 호가 운각(芸閣)이며, 경조 남전(京兆藍田) 사람이다. 장재(張載)에게 학문을 배웠으며, 특히 금석학(金石學)에 조예가 있었다. 저서로는 『예기해』 · 『대학해』 · 『여씨가례』 · 『역장구(易章句)』 · 『대학설』 · 『예기전』 · 『논어해』 · 『맹자강의』 등이 있다.

334) 호광 편(胡廣 編), 『논어집주대전(論語集註大全)』「자한(子罕)」에는 "朱子曰 : '李閎祖云 : 忮是疾人之有; 求是恥己之無, 推明得呂氏說好.' 問 : '彊必忮, 弱必求.' 曰 : '世人見富貴底, 不是心裏妬嫉他, 便羡慕他.'"라 하였고, 『주자어류(朱子語類)』 권37, 「논어19(論語十九)」, 8조목에는 "世間人見富貴底, 不是心裏妒嫉他, 便羡慕他, 只是這般見識爾!(세상 사람들이 부귀함을 보는 것은 마음속으로 그를 질투하는 것은 아니지만, 그것을 부러워하고 사모한다면 이와 같은 견해가 있을 것이다.)"라고 되어 있다.

○ 慶源輔氏曰："皆爲外物之所累者也."335)

경원 보씨(慶源輔氏 : 輔廣)가 말하였다. "모두 외물에 묶인 결과가 된 것이다."

[9-26-3]

子路終身誦之, 子曰："是道也, 何足以臧?"

자로가 몸을 마치도록 외우려 하자, 공자가 말하였다. "이 방도가 어찌 족히 착하겠는가?"

朱註

終身誦之, 則自喜其能, 而不復求進於道矣.

몸을 마치도록 외우면 그 능히 해냄을 스스로 즐거워하면서 다시 도에 나아감을 추구하지 않는 것이다.

詳說

○ 去聲, 下同.336)

'이불부구진어도의(而不復求進於道矣)'에서 '부(復)'자는 거성(去聲 : 다시)이며, 아래도 같다.

○ 與上『註』照應.

위의 『논어집주(論語集註)』와 더불어 조응(照應)해야 한다.

○ 蓋子路見夫子以詩美己, 因言'願終身誦此詩', 如南容之'白圭'也. 夫以己所口能之事, 而又終身從事, 是無求進之意也.

대개 자로는 공자가 시구로써 자기를 아름답게 말하는 것을 보고 나서 '원컨대 몸을 마치도록 이 시를 외우겠다.'라고 말하였으니, 마치 남용(南容 : 南宮适)의

---

335) 호광 편(胡廣 編), 『논어집주대전(論語集註大全)』「자한(子罕)」에는 "慶源輔氏曰 : '忮者嫉人之有而欲害之也; 求者恥己之無而欲取之也. 是皆爲外物之所累者也, 能於外物一無所累焉, 則何往而不善哉?'"로 되어 있다.

336) 호광 편(胡廣 編), 『논어집주대전(論語集註大全)』「자한(子罕)」에는 "復, 扶又反, 下同."이라고 하였다.

'백규(白圭)'[337]와 같은 것이다. 대저 자기가 입으로 능히 하는 일로써 또 몸을 마치도록 하게 되니, 이는 나아감을 추구하는 뜻이 없는 것이다.

朱註

故夫子復言此, 以警之.

그러므로 공자가 다시 이것을 말하여 자로(子路)를 경계시킨 것이다.

詳說

○ 新安陳氏曰: "'是道', 謂'不忮不求'之事. '何足以臧', 承'何用不臧之語而反之.[338] 本可進於道, 今不復求進, 夫子所以一揚之一抑之."[339]

신안 진씨(新安陳氏 : 陳櫟)가 말하였다. "'시도(是道 : 이 방도)'는 '불기불구(不忮不求 : 해치지 않으며, 탐내지 않다)'의 일을 이른다. '하족이장(何足以臧 : 어찌 족히 착하겠는가?)'[340]은 '하용부장(何用不臧 : 어찌 착하지 않겠는가?)'[341]의 말을 이어서 반대로 말한 것이다. 본래는 가히 도에 나아갈 수 있는데도 지금 다시 나아감을 추구하지 않으니, 공자가 그래서 한번 찬양하고 한번 억누른 것이다."

○ 以其事, 則固善矣, 以其道, 則又何足善乎?

그 일로써 한다면 진실로 착한 것이고, 그 방도로써 한다면 또 어떻게 충분히 착하겠는가?

○ 有釋無訓.

경문의 풀이는 있으나 훈고는 없다.

---

337) 남용(南容 : 南宮适)의 '백규(白圭)' : 남용(南容 : 南宮适)은 공자의 제자로서, 일찍이 '백규(白圭)'를 반복하여 암송하였는데, 공자가 자기 형의 딸을 그에게 시집보냈다는 내용이다. 『논어(論語)』「선진(先進)」. "南容三復「白圭」, 孔子以其兄之子, 妻之." 『시경(詩經)』「대아(大雅) 억(抑)」. "白圭之玷, 尚可磨也. 斯言之玷, 不可爲也."

338) 호광 편(胡廣 編), 『논어집주대전(論語集註大全)』「자한(子罕)」에는 "新安陳氏曰: '是道, 謂不忮不求之事, 何足以臧, 承何用不臧之語而反之.'"로 되어 있다.

339) 호광 편(胡廣 編), 『논어집주대전(論語集註大全)』「자한(子罕)」에는 "新安陳氏曰: '子路能如此, 未可進於道, 今誦所引詩而自喜其能, 則不復求進於道矣. 夫子所以一揚之一抑之也.'"로 되어 있다.

340) 하족이장(何足以臧 : 어찌 족히 착하겠는가?) : 위 본문에서 공자가 말한 "是道也, 何足以臧?"을 가리킨다.

341) 하용부장(何用不臧 : 어찌 착하지 않겠는가?) : 위 본문에서 공자가 말한 "不忮不求, 何用不臧?"을 가리킨다.

朱註

○ 謝氏曰："恥惡衣惡食, 學者之大病, 善心不存, 蓋由於此. 子路之志, 如此, 其過人遠矣. 然以衆人而能此, 則可以爲善矣.

사씨(謝氏 : 謝良佐)가 말하였다. "나쁜 옷과 나쁜 음식을 부끄러워함은 배우는 사람들의 큰 병폐이니, 착한 마음이 보존되지 못함은 대개 이에 말미암는 것이다. 자로(子路)의 뜻이 이와 같았는데, 남을 초월함이 컸다. 그러나 많은 사람들이 이를 잘 한다면 가히 착하다고 할 수 있는 것이다.

詳說

○ 見「里仁」.

'치악의악식(恥惡衣惡食 : 나쁜 옷과 나쁜 음식을 부끄러워함)'은 「이인(里仁)」에 보인다.[342]

○ 指不忮求.

'능차(能此 : 능히 한다)'는 해치지도 탐내지도 않음을 가리킨다.

○ 雖衆人旣能此, 則復求進, 可也; 是則離乎衆人, 而可希賢矣. 雖子路之賢, 能爲此事, 亦己善. 故夫子始以'何用不臧'與之. 謝氏此二句, 恐合更商.

비록 많은 사람들이 이미 이것에 능하더라도 곧 다시 나아감을 추구함이 옳으니, 이는 곧 많은 사람들을 떠나서 현명함을 바랄 수 있는 것이다. 비록 자로(子路)의 현명함이라도 능히 이 일을 할 수 있어야 또한 자기가 착해지는 것이다. 그러므로 공자가 비로소 '하용부장(何用不臧 : 어찌 착하지 않겠는가?)'으로써 허여한 것이다. 사씨(謝氏 : 謝良佐)의 이 두 구절[343]은 아마도 다시 생각해 봄이 합당할 것이다.

朱註

子路之賢, 宜不止此, 而終身誦之, 則非所以進於日新也. 故激而進之.

자로(子路)의 현명함은 마땅히 여기서 그쳐서는 안 되는데, 몸을 마치도록 외우기만 한다면 날로 새로워짐에 나아감이 아니다. 그러므로 격려하여 나아가도록 한 것이다.

---

342) '치악의악식(恥惡衣惡食 : 나쁜 옷과 나쁜 음식을 부끄러워함)'은 「이인(里仁)」에 보인다 : 『논어(論語)』「이인(里仁)」. "子曰 : '士志於道, 而恥惡衣惡食者, 未足與議也.'"

343) 사씨(謝氏 : 謝良佐)의 이 두 구절 : 두 구절은 "然以衆人而能此, 則可以爲善矣."이다.

詳說

◯ 潛室陳氏曰 : "子路, 於名利關大, 界限分明, 處己見得破. 但工夫粗疎, 未入聖賢閫室, 所以聖人常抑其所已能, 進其所未能."[344]

잠실 진씨(潛室陳氏 : 陳埴)[345]가 말하였다. "자로(子路)가 명리(名利)에 관심이 커도 경계가 분명하여 처신함에 훌쩍 벗어남을 보였다. 다만 공부가 거칠고 소략하여 성현의 문지방이나 방안에 들어가지 못하였으니, 그래서 성인이 항상 이미 잘하는 일은 억누르고 그 아직 잘 하지 못하는 일을 나아가게 한 것이다."

344) 호광 편(胡廣 編), 『논어집주대전(論語集註大全)』「자한(子罕)」에는 "潛室陳氏曰 : '子路好勇, 必無忮求, 自足於此而道之. 故孔子因其無日新之功而進焉.' 又曰 : '子路, 於世間名利關大, 界限分明, 處己見得破. 但其工夫粗疎, 未入聖賢閫室, 所以聖人常欲抑其所已能, 進其所未能.'"하였고, 진식(陳埴), 『목종집(木鍾集)』에서도 확인할 수 있다.

345) 진식(陳埴, 생몰년 미상) : 송나라 때 학자로, 자가 기지(器之)이고, 영가(永嘉) 출신이다. 주자의 제자로서 협미도(叶味道)와 함께 목종학파(木鍾學派)를 만들었는데, 이는 『예기』「학기(學記)」의 "질문을 잘하는 사람은 굳은 나무를 다스리는 것과 같으며, 질문에 잘 대하는 사람은 종을 치는 것과 같다.(善問者, 如攻堅木; 善待問者, 如撞鍾.)"라고 말에서 취하였다. 저서로는 정주(程朱) 이학(理學) 사상에 관한 문답 형식의 내용을 실은 『목종집(木鍾集)』 등이 있다.

[9-27-1]

子曰："歲寒然後, 知松栢之後彫也."
공자가 말하였다. "한 해 날씨가 추워진 뒤에 소나무와 잣나무가 맨 뒤에 시듦을 아는 것이다."

朱註

'彫'字, 當作'凋'.346)
'지송백지후조야(知松栢之後彫也)'에서 '조(彫)'자는 마땅히 '조(凋)'로 써야 한다.

詳說

○ 厚齋馮氏曰："'後凋', 後於衆木之凋."347)
후재 풍씨(厚齋馮氏 : 馮椅)가 말하였다. "'후조(後凋 : 맨 뒤에 시듦)'는 여러 나무의 시듦보다 뒤에 하는 것이다."

○ 雙峰饒氏曰："至春後, 方易葉. 故曰'後凋'."348)
쌍봉 요씨(雙峰饒氏 : 饒魯)가 말하였다. "봄에 이른 뒤에 바야흐로 잎이 바뀐다. 그러므로 '후조(後凋 : 맨 뒤에 시듦)'라고 한 것이다."

○ 二說皆通.
두 가지 말이 모두 통한다.

朱註

范氏曰："小人之在治世, 或與君子無異,
범씨(范氏 : 范祖禹)가 말하였다. "소인이 잘 다스려지는 세상에서는 혹시나 군자와 다름이 없으나,

---

346) 호광 편(胡廣 編), 『논어집주대전(論語集註大全)』「자한(子罕)」.

347) 호광 편(胡廣 編), 『논어집주대전(論語集註大全)』「자한(子罕)」에는 "厚齋馮氏曰 : '歲寒, 今之建丑月也, 木葉無不凋, 而是時松栢, 獨不凋, 則知後於衆木之凋也.'"로 되어 있다.

348) 호광 편(胡廣 編), 『논어집주대전(論語集註大全)』「자한(子罕)」에는 "雙峰饒氏曰 : '松栢, 至春後, 方易葉. 故曰「後凋」. 必有松栢之操然後, 能不爲歲寒所變, 以比必有君子之德然後, 能不爲利害事變所移. 臨利害遇事變, 是兩件, 士窮見節義, 以利害言; 世亂識忠臣, 以事變言.'"으로 되어 있다.

詳說

○ 去聲.[349]

'소인지재치세(小人之在治世)'에서 '치(治)'자는 거성(去聲 : 다스려지다)이다.

○ '或'字, 有斟酌

'혹여군자무이(或與君子無異)'에서 '혹(或)'자는 짐작함이 있는 것이다.

○ 胡氏曰 : "猶春夏萬物青葱, 雖有堅脆之不齊, 未可辨也."[350]

호씨(胡氏 : 胡泳)가 말하였다. "봄과 여름에 만물이 푸릇푸릇하여 비록 굳고 무름의 같지 않음이 있으나 분별할 수 없음과 같다."

朱註

惟臨利害遇事變然後, 君子之所守, 可見也.

오직 이로움과 해로움에 닥치고 일의 변고(變故)를 만난 뒤라야 군자가 지키는 것을 볼 수 있다.

詳說

○ 胡氏曰 : "猶重陰沍寒, 松栢獨蒼然不變."[351]

호씨(胡氏 : 胡泳)가 말하였다. "음산한 날씨와 추위에도 소나무와 잣나무가 푸르러 변하지 않음과 같다."

○ 新安陳氏曰 : "託物以比君子."[352]

신안 진씨(新安陳氏 : 陳櫟)가 말하였다. "사물에 의탁하여 군자를 비유하였다."

---

349) 호광 편(胡廣 編), 『논어집주대전(論語集註大全)』「자한(子罕)」.

350) 호광 편(胡廣 編), 『논어집주대전(論語集註大全)』「자한(子罕)」에는 "胡氏曰 : '小人在治世, 或與君子無異者, 猶春夏之交, 萬物青葱, 雖有堅脆之不齊, 然未可辨也. ……'"라고 하였다.

351) 호광 편(胡廣 編), 『논어집주대전(論語集註大全)』「자한(子罕)」에는 "胡氏曰 : '…… 及事變之來, 小人則隨時變遷; 君子則所守不易, 非死生禍福, 可得而移, 亦猶重陰沍寒, 生意憔悴, 而松栢獨蒼然不變.'"으로 되어 있다.

352) 호광 편(胡廣 編), 『논어집주대전(論語集註大全)』「자한(子罕)」에는 "新安陳氏曰 : '松栢在春夏無異, 衆木必經歲寒, 方見其後衆木而凋零, 以比君子在平時無異衆人, 必經事變, 方見其異衆人而特立. 後凋, 雖待歲寒而後可見, 松栢之有心, 則貫四時而有常, 托物以比君子, 其意深矣. 此章, 如詩六義之比.'"로 되어 있다.

○ 無訓釋.

훈고와 경문의 풀이가 없다.

○ 只論其言外之正意.

다만 그 말 밖의 진정한 뜻을 논의하였다.

朱註

謝氏曰:"士窮, 見節義; 世亂, 識忠臣, 欲學者, 必周于德.

사씨(謝氏:謝良佐)가 말하였다. "선비가 궁함에 절의를 볼 수 있고, 세상이 어지러움에 충신을 알 수 있으니, 배우는 사람이 반드시 덕을 두루 갖추도록 하였다.

詳說

○ 新安陳氏曰:"士窮乃見節義, 韓退之語[353]; 疾風知勁草, 「板」·「蕩」識誠臣, 唐太宗語[354]. 孟子曰:'周于德者, 邪世不能亂'."[355]

신안 진씨(新安陳氏:陳櫟)가 말하였다. "'선비가 궁하면 이에 절의를 볼 수 있다'는 것은 한퇴지(韓退之:韓愈)[356]의 말이며, '몹시 거센 바람에 굳건한 풀을 알 수 있고, 나라가 혼란함에 충성된 신하를 알 수 있다'는 것은 당나라 태종(太宗)의 말이다. 맹자(孟子)가 말하였다. '덕을 두루 갖춘 사람은 사특한 세상이라도 어지럽힐 수가 없다.'"

○『孟子』「盡心」.

『맹자(孟子)』「진심(盡心)」이다.[357]

○ 范說, 專言一事. 故爲正意. 謝說, 列言數事. 故爲節意. 雖然託物之比, 何推不去,

353) 왕백대(王伯大), 『별본한문고이(別本韓文考異)』 권32, 「유자후묘지명(柳子厚墓誌銘)」.

354) 유구(劉昫), 『구당서(舊唐書)』 권63, 「열전(列傳)제13 소우(蕭瑀)」. "因賜瑀詩曰:'疾風知勁草, 板蕩識誠臣'." 이저(李樗)·황춘(黃櫄), 『모시집해(毛詩集解)』 권6. "唐太宗賜蕭瑀曰:'疾風知勁草, 板蕩識忠臣, 吾亦於衛國淫風, 而深歎共姜守義之志也."

355) 호광 편(胡廣 編), 『논어집주대전(論語集註大全)』「자한(子罕)」에는 "新安陳氏曰:'士窮乃見節義, 韓退之語; 疾風知勁草, 板蕩識忠臣, 唐太宗語. 孟子曰:'周于德者, 邪世不能亂.'"으로 되어 있다.

356) 한유(韓愈:768~824):자가 퇴지(退之)이고, 하남하양(河南河陽) 사람이다. 고문운동(古文運動)을 창도하여 당송팔대가(唐宋八大家)로 칭송되었으며, 세상 사람들이 한창려(韓昌黎) 또는 창려선생(昌黎先生)이라고 불렀다.

357) 『맹자(孟子)』「진심(盡心)」이다:『맹자(孟子)』「진심하(盡心下)」에서 "孟子曰:'周于利者, 凶年不能殺; 周于德者, 邪世不能亂.'"이라고 하였다.

亦何引不伸乎. 惟在讀者, 以意求之耳.

범씨(范氏 : 范祖禹)의 설명은 오로지 한 가지의 일을 말하였다. 그러므로 진정한 뜻이 되었다. 사씨(謝氏 : 謝良佐)의 설명은 여러 가지 일을 열거하며 말하였다. 그러므로 조절된 뜻이 되었다. 비록 그러하나 사물에 의탁한 비유는 어떻게 밀든 가지 못하고, 또한 어떻게 끌든 펴지 못하는 것이로다. 오직 읽는 사람에게 달려 있어서 뜻으로써 구해야 할 뿐이다.

○ 此條末一句, 又言外之言外意也.

이 조항 끝의 한 구절은 또 말 밖에 있는 말 밖의 뜻이다.

[9-28-1]

> 子曰 : "知者不惑; 仁者不憂; 勇者不懼."
> 공자가 말하였다. "지혜로운 사람은 미혹되지 않고, 어진 사람은 근심하지 않고, 용감한 사람은 두려워하지 않는다."

朱註

'知', 去聲. 明足以燭理. 故不惑.

'지자불혹(知者不惑)'에서 '지(知)'자는 거성(去聲 : 지혜)이다. 명철함이 넉넉하여 이치를 밝힐 수 있다. 그러므로 미혹되지 않는 것이다.

詳說

○ 蒙本文而省'知者'二字, 下'仁者'·'勇者'同

본문을 이어받아서 '지자(知者)' 두 글자를 생략한 것이니, 아래의 '인자(仁者)'와 '용자(勇者)'도 같다.

朱註

理足以勝私. 故不憂. 氣足以配道義. 故不懼.

도리(道理)가 넉넉하여 사사(私事)를 이길 수 있다. 그러므로 근심하지 않는 것이다. 기개(氣槪)가 넉넉하여 도의(道義)에 짝할 수 있다. 그러므로 두려워하지 않는 것이다.

詳說

○ 見『孟子』「公孫丑」.[358]

'기족이배도의(氣足以配道義 : 기개(氣槪)가 넉넉하여 도의(道義)에 짝할 수 있다)'는

---

358) 『맹자(孟子)』「공손추상(公孫丑上)」에 "'敢問, 夫子惡乎長?' 曰 : '我知言, 我善養吾浩然之氣. …… 其爲氣也, 配義與道, 無是, 餒也.'"라고 말한 내용의 의거하는 것이다. 집주(集註)에 있는 "蓋惟知言, 則有以明夫道義, 而於天下之事, 無所疑; 養氣, 則有以配夫道義, 而於天下之事, 無所懼. 此其所以當大任而不動心也. …… 配者, 合而有助之意; 義者, 人心之裁制; 道者, 天理之自然; 餒, 飢乏而氣不充體也. 言人能養成此氣, 則其氣, 合乎道義而爲之助, 使其行之勇決, 無所疑憚. 若無此氣, 則其一時所爲, 雖未必不出於道義, 然其體, 有所不充, 則亦不免於疑懼, 而不足以有爲矣."라는 내용은 박문호(朴文鎬)의 상설에 보충이 된다.

『맹자(孟子)』「공손추(公孫丑)」에 보인다.

○ 有釋無訓.

경문의 풀이는 있으나 훈고는 없다.

○ 此下一句, 則言外之意也.

이 아래 한 구절은 곧 말 밖의 뜻이다.

朱註

> 此學之序也.
>
> 이는 배움의 차례이다.

詳說

○ 此句, 本伊川語.

이 구절은 본래 이천(伊川 : 程頤)의 말이다.

○ 程子曰 : "知以知之, 仁以守之, 勇以行之."[359]

정자(程子 : 程頤)가 말하였다. "지혜로써 알며, 어짊으로써 지키며, 용기로써 행하는 것이다."

○ 朱子曰 : "成德以仁爲先; 進學以知爲先. 『中庸』三者之序, 亦爲學者言." 何以勇皆在後? 曰 : "末後做工夫不退轉, 此方是勇."[360]

주자(朱子 : 朱熹)가 말하였다. "덕을 이룸에는 인(仁)으로써 함이 우선이 되며, 배움에 나아감에는 지혜로써 함이 우선이 된다. 『중용(中庸)』의 세 가지 차례[361]는 또한 배우는 사람을 위하여 말한 것이다." "어찌하여 용(勇)이 모두 맨 뒤에 있습니까?" 주자(朱子 : 朱熹)가 말하였다. "맨 뒤에 하는 공부는 물러서지 않는 것이다. 이것이 그야말로 용(勇)이다."

---

359) 주희, 『논어정의(論語精義)』 권5 상. "伊川曰 : '仁者不憂; 智者不惑; 勇者不懼, 德之序也. 智者不惑; 仁者不憂; 勇者不懼, 學之序也. 知以知之; 仁以守之; 勇以行之.'"

360) 호광 편(胡廣 編), 『논어집주대전(論語集註大全)』「자한(子罕)」에는 "朱子曰 : '成德以仁爲先; 進學以知爲先. 此誠而明, 明而誠也. 中庸三者之序, 亦爲學者言.' 問 : '何以勇皆序在後?' 曰 : '末後做工夫, 不退轉, 此方是勇.'이라 하였고, 『주자어류(朱子語類)』 권37, 「논어19(論語十九)」, 24조목에도 동일하게 실려 있다.

361) 『중용(中庸)』의 세 가지 차례 : 『중용(中庸)』에서 "子曰 : 好學近乎知; 力行近乎仁; 知恥近乎勇. 知斯三者, 則知所以修身; 知所以修身, 則知所以治人; 知所以治人, 則知所以治天下國家矣."라고 하였다.

○ **慶源輔氏曰："學之序，不惑而後不憂，不憂而後不懼；德之序，不憂則自然不惑，不惑則自然不懼."**[362]

경원 보씨(慶源輔氏 : 輔廣)가 말하였다. "배움의 차례는 미혹되지 않은 뒤에 근심하지 않으며, 근심하지 않은 뒤에 두려워하지 않는다. 덕의 차례는 근심하지 않으면 자연스럽게 미혹되지 않으며, 미혹되지 않으면 자연스럽게 두려워하지 않는다."

○ **先言'仁者'者，見「憲問」，可參考.**

먼저 '인자(仁者)'를 말한 것은 「헌문(憲問)」에 보이니,[363] 참고할 만하다.

---

362) 호광 편(胡廣 編), 『논어집주대전(論語集註大全)』「자한(子罕)」에는 "慶源輔氏曰 : '仁者知之體統. 故論德則以仁爲先; 知者仁之根柢. 故論學則以知爲首; 勇則仁知之發也. 未能仁知而勇, 則血氣之爲耳. 蓋學之序, 不惑而後不憂, 不憂而後不懼; 德之序, 不憂則自然不惑, 不惑則自然不懼.'"로 되어 있다.

363) 먼저 '인자(仁者)'를 말한 것은 「헌문(憲問)」에 보이니 : 『논어(論語)』「헌문(憲問)」에서 "子曰 : '君子道者三, 我無能焉. 仁者不憂; 知者不惑; 勇者不懼.'"라고 한 것을 말한다.

[9-29-1]

子曰 : "可與共學, 未可與適道; 可與適道, 未可與立; 可與立, 未可與權."
공자가 말하였다. "가히 함께 배울 수 있어도 가히 도(道)에 이를 수는 없으며, 가히 함께 도에 이를 수 있어도 가히 함께 설 수는 없으며, 가히 함께 설 수 있어도 가히 함께 저울질할 수는 없다."

朱註

'可與'者, 言其可與共爲此事也.
'가여(可與 : 가히 함께)'라는 것은 가히 함께 이 일을 하는 것을 말한다.

詳說

○ 汎指.
'차(此)'는 두루 가리키는 것이다.

○ 訓.
훈고이다.

朱註

程子曰 : "'可與共學', 知所以求之也; '可與適道', 知所往也; '可與立者', 篤志固執而不變也.
정자(程子 : 程頤)가 말하였다. "'가여공학(可與共學 : 가히 함께 배울 수 있다)'이라는 말은 구하는 것을 앎이며, '가여적도(可與適道 : 가히 함께 도에 이른다)'라는 말은 갈 곳을 앎이며, '가여입자(可與立者 : 가히 함께 선다)'라는 말은 뜻을 도탑게 하고 굳게 잡아서 변하지 않는 것이다.

詳說

○ 叔子.
'정자왈(程子曰)'에서 '정자(程子)'는 동생 정이(程頤)이다.

○ 釋.
경문의 풀이다.

朱註

'權', 稱錘也, 所以稱物而知輕重者也.

'권(權)'은 저울과 저울추이니, 물건을 저울질하여 가벼움과 무거움의 무게를 아는 것이다.[364]

詳說

○ 去聲, 下同.[365]

'칭추야(稱錘也)'에서 '칭(稱)'자는 거성(去聲 : 저울)이니, 아래도 같다.

○ 直追反.[366]

'칭추야(稱錘也)'에서 '추(錘)'는 '직(直)'과 '추(追)'의 반절(反切)이다.

○ 訓.

훈고이다.

朱註

'可與權', 謂能權輕重, 使合義也."

---

364) 『주자어류(朱子語類)』 권37, 「논어19(論語十九)」, 37조목에는 "숙중(叔重)이 물었다. '정자가 '권(權)'이란 저울추라는 뜻이다. 어떤 물건을 '권(權)'이라 하는가? 의리가 그것이다. 그러나 또한 의리를 말하기만 하면, 의리 이상의 것은 다시 말하기 어려우니, 사람에게서 어떠한지를 보아야 한다'라고 하였는데, 이 뜻은 어떻게 보아야 합니까?' 주희가 말하였다. '이것은 사람이 죄를 범하였다면, 성품이 강직(剛直)한 사람은 죽여야 된다고 생각할 것이고, 성품이 너그러운 사람은 용서할만하다고 생각할 것이니, 의미로 개괄한다면 모두 마땅함에 합치되는 것이 아니다. 이는 완전히 저울추와 말로 헤아리는 것이 정밀하고 자세함에 달렸으니, 그런 뒤에 친절함의 어긋나지 않는다. 저울추와 말로 헤아리는 것이 정밀하고 자세하게 하고자 한다면 그가 평소에 본원을 함양해야 하니, 이 마음이 허명(虛明: 가린 것 없이 텅 비고 밝음)하고 순일해야 자연스럽게 저울추와 말로 헤아리는 것이 정밀하고 자세하게 된다. 이천이 일찍이 '공경으로 안을 곧게 하면 의리로 밖을 방정하게 하며, 의로 바탕을 삼으면 예로 실천할 수 있다'고 하였다.'(叔重問: '程子云: '權'者, 言稱錘之義也. 何物以爲'權'? 義是也. 然也只是說到義. 義以上更難說, 在人自看如何.' 此意如何看?' 曰: '此如有人犯一罪, 性之剛者以爲可誅, 性之寬者以爲可恕, 槪之以義, 皆未是合宜. 此則全在權量之精審, 然後親審不差. 欲其權量精審, 是他平日涵養本原, 此心虛明純一, 自然權量精審. 伊川常云: '敬以直內, 則義以方外; 義以爲質, 則禮以行之.')"라고 하였다.

365) 호광 편(胡廣 編), 『논어집주대전(論語集註大全)』「자한(子罕)」.

366) 호광 편(胡廣 編), 『논어집주대전(論語集註大全)』「자한(子罕)」.

'가여권(可與權 : 가히 함께 저울질할 수 있다)'는 것은 가벼움과 무거움의 무게를 잘 저울질하여 올바름에 맞게 하는 것을 이른다."

詳說

○ 朱子曰 : "權遭事變而知其宜,[367] 是不得已而用之, 須是聖人方可與權. 顏子必不敢議此."[368]

주자(朱子 : 朱熹)가 말하였다. "권(權)은 일의 변고를 만나야 그 마땅함을 아는 것이다. 이는 부득이하여 사용하는 것이니, 모름지기 성인이라야 바야흐로 가히 함께 저울질할 수 있다. 안자(顏子 : 顏淵)는 반드시 이를 감히 의논하지 못하는 것이다."

○ 新安陳氏曰 : "'權'字之得名以此, 此推[369]原器物, 以論理也."[370]

신안 진씨(新安陳氏 : 陳櫟)가 말하였다. "'권(權)'자가 이름을 얻은 것은 이 저울 때문이니, 이 권(權)이라는 기물(器物)에 근원하여 이치를 말하였다."

○ 釋.

경문의 풀이이다.

朱註

楊氏曰 : "知爲己, 則可與共學矣; 學足以明善然後, 可與適道; 信道篤然後, 可與立; 知時措之宜然後, 可與權."

양씨(楊氏 : 楊時)가 말하였다. "자기를 위할 줄 알면 가히 함께 배울 수 있으며, 배움이 족히 선을 밝힌 뒤라야 가히 함께 도에 이를 수 있으며, 도를 믿음이 도타운 뒤라야 가히 함께 설 수 있으며, 때에 알맞게 사용하는 마땅한 처사를 안 뒤라야 가히 함께 저울질할 수 있다."

---

367) 호광 편(胡廣 編), 『논어집주대전(論語集註大全)』「자한(子罕)」에는 "朱子曰 : '可與共學, 有志於此; 可與適道, 已看見路脉; 可與立, 能有所立; 可與權, 遭事變而知其宜, 此只是大綱如此說'."로 되어 있다.

368) 『주자어류(朱子語類)』 권73, 32조목에는 "孔子曰 : '可與立, 未可與權', 亦是甚不得已, 方說此話. 然須是聖人, 方可與權. 若以顏子之賢, 恐也不敢議此. ……"로 되어 있다.

369) 推 : 호광 편(胡廣 編), 『논어집주대전(論語集註大全)』「자한(子罕)」에는 '權'으로 표기되어 있다.

370) 호광 편(胡廣 編), 『논어집주대전(論語集註大全)』「자한(子罕)」.

詳說

○ 去聲.[371]

'지위기(知爲己)'에서 '위(爲)'자는 거성(去聲 : 위하다)이다.

○ 四字出『中庸』.

'시조지의(時措之宜 : 때에 알맞게 사용하는 마땅한 처사)'의 네 글자는 『중용(中庸)』에 나온다.[372]

朱註

洪氏曰 : "『易』九卦, 終於'巽以行權', '權'者, 聖人之大用. 未能立而言'權', 猶人未能立而欲行, 鮮不仆矣."

홍씨(洪氏 : 洪興祖)가 말하였다. "『주역(周易)』 아홉 괘가 '손이행권(巽以行權 : 손괘(巽卦)는 권(權)을 행한다)'에서 끝나니, '권(權)'이라는 것은 성인의 크게 씀이다. 능히 설 수 없는데도 '권(權)'을 말한 것은 사람들이 가히 아직 잘 설 수 없는데도 가고자 하는 것과 같으니, 넘어지지 않는 사람이 드문 것이다."

詳說

○ 見「繫辭」.[373]

'손이행권(巽以行權 : 손괘(巽卦)는 권(權)을 행한다)'은 『주역(周易)』「계사」에 보인다.

○ 雲峰胡氏曰 : "洪氏說上文, 有曰'可與共學, 七十子是也; 可與適道, 游夏之徒是也; 可與立, 顔閔之徒是也; 權, 卽孔子是也'."[374]

---

371) 호광 편(胡廣 編), 『논어집주대전(論語集註大全)』「자한(子罕)」.

372) '시조지의(時措之宜 : 때에 알맞게 사용하는 마땅한 처사)'의 네 글자는 『중용(中庸)』에 나온다 : 『중용(中庸)』25장에서 "誠者, 非自成己而已也, 所以成物也. 成己, 仁也; 成物, 知也, 性之德也, 合內外之道也. 故時措之宜也."라고 하였다.

373) 호광 편(胡廣 編), 『논어집주대전(論語集註大全)』「자한(子罕)」에는 "『易』「繫辭」, 履以和行; 謙以制禮; 復以自知; 恒以一德; 損以遠害; 益以興利; 困以寡怨; 井以辨義; 巽以行權."라 하였고, 『주역(周易)』「계사전하(繫辭傳下)」에도 이 내용이 보인다.

374) 호광 편(胡廣 編), 『논어집주대전(論語集註大全)』「자한(子罕)」에는 "雲峯胡氏曰 : '洪氏之說, 上文有曰 : 可與共學, 七十子是也; 可與適道, 游夏之徒是也; 可與立, 顔閔之徒是也; 權, 卽孔子是也. 然則權者, 聖人之大用, 非如文王孔子而用權, 鮮有不差者矣.'"라고 하였고, 호병문(胡炳

운봉 호씨(雲峰胡氏 : 胡炳文)가 말하였다. "홍씨(洪氏 : 洪興祖)의 설명 윗글에 '가히 함께 배울 수 있음은 칠십 제자라는 것이 이것이며, 가히 함께 도에 이를 수 있음은 자유(子游)와 자하(子夏)의 무리라는 것이 이것이며, 가히 함께 설 수 있음은 안회(顏回)와 민자건(閔子騫)의 무리라는 것이 이것이며, 권(權)은 곧 공자라는 것이 이것이다.'라고 말한 것이 있다."

○ 上聲.[375]

'선불부의(鮮不仆矣)'에서 '선(鮮)'자는 상성(上聲 : 드물다)이다.

○ 音赴.[376]

'선불부의(鮮不仆矣)'에서 '부(仆)'자는 음이 부(赴)이다.

朱註

程子曰 : "漢儒, 以反經合道爲權. 故有'權變'·'權術'之論, 皆非也. 權, 只是經也, 自漢以下, 無人識'權'字."

정자(程子 : 程頤)가 말하였다. "한나라 유학자들은 상도(常道)를 뒤집어서 도리(道理)에 맞추는 것을 권(權)이라고 하였다. 그러므로 '권변(權變)'과 '권술(權術)'의 말이 있었는데 모두 옳은 것이 아니다. 권(權)은 다만 경(經 : 常道)일 뿐이거늘, 한(漢)나라부터 이후로 '권(權)'자를 아는 사람이 없었다."

詳說

○ 叔子.

'정자왈(程子曰)'에서 '정자(程子)'는 동생 정이(程頤)이다.

○ 程子曰 : "公羊唱之, 何休和之."[377]

정자(程子 : 程頤)가 말하였다. "공양(公羊 : 公羊高)[378]이 부르짖고, 하휴(何休)[379]

文), 『논어통(論語通)』 권5에서도 확인할 수 있다.

375) 호광 편(胡廣 編), 『논어집주대전(論語集註大全)』「자한(子罕)」.

376) 호광 편(胡廣 編), 『논어집주대전(論語集註大全)』「자한(子罕)」.

377) 호광 편(胡廣 編), 『논어집주대전(論語集註大全)』「자한(子罕)」에는 "程子曰 : '反經合道爲權, 公羊唱之; 何休和之. ……'"라고 하였다.

378) 공양고(公羊高) : 전국 시대 제(齊)나라 사람으로, 공양자(公羊子)라고 부르며, 『춘추공양전(春秋公羊傳)』을 지어 공양학(公羊學)의 기저를 마련한 인물이다.

379) 하휴(何休) : 한(漢)나라 학자로, 『춘추공양해고(春秋公羊解詁)』를 지어 『춘추(春秋)』의 은미

가 화답하였다."

○ 程子曰 : "'權', 只是經, 所不及者. 權量輕重, 使之合義."380)

정자(程子 : 程頤)가 말하였다. "'권(權)'은 다만 경(經)일 뿐이거늘 미치지 못한 것이다. 가벼움과 무거움의 무게를 저울질하여 달아서 의리(義理)에 맞게 한다."

朱註

愚按, 先儒誤, 以此章, 連下文'偏其反', 而爲一章.

내가 살펴보건대, 선대 유학자들이 착오하여 이 장을 아래 글 '편기반(偏其反 : 팔락팔락 번드치다)'에다 이어서 하나의 장으로 삼았다.

詳說

○ 句.

'이(而)'에서 구절이 끊어진다.

○ 朱子曰 : "獨范·蘇, 不如此."381)

주자(朱子 : 朱熹)가 말하였다. "오직 범씨(范氏)와 소씨(蘇氏)만 이와 같지 않았다."

朱註

故有'反經合道'之說, 程子非之, 是矣.

그러므로 '반경합도(反經合道 : 常道를 뒤집어서 道理에 맞추는 것)'의 말이 있게 되었으니,382) 정자(程子)가 옳지 않은 것이라고 한 말이 옳다.

한 말과 대의(大義)를 밝혔으며, 삼세설(三世說)을 크게 주장하고 참위설(讖緯說)을 잘 인용하는 학문적 경향을 보였다.

380) 호광 편(胡廣 編), 『논어집주대전(論語集註大全)』「자한(子罕)」에는 "程子曰 : '反經合道爲權, …… 何休註『公羊傳』, 其實未嘗反經, 古人多錯用權字. 才說權, 便是變詐, 不知權. 只是經, 所不及者. 權量輕重, 使之合義, 才合義, 便是權也.'"로 되어 있고, 『주자어류(朱子語類)』 권37, 「논어19(論語十九)」, 39조목에는 "이천이 '권도는 다만 경도이다'라고 하였는데, 그 의미는 이와 같지만, 경도를 설명하는 것이 너무 무거워 치우친 듯하다.'(伊川謂'權只是經', 意亦如此. 但說'經'字太重, 若偏了.')"라고 하였다.

381) 호광 편(胡廣 編), 『논어집주대전(論語集註大全)』「자한(子罕)」에는 "漢儒反經之說, 只緣, 將下文, 誤作一章解. 故其說相承曼衍, 且看集義中諸說, 莫不連下文. 惟范氏·蘇氏, 不如此說. 程子說, 漢儒之誤, 固如此. ……"라 하였는데 범씨와 소씨가 누구인지 자세하지 않다.

382) 반경합도(反經合道 : 常道를 뒤집어서 道理에 맞추는 것)의 말이 있게 되었으니 : 『주자어류(朱

詳說

○ 以'反而'之'反'字, 附會爲說.

'반이(反而)'의 '반(反)'자[383]는 붙이고 맞춰서 말로 삼은 것이다.

朱註

然以『孟子』'嫂溺援之以手'之義, 推之, 則權與經, 亦當有辨.

그러나 『맹자(孟子)』에서 말하는, '형수가 물속에 빠짐에 손으로 잡아서 끌어당김'[384]의 뜻으로 유추해보면, 권(權 : 權道)과 경(經 : 常道)은 또한 마땅히 분별이 있어야 한다.

詳說

○ 平聲.[385]

'수닉원지이수(嫂溺援之以手)'에서 '원(援)'자는 평성(平聲 ; 牽引)이다.

○ 朱子曰 : "權是經之要妙處, '反經合道'語, 亦未甚病. 經所行不得處, 只得反經, 依舊不離乎經耳. 權是一時之中, 權是道理上面, 更有一重道理."[386]

子語類)』 권37, 「논어19(論語十九)」, 39조목에는 "한나라 유학자들의 '경도에 어긋나지만 도에 합치된다'는 말은 경도와 권도라는 두 가지를 분명하게 설명하였다. 그들이 권도에 대해 설명한 것은 결국 경도에 반하는 것을 말하니, 줄곧 변하고 속임에 빠진다면 잘못이다.'(漢儒'反經合道'之說, 卻說得'經·權'兩字分曉. 但他說權, 遂謂反了經, 一向流於變詐, 則非矣.')"라고 되어 있다.

383) '반이(反而)'의 '반(反)'자 : 위의 집주에서 "連下文'偏其反', 而爲一章."에 나오는 것을 말한다.

384) 『맹자(孟子)』에서 말하는, '형수가 물속에 빠짐에 손으로 잡아서 끌어당김' : 『맹자(孟子)』「이루상(離婁上)」에서 "淳于髡曰 : '男女授受不親, 禮與?' 孟子曰 : '禮也.' 曰 : '嫂溺則援之以手乎?' 曰 : '嫂溺不援, 是豺狼也. 男女授受不親, 禮也; 嫂溺援之以手者, 權也.'"라고 한 것을 말한다.

385) 호광 편(胡廣 編), 『논어집주대전(論語集註大全)』「자한(子罕)」.

386) 호광 편(胡廣 編), 『논어집주대전(論語集註大全)』「자한(子罕)」에는 "所謂權者, 於精微曲折處, 曲盡其宜以濟, 經之所不及耳, 所以說中之爲貴者權. 權者, 即是經之要妙處也. 如漢儒說反經合道, 此語亦未甚病. 蓋事也, 有那反經底, 時節只是不可說, 事事要反經. 又不可說, 全不反經, 如君令臣從; 父慈子孝, 此經也. 若君臣父子, 皆如此固好. 然事有必不得已處, 經所行不得處也. 只得反經, 依舊不離乎經耳, 所以貴乎權也. 孔子曰 : '可與立, 未可與權', 立便是經, 可與立則能守, 箇經有所執立矣. 却說未可與權, 以此觀之, 權乃經之要妙微密處, 非見道理之精密透徹純熟者, 不足以與權也.(이른바 '권도'라는 것은 정미(精微)하고 곡절(曲折)한 곳에서 그 마땅함을 다하여 경도가 미치지 못하는 곳을 이루는 것일 뿐이다. 그래서 '중도(中道)에서 실상이 되는 것'

주자(朱子 : 朱熹)가 말하였다. "권(權)은 경(經)의 중요하고 오묘한 곳이니, '반경합도(反經合道 : 常道를 뒤집어서 道理에 맞추는 것)'의 말은 또한 심한 병통이 아니다. 경(經)은 행하여 얻지 못하는 곳이니, 다만 반경(反經 : 常道를 뒤집음)을 하는 것이고, 옛것에 의거하여 경(經)을 떠나지 못할 뿐이다. 권(權)은 한때의 맞음이니, 권(權)은 도리에서 다시 하나의 중요한 도리가 있다."

○ **雲峯胡氏曰 : "朱子, 每於程子之說, 足其所未盡補, 其所未圓實, 有功於程子."**[387]

운봉 호씨(雲峯胡氏 : 胡炳文)가 말하였다. "주자는 매양 정자(程子)의 학설에서 충분히 그 다하지 못한 곳을 채우고, 원만하지 못한 곳을 채워서 정자에게 공력을 들였다."

○ **權是義理之大關. 故『註』末, 特著之.**

권(權)은 의리의 주요한 부분이다. 그러므로 『논어집주(論語集註)』 끝에 특별히 드러내었다.

이라고 말한다. 권도를 행하는 것은 경도가 오묘한 곳이다. 한 나라 유학자가 '경도에 반하지만 도에 합치되는 것'이라고 설명하였는데, 이 말이 또 큰 잘못은 아니다. 대개 일에도 또한 이렇게 경도에 반하는 때가 있으나 일마다 경도에 반하고자 한다고 말할 수 없으며, 또 완전히 경도에 반하지 않는다고 말할 수도 없다. 임금은 명령하고 신하는 따르며, 부모는 사랑하고 자식은 효도하는 것은 경도이다. 만약 임금과 신하, 부모와 자식이 모두 이와 같다면 참으로 좋다. 그러나 일에는 반드시 마지못할 곳이 있으니, 경도가 실천되지 못하는 곳은 경도에 반할 수 있지만 여전히 경도에서 떨어지지는 못한다. 이것이 권도를 귀하게 여기는 까닭이다. 공자가 말하기를, '함께 설 수 있으나 함께 권도를 행할 수는 없다'고 하였는데, 서는 것이 바로 경도이다. '함께 설 수 있으면' 경도를 지킬 수 있다. 잡은 것이 있어 섰는데도 '함께 권도를 행할 수 없다'고 하였다. 이것으로 보면 권도는 경도가 미묘하고 엄밀한 곳이니, 도리의 정밀함과 투철함과 순숙(純熟)함을 보는 것이 아니라면 권도라고 말할 수 없다.')"라고 하였고, 『주자어류(朱子語類)』 권37, 「논어19(論語十九)」, 50조목에도 동일한 내용이 실려 있다.

387) 호광 편(胡廣 編), 『논어집주대전(論語集註大全)』「자한(子罕)」에는 "雲峯胡氏曰 : '程子矯漢儒之弊而謂權只是經, 朱子謂經與權, 當有辨. 無程子之說, 則權變權術之說, 可行於世矣; 無朱子之說, 則經權之辨, 不復明於世矣. 此其說不得不異也. 先儒謂, 朱子每於程子之說, 足其所未盡補; 其所未圓實, 有功於程子. 愚於此亦云.'"이라 하였다.

[9-30-1]

唐棣之華! 偏其反而. 豈不爾思, 室是遠而.
당체(唐棣)의 꽃이여! 팔락팔락 번드치도다. 어찌 너 생각 아니할까마는 집이 멀리 있음이로다.

朱註

'棣', 大計反. '唐棣', 郁李也. '偏', 『晉書』作'翩'.
'당체지화(唐棣之華)'에서 '체(棣)'는 '대(大)'와 '계(計)'의 반절(反切)이다. '당체(唐棣)'는 욱리(郁李 : 산앵두나무)이다. '편(偏)'은 『진서』에 '번(翩)'으로 썼다.388)

詳說

○ 朱子曰 : "唐棣·常棣, 自是兩物."389)
주자(朱子 : 朱熹)가 말하였다. "당체(唐棣)와 상체(常棣)는 스스로 두 개의 물건이다."

○ '『晉書』', 唐房玄齡撰. 當考.
'『진서』'는 당나라 방현령(房玄齡390))이 지었다. 마땅히 고증해야 한다.

○ 朱子曰 : "非獨晉史, 「角弓」詩, 固有'翩其反矣'之句."391)
주자(朱子 : 朱熹)가 말하였다. "오직 진(晉)나라의 역사서뿐만 아니라 「각궁(角弓)」의 시에도 진실로 '번기반의(翩其反矣 : 팔락팔락 번드치도다)'의 시구가 있다.392)"

---

388) '편(偏)'은 『진서』에 '번(翩)'으로 썼다 : 『진서(晉書)』 권61, 「열전(列傳)제31 유교(劉喬)」에서 "今夕爲忠明, 旦爲逆翩其反, 而互爲戎首載籍, 以來骨肉之禍, 未有如今者也."라고 하였다.

389) 호광 편(胡廣 編), 『논어집주대전(論語集註大全)』「자한(子罕)」에는 "朱子曰 : '此唐棣, 自是一篇詩, 與今「常棣詩」別. 『論語』及「召南」作唐棣; 『爾雅』作棠棣, 無作常者, 而「小雅」常字, 亦無『唐音』. 『爾雅』又云, 唐棣棣, 常棣棣, 則唐棣常棣, 自是兩物, 而夫子所引, 非「小雅」之常棣矣.'"로 되어 있다.

390) 방현령(房玄齡 : 579~648) : 당나라 사람으로, 이름이 교(喬)이고, 자가 현령(玄齡)이며, 제주 임천(齊州臨淄) 사람이다. 『고조실록』·『태종실록』·『진서(晉書)』 등을 감수하여 완성하였다.

391) 호광 편(胡廣 編), 『논어집주대전(論語集註大全)』「자한(子罕)」에는 "或問'偏之爲翩.' 朱子曰 : '非獨晉史爲然. 「角弓」之詩, 固有翩其反矣之句矣.'"라고 하였다.

392) 「각궁(角弓)」의 시에도 진실로 '번기반의(翩其反矣 : 팔락팔락 번드치도다)'의 시구가 있다 : 『시경(詩經)』「소아·어조지십(魚藻之什)·각궁(角弓)」에서 "騂騂角弓, 翩其反矣."라고 하였다.

朱註

然則'反', 亦當與'翻'同, 言華之搖動也. '而', 語助也.

그렇다면 '반(反)'도 또한 마땅히 '번(翻)'과 같아야 하니, 꽃이 흔들려서 움직임을 말한다.393) '이(而)'는 어조사이다.

詳說

○ 以'翩'字義推之.

'연(然)'은 '번(翩)'자의 뜻으로써 유추하는 것이다.

○ 然則與'反經'之'反', 自不同.

그렇다면 '반경(反經 : 常道를 뒤집다)'의 '반(反)'과는 자연히 같지 않다.

○ 『大全』曰 : "讀'反'爲'翻', 則'遠'字, 亦叶於圓反."394)

『논어집주대전』에서 말하였다. "'반(反)'을 읽음에 '번(翻)'이 된다면, '원(遠)'자도 또한 운(韻)에 맞추어 '어(於)'와 '원(圓)'의 반절(反切)이어야 한다.

○ 花同.395)

'화(華)'는 화(花 : 꽃)와 같다.

○ 一作'助語'.

'어조(語助)'는 한편에서는 '조어(助語)'라고 썼다.

○ 訓畢.

훈고가 끝났다.

朱註

此逸詩也, 於六義屬興. 上兩句, 無意義, 但以起下兩句之辭耳.

이는 잃어버린 시이니, 육의(六義)에서 흥(興)에 속한다. 위의 두 구절은 아무런 뜻이 없고, 다만 아래 두 구절의 말을 일으켰을 뿐이다.

---

393) 『주자어류(朱子語類)』 권37, 「논어19(論語十九)」, 55조목에는 "『진서(晉書)』의 어느 곳에서 '편(偏)'자를 '번(翩)'자로 쓰고, '반(反)'자를 평성이라 하였으니, 그 꽃이 뒤집혀서 날리는 뜻을 말한다. 지금 이 시가 없어 근거를 살펴볼 수 없기 때문에 정설을 세울 수는 없다.(『晉書』於一處引'偏'字作'翩', '反'作平聲, 言其花有翩反飛動之意. 今無此詩, 不可考據, 故不可立爲定說.)"라고 되어 있다.

394) 호광 편(胡廣 編), 『논어집주대전(論語集註大全)』「자한(子罕)」.

395) 호광 편(胡廣 編), 『논어집주대전(論語集註大全)』「자한(子罕)」에는 "華, 與花通."이라고 하였다.

詳說

◯ 去聲.[396]

'어육의속흥(於六義屬興)'에서 '흥(興)'자는 거성(去聲 : 因物起詠)이다.

◯ 詩之託興, 皆然.

시의 탁흥(託興 : 외물에 말미암아 흥(興)을 일으키는 것)이 모두 그러하다.

朱註

其所謂'爾', 亦不知其何所指也.

거기서 이른바 '이(爾)'는 또한 누구를 가리키는 것인지 알지 못한다.

詳說

◯ 新安陳氏曰 : "辭意, 婉而平和, 無褻狎態, 東坡以爲思賢之詩, 亦或然也."[397]

신안 진씨(新安陳氏 : 陳櫟)가 말하였다. "말뜻이 완곡하면서 평화로우며, 함부로 가벼이 대하는 태도가 없으니, 소동파(蘇東坡 : 蘇軾)[398]가 어진 사람을 생각하는 시는 또한 간혹 그러하다고 한 것이다."

◯ 按, 『語類』以蘓說爲未必是, 而『詩』中, 又有'室邇人遠'句, 是男女相贈答之辭, 朱子之意, 豈非爲是歟? 然不必深講. 故以不知所指斷之耳.

살펴보건대, 『주자어류(朱子語類)』에서 소동파의 말이 반드시 옳지 않다고 여겼는데,[399] 『시경(詩經)』 속에 또 '실이인원(室邇人遠 : 집은 가까이 있으나 사람은 멀

396) 호광 편(胡廣 編), 『논어집주대전(論語集註大全)』「자한(子罕)」.

397) 호광 편(胡廣 編), 『논어집주대전(論語集註大全)』「자한(子罕)」에는 "新安陳氏曰 : '…… 詞意, 婉而平和, 無褻狎態. 東坡以爲思賢之詩, 亦或然也.'"로 되어 있다.

398) 소식(蘇軾 : 1037~1101) : 송나라 때의 학자로, 자가 자첨(子瞻) 또는 화중(和仲)이고, 호가 철관도인(鐵冠道人) 또는 동파거사(東坡居士)이며, 세상 사람들이 소동파(蘇東坡) 또는 소선(蘇仙)이라 불렀으며, 한족(漢族)으로 미주미산(眉州眉山) 사람이다. 시부(詩賦) 등 문예와 학문에 뛰어난 재능을 보였으며, 한유(韓愈)와 구양수(歐陽脩) 등과 고문운동을 전개한 공헌이 크다.

399) 『주자어류(朱子語類)』에서 소동파의 말이 반드시 옳지 않다고 여겼는데 : 『주자어류(朱子語類)』 권37, 「논어19(論語十九)」, 55조목에는 다음과 같이 되어 있다. "問 : '唐棣之華, 偏其反而.' 曰 : '此自是一篇詩, 與今常棣之詩別. 常, 音裳. 爾雅 : '棣, 移, 似白楊, 江東呼夫移. 常棣, 棣, 子如櫻桃可食.' 自是兩般物. 此逸詩, 不知當時詩人思箇甚底. 東坡謂《思賢而不得之詩》, 看來未必是思賢. 但夫子大槪止是取下面兩句云 : '人但不思, 思則何遠之有!' 初不與上面說權處是一段. 唐棣之華而下, 自是一段. 緣漢儒合上文爲一章, 故誤認偏其反而, 爲反經合道, 所以錯了.

리 있다)'이라는 시구가 있으니,[400] 이는 남녀가 서로 주고받는 말이다. 주자(朱子)의 뜻이 어찌 옳은 것이 됨이 아니겠는가? 그러나 반드시 깊이 익히지는 못하였다. 그러므로 가리키는 것을 알지 못하기 때문에 추단하였을 뿐이다.

○ 釋如訓.

경문의 풀이가 훈고와 같다.

[9-30-2]

子曰:"未之思也, 夫何遠之有?"

공자가 말하였다. "생각하지 못함이 있을지언정, 대저 어찌 멀리함이 있을 수 있겠는가?"

朱註

'夫', 音扶. 夫子借其言而反之,

'부하원지유(夫何遠之有)'에서 '부(夫)'자는 음이 부(扶)이다. 공자가 그 말을 빌어서 반론한 것이니,

詳說

○ '未思'反'思', '何遠'反'遠'.

'미사(未思 : 생각하지 못하다)'는 '사(思)'에 대한 반론이고, '하원(何遠 : 어찌 멀리하겠는가?)'은 '원(遠)'에 대한 반론이다.

朱註

蓋前篇'仁遠乎哉'之意.

晉書於一處, 引偏字作翩, 反, 作平聲, 言其花有翩反飛動之意. 今無此詩, 不可考據, 故不可立爲定說.'"

400) 『시경(詩經)』 속에 또 '실이인원(室邇人遠 : 집은 가까이 있으나 …… 시구가 있으니 : 『시경(詩經)』「정풍(鄭風)·동문지선(東門之墠)」에서 "其室則邇, 其人甚遠."라고 하였고, 주자의 『집주(集註)』에 의하면, "室邇人遠者, 思之而未得見之詞也."라고 하였다.

대개 전편의 '인원호재(仁遠乎哉 : 인이 멀리 있는가?)'[401]의 뜻이다.

詳說

○ 「述而」.

'전편(前篇)'은 『논어(論語)』「술이(述而)」이다.

○ 新安陳氏曰 : "逸詩, 以思其人言; 夫子, 以思此理言."[402]

신안 진씨(新安陳氏)가 말하였다. "잃어버린 시에서는 그 사람을 생각하는 것으로써 말하였고, 공자는 그 이치를 생각하는 것으로써 말하였다."

○ 夫子所取之意, 又如『詩』之比.

공자가 취한 뜻은 또 『시경(詩經)』의 비(比)와 같다.

○ 有釋無訓.

경문의 풀이는 있으나 훈고는 없다.

朱註

程子曰 : "聖人未嘗言易以驕人之志, 亦未嘗言難以阻人之進. 但曰 : '未之思也, 夫何遠之有?' 此言, 極有涵蓄, 意思深遠."

정자(程子 : 程頤)가 말하였다. "성인은 일찍이 쉬움을 말하여 사람의 뜻을 교만하게 한 적이 없으며, 또한 일찍이 어려움을 말하여 사람의 나아감을 가로막은 적이 없었다. 다만 말하기를 '생각하지 못할지언정, 대저 어찌 멀리함이 있으리오?'라고 하였는데, 이 말은 지극하게 함축이 있고, 생각이 깊고 멀다."

詳說

○ 叔子.

'정자왈(程子曰)'에서 '정자(程子)'는 동생 정이(程頤)이다.

○ '易', 去聲.[403]

---

401) 전편의 '인원호재(仁遠乎哉 : 인이 멀리 있는가?)' : 『논어(論語)』「술이(述而)」에서 "공자가 말하였다. '인이 멀리하는 건가? 내가 인을 하고자 하면 이에 인이 이를 것이다.(子曰 : '仁遠乎哉? 我欲仁, 斯仁至矣.')"라는 구절을 말한다.

402) 호광 편(胡廣 編), 『논어집주대전(論語集註大全)』「자한(子罕)」에는 "新安陳氏曰 : '逸詩所謂爾思, 以思其人言, 夫子所謂未之思, 以思此理言. 理之所在, 思則得之, 何遠之有? 不思則不得, 始見其遠耳. 何以知爾思之爲思其人? 以室字知之. 但不知所謂爾者, 指何人.'"으로 되어 있다.

'언이이교인지지(言易以驕人之志)'에서 '이(易)'자는 거성(去聲 : 쉽다)이다.

○ '思', 去聲.[404]

'의사(意思)'에서 '사(思)'자는 거성(去聲 : 생각)이다.

403) 호광 편(胡廣 編), 『논어집주대전(論語集註大全)』「자한(子罕)」.

404) 호광 편(胡廣 編), 『논어집주대전(論語集註大全)』「자한(子罕)」.

연구번역자 소개

신창호(申昌鎬)

현) 고려대학교 교수
고려대학교 박사(동양철학/교육사철학 전공)
고려대학교 교육문제연구소 소장
한국교육철학학회 회장·한중철학회 회장
「『중용』 교육사상의 현대적 조명」(박사학위논문), 『유교의 교육학 체계』 외 다수의 논문·번역·저서가 있음

김학목(金學睦)

현) 고려대학교 연구교수
건국대학교 박사(한국철학 전공)
해송학당 원장(동양학·사주명리 강의)
「박세당의 『신주도덕경』 연구」(박사학위논문), 『한국주역대전』 외 다수의 논문·번역·저서가 있음

윤원현(尹元鉉)

전) 고려대학교 연구교수
私立中國文化大學 박사(朱子哲學 전공)
한중철학회 회장
「從朱子思想中之天人架構闡論其義理脈絡」(박사학위논문), 『성리대전』 외 다수의 논문·번역·저서가 있음

조기영(趙麒永)

현) 고려대학교 연구교수
연세대학교 박사(한문학 전공)
서정대 교수·연세대국학연구원 연구원
「하서 김인후 시 연구」(박사학위논문), 『한국시가의 정신세계』 외 다수의 논문·번역·저서가 있음

김언종(金彦鍾)

현) 고려대학교 명예교수
國立臺灣師範大學(韓國經學 전공)
한국고전번역원 이사·고전번역학회 회장
「丁茶山論語古今注原義總括考徵」(박사학위논문), 『(역주)시경강의』 외 다수의 논문·번역·저서가 있음

임헌규(林憲圭)

현) 강남대학교 교수
한국학중앙연구원 박사(동양철학 전공)
동양고전학회 회장
「유가의 심성론 연구 – 맹자와 주희를 중심으로」(박사학위논문), 『공자에서 다산 정약용까지 – 유교 인문학의 동서철학적 성찰』 외 다수의 논문·번역·저서가 있음

허동현(許東賢)

현) 경희대학교 교수
고려대학교 박사(한국근대사 전공)
경희대학교 학부대학 학장·한국현대사연구원 원장
「1881년 조사시찰단 연구」(박사학위논문), 『한국의 국가 형성과 민주주의』 외 다수의 논문·번역·저서가 있음

논어집주상설 연구번역 연구진

연구책임자

신창호(고려대학교)

전임연구원

김학목(고려대학교)
윤원현(고려대학교)
조기영(고려대학교)

공동연구원

김언종(고려대학교)
임헌규(강남대학교)
허동현(경희대학교)
박성빈(고려대학교, 전산)

논어집주상설 5

초판발행 2019년 8월 25일

지은이 박문호
책임역주 신창호
공동역주 김학목 · 윤원현 · 조기영 · 김언종 · 임헌규 · 허동현
펴낸이 노현

편 집 문선미
표지디자인 BEN STORY
제 작 우인도 · 고철민

펴낸곳 ㈜ 피와이메이트
서울특별시 금천구 가산디지털2로 53 한라시그마밸리 210호(가산동)
등록 2014. 2. 12. 제2018-000080호
전 화 02)733-6771
f a x 02)736-4818
e-mail pys@pybook.co.kr
homepage www.pybook.co.kr
ISBN 979-11-90151-10-8 94140
979-11-90151-05-4 (세트)

정 가 22,000원 (세트 210,000원)